法律硕士精品系列教材

民法与民事诉讼法原理与实务

MINFA YU MINSHI SUSONGFA
YUANLI YU SHIWU

主　编　唐　力　张　力
撰稿人（以撰写章节先后为序）
唐　力　张　力　周清林　陈　飏
黄　毅　潘　俊　王　玲　郑志峰
谷佳杰　邬　砚　夏　璇　范雪飞
高星阁　孙　莹　涂咏松　毋爱斌

中国人民大学出版社
· 北京 ·

作者简介

唐力，西南政法大学法学院教授、博士研究生导师。兼任中国法学会民事诉讼法学研究会副会长、中国行为法学会副会长、重庆市法学会民事诉讼法学研究会会长。曾获得“重庆市教学名师”、“巴渝学者”特聘教授、“重庆市学术技术带头人”等荣誉称号。出版独著、合著专著三部，主编、参编教材十余部；在《法学研究》《法商研究》《法律科学》《法学》《法学评论》《现代法学》等期刊上发表学术论文50余篇；主持国家社会科学基金、教育部社会科学基金、省部级课题10余项。

张力，西南政法大学民商法学院教授、博士研究生导师、博士后合作导师；白俄罗斯国立大学公派访问学者；西南政法大学学术委员会委员、西南政法大学教学委员会委员；西南政法大学比较私法研究中心主任；西南政法大学外国家庭法及妇女理论研究中心主任；西南政法大学民法典宣讲团副团长，重庆市人文社会科学普及基地——“青少年法治素养家校协同培养基地”负责人，中央电视台《法律讲堂》栏目主讲专家。入选教育部青年长江学者、重庆市高层次人才特殊支持计划（哲学社会科学领军人才），获评“巴渝学者”特聘教授、重庆市高校中青年骨干教师。兼任中国法学会民法学研究会理事、中国法学会婚姻家庭法学研究会理事、中国法学会比较法学研究会理事，等等。在《中国法学》《法学研究》等学术期刊上发表学术论文160余篇，在《光明日报》《法治日报》等发表文章10余篇。

周清林，西南政法大学民商法学院教授，国家留学基金委公派英国牛津大学法学院访问学者，《民法哲学》集刊主编。迄今出版专著《主体性的缺失与重构：权利能力研究》《民法典：史与思》，译著《自然法与财产权理论：从格劳秀斯到休谟》；在《现代法学》《政法论坛》《法商研究》《法学》《民法哲学》等刊物上发表文章多篇。

陈飏，重庆邮电大学网络空间安全与信息法学院副教授、硕士研究生导师，重庆市研究生教育“课程思政”示范课程“人工智能法律专题研究”课程负责人、重庆市高校一流本科课程“民事诉讼法”课程负责人，重庆市新型重点智库“数字经济国际合作与创新发展中心”研究员、重庆市网络社会问题发展研究中心研究员。在《现代法学》《环球法律评论》《山东社会科学》《西南民族大学学报》等期刊上发表论文10余篇（其中被“中国人民大学复印报刊资料”转载2篇），主编或参编《民事诉讼法》等教材3部，主持或主研国家社会科学基金、教育部、中国法学会等省部级以上的科研与教改项目20余项。

黄毅，西南大学法学院副教授、硕士研究生导师；重庆市法学会民事诉讼法学研究会常务理事，兼职律师，曾挂职重庆市人民检察院研究室副主任。在《中外法学》《法学论坛》《学术界》《中州学刊》《早稻田大学法研论集》等学术期刊及《光明日报》理论版发表学术论文20余篇，出版专著《民事诉讼部分请求研究》《民事诉讼当事人具体化义务研究》。

潘俊，西南政法大学民商法学院讲师，硕士研究生导师、来华留学生导师；民法典国民教育科普基地研究员、中国农村经济法制创新研究中心研究员，国家级一流本科课程"合同法律风险管理"骨干成员。主持、主研国家级、省部级课题20余项，在《民商法论丛》《法治研究》《中州学刊》《人权法学》等刊物独立公开发表文章20余篇，部分被"中国人民大学复印报刊资料"转载；出版著作《侵权法可预见性规则研究》，参编《民法典合同编条文理解与司法适用》《比较民商法》等多部教材、著作。

王玲，西南政法大学法学院讲师，硕士研究生导师，最高人民法院与西南政法大学共建的人民法庭研究中心研究员，重庆市法学会民事诉讼法学研究会理事。主要研究方向为民事诉讼法、司法制度。出版学术专著《当事人真实义务研究》，在《河北法学》《甘肃社会科学》等期刊发表学术论文10余篇，主持和参研多项国家级、省部级课题。

郑志峰，西南政法大学民商法学院教授、博士研究生导师，西南政法大学科技法学研究院副院长、网络空间治理研究院副院长、人工智能法律研究院自动驾驶法律研究中心主任、数字法治政府研究院研究员；兼任重庆市首批全民数字素养与技能提升基地主任。入选重庆市高层次人才特殊支持计划（青年拔尖人才）。在《中国法学》《法学》《东方法学》《华东政法大学学报》《光明日报》等刊物发表论文40余篇，被"中国人民大学复印报刊资料"转载4篇，被"新华文摘"转载3篇，被"高等学校文科学术文摘"转载1篇；出版《自动驾驶汽车的私法挑战与应对研究》《第三人侵权行为理论研究》《机器人也是人：人工智能时代的法律》等著（译）作多部，主持国家社会科学基金、教育部、司法部、中国法学会等各级各类项目10余项。

谷佳杰，西南政法大学副教授、硕士研究生导师，比较民事诉讼法研究中心、民事诉讼法教研室副主任，最高人民法院挂职学者，中国法学会研究会青年人才，兼任中国法学会民事诉讼法学研究会理事。获评重庆市高校"课程思政"教学名师；主持重庆市教育科学、高等教育教学改革与研究生教育教学改革等11项教改课题；重庆市高校一流本科线下课程与本科"课程思政"示范课程负责人；获第一届全国法学专业信息化教学大赛三等奖等教学奖项20余项。在《法学评论》《当代法学》等核心期刊发表论文10余篇，主持国家社会科学基金、最高人民法院、中国法学会等8项科研项目，获第八届中国法学青年论坛主题证文活动一等奖等科研奖项20余项。

邬砚，西南政法大学副教授。历任重庆市高级人民法院审判长、重庆市沙坪坝区人民法院副院长、重庆市石柱县人民法院院长。现兼任最高人民检察院民事行政检察专家委员会委员、重庆仲裁委员会仲裁员。出版专著《侵权补充责任研究》《建设工程合同纠纷：254个裁判规则深度解析》《房地产开发经营纠纷：214个裁判规则深度解析》，主编《破产法律报告》，参编《最高人民法院商品房买卖合同司法解释精释精解》等；在《现代法学》《法学杂志》《社会科学家》等核心期刊发表论文30余篇。

夏璇，西南政法大学副教授、硕士研究生导师，2023—2024年日本京都大学访问学者，最高人民法院民一庭“枫桥式人民法庭”建设（西南政法大学）研究基地副主任。兼任重庆市法学会民事诉讼法学研究会常务理事。2019年获西南政法大学“柯泰”教书育人奖；2020年获“西政好老师”荣誉称号。出版专著3部，参与编写民事诉讼法学教材2部。主持国家社会科学基金课题1项、省部级课题4项，参与其他国家级、省部级课题10余项。在《法律科学》《社会科学家》《广西社会科学》等核心期刊发表论文10余篇，其中部分被“中国人民大学复印报刊资料”转载。

范雪飞，西南政法大学教授、博士研究生导师，主要从事民商法学研究。出版专著数部，出版译著《法律行为解释之方法——兼论意思表示理论》《合同自由的兴起与衰落：一部合同思想史》。在《法律科学》《法学评论》《现代法学》《北方法学》《中德私法研究》《浙江社会科学》《人大法律评论》等刊物发表学术论文30余篇。

高星阁，西南政法大学法学院副教授，硕士研究生导师，西南政法大学民商法学博士后，最高人民法院民一庭“枫桥式人民法庭”建设（西南政法大学）研究基地研究员，人民法院执行研究中心研究员。主要研究方向为民事诉讼法学及司法制度、民事强制执行法学。在《法律科学》、《当代法学》、《国家检察官学院学报》、《中国法学》（英文版）等期刊发表学术论文20余篇；主持重庆市社会科学规划博士项目等省部级重点课题2项，中国法学会等省部级法学研究课题6项，主研教育部人文社会科学基地重大项目、国家社会科学基金一般项目、最高人民法院重大理论课题等国家级和省部级课题6项。荣获2023年度国家级教学成果奖、二等奖、第二届陈光中诉讼法学优秀博士后、2019年度“重庆市优秀博士学位论文”、2018年度“重庆市优秀毕业研究生”等荣誉称号多项。

孙莹，西南政法大学民商法学院教授、博士研究生导师；入选重庆市“巴渝学者”青年学者；兼任中国法学会民法学研究会理事、中国法学会网络与信息法学研究会理事、中共重庆市委网信办法治专家咨询委员会委员、重庆市教委法律咨询专家委员会委员、重庆市第五中级人民法院专家咨询执行委员会专家、重庆仲裁委员会仲裁员、上海国际仲裁中心仲裁员。在《中国法学》《比较法研究》《东方法学》《华东政法大学学报》等刊物发表论文10余篇，其中多篇被“中国人民大学复印报刊资料”“高等学校文科学术文摘”转载；出版著作5部；主持国家社会科学基金青年项目、中国法学会项目等省部级以上项目10余项。

涂咏松，西南政法大学副教授，硕士研究生导师，西南政法大学俄罗斯法研究中心副主任，重庆市人民检察院专业型检察官合作指导导师。兼任重庆市第一中级人民法院专家咨询委员会委员。主要研究领域为民商法理论与实务，主要教授民商法基础课程、民商法实务、刑民交叉等课程。代表性科研成果：个人专著《信赖损害赔偿责任研究》，期刊论文《信赖利益损害之机会损失分析》《俄罗斯个人资料保护制度探析》。

毋爱斌，西南政法大学法学院教授、博士研究生导师，西南政法大学学术委员会委员，最高人民法院民一庭“枫桥式人民法庭”建设（西南政法大学）研究基地副主任、人民法院执行研究中心副主任。兼任中国法学会民事诉讼法学研究会副秘书长、重庆市法学会民事诉讼法学研究会秘书长、重庆市法学会破产法学研究会副秘书长。2022年获得重庆市“巴渝学者”青年学者荣誉称号。主要研究方向为民事诉讼法学、民事执行法学、仲裁法学等。先后在《法学》《清华法学》《法律科学》《政治与法律》《比较法研究》《当代法学》等刊物上发表论文数十篇。主持国家社会科学基金项目、最高人民法院重大理论课题、最高人民检察院检察理论研究项目、司法部国家法治与法学理论研究项目、中国法学会部级法学研究项目等10余项。

总　序

2022 年 10 月 16 日，习近平总书记在中国共产党第二十次全国代表大会上的报告中强调："深化教育领域综合改革，加强教材建设和管理"。同时，党的二十大报告第七部分"坚持全面依法治国，推进法治中国建设"专门部署法治建设，要求发挥法治固根本、稳预期、利长远的保障作用，在法治轨道上全面建设社会主义现代化国家。习近平总书记指出，全面推进依法治国，建设一支德才兼备的高素质法治队伍至关重要。[①] 高校是法治人才培养的第一阵地，高校法学教育在法治人才培养中发挥着基础性、先导性作用。

在法治轨道上全面建设社会主义现代化国家，迫切需要法律硕士专业学位研究生教育开辟一条加快培养高层次应用型法治人才的新渠道。法律硕士是具有特定法律职业背景的专业性学位，在培养目标上强调实务特点，主要培养立法、司法、行政执法和法律服务以及各行业领域德才兼备的高层次的复合型（专门型）、应用型法治人才。根据新时代法治人才培养的要求"立德树人、德法兼修、明法笃行"，要将法律硕士培养成具有坚定政治立场和崇高法律职业道德的法治人才，培养成具有宽基础、复合型、跨学科知识结构的法治人才，培养成能够综合运用法律、经济、管理、科技、外语、计算机以及其他方面专业知识独立从事法律实务和管理工作的法治人才。

近年来，各高校、科研院所及法律实务部门在应用型高级法律实务人才培养方面不断探索。西南政法大学作为新中国最早建立的高等政法学府，是国家首批卓越法律人才教育培养基地。自 1979 年开展研究生教育以来，西南政法大学坚持科学的研究生教育质量观，把研究生教育作为提升学校品牌的重要支点，坚定不移地推进改革，凝心聚力，攻坚克难，不断增强研究生教育的竞争力、吸引力和培养能力，以实施科教兴国战略和满足经济发展对高层次、高素质、创新型人才的需求为出发点，努力发展研究生教育。2010 年，西南政法大学被确定为教育部法律专业学位研究生（以下简称"法律硕士"）教育综合改革试点高校；2013 年，西南政法大学被评为全国法律硕士优秀培养院校。西南政法大学紧紧围绕党中央的要求和国家经济、社会发展的需要，明确目标和功能定位，充分发挥培养复合型、实践型法律人才的

---

① 中共中央文献研究室. 十八大以来重要文献选编：中. 北京：中央文献出版社，2016：190.

作用，以培养德才兼备、系统掌握法学理论知识、具备实践能力、具有社会主义法治理念、能够独立从事法律实务或理论研究工作的高层次专门人才为目标，不断进行探索和创新：

——实施责任教授制度，创新课程管理模式。针对法律硕士专业必修课程实施责任教授制度，实行团队教学。课程所属学科确定一名课程责任教授，由其负责组建教学团队、主持课程建设的各项工作，包括课程规划、教学内容安排、课程进度控制、教学方法使用、考核评价方式等。课程责任教授制度的确立，改变了任课教师单打独斗的授课局面，形成了课程教学合力。

——推进课程教学改革，创新课程教学方法。自 2013 年大力推进研究生课程教学改革以来，制定并实施了《西南政法大学研究生课程教学改革办法（试点）》，推行基于问题、基于项目、基于案例的教学方法和学习方法，探索建立以学生为主体、以培养学生创新能力为主要特征的研究型教学方式，促进课程教学与科研训练、实习实践相结合。已立项建设 4 批次共 37 门改革课程，培育重庆市优质研究生课程 12 门。

——强化教学案例建设，注重实践能力培养。重视案例编写，积极开展案例教学，已组织编写校级法律硕士教学案例 21 个，其中 4 个教学案例入选首批全国法律硕士教学案例库，为首批入库案例最多的院校。在积极开展案例库建设的同时，大力推进案例教学，在法律硕士专业课程教学过程中，引用案例进行讲解的教学内容占比达到 30%以上。

——开设实践训练课程，强化职业能力培养。为适应职业型与复合型的人才培养定位，法律硕士人才培养要把理论知识与开展实务能力加以复合，要开展更加注重实务与应用的实践性教学。学校专门开设了法律实践训练课程，占法律硕士课程的四分之一，任课教师大都为校外行业专家，由此大大提升了学生的法律逻辑分析能力与知识运用能力。

法律硕士的招生院校及招生规模不断扩大，对专业法律人才的培养提出了新的挑战，对法律硕士教学规范化也提出了比较高的要求。党的二十大报告指出："深化教育领域综合改革，加强教材建设和管理，完善学校管理和教育评价体系，健全学校家庭社会育人机制。"这说明深化教育领域综合改革，扎实推进法律硕士教育、加强相关教材建设非常关键。在 2012 年前后，西南政法大学与中国人民大学出版社共同推出针对法律硕士的"应用型高级法律人才系列教材"，该套教材内容设计贴近教学需要，编写质量优良，打下了较好的教材基础。为遵循法律硕士的教学特点和更加贴近司法实务的教学要求，西南政法大学根据全国专业学位研究生教育指导委员会《专业学位研究生核心课程指南（试行）》，更新编写了这套"法律硕士精品系列教材"。该系列教材体系的构建主要有几点考虑：

第一，提升教材的普适性，按照全国专业学位研究生教育指导委员会《专业学位研究生核心课程指南（试行）》的目录搭建对应的系统性教材。

第二，立足教材的应用性，结合实务训练课程需要编写案例丰富、实践性强、以案说法的实务性教材。

第三，侧重特色交叉教材，以满足学校新兴学科发展需要和法律硕士教育特色发展为目标，编写特色教材。

本套教材得以面世，首先要感谢校内外多位主编、编委和作者的精诚合作和辛勤笔耕；还要感谢中国人民大学出版社的大力支持，感谢郭虹社长对教材编写和出版的精心策划与宝贵建议。西南政法大学副校长唐力教授及校党委常委、研究生院院长李燕教授在教材设计和编写方面做了大量的开创性工作；还有很多工作人员在教材编写和出版过程中默默付出辛劳，我代表编委会对他们一并表示诚挚的敬意和谢忱。

付子堂

2022 年 10 月 29 日于西南政法大学

编写说明

民法和民事诉讼法是法律体系中重要的两个部门法。民法表彰平等主体之间的实体权利义务，民事诉讼法是民法实现的程序载体和保障。不过，以往教学、科研以及教材编写中出现了民法与民事诉讼法分离的“孤岛现象”。随着法学研究的深入，特别是《民法典》的编纂与实施，民法与民事诉讼法彼此间不可割裂的内在联系不断被发掘，两学科间联动与整合程度日益提高，形成了学科间的动态互动与彼此关照，有效实现民法与民事诉讼法融合已经成为共识。为此，2020年全国专业学位研究生教育指导委员会发布的《专业学位研究生核心课程指南（试行）》将“民法与民事诉讼原理与实务”纳入核心课程体系。2022年，西南政法大学根据该指南目录打造对应的“法律硕士精品系列教材”，立项支持唐力教授、张力教授主持《民法与民事诉讼法原理与实务》教材的编写。2023年7月，全国法律专业学位研究生教育指导委员会批准唐力教授主持申报的研究生在线示范课程“民法与民事诉讼原理与实务”，作为首批全国法律专业学位研究生在线示范课程建设课程予以立项。教材和在线示范课程平行建设，有力促进了民法与民事诉讼法学科的融合和发展。

本教材的特色有三：第一，切实贯彻课程思政教学。在本教材编写过程中，针对性选取了近年来体现习近平新时代中国特色社会主义思想的实践案例，通过深入挖掘案例中所蕴含的思政元素，通过“润物细无声”的方式使思政教学真正走进学生心中，通过有力举措切实推动习近平法治思想进教材、进课堂、进头脑。第二，始终坚持理论和实务相结合。习近平总书记在中国政法大学考察时强调，“法学学科是实践性很强的学科，法学教育要处理好知识教学和实践教学的关系”。本教材贯彻法律硕士专业学位培养方案，坚持综合型法律人才培养方向，以培养法律硕士的实务能力为主要目标，以运用基本理论解决司法实践难题为鲜明特色。第三，以实体法与程序法融合为宗旨。根据本教材实体法与程序法融合的定位要求，本教材的编写策划以及实施非常注重编写团队的打造，遴选了民法学科与民事诉讼法学学科一线教学师资，“两两结对”，共同完成了教材的编写。

目　录

绪　论 …………………………………………………………………… 1

一、民法与民事诉讼法的关系 ……………………………………… 1

二、民法与民事诉讼法的学习方法………………………………… 13

第一编　请求权与诉讼标的 ……………………………………… 20

专题一　请求权竞合——诉讼标的选择………………………… 20

一、案例导入………………………………………………………… 20

二、基本原理………………………………………………………… 21

三、法官释法………………………………………………………… 27

四、类案练习………………………………………………………… 28

五、知识拓展………………………………………………………… 29

专题二　诉讼标的与重复起诉的识别…………………………… 30

一、案例导入………………………………………………………… 30

二、基本原理………………………………………………………… 31

三、法官释法………………………………………………………… 39

四、类案练习………………………………………………………… 42

五、知识拓展………………………………………………………… 44

专题三　部分请求………………………………………………… 45

一、案例导入………………………………………………………… 45

二、基本原理………………………………………………………… 46

三、法官释法………………………………………………………… 55

四、类案练习………………………………………………………… 58

五、知识拓展………………………………………………………… 59

第二编　民事法律关系与主管和管辖 …………………………… 61

专题一　民事权利救济与法院主管和管辖……………………… 61

一、案例导入………………………………………………………… 61
二、基本原理………………………………………………………… 62
三、法官释法………………………………………………………… 69
四、类案练习………………………………………………………… 71
五、知识拓展………………………………………………………… 71
专题二 自然人住所与管辖………………………………………… 71
一、案例导入………………………………………………………… 71
二、基本原理………………………………………………………… 73
三、法官释法………………………………………………………… 78
四、类案练习………………………………………………………… 81
五、知识拓展………………………………………………………… 82
专题三 法人住所与管辖…………………………………………… 82
一、案例导入………………………………………………………… 82
二、基本原理………………………………………………………… 84
三、法官释法………………………………………………………… 89
四、类案练习………………………………………………………… 92
五、知识拓展………………………………………………………… 93
专题四 涉不动产专属管辖………………………………………… 93
一、案例导入………………………………………………………… 93
二、基本原理………………………………………………………… 95
三、法官释法 ……………………………………………………… 103
四、类案练习 ……………………………………………………… 104
五、知识拓展 ……………………………………………………… 105

第三编 民事主体与民事诉讼当事人 ……………………………… 106
专题一 非法人组织 ……………………………………………… 106
一、案例导入 ……………………………………………………… 106
二、基本原理 ……………………………………………………… 107
三、法官释法 ……………………………………………………… 115
四、类案练习 ……………………………………………………… 120
五、知识拓展 ……………………………………………………… 121
专题二 用人者 …………………………………………………… 121
一、案例导入 ……………………………………………………… 121
二、基本原理 ……………………………………………………… 123
三、法官释法 ……………………………………………………… 131
四、类案练习 ……………………………………………………… 139
五、知识拓展 ……………………………………………………… 139

专题三 监护人 …… 140
一、案例导入 …… 140
二、基本原理 …… 141
三、法官释法 …… 148
四、类案练习 …… 156
五、知识拓展 …… 157
专题四 多数人之债 …… 157
一、案例导入 …… 157
二、基本原理 …… 158
三、法官释法 …… 167
四、类案练习 …… 169
五、知识拓展 …… 169

第四编 要件事实与证明 …… 171

专题一 要件事实与证明责任分配 …… 171
一、案例导入 …… 171
二、基本原理 …… 172
三、法官释法 …… 180
四、类案练习 …… 183
五、知识拓展 …… 184
专题二 不当得利请求权的证明 …… 184
一、案例导入 …… 184
二、基本原理 …… 185
三、法官释法 …… 193
四、类案练习 …… 196
五、知识拓展 …… 196
专题三 违约金过高的证明 …… 197
一、案例导入 …… 197
二、基本原理 …… 198
三、法官释法 …… 203
四、类案练习 …… 205
五、知识拓展 …… 205
专题四 损害赔偿额的酌定 …… 206
一、案例导入 …… 206
二、基本原理 …… 207
三、法官释法 …… 211
四、类案练习 …… 213

五、知识拓展 …… 214

第五编 特定类型实体权利的程序实现 …… 215

专题一 债权人代位权诉讼 …… 215
一、案例导入 …… 215
二、基本原理 …… 216
三、法官释法 …… 227
四、类案练习 …… 229
五、知识拓展 …… 230
专题二 债权人撤销权诉讼 …… 230
一、案例导入 …… 230
二、基本原理 …… 231
三、法官释法 …… 238
四、类案练习 …… 239
五、知识拓展 …… 241
专题三 人格权禁令制度 …… 242
一、案例导入 …… 242
二、基本原理 …… 242
三、法官释法 …… 258
四、类案练习 …… 259
五、知识扩展 …… 260

第六编 民事执行 …… 261

专题一 执行的一般规则——以金钱债权执行为例 …… 261
一、案例导入 …… 261
二、基本原理 …… 262
三、法官释法 …… 278
四、类案练习 …… 281
五、知识拓展 …… 282
专题二 “名实不符”的股权归属与执行…… 282
一、案例导入 …… 282
二、基本原理 …… 284
三、法官释法 …… 299
四、类案练习 …… 301
五、知识拓展 …… 302
专题三 对第三人到期债权执行 …… 302
一、案例导入 …… 302

二、基本原理 …………………………………………………… 304
三、法官释法 …………………………………………………… 318
四、类案练习 …………………………………………………… 319
五、知识拓展 …………………………………………………… 320

绪　　论

一、民法与民事诉讼法的关系

民法和民事诉讼法是法律体系中最为重要的两个部门法，理清两者的关系具有重要意义。民法是调整平等主体之间的财产关系和人身关系的法律规范总和[①]，其规定民事主体所享有的权利和承担的义务，属于实体法；民事诉讼法是规范民事诉讼程序和民事诉讼法律关系主体之间的权利义务的法律规范的总和[②]，其规定民事诉讼程序的运行以及民事主体在诉讼程序中的权利和义务，属于程序法。民法与民事诉讼法，前者为内容，后者为形式，两者相互依存、互为前提。民法中实体权利实现方式的规定对民事诉讼制度的建构具有直接作用；民事诉讼法是民法实现的程序载体，民法规范的实现离不开民事诉讼法。

从历史的角度观察，实体法与程序法（民法与民事诉讼法）经历了“两法合一”“实体法为主、程序法为辅”“程序法与实体法分离”“程序法成为具有独立价值的部门法”的发展过程。理论上存在对民法与民事诉讼法两者的关系的不同见解：有观点认为，民事诉讼法作为解决私人纠纷的规范，构成民事法的一个组成部分，应当以民事实体法为主，民事诉讼法不过是助法而已；也有观点认为，民事诉讼法优先于民事实体法，是实体法发挥作用的原动力；还有观点认为，民法与民事诉讼法只是发挥的作用不同，无论哪一个都是裁判正当性不可或缺的基础，并无必要区分主次、轻重。[③] 上述观点正映射了民法与民事诉讼法在不同历史发展阶段的特征，但是，在现代法的体系意义上，民法与民事诉讼法、实体法与程序法都有独立的价值；同时，两者又相互依存、相互渗透，是内容与形式的关系。正如马克思所指出：“诉

---

① 王利明，等. 民法学. 北京：法律出版社，2014：4.

② 张卫平. 民事诉讼法. 北京：法律出版社，2016：14.

③ ［日］兼子一. 实体法与诉讼法. 东京：有斐阁，1957：68.

讼和法二者之间的联系如此密切，就像植物外形和植物本身的联系，动物外形和动物血肉的联系一样。使诉讼和法律获得生命的应该是同一种精神，因为诉讼只不过是法律的生命形式，因而也是法律的内部生命的表现。”简言之，如果没有民法，民事诉讼法毫无用武之地；如果没有程序法，实体法亦只是空中楼阁。

长期以来，民事诉讼法与民法的学科发展各自独立。民法的部分研究和立法实践对实体法的程序之维未予以足够重视；相应的，民事诉讼法学也存在程序与实体背离、研究自主性失位等贫困化现象。[①]《民法典》已于 2020 年 5 月 28 日颁布，如何实现和落实好《民法典》是非常重要的一项工作，如何使《民法典》设立的具体制度、具体规范通过合法程序得到实现这一课题更是重中之重，民事诉讼立法必须积极对此作出回应。基于实体法与程序法的紧密关系，从二者统合的角度分析民事法律关系，有助于民法典的实施，也有助于民法与民事诉讼法的协调发展与完善。对民事实体法与民事程序法的关系可以从以下三个方面来理解。

第一，于民法而言，民事诉讼法具有工具价值，其是实现民事实体法原则、制度、规则的重要工具。

一方面，民法既是行为规范，也是裁判规范，从某种意义上来说只有能够通过司法程序实现的民法相关规则才是有效的规则；另一方面，民事诉讼法作为民法实现的工具，是实现权利的程序保障，如若没有程序法，则实体法上的权利也就不能被称为权利，即不能得到救济的权利非权利。民事诉讼法作为程序法，其存在的重要意义之一在于保障实体法上权利的实现。因此，民事诉讼法作为程序法，必须考虑如何与实体法对接、如何实现实体法的规则。

第二，实体法的程序之维。

民法的程序之维，意指民事立法及研究要有程序法的思维，不可能存在完全脱离程序法而独立实现的实体法规则。一方面，民事实体法规范的可实现性取决于程序，任何实体权利都应当且必须与程序相适配。诉讼作为解决争议的最直接方法，是落实实体法规范的关键，诉讼活动能否有既有程序来依照并顺利进行，直接关系实体法规范能否有效落实。另一方面，权利实现效率依赖程序的繁简等因素，这也是制定实体规范必须考虑的因素。实践中权利人会从权利实现的适当、公正、便捷、经济等角度作出综合考量，任何不适当的程序都会增加权利人解决争议、实现权利的成本和负担，当争议的解决超出权利人的预期和可控范围时，权利的实现就受到很大的限制。

第三，程序法的实体之维。

程序法的实体法之维，意指民事诉讼立法及研究必须要有实体法的思维。我们应当认识到，基于民事诉讼法的工具价值，在实体法与程序法之间衡平的问题上，如何体现并实现实体权利，依然是应被优先考虑的因素。一方面，民事诉讼法的诸多规则、制度是以民事实体法为基础的，比如诉讼主体制度、证明制度、管辖规则等；另一方面，民事诉讼规则的制定必须要考虑实体法的具体规则如何在程序法上

---

① 张卫平. 对民事诉讼法学贫困化的思索. 清华法学，2014（2）.

加以实现，即如何为实体法的实现提供程序保障。

简言之，无论是立法还是司法，抑或法学研究、法律学习，都必须坚持实体与程序统筹兼顾的法律思维。

（一）民法与民事诉讼法的内涵与交互作用

如前所述，民法与民事诉讼法的紧密联系，要求我们必须将两者结合起来加以考量。民法与民事诉讼法的调整对象不同，作用各异，但两者均是法院裁判不可或缺的依据，对民事纠纷的解决共同发挥着规范作用。正是两者在诉讼程序中的交互适用赋予法院裁判正当性。

1. 作为实体法的民法

作为实体法的民法，是调整市民社会平等主体之间的人身关系和财产关系的法律，属于基本法的范畴。具体而言，民法是私法，没有公权力的介入，其调整的是平等主体之间的权利义务关系，凡是参与民事法律关系的主体，在法律地位上一律平等；民法是市场经济的法，民法所调整的财产关系主要是财产归属关系和财产流通关系，民法是市场交易的基本遵循；民法是权利法，民法体系的构建以权利为逻辑起点，通过对权利的确认和保护实现主体的价值。

民法作为调整市民社会生活关系的基本法律规范，首先是行为规范，具有确立民事主体生活规则和市场交易规则的功能[①]，并以此形成良好的社会秩序；其次是裁判规范，指引法院对有争议的民事法律关系作出裁判，确认权利、定分止争，通过诉讼由法院释法以矫正被扭曲的私法关系，回归正常的私法秩序。由此，民法作为民事主体的行为规范和法院的裁判规范，构建了民事主体人身权益和财产权益的基本体系，指明了民事主体合法权益受侵害时的解决机制，建立了有序的财产归属和交易流转秩序。

民法作为规范私人之间行为的准则，确立了个人行为的边界。民法从权利义务范畴出发，通过规定民事主体实施相关行为的法律规范，确立符合国家维护稳定的社会生活秩序、经济秩序的标准，民事主体也可以通过预见其实施的民事行为可能发生的法律效果的方式采取合法的手段实现自己的利益。当民法所调整的私法秩序出现问题，合法权益受到不法侵害，关于权利义务发生争议时，正常的经济交易、财产流通、人身关系等社会秩序会受到影响，社会发展必然受到制约。法律提供多元化纠纷解决机制，通过满足民事主体对自身利益的追求，并赋权国家公权力对私法秩序进行必要的干预，来维护正常的社会发展。民事诉讼即是公权力介入私益纠纷的一种解决机制。通过诉讼程序的运行和诉讼主体的相互作用，法院最终依据民事具体规则对纠纷作出裁决。

2. 作为程序法的民事诉讼法

作为程序法的民事诉讼法，是以民事诉讼程序运行规则和诉讼主体之间的权利义务关系为调整对象的法律。民事诉讼法重点规范法院、当事人和其他诉讼参与人

---

① 王利明，等. 民法学. 北京：法律出版社，2014：5-8.

在诉讼程序中的权利义务，其既规范法院审判权的行使，也调整当事人之间的权利义务，是兼有公法与私法性质的法律。民事诉讼法以审判权和诉权之关系为构建程序规则体系的基础，主要围绕案件的公正有效解决来合理确定法院与当事人、其他诉讼参与人的诉讼地位。作为程序运行的规范，民事诉讼法是实现民法价值和落实民法具体规范的“工具”，民事诉讼法使民法的规范功能通过诉讼程序的运行得以实现。

民事诉讼法作为调整诉讼主体法律关系的法律，首先表现为规范纠纷解决程序的基本运行，在强调不同程序阶段不同功能的基础上又注重不同程序阶段的有序衔接，确保案件事实得到查明，民事实体法律能被准确、有效适用，使当事人获得高效公正的裁判；其次表现为对参与诉讼的各主体程序关系的调整与规范，以明确不同主体的程序性权利义务的范围，划定其在程序运行、审理范围确定、法律适用等方面的权限，确保纠纷的解决既符合私法关系的性质，也能实现公权力对私法秩序的必要干预，更能实现诉讼的公正。

3. 民法与民事诉讼法的交互作用

民法与民事诉讼法均有自己独立的价值，调整和规范不同的主体关系，对于实现程序正义和实体正义均有重要的意义。但两者的关系并不是割裂的，相反两者如同车之两轮、鸟之两翼，在相关内容上存在着交叉，相互补充，相互影响，协同发挥作用，比如，证明责任及其分配：证明责任解决的是，在诉讼程序的最后阶段案件主要事实仍处于真伪不明状态时，如何认定案件事实以及由谁承担举证不能后果的问题。证明责任制度兼有程序性规范和实体性规范：它首先应当在实体法中加以规定，确定请求权人基于某一具体请求权行使权利时应当证明的要件事实，若案件审理时要件事实处于真伪不明的状态，则审判者以此为裁判的法律依据合理分配当事人之间的权利义务。同时，证明责任又是指引某一事实在诉讼中的具体证明活动，承担证明责任的一方当事人，其负有首先向法院提供证据加以证明的责任；在对方当事人对该事实否认的情况下，也有提出反证的责任。如果穷尽所有证据方法，案件事实仍处于真伪不明状态，那么承担证明责任的一方当事人将承担不利后果。

民事诉讼的启动以民事纠纷的存在为前提。民事诉讼法构建了一个公权力介入下的私益纠纷处理的制度场域：法院、当事人、其他诉讼参与人围绕着民事纠纷的解决各自发挥其应有的作用；法院依据程序法的规定审理案件，依照实体法的规定判明权利义务，定分止争，并以司法最终解决原则划定了其与其他纠纷解决方式之间的关系。同时，实体法作为法院在最终阶段作出判决的依据，在诉讼的整个过程中也起着不可或缺的作用：法院受理案件的范围、管辖、诉讼主体、诉讼中的证明责任等，无不与实体法存在密切的关联。简言之，民事诉讼是程序法与实体法相互作用的结果。

（二）民法与民事诉讼法交互作用的基础——诉权

诉权，是当事人基于一定民事纠纷请求法院进行审理和裁判的司法裁判请求权，是国家赋予当事人通过公权力救济民事权益的一种手段。其根据既不是民法的规定也不是民事诉讼法的规定。诉权是以宪法为依据的宪法性权利。

针对诉权存在着“私法诉权说”“公法诉权说”“双重诉权说”等论争，无论是哪一种学说都试图解释诉权的本质和内容，但在众多分歧的观点中，各学说实质上都包含了诉权为请求法院裁判的权利、诉权具有程序性、诉权可以保护实体权利等内容。综合而言，诉权是基于一定的民事纠纷（实体）而产生的司法救济权利，是向法院提出裁判请求并且只能在程序上行使的一种权利，是当事人保护自身权益的基本权能。由此，诉权具有实体与程序双重内涵：一方面，诉权表现为当事人启动诉讼程序的权利，其主张者以适格当事人身份进入诉讼程序以维护自身的合法权益；另一方面，当事人通过行使诉权提出实体上的权利主张。

正是诉权的存在，为民法与民事诉讼法搭建了整合的平台。在当事人行使诉权启动民事诉讼程序后，整个诉讼程序的运行都是民法与民事诉讼法交互的过程：法院对案件受理的审查（民事案件主管）涉及法院受理民事案件的范围，而民事案件正是围绕民事实体法律关系之权利义务争议而形成的；法院对案件的管辖，涉及对民事争议即民事实体法律关系性质的判断；法院审理范围以当事人提出的诉讼标的及诉讼请求为界限，涉及民事实体请求权基础及权利主张；诉讼中的证明及证明责任分配，涉及实体权利的构成要件事实，而民法上的归责原则则成为确定证明对象和分配证明责任的依据；法院对案件的裁判必须以民法规范为依据。

（三）民法与民事诉讼法交互作用的过程——诉讼过程与诉讼状态

民法与民事诉讼法的相互作用贯穿于民事诉讼的全过程，包括从案件起诉受理、法院管辖、审理范围的确定到最终作出判决。民事诉讼法所构建的诉讼程序，为民法与民事诉讼法的相互作用提供载体，为民事实体法提供表达的平台。案件审理的对象——诉讼请求、事实主张、诉讼证明（证据与证明责任）、诉讼请求、判决效力范围等，无不与民事实体法关联密切，而民事实体法在诉讼程序上的表达与实现，也需要相应的诉讼制度来契合，由此构成了由诉讼程序勾连的民法与民事诉讼法相互作用的场域。

1. 民事诉讼案件受理范围所涉的实体法与程序法

民事诉讼案件受理范围，又称法院对民事案件的主管，解决的是对一个案件是否可以适用民事诉讼程序加以审理和判决的问题。因遵循司法最终解决原则，法院应当受理尽可能大范围的纠纷并加以解决。不过这里需要讨论的是，民事案件与行政案件、内部管理纠纷的识别问题。法院主管问题，是一个既关系实体法也关系诉讼法的问题（受理问题）。确定法院主管需要识别纠纷的性质——其是否基于民事法律关系而产生，只有属于民事纠纷，才能适用民事诉讼程序加以审理和判决。这里存在两个问题需要特别注意：

一是民事法律关系与行政法律关系的交叉问题。实践中存在行政机关及其工作人员履行职务时造成他人损害的情形，需要明确其承担的是民事上的赔偿责任还是国家赔偿责任，同时明确行政诉讼与民事诉讼是何种关系。对此，实践中通常按照先行政后民事的程序原则进行处理。

二是内部管理形成的纠纷与民事纠纷的识别问题。比如，大学生与高校的关系就是一个比较复杂的关系，既存在内部管理关系（比如课堂教学管理等），也存在民事关系（比如租用学生宿舍等），还存在行政关系（比如学位授予等）。上述关系无不与案件的实体性质相关联。关系的识别不仅解决案件是否为法律纠纷、是何种法律纠纷的问题，还解决法院是否可以通过民事诉讼程序来对纠纷加以处理的问题。

同时，法院对民事案件的主管还涉及与其他纠纷解决机构针对同一民事案件的处理顺位问题，主要体现为如何安排法院与仲裁机构处理民事案件的先后顺序。根据立法，当事人具有自由选择纠纷解决方式的权利，当事人可以于纠纷发生前或者纠纷发生后基于意思自治选择以诉讼或者仲裁的方式来维护自己的合法权益。不过，诉讼与仲裁通常是择一排斥的关系，除劳动纠纷需“先裁后诉”外，选择了诉讼就不能选择仲裁，选择了仲裁一般来讲也不能选择诉讼，但如果对仲裁的结果有异议，可以通过申请撤销仲裁裁决或者申请裁定不予执行仲裁裁决来维护自身的合法权益，最后当事人仍可以通过诉讼的途径维护自己的合法权益。

2. 诉讼主体所涉的程序法与实体法

一般来讲，民事诉讼主体资格与民事主体资格是相对应的，具有民事主体资格即具有民事诉讼主体资格。民事诉讼中的“当事人”是一个程序上的称谓，案件发生后至诉讼程序开启前，只能称之为“利害关系人”，只有进入案件诉讼程序才有“当事人”这一称谓。与当事人这个程序称谓相关的还有当事人诉讼权利能力、当事人诉讼行为能力、当事人适格和当事人的诉讼地位四个问题，而这四个问题都与实体法存在密切的联系。

（1）当事人诉讼权利能力。

当事人诉讼权利能力，又称当事人能力，是指能够成为民事诉讼当事人，享有民事诉讼权利、承担民事诉讼义务的法律上的资格。当事人能力是法律抽象的直接表达，与具体的案件无关。根据《民事诉讼法》的规定，自然人、法人和其他组织（《民法典》中规定为非法人组织）具有当事人能力。这与实体法规定是一致的，换言之，具有民事主体能力就具有诉讼主体能力。

不过两者也并非完全对应，特殊情况下诉讼主体资格较民事主体资格更为宽泛，比如，村民小组并不具有民事主体资格，但为了更好地解决涉村民小组的民事纠纷，最高人民法院《关于适用〈中华人民共和国民事诉讼法〉的解释》（2022 修正）（以下简称《民诉法司法解释》）第 68 条赋予有独立财产的村民小组诉讼主体地位①，使其具有了作为诉讼主体的当事人能力。

同时，《民事诉讼法》中关于诉讼主体的规范文本也存在与《民法典》不一致的表述。《民事诉讼法》第 3 条将调整对象表述为“公民”“其他组织”等，而《民法典》的表述则为“自然人”“非法人组织”。自然人是比公民范围更广的概念，不仅包括具有本国国籍的人，也包括外国人、无国籍人。非法人组织与其他组织在概念涵摄的范围上一致，通说认为此处仅是立法语言的修改，并非创设新概念。② 实体

---

① 《民诉法司法解释》第 68 条规定：“居民委员会、村民委员会或者村民小组与他人发生民事纠纷的，居民委员会、村民委员会或者有独立财产的村民小组为当事人。”

② 谭启平主编. 中国民法学. 3 版. 北京：法律出版社，2021：141.

法与程序法的协调，要求两者在概念上保持一致，宜在未来修改《民事诉讼法》时对此处表述进行修改。

（2）当事人诉讼行为能力。

当事人诉讼行为能力与当事人民事行为能力不是一一对应的关系。《民法典》第18条规定："成年人为完全民事行为能力人，可以独立实施民事法律行为。十六周岁以上的未成年人，以自己的劳动收入为主要生活来源的，视为完全民事行为能力人。"在实体法上具有完全民事行为能力的民事主体，在诉讼法上同样具有诉讼行为能力。《民法典》第21条、第22条规定，无民事行为能力人，由其法定代理人代理实施民事法律行为；限制民事行为能力人，实施民事法律行为由其法定代理人代理或者经其法定代理人同意、追认，但是，可以独立实施纯获利益的民事法律行为或者与其智力、精神健康状况相适应的民事法律行为。但在程序法上，无论是无民事行为能力人还是限制民事行为能力人，都不具有诉讼行为能力。这主要是因为，诉讼活动较一般的民事活动更为复杂、更为专业，无民事行为能力人或者限制民事行为能力人很难辨别并作出正确的判断，进而实施更合理的诉讼行为。

无民事诉讼行为能力人的诉讼行为，由其法定诉讼代理人代为实施。法定诉讼代理人产生的依据便是实体法上的监护关系，法定诉讼代理人的范围即《民法典》第27条、第28条所规定的监护人。

（3）当事人适格。

当事人适格是一个直接与实体法相关联的程序法概念。当事人适格，是指在具体的诉讼中，作为本案当事人起诉、应诉，并请求法院作出判决的法律资格。当事人适格是一个诉讼要件，不具备当事人适格这一要件，诉将以不具有合法性被驳回。诉讼要件是诉合法的程序要件，包括法院主管与管辖、当事人能力、当事人适格等。当事人适格尽管是一个诉讼要件，但与实体法存在密切联系。

一般来讲，对当事人是否适格的判别，是以实体法为依据的，即以是不是发生争议的民事权利义务关系（法律关系）的主体为标准进行判断，凡是民事法律关系的主体，以该法律关系中的权利义务作为标的进行诉讼的，该主体即是适格当事人。当然，诉讼毕竟以解决纠纷为主要目的，一些特殊案件中并不存在当然的实体法律关系的权利义务主体，通过法律的特别规定，在某些特殊情况下非法律关系主体也可能成为适格当事人：1）对他人的权利或者法律关系依法享有管理权的人，如遗产管理人、遗嘱执行人、破产管理人；2）为保护死者权益而提起诉讼的死者的近亲属；3）公益诉讼中的原告，有关国家机关（检察机关）和社会团体（消费者协会、环保组织）。

《民事诉讼法》第122条关于原告起诉的条件，有两项是确定当事人的条件：第一项是原告是与案件有利害关系的公民、法人和其他组织。其包含两层含义：一是原告应当具有当事人能力，二是原告应当为适格当事人。第二项是有明确的被告，同样包含两层含义：一是被告具有当事人能力，二是被告能够区别于其他主体而被识别和确定。

（4）当事人的诉讼地位。

诉讼地位，是指参与诉讼的有关人员在诉讼活动中所处的位置和作用，包括原告、被告、第三人等。《民法典》在实体法意义上创设了新的主体类型，或者在具体制度中对一些主体的职权或权利义务进行了特殊规定。这些主体的诉讼地位如何，例如，胎儿的诉讼地位、夫妻离婚诉讼中已满 8 周岁的子女的诉讼地位等，有待程序法进行明确。

3. 案件管辖确定所涉的程序法与实体法

（1）级别管辖。

一般情况下，级别管辖与案件实体内容的联系并不紧密，只有在特殊案件中才存在联系，比如，海事海商案件、专利案件等，因为这类案件的级别管辖，通常是与案件的性质即实体法法律关系的性质相关联的。

（2）地域管辖。

地域管辖与案件的性质有密切的联系，案件的性质不同，其管辖的确定依据就不同。比如，身份关系纠纷，通常属于一般地域管辖事由，其确定管辖的依据是当事人的住所地与法院的辖区关系；再如，一般合同纠纷属于特殊地域管辖事由，其确定管辖的依据是当事人的住所和案件的事实与法院辖区的联系；等等。因此，确定案件地域管辖的关键就是要分析、判断涉诉案件的性质，然后根据立法为不同案件所确定的管辖依据来确定涉诉案件的地域管辖法院。

例如，甲与乙因琐事争吵进而发生了打斗，乙将甲打伤。后双方和解，约定由乙向甲赔礼道歉并赔偿其医疗费 2 000 元。之后，乙并未按双方达成的和解协议履行义务。甲拟向法院起诉乙请求赔偿，哪些法院对此案件享有管辖权？回答此问题，需要正确认识该案件的性质。此事件因侵权行为而起，但随后双方和解达成了赔偿协议，从而产生了该案件为侵权纠纷案件还是合同纠纷案件的疑问：如果为侵权纠纷案件。管辖法院为乙殴打甲这一侵权行为地或者乙的住所地的人民法院①；如果为合同纠纷案件，管辖法院为乙的住所地或者和解赔偿协议履行地的人民法院。②由此可以看出，对案件的定性直接关系管辖依据的确定和管辖法院的确定。

1）一般地域管辖：被告住所地。

一般地域管辖确定的依据为当事人的住所地与法院辖区的关系，遵循原告就被告的原则。

例外情况下可以由原告住所地法院管辖。根据《民事诉讼法》第 23 条的规定，对不在中华人民共和国领域内居住的人提起的有关身份关系的诉讼、对下落不明或者宣告失踪的人提起的有关身份关系的诉讼、对被采取强制性教育措施的人提起的诉讼、对被监禁的人提起的诉讼由原告住所地人民法院管辖。

2）特殊地域管辖与专属管辖。

特殊地域管辖，是以当事人住所和案件事实发生地、标的物所在地等作为管辖确定依据的管辖。专属管辖具有强制性和排他性，强调特定性质的案件只能由法律规定的专门法院进行管辖。特殊地域管辖和专属管辖均与案件性质的判断具有紧密

---

① 《民事诉讼法》第 29 条规定：“因侵权行为提起的诉讼，由侵权行为地或者被告住所地人民法院管辖。”

② 《民事诉讼法》第 24 条规定：“因合同纠纷提起的诉讼，由被告住所地或者合同履行地人民法院管辖。”

联系，适用前提均是能将特定纠纷定位为适用特殊地域管辖或者专属管辖的相关案件，根据民事诉讼法的相关规定，适用特殊地域管辖的纠纷共有十类，包括合同纠纷、侵权纠纷、保险合同纠纷、运输合同纠纷、公司诉讼等，适用专属管辖的纠纷包括不动产纠纷、港口作业纠纷、遗产继承纠纷。确定某一案件是否适用特殊地域管辖或者专属管辖最关键的就在于对案件性质作出正确的判定。

3）协议管辖。

协议管辖是民法意思自治原则在诉讼中的体现。根据《民事诉讼法》的规定，在不违反级别管辖和专属管辖的前提下，当事人可以就财产权益纠纷约定由与争议有实际联系的法院管辖，这被认为是“民事诉讼契约化”的体现，保证了“程序的弹性”[①]。在部门法交叉的视域下，协议管辖成为民法与民事诉讼法共享同一原则——意思自治原则的重要例证。

4. 诉讼证明所涉的实体法与程序法的关系

（1）诉讼证明的一般逻辑。

当事人向法院提起诉讼，必然要提出具体的权利要求，即诉讼请求；在提出诉讼请求后，当事人必须向法院提供支持其诉讼请求的事实依据。此处隐含的逻辑关系是：当事人主张享有请求权而能够向对方提出诉讼请求，因此，当事人就必须对其请求权存在的构成要件事实承担证明责任（一般情况），进而需要向法院提出证据加以证明。在查明案件事实的基础上，法院适用实体法规范作出判决，即：诉讼请求→案件事实→证明责任与举证→以该事实为基础的实体规范适用。

（2）诉讼请求与诉讼标的。

就诉讼请求与诉讼标的而言，两者存在着密切的联系，但又有所区别，共同构成法院审理的对象。诉讼请求是当事人向法院提出的具体权利要求，是基于诉讼标的提出的权利主张。诉讼请求使审理对象具体化。比如，甲、乙两公司就一买卖合同发生了纠纷，甲公司向法院提起诉讼，要求法院判令乙公司依合同支付货款；乙公司则反诉甲公司，因甲公司迟延交货请求法院判令甲公司承担违约责任。该诉讼的诉讼标的是甲、乙公司基于买卖合同产生的权利义务关系；甲公司的诉讼请求是乙公司依合同支付货款，乙公司的诉讼请求则是甲公司依合同承担迟延交付的违约责任。甲公司和乙公司的诉讼请求，都是基于双方之间的合同权利义务这一涉案诉讼标的。

于诉讼请求与实体法而言，诉讼请求以实体请求权为基础和核心，以实体法规范为依据。民事诉讼的重要任务之一，正是查明实体请求权成立与否的要件事实。[②]由此，诉讼请求与实体法的联系是显而易见的。

于诉讼标的与实体法而言，诉讼标的与实体法也存在着紧密联系。传统的诉讼标的识别理论，是以实体法上的请求权为依据确定诉讼标的[③]；新诉讼标的理论长

① 石毅鹏，戴金鸣. 民事诉讼程序弹性论. 湖南科技大学学报（社会科学版），2018（4）.

② 张卫平. 民法典的实施与民事诉讼法的协调和对接. 中外法学，2020（4）.

③ 田平安主编. 民事诉讼法原理. 6版. 厦门：厦门大学出版社，2015：217.

期在诉讼法范围内发展，但被学者批评“脱离与实体法关系，难以自圆其说”[①]；新实体法学说则是诉讼标的理论研究回归实体法领域的产物，其以事实关系作为判断实体请求权的标准，进而识别诉讼标的。[②] 可见，诉讼标的这一概念与实体法存在着千丝万缕的联系，其之识别判断以及理论研究都绕不开实体法层面的分析。

(3) 证明对象：请求权基础（法律规范）中的要件事实。

证明对象包括实体法上的事实和程序法上的事实。实体法上的事实又区分为主要事实（直接事实）、间接事实和辅助事实；程序法上的事实涉及范围极为广泛，比如案件的管辖、审判人员的回避、当事人的诉讼行为能力等。在诉讼中，证明对象的确定需要符合以下三个条件：一是该事实对于案件诉讼具有法律意义，二是双方当事人对该事实存在争议，三是需要通过证据加以证明。

诉讼请求以实体请求权为基础和核心，民事诉讼审理查明的实体内容正是实体请求权是否成立的要件事实，而该要件事实正是由实体法的规定来指示的。证明责任的适用针对的是案件主要事实或称要件事实，其作用为：在案件主要事实真伪不明的情况下，因法院不能适用以该主要事实为构成要件的法律规范作出本案判决，对该主要事实承担证明责任的一方当事人应当承担由此带来的不利后果，即承担不利益判决。

(4) 证明责任分配。

1）一般分配（原则）：谁主张，谁证明。

主张者有证明责任，否认者无证明责任，这是证明责任分配的一般规则。关于导致权利发生、权利存在障碍和权利消灭的主要事实，主张这些事实存在的当事人即负有对该事实的证明责任。比如，甲起诉乙要求返还借款，而乙否认借过甲的钱。此时，是否借款的事实即构成证明对象，而该事实是支持原告权利主张的事实，因此，原告甲对借款事实负证明责任。再如，在上述案件中，若被告乙承认借款的事实，但主张该借款已经返还于甲。此时，乙是否已经还款的事实即构成了证明对象，而该事实是支持被告乙所主张的原告甲的权利消灭的事实，应当由被告乙对该事实负担证明责任。

2）证明责任的特殊分配。

证明责任的特殊分配规则，一般由立法和司法解释以列举的方式专门加以规定。以环境污染损害赔偿诉讼为例，《民法典》第1230条规定：“因污染环境、破坏生态发生纠纷，行为人应当就法律规定的不承担责任或者减轻责任的情形及其行为与损害之间不存在因果关系承担举证责任。”就一般侵权损害赔偿诉讼而言，因果关系是构成原告主张侵权行为成立的要件事实（主要事实），应当由原告主张并承担证明责任；但环境污染损害赔偿诉讼中，考虑到双方当事人收集证据的难易程度（离证据远近）、利益平衡等，该项事实的证明责任被分配给了行为人（被告）。

---

① 张卫平．民事诉讼法．5版．北京，法律出版社，2019：197．

② 刘建军，申遇友．回望我国六十年民事审判方式的演进与变迁：以湖南省长沙市雨花区人民法院为视角．法律适用，2009（12）．

随着理论研究的深入，越来越多学者意识到，程序法上的“闭门造车”是难以推进证明责任理论的进一步深化的，采取实体法与程序法交叉视角进行研究是大势所趋。实体法学者也逐渐开始对证明责任的研究投入更多精力，这些研究多以《民法典》的某一具体制度为视角，在具体适用情形中讨论证明责任分配的学理和实践依据，如返还原物请求权要件事实的举证责任分配研究。《民法典》的实施为证明责任的分配提供了体系化的实体法依据，我国在可预见的未来仍将坚持“证明责任规范说”，以实体法的立法目的和宗旨作为证明责任分配的实质性标准。[①]

(四) 民法与民事诉讼法交互作用的结果——判决及其效力

诉讼程序因当事人提起诉讼而开始，经过程序的运行并在民事实体法与民事程序法交互作用下，最终形成了两者结合的产物——民事判决。诉讼程序有利于实现私法秩序的回归，其根据即为民事判决，判决一经作出即发生法律效力，诉讼程序终结，民事权利义务得确定。可以说，对案件作出裁判是诉讼程序运行的目标。

生效民事判决会产生相应的法律效力，包括判决的既判力、判决的执行力和判决的形成力。判决的形成力只存在于形成之诉中，是使原有民事实体法律关系变更或者消灭的一种效力；判决的执行力仅存在于给付之诉中，是指生效判决内容可通过法院执行程序强制实现的一种效力。判决的既判力即生效判决的实质确定力，是指生效判决针对当事人和法院形成的拘束效力，判决内容具有不可争议、非法定程序不得变更的确定效力——对于当事人而言，不得在后诉中提出与该判决内容相反的主张；对于法院而言，不得在后诉中作出与该判决内容相矛盾的判断。

生效判决的既判力，不仅具有实体法上的效力，还具有程序法上的效力。首先，生效判决既判力在程序法上的效力体现在：一是当事人不得就生效判决所确定之内容再次以相同的当事人、相同的诉讼标的和相同的诉讼请求向人民法院提起诉讼，否则构成重复诉讼。二是法院对当事人就已生效判决所确定的内容提起的诉讼，不予受理。此为“一事不再理”。既判力是程序法上的效力，阻断了当事人再行争议并要求解决的程序路径，以保障生效判决内容的确定效力，从程序法上维护判决的确定性和稳定性。生效判决在程序法上的另一个效力，即是裁判认定的事实对后诉的免证效力。根据最高人民法院《关于民事诉讼证据的若干规定》(以下简称《证据规定》)第10条的规定，已为人民法院发生法律效力的裁判所确认的基本事实，无须当事人举证证明。生效判决所确认事实的免证效力表现在两个方面：一是主张该事实的当事人无须举证证明，法院应认定该事实的真实性；二是对方当事人否认该事实的真实性时，则对该事实承担证明责任，提供的证据足以推翻生效判决所确认事实的即可消解免证效力。其次，生效判决实体法上的效力，是指法院对案件所涉及的诉讼标的判断的确定性，体现为：一是当事人不得在后诉中提出与前诉生效判决所确定内容相反的主张，二是后诉法院也不得作出与前诉生效判决内容相矛盾的判决。既判力实体法上的效力，确保了生效判决所确认的私法关系的确定性和稳定性，

① 胡学军. 四十不惑：我国证明责任理论与规范的协同演进史综述. 河北法学，2022 (4).

非经法定程序不得变更，维护了正常的财产交易秩序。从实体法上讲，生效判决既判力的效力范围涉及客观范围和主观范围两个方面。既判力的客观范围，是指前诉生效判决对诉讼标的或者权利主张的判断在什么范围内对后诉产生拘束力。诉讼标的是一个与实体法密切关联的要素，既判力所涉及的诉讼标的范围将对当事人的权利主张和后诉产生重要影响。既判力的主观范围即生效判决拘束主体的范围，除当事人受生效判决既判力的拘束外，案件结束后当事人实体权利义务的承继人也属于生效判决既判力拘束的主体范围。

（五）民事诉讼法与《民法典》的协调与对接

《民法典》的颁布对我国的法治建设具有划时代的意义，同时也深刻地影响着民事诉讼法理论和实践的未来走向。《民法典》当中更新的诸多制度，需要程序法及时跟进，以确保《民法典》制度设计的初衷和权利保护的功能得到实现。“及时跟进”的要点有二：一是确保民事诉讼法与《民法典》的规定协调一致。此处的一致，包括表述、概念、原则和精神、具体制度等方面的一致。二是实现民事诉讼法与《民法典》的对接。此处的对接，是指通过对民事诉讼法的具体制度进行设计为实体法的制度提供实现路径。

民事诉讼法与《民法典》的协调与对接在宏观上体现为民事诉讼目的、民事审判方式与《民法典》的协调与对接，以及《民法典》创设的主体类型和对某些主体的特殊规定对民事诉讼理论和实践提出的跟进需求。民事诉讼目的回答的是“民事诉讼法制度为何设立”的问题。[①] 民事诉讼目的论与诉权论、既判力本质论被并称为“民事诉讼法学基础理论的三大基本问题”。在不同时期产生了不同的民事诉讼目的论：最初为自由资本主义时期的私法权利保护说，该说主张既然国家垄断了权利的救济，那么民事诉讼的基本目的就是保障私法权利；而垄断资本主义的私法秩序维护说则认为民事诉讼的目的在于维护社会公共利益，维持安定的私法秩序；此外，还有纠纷解决说、程序保障说和权利保障说等具有影响力的学说。

民事审判方式突出的是一种相对稳定、更为宏观的审判行为模式。[②] 有学者总结了我国民事审判方式的历史演进，大致呈从马锡五审判方式、“一步到庭”审判方式到和谐诉讼审判模式的发展脉络。[③] 民事目的论处于民事诉讼理论体系的顶端，是实体和程序交叉融合的首要问题。民事司法改革，也是在《民法典》实施背景下，相比修订民事诉讼规范文本更为灵活、更为高效的实体法与程序法协调方式。在实体法依据有所缺失的时代背景之下，我国更加强调纠纷解决的民事诉讼目的论，在民事审判方式上也采取大量运用调解来模糊事实和法律问题的方法，以求抽象解决纠纷。《民法典》的实施，成为民事诉讼法回归权利保护目的、转向以实体请求权及要件事实为中心的审判方式的契机。

---

① 田平安主编. 民事诉讼法原理. 6版. 厦门：厦门大学出版社，2015：47.

② 张卫平. 民法典的实施与民事审判方式的再调整. 政法论坛，2022（1）.

③ 刘建军，申遇友. 回望我国六十年民事审判方式的演进与变迁：以湖南省长沙市雨花区人民法院为视角. 法律适用，2009（12）.

《民法典》与民事诉讼法的协调与对接在微观上也体现在诸多方面，此处举两例。

其一，以代位权制度与债权执行制度的协调与对接为例。《民法典》对代位权制度进行了较大幅度的完善，但也针对程序法领域的债权执行制度提出了几大理论问题。[①] 一是债权执行制度与代位权制度的关系。有学者认为代位权制度构成了债权执行制度的实体法基础[②]；还有学者则认为债权执行制度是独立的制度，相较代位权制度，其要件较松、客体较宽，适用更为灵活。二是债权执行制度的正当性基础。由于债权执行制度是在次债务人未于法定期间提出异议的情形下，由执行法院裁定对其强制执行，有必要对法院无须另行诉讼而径行向次债务人执行的正当性进行论证。三是是否应在《民法典》规定代位权制度的同时，另行于《民事强制执行法》规定债权执行制度，即使承认债权执行制度的独立性，承认债权执行与代位权制度存在着区别，将两者并行规定仍然有叠床架屋之嫌。有学者认为，无须单独规定债权执行制度，只需规定申请执行人在认为次债务人的异议不成立时有权提起代位权诉讼即可。

其二，以人格权禁令与行为保全制度的协调对接为例。对此，学界的讨论集中于两个方面。一是人格权禁令和行为保全的关系，有学者认为，人格权禁令无须依托人格权诉讼而独立存在，这构成人格权禁令和行为保全制度的区别之一；亦有学者认为行为保全和人格权禁令实质上是同一制度在实体法和程序法层面上的投影，两者并无本质区别。二是于人格权禁令的程序法实现，有学者主张增设一种独立于普通诉讼程序的、具有实体性质的、终局性的裁决程序。[③]

民事诉讼法与《民法典》的协调对接是全方位、系统化的复杂工程，需要对实体法与程序法互动的各个环节进行检视，深化理论研究，推进法制更新。民法和民事诉讼法不断发展，二者的协调与对接也将成为实体法与程序法研究的长期重要议题。

二、民法与民事诉讼法的学习方法

法学是实践之学，教学的最高目标在于学以致用，处理实际问题。以往教材编纂存在民事实体法与民事程序法分隔的“孤岛现象”，这与我国法治实践中和理念上“重实体，轻程序”的传统不无关联。随着法学研究的深入，特别是《民法典》的编纂与实施，民事实体法与民事程序法彼此间不可割裂的内在联系不断被发掘，两学科间联动与整合程度日益提高，形成了学科间的动态互动与彼此关照。为破解教材编纂及课程教学中民事实体法与程序法分隔的困境，本教材以运用基本理论解决司法实践难题为鲜明特色，将对涉社会主义核心价值观的典型案例的分析研究贯穿教材全过程，突出锻炼学生的思辨能力和逻辑思维能力，强化学生对运用法律知识的领悟能力。

---

① 任重. 民法典的实施与民事诉讼目的之重塑. 河北法学，2021 (10).

② 谭秋桂. 对债权执行制度的反思与建构重构. 人民司法，2021 (10).

③ 郭小冬. 人格权禁令的基本原理与程序法落实. 法律科学（西北政法大学学报），2021 (2).

（一）本教材的篇章结构

本教材是以“问题为导向”的“实体/程序交叉统合”，按两法原则和精神层面协同一致、两法原则和制度层面协同一致、程序法对实体法缺失补足的基本思路编写。除绪论外本教材共分为六编，每编下设不同专题。

1. 请求权与诉讼标的

本编以“请求权竞合——诉讼标的选择”“诉讼标的与重复起诉的识别”“部分请求”三个专题探讨了请求权与诉讼标的的内在关联。请求权是一种救济性权能，其产生总是基于一定的法律关系，只有基础法律关系的实现有被妨碍之虞，请求权方可行使。与请求权联系最为紧密的诉讼法概念即是诉讼标的，以及基于诉讼标的产生的诉讼请求。对诉讼标的的识别判断与理论研究都绕不开实体法层面的分析，诉讼请求作为基于诉讼标的提出的权利主张，以实体法规范和实体请求权为基础和核心，查明实体请求权成立与否的要件事实正是民事诉讼的重要任务之一。本编通过对请求权竞合的诉讼法应对、重复诉讼的认定、部分请求的处理等诉讼理论与实体法理论的一体化研究，从而保障民法中的实体请求权均能顺利、妥当、有序地实现。

2. 民事法律关系与主管和管辖

本编分为“民事权利救济与法院主管和管辖”“自然人住所与管辖”“法人住所与管辖”“涉不动产专属管辖”四个专题。《民法典》确定了民事权利的种类和内容，但在权利产生争议时，便需要民事诉讼实现民事权利的救济。在我国，不同性质的法律纠纷适用不同的诉讼程序。在涉及具体纠纷的裁判时，法院需首先明确纠纷性质，明确为民事法律关系方面的争议，法院应当适用民事诉讼程序。民事法律关系主体与客体在具体法院管辖方面发挥着重要的作用，自然人、法人、非法人组织的住所与交易不动产的所在地均是确定民事诉讼管辖的重要标准。

3. 民事主体与民事诉讼当事人

本编分为“非法人组织责任”“用人者”“监护人”“多数人之债”四项专题。在非法人组织的程序表达问题上，《民法典》正式使用了“非法人组织”的概念，并且明确了其含义、设立条件、解散与清算等实体规范，民事诉讼法中也应该有对应的调整，并就非法人组织的当事人适格问题予以明确。在用人者主体的程序表达问题上。用人者责任中，在明确行为人或者用人者承担侵权责任的理论基础、构成要件等实体法问题基础上，本专题围绕用人者责任的共同诉讼问题展开。在监护人主体的程序表达问题上。监护人与被监护人之间如何承担侵权责任，诉讼中有迥异的观点与做法，本专题在厘清《民法典》相应规定之内涵的基础上统一相应的诉讼规则。在多数人之债问题中，多数人之债的诉讼程序构造复杂，牵涉诉讼类型确定，关联诉讼当事人的选择。本专题明确《民法典》多数人之债的有关规范并结合《民事诉讼法》中多数人之债的诉讼规定，妥善安排多数人之债的诉讼程序。

4. 要件事实与证明

本编分为“要件事实与证明责任分配”“不当得利请求权的证明”“违约金过高

的证明”“损害赔偿额的酌定”四个专题。本编首先对要件事实和证明责任进行总括介绍，然后选取实践中三类典型案件，运用民法原理，分析民事权利规范的构成，明确民事权利构成与要件事实之间的关系，在证明责任分配一般原则的基础上，重点厘清特殊要件事实的证明，从而使证明责任的具体分配更加清晰和具有可操作性。

5. 特定类型实体权利的程序实现

本编分为“债权人代位权诉讼”“债权人撤销权诉讼”“人格权禁令制度”三个专题。性质各异的民事实体权利，必须要有恰当、合适的民事程序与之相辅。对代位权的行使问题，本专题从代位权在实体法上的立法价值、构成要件、权利行使方式等出发，厘清代位权的行使方式。对撤销权的行使问题，本专题重点研究债权人撤销权诉讼的规则构建、举证责任分配、判决效力等问题。对多数人债权的行使问题，本专题重点研究诉讼构造、内部追偿等问题。人格权禁令制度横跨民事实体法与程序法两大领域，涉及的问题众多而复杂，本专题在分析人格权禁令的实体问题和程序问题的基础上，比较人格权禁令与现行有关制度，明确人格权禁令的适用程序属性、申请要件、外部衔接等程序实现机制。

6. 民事执行

本编分为“执行的一般规则——以金钱债权执行为例”“‘名实不符’的股权归属与执行”“对第三人到期债权执行”三个专题。诉讼与非讼是民事权利行使和确定的程序，执行程序则是确定权利的实现程序。本编选取作为民事执行基本程序的金钱债权执行为首个专题，重点介绍执行主体变更和追加、查封效力、拍卖变卖的效力认定、参与分配顺序确定、执行救济等实体法与程序法交叉问题。在涉及无形财产问题执行上，专题二选取了“名实不符”的股权归属与执行问题，在明确股权变更、股权代持的实体法问题基础上，阐述“名实不符”股权强制执行的一般程序以及“名实不符”股权执行异议中的价值衡量。对第三人到期债权执行，专题三重点厘清了实体法中第三人的“责任财产”范围，解决了第三人债权执行性质、执行依据、执行债权人的救济等程序法问题。

（二）本教材的学习方法

本教材旨在以学生专业素养和价值形塑相融合的双重实现为目的。为此，本教材通过价值塑造、知识学习、能力养成三方面学习方法的引导，使学生自主、高效、融贯地使用教材并实现自我能力提升。

1. 关于价值塑造

其一，自主穿梭于实体和程序交融的知识机理之中，实现法律人多元、综合的职业观孵育。在该种多元、综合的职业观塑造上，首先必须摒弃单一的机械地对案件所涉事实作实体与程序区分的思维惯性。例如在（第四编）“要件事实与证明”问题上就“违约金过高”事宜，应充分地以违约金纠纷案例涉及的实体法基本原理——违约金的制度功能、过高的判定标准、酌减机制——为起点或参考，向案件所关涉事实的违约金过高证明责任的程序法定位、审判中法院酌减释明权的行使等环节进发，据此完成实体与程序认定的交相呼应；再如面对（第六编）“‘名实不符’的股权归属与执行”问题时，先期应对名实不符的股权利益归属与变动机理形成前提性厘定与认知，再应对处于程序法末端利益确定意义上名实不符的股权执行程序予以观照，以此在“实体与程序”的知识交融中来回穿梭和往返，继而完成对案件事实与裁判预期的一体化、综合化认知，同时完成自我全景式综合职业观的塑造。

其二，自觉通过案例实践与理论阐释的联动逻辑理路，完成法律人角色感、责任感与使命感的再形塑。在诸如涉“监护人责任”“用人者责任”“债权人代位权诉讼”“人格权禁令”等的真实案例的情景化抑或拟真化引入时，首先应深刻体悟纠纷案件的发生根源、涉案当事人利益的关切点和痛点以及当事人激烈的请求权对抗中最终的利益追求与旨归。其次，在案例牵引之下进一步向各类型序列下实体法层面上的责任设置法理依据、历史动因、社会效果、制度机理等，以及程序法维度上责任的具体划定、抗辩、承担及履行等双向理路进发，以此感悟规范背后法律人所应秉持的逻辑要义、制度取向与价值追求，从而实现自我法律人角色化的塑造、责任感的担当与使命感的履行，继而真正实现习近平总书记所殷切期望的“求真理、悟道理、明事理”的德才兼备、德法兼备的法治人才培养。

其三，自发养成对社会主义核心价值观的多维度认知，完成法律人家国情怀的各环节、多场域、全过程式涵养。学习不仅仅是专业技能的形塑，更应当是德法兼修的全方位塑造。在面对诸如“民事权利救济与法院主管和管辖”专题中的“悼念权”纠纷时，应对中华民族优秀传统孝道文化予以深入理解和感受，并探究道德化典范入法的必要性与可行性；在面对“特定类型实体权利的程序实现”编中的“人格权禁令第一案”时，应当对该案例充分践行《民法典》“弘扬社会主义核心价值观”的立法目的予以深思；当置身于“民事主体与民事诉讼当事人”编时，应多角度转换自我不同身份以领悟各类民事主体在理论与实践中所遭遇的困境，了解各类制度的立法价值等，即通过案件的多维面向来反向对标、检索和再认知社会主义核心价值的存在维度、功能与价值追求，继而感悟不同场景、不同身份、不同情景下的个体追求。

2. 关于知识学习

其一，以理论和实践双向进发的导学步骤，搭建民法和民事诉讼法一体化知识学习体系。每专题项下设“案例导入、基本原理、法官释法、类案练习、知识拓展”几部分内容。在“案例导入”部分，通过案例和实践性的教学材料，在具体情境中应用所学的法律知识，将理论知识与实际案例相结合，同时注意案件所体现的社会主义核心价值观的特性，坚定自身的政治认同。在“基本原理”部分，对章节所涉及的民法、民事诉讼法学基本原理进行梳理，系统回顾专题知识体系、理论新发展、实践热点和难点以及重点知识，并在夯实知识基础的同时开始向以案例为导向的实践能力过渡，为专题问题的解决奠定理论基础；在“法官释法”部分，以法官视角剖析专题导入的典型案例，归纳案例争议焦点，详解裁判思路，条分缕析裁判结果；在“类案练习”部分，针对选取的2～3例司法实践中的典型类案，并结合本专题讲解的理论和实践知识的内容进行实务练习，自主剖析案件所涉实体与程序问题，在巩固相关专题知识点的同时锻炼分析和解决实务问题的能力，达到举一反三，知识升华的目的；在“知识拓展”部分，针对本章所学知识，通过提出相关问题、阅读文献拓展部分内容校验自身对相关知识的掌握程度。至此，通过上述民法与民事诉讼法协同实施的双向学习步骤，自觉从民法与民事诉讼法的基本精神和理念出发，把握民法和民事诉讼法基本概念、规则，养成规范科学之思维方法，铸就合理的法律知识结构，最终涵养自身对社会主义核心价值观的理解，同时实现对中华优秀传统文化、法治文化的自觉遵守。

其二，将请求权基础分析法与民事诉讼案件相结合，融入民事一体化学习过程中。在这个过程中首先要形成查找请求权规范的基础思维，然后结合案件诉讼推进具体流程，将民事裁判方法融入民事一体化学习中。

明确请求权基础分析法的基本内涵。请求权基础分析法的核心是“谁得向谁依据什么请求什么”，即权利人依据何种法律规范得向何义务人提出何种主张。权利人所依据的法律规范即请求权基础，如在买卖合同中，出卖人对买受人所享有的支付价款请求权得在买受人拒不履行义务时予以主张。此分析法在个案中的运用首先需要确定大前提即请求权基础规范，其次判断小前提即案件事实可否涵摄（归入）该请求权规范的构成要件，最后得出结论：若案件事实满足请求权基础规范的构成要件，则案件当事人的请求权成立；若欠缺任一构成要件，则不产生相应的请求权。《民法典》作为体系化的实体权利义务根据，为司法实务中的“三段论”推理提供了最基本的前提条件。推动诉讼的主要过程始终围绕确定请求权、探寻请求权基础规范以及证明请求权要件事实展开，实现程序法与实体法的有效贯通和连接。

将请求权基础分析法与民事诉讼程序法相结合，融入民事一体化学习过程当中。我们可通过以下三方面学习请求权基础分析法与民事诉讼程序法的关联。一是，注重请求权与诉讼标的一体化研究。要明确诉讼标的与实体请求权息息相关，民事实体请求权基础及权利主张，是沟通实体法与程序法的重要桥梁。例如，在对“请求权与诉讼标的”这一专题学习过程当中，要注意请求权竞合引发的重复起诉问题，厘清请求权与诉讼请求等问题。二是，注重民事主体与民事诉讼主体的关系。请求权基础分析法中，民事权利主体能够向他人提出请求权。一般情形下，民事诉讼主体与民事权利主体两者密切一致，具有民事主体资格即具有民事诉讼主体资格。但需要关注在“民事主体与民事诉讼当事人”一编中列举的特殊情形下民事权利主体的诉讼地位。三是，注重从请求权体系出发对要件事实进行研究。在“要件事实与证明”一编，首先需要明确要件事实是推动民事实体法与程序法对话、沟通的桥梁。从诉讼层面而言，当事人向法院提出一定的请求权主张，该请求权能否得到证明的关键在于与法律要件相符的要件事实是否成立。通过对请求权之要件事实进行类型化检视，梳理不同权利规范所包含的要件事实，同时对过往以纠纷解决为首要目的的民事诉讼审判方式进行审视，最终形成以实体请求权及其要件事实为审理中心的民事一体化裁判模式。其次，民事诉讼中的举证责任、证明责任等制度均是依据实体法规范、围绕要件事实而展开。《民法典》的制定实现了请求权的体系化建设，为证明制度提供了实体法基础，相应地，诉讼法也应当就证明责任和分配原则作出明确规定。

3. 关于能力养成

学科壁垒的存在与两栖思维的缺失，导致民法与民事诉讼法之间存在着一定的脱节。2017 年开始全国法律专业学位研究生教育指导委员会提出合并民事实体法与民事程序法教学，将原本“民法学”与“民事诉讼法学”两门课程合并为“民法与民事诉讼原理与实务”一门课程。但现在课程学习多重教授概念、原则、规则的“原理论”，轻实践能力为核心的“适用论”。学习法学知识、原理固然重要，但太偏重理论学习，难免泛泛而谈，过于强调实践运用，也可能陷入工具主义的泥沼。民事一体化学习需要在养成民事实体与程序一体化思维能力基础上进一步实现民事权利救济理论向实践转化能力的养成。

（1）民事实体与程序一体化思维能力的养成。

在分析民事案件的时候，若单纯考虑民事实体问题或民事程序问题，未能全面一体化分析案件，则会导致学习中顾此失彼，学习效果大打折扣。为此，可以理论实践双向溯源模式，打通民事实体法与民事程序法间的阻隔点，培养民事实体与程序一体化思维能力。

其一，在通览教材并形成对教材的篇章结构的体系性认知的基础上，提出对教材内容的困惑点，以供课堂学习时针对性提问或理解。

其二，以研析课程案例为起点，触发自身对案件所涉实体与程序问题的初步思考。教材编写吸纳实务部门人员的参与，大量职业化实训案例被纳入教材体系，在研析案例时要具有实践生活的代入感，进而在案例思考初期即注重对实体与程序问题的双向思考。

其三，以对案例所涉的民事实体法和民事程序法基础原理的全面学习，解答关于案例思考问题的困惑，同时巩固思考案件的程序与实体一体化思维。

其四，需要置身于法官审判的全过程，体会法官如何将民事实体规范与民事程序规范运用到具体案件中，如法官如何确定当事人适格，如何确定是否追加当事人，如何分配案件要件事实的证明责任等，并反思自身在前两个环节所考虑的问题与学习的基础理论，进一步强化民事实体与程序一体化思维能力。

其五，通过类案练习强化以上案件分析、理论学习、裁判思索的全过程，增强自我研究能力，总结经验、发现不足，全面巩固民事一体化思维。

（2）民事权利救济理论向实践转化能力的养成。

法律的生命力在于实施，我们需要养成民事权利救济理论向实践转化的能力。在培养该能力的过程中会面临两个难题：一是，实践教学环节弱化与缺失。二是，信息化资源检索运用能力训练不足。理论向实践的转化需要具备丰富的理论储备，然而当前学习资源丰富，往往难辨资源良莠。由此可能导致学习完整度低，专业训练难以进行，“知行转化”受阻。

针对以上两个问题，其一，可组建学习小组，将教材中从实务中提取的涵盖不同领域的法律实践案例剧本化，通过扮演案件当事人、法官等不同角色，模拟冲突真实场景，切实将民事权利救济理论运用到实践训练中。同时不可忽视本教材每章所设“类案练习”环节，在吸收整合本章学习重点后，应自觉分析类案，在巩固基础知识的同时强化实践，还可根据类案自主搜寻并建立相关案件数据库，强化对海量案例的甄别选择、理解与运用。其二，以“知识拓展”内容文献为范本，习得甄选学习资源的建构性学习能力。“知识拓展”部分针对性列举与当前专题知识点相关的权威文献，应在主动完成权威文献阅读的同时以这些文献为范本，检索数据库中的关联文献，建立关于专题知识点的权威文献资料集。除学习与专题知识点相关文献外，还需利用各类文献数据库广泛涉猎经济、政治、哲学、社会等方面的知识，充分吸收法理学、法哲学与法社会学方面的知识，为培养民事权利救济理论向实践转换的能力养成储备丰厚的知识资源。

第一编　请求权与诉讼标的

专题一　请求权竞合——诉讼标的选择

一、案例导入

（一）案情介绍[①]

电子学校与华机公司在2001年9月6日至2004年2月15日间先后签订了五份租赁合同，约定由电子学校租用华机公司场地，电子学校支付租金。从2006年10月起，华机公司在每月实际用电量基础上向电子学校加收20%用电线路损耗费。2006年12月30日，电子学校致函华机公司，认为华机公司在每月实际用电量基础上加收20%用电线路损耗费不合理，电子学校不能接受。因电子学校没有按时支付租金、水电费，华机公司曾于2007年1月17日至2008年8月27日间多次向电子学校发出催款通知，电子学校仅支付部分租金、水电费给华机公司。华机公司以电子学校不支付水电费属严重违约为由，于2007年6月19对电子学校承租的场地停止供电。

2012年2月14日，电子学校向一审法院提起房屋租赁合同纠纷诉讼，请求法院判令华机公司赔偿因其违法断水断电给电子学校造成的经济损失33 122 009元，包括：（1）自停水停电之日至合同期限届满尚剩四年半的学杂费纯收入29 011 783元；（2）在租赁场地投入的基建费用1 938 175元；（3）学校解散后支付留守工作人

---

① 案件详细情况主要请参见广西壮族自治区梧州市中级人民法院（2013）梧民二初字第11号民事判决书、广西壮族自治区高级人民法院（2015）桂民一终字第22号民事判决书与最高人民法院（2016）最高法民申1439号民事裁定书。

员工资 817 111 元；（4）在断水断电后电子学校购买发电机发电以及为学生生活用水支出买水费用共 35 984 元；（5）依据生效判决，电子学校应支付的租金共 1 318 992 元。一审法院经审理后，于 2012 年 8 月 10 日作出（2012）梧民三初字第 4 号民事判决书，判决驳回电子学校的诉讼请求。电子学校对该判决不服，提起上诉。广西壮族自治区高级人民法院于 2012 年 11 月 8 日作出（2012）桂民一终字第 58 号民事判决书，驳回上诉，维持原判。电子学校不服，向最高人民法院申请再审。最高人民法院于 2014 年 4 月 29 日作出（2014）民申字第 82 号民事裁定书，裁定驳回电子学校的再审申请。

电子学校以华机公司构成侵权为由于 2013 年 10 月 15 日将华机公司诉至一审法院，提出了六项请求。第一项请求为“华机公司赔偿因断水、断电、锁大门等侵权行为导致电子学校停止办学和不能搬迁而造成的巨额经济损失 57 276 888.75 元”，后五项与前述房屋租赁合同纠纷诉讼中的请求一致。一审梧州市中级人民法院作出的（2013）梧民二初字第 11 号民事判决书认为，电子学校提起的六项赔偿请求中，除第一项请求外，第二至第六项请求属于重复诉讼，在本案中不作审理。当事人不服，提起上诉。二审广西壮族自治区高级人民法院通过（2015）桂民一终字第 22 号民事判决书认定，本案属于重复诉讼，不予审理。电子学校不服，向最高人民法院申请再审。最高人民法院（2016）民申 1439 号民事裁定书裁定驳回再审申请。

（二）案例思考

本案构成请求权竞合吗？如果构成请求权竞合，根据现行《民法典》的规定，一方的违约请求权未被支持时，其侵权请求权为何不能被支持？基于不同请求权基础而行使的请求权，为何还会构成重复起诉？

二、基本原理

（一）实体法疑难问题精讲

就实体法而言，上述案例主要涉及请求权竞合问题。请求权竞合是一个非常不明晰的概念。从字面含义看，请求权竞合仅指一个生活事实引发的纠纷中有两个以上的请求权都满足构成要求，但权利人只能实现数个请求权中的一个。王泽鉴教授言：“所谓请求权竞合，是指以同一给付目的的数个请求权并存，当事人得择一行使，其中一个请求权因目的达到而消灭时，其他请求权亦因目的达到而消灭；反之，就一个请求权因目的达到以外之原因而消灭（如罹于时效）时，则仍得行使其他请求权。”[①] 然而，请求权并非原权，只是原权的救济权，因而请求权产生必然以具有产生原权的基础法律关系为前提。因而，请求权竞合主要指请求权基础的竞合。所谓请求权基础的竞合，实则为各个法律关系的竞合，其在排列组合上有诸多组合方式。以返还原物为例，有基于权利的返还原物请求权，也有基于占有事实的返还原

① 王泽鉴. 民法思维：请求权基础理论体系. 北京：北京大学出版社，2009：131 页以下.

物请求权。基于权利的返还请求权，又可以被分为基于物权的返还原物请求权和基于债权的返还请求权。基于物权的返还请求权，可以是基于所有权的也可以是基于用益物权与担保物权的返还请求权。在基于债权的返还请求权中，如果侵权或不当得利的对象为物且物存在，权利人同样可以基于侵权或者不当得利而请求返还原物。若不严格限定概念，请求权竞合将会宽泛无边，不能确定。基于此，我国法律只对违约请求权与侵权请求权的竞合进行了规定。下文讨论的请求权竞合，仅指违约请求权与侵权请求权的竞合。另外，还需说明的是，请求权竞合与责任竞合实为同一事物，只是阐述方面不一样。在义务人未履行或者未适当履行义务的情形下，权利人即可请求义务人承担责任，此时的请求权竞合即为责任竞合。由于违约责任承担方式与侵权责任承担方式不尽相同，如违约责任下非违约方可以请求违约方继续履行，与侵权责任下请求停止侵害与排除妨碍等责任承担方式相比具有独特性，因而竞合的必然是可以重叠的责任方式，一般而言仅指损害赔偿上的责任竞合。

有关请求权竞合的学说，大致有以下四种。[①]

第一，法规竞合说。该说认为一个生活事实可以同时引发多个法律规范，产生法律规范之间的竞合，通过法律适用规则最终确定适用某个法规，从而只产生一个请求权。严格而言该说不属于竞合理论，因为竞合理论的前提是一个事实引发两个平行适用的规则，当事人只能选择一个。根据法规竞合说，虽然一个事实符合多个法律规范，但多个法律规范之间并非平等适用关系，而是可以通过特别规则优先一般规则等法律适用原则排序，从而在适用上具有先后顺序。因此，法律规范会通过内部适用规则抉择出最终的适用规范，排除法律规范之间竞合的可能。

第二，请求权自由竞合说。该说认为，同一事实可以引发多个法律规范，由于法律规范之间适用上的平等性，会产生多项请求权。权利人享有组合这些请求权的自由，即可以择一行使、同时行使或先后行使。但只要一个请求权获得满足，其他请求权即消灭。如果行使的请求权未获满足，则可以继续行使其他请求权。该说对权利人最为有利，使其可以完全根据自己意思充分利用各项请求权以实现自己最大利益。该说的弊端有二：其一为权利人不受节制地行使权利带来的重复给付；其二为多次诉讼而挤占司法资源，不符合一次性解决纠纷的理念。另外，该学说因为语言的模糊性还会带来难解的弊端。多个法律规范当然可以产生多项请求权，但一项法律规范也可以产生多项请求权，如违约之诉中因违约方延期履行而产生的继续履行请求权与损害赔偿请求权，侵权之诉中的停止侵害请求权、恢复原状请求权与损害赔偿请求权等。由于未将请求权限定在法律规范下，不同法律规范之间以及同一法律规范中都可能产生请求权竞合。

第三，请求权相互影响说。该说承认一个事实可以产生多项请求权，但不认为可以重复或同时行使各项请求权，而只能择一行使，且行使过程中各项请求权之间相互影响。所谓相互影响是指，权利人行使违约请求权时可以主张侵权法上的规定，

---

① 关于请求权竞合与诉讼标的的学说介绍，可以参见李磊. 请求权竞合解决新论：以客观预备合并之诉为解决途径. 烟台大学学报（哲学社会科学版），2016（4）。

反之亦然。比如，在《民法典》出台前，《合同法》并未规定违约责任方需要赔偿精神损害，但根据请求权相互影响说，在行使违约请求权时非违约方可以主张侵权法上的精神损害赔偿。该学说虽然能最大限度地为权利人考虑，但也会带来适用上的难题：请求权的行使受到基础法律规范的严格限制，无视基础法律规范之间的差异而随意适用，容易导致法律规范体系的紊乱。

第四，请求权规范竞合说。该说认为，虽然同一个事实可以同时引发数个法律规范，但最终只能适用一项法律规范，根据该规范的法律后果进行处理即能实现权利人目的。其基本逻辑是：（1）一个事实同时引发了多项法律规范，多项法律规范之间并无适用上的先后顺序；（2）权利人只能实现一项请求权；（3）请求权产生于特定法律规范；（4）根据最有利于权利人原则，让权利人自行选择法律规范，进而通过法律规范确定请求权；（5）一旦选择，权利人利益则通过这一法律规范下的请求权实现，其他法律规范及其请求权不再适用。可见，请求权规范竞合说存在法律规范竞合，并且竞合的不是请求权而是法律规范，以此区别于法规竞合说和请求权竞合说。在请求权规范竞合说下，权利人不能自由选择请求权，只能选择法律规范。一旦法律规范选定，基于法律规范产生的请求权也就确定，因而请求权规范竞合说不涉及同一法律规范内部的请求权竞合问题，也不可能让不同法律规范下的请求权相互影响。因其解释上的相对严谨性，请求权规范竞合说目前为请求权竞合理论中的通说。

在我国的立法上，《合同法》第 122 条曾规定："因当事人一方的违约行为，侵害对方人身、财产权益的，受损害方有权选择依照本法要求其承担违约责任或者依照其他法律要求其承担侵权责任。"《民法典》第 186 条规定："因当事人一方的违约行为，侵害对方人身权益、财产权益的，受损害方有权选择请求其承担违约责任或者侵权责任。"较之于《合同法》，《民法典》只是进行了文字处理，并未改变内容。是选择违约责任还是侵权责任，前提是要进行违约与侵权评价，要构成合同关系中的违约关系与侵权关系。据此，《合同法》与《民法典》采纳的是请求权规范竞合说，因为首先选择的是法律规范，进而依据这一法律规范行使请求权。既然为选择，就只能择一行使。选择权作为形成权，选择的意思表示到达对方当事人时即发生选择效果。不过，作为实体法规定，《民法典》第 186 条未考虑诉讼程序要求，这主要体现在选择权行使时间上。如果庭审中原告突然行使选择权甚至在获得生效判决后行使选择权，就会严重扰乱审判。因此，如何具体规范选择权，不仅仅是一个实体问题，还是一个程序问题。但《合同法》对此仅仅作原则性规定，至于对如何行使选择权则并未具体化。为了解决这一问题，最高人民法院《关于适用〈中华人民共和国合同法〉若干问题的解释（一）》（以下简称《合同法解释一》）第 30 条规定："债权人依照合同法第一百二十二条的规定向人民法院起诉时作出选择后，在一审开庭以前又变更诉讼请求的，人民法院应当准许。对方当事人提出管辖权异议，经审查异议成立的，人民法院应当驳回起诉。"照此，当事人至少必须在一审开庭前确定依据何种法律规范下的请求权起诉。需要说明的是，第 30 条"变更诉讼请求"表达欠妥当。债权人选择的对象不是诉讼请求而是实体法律关系，即选择按照合同关系还是侵权关系主张请求权。因为“诉讼请求是原告提起诉讼所欲获得的具体的实体法律地位或实体法效果，也可称为诉的声明”[①]，无论是按照合同关系还是按照侵权关系，原告的诉讼请求都是要求被告赔偿损失。因此，第 30 条混淆了选择权对象，误将作为选择权对象的请求权及其基础等同于诉讼请求。需要补充的是，合同法时代违约行为是否能导致精神损害赔偿的重大争论，在民法典时期已不复存在。《民法典》第 996 条规定：“因当事人一方的违约行为，损害对方人格权并造成严重精神损害，受损害方选择请求其承担违约责任的，不影响受损害方请求精神损害赔偿。”从此，违约责任与侵权责任在损害赔偿范围上几无差别，这必然带来违约责任的大量运用，毕竟违约责任不必举证证明违约方有过错。

（二）程序法疑难问题精讲

程序法上，请求权竞合主要涉及诉讼标的与重复诉讼。之所以涉及重复诉讼，是因为民法构建的请求权竞合制度旨在避免发生“重复赔偿”。本章第二个专题论述的就是重复诉讼，因此本部分不对重复诉讼进行介绍。

标的即对象或客体，诉讼标的即诉讼对象或客体，乃进入诉讼后法官裁判的对象。若如此宽泛定义，那只要是法官裁判的对象就都是诉讼标的，诉讼标的将会包括案件事实、法律关系以及诉讼请求三项。不过，学界并未广义地界定诉讼标的，而是将诉讼标的限定在一个较为狭义的内容上。但对于应当将诉讼标的限定在哪个内容，学界有争议。

有关诉讼标的的学说有多种，我们在此只介绍主要的三种。

第一，旧实体法说。该说认为，诉讼标的就是民法上的请求权或实体法律关系。该说的缺陷至少有两点：其一，将诉讼标的与请求权等同，意味着民事诉讼只解决请求权纠纷，而这些纠纷主要出现在给付之诉中。在确认之诉与形成之诉中，权利人并不能基于实体法律关系提出请求权，但其作为诉讼类型现实存在，总不能说这些诉讼类型不需要诉讼标的。其二，在请求权竞合中，旧实体法说无法应对重复诉讼的可能，毕竟每次诉讼中当事人诉讼标的皆为不同。

第二，新诉讼法说。新诉讼法说至少可以分为一分肢说和二分肢说。一分肢说由德国的伯特赫尔于 1949 年的《婚姻诉讼的诉讼标的》一文中提出，但仅限于婚姻诉讼领域，1954 年施瓦布在其《民事诉讼标的研究》一书中将其扩至整个民事诉讼领域。一分肢说为日本法通说。该说认为，诉讼标的为当事人向法院提交的诉之声明。该诉的声明并非与实体请求权同一的诉讼请求，而是完全脱离实体请求权的单纯的诉的声明。这一理论将诉的声明定性为诉讼标的，使得同一诉的声明始终被界定为一个诉讼。一旦生效判决作出，既判力客观范围与诉的声明一致，无论后诉是否有新的事实与法律理由，只要诉的声明不变，后诉都将被前诉遮断。显然，该理论完全摆脱了旧实体法说的观点，不必考虑引发多少法律关系，因为无论产生多少法律规范，其诉的声明始终同一。相较于以实体请求权作为诉讼标的的旧理论，一

---

① 江必新主编. 新民事诉讼法条文理解与适用：上. 北京：人民法院出版社，2022：568.

分肢说通过既判力客观范围吸收旧实体法说，实际上产生了遮断诉讼中未提出的实体法律关系的效果，也使得驳回诉讼请求判决的既判力能够覆盖更大的失权范围。正因当事人失权过甚，该理论也遭到了旧实体法说的反对。为了让失权获得正当性基础，一分肢说求助于法官的释明。不过，释明增加了法官的负担，又遭到审判者的抵触。基于此，日本的司法实务也没有采纳一分肢说。① 德国法提出了二分肢说，即通过生活事实或者案件事实限定诉的声明。② 虽然该学说将诉的声明限定在个案，也能达到一次性解决纠纷的诉讼目标，但同样会使得既判力客观范围过宽，使得当事人以新的法律关系进行的后诉被前诉遮断，产生当事人失权现象。除非当事人自己或者通过自己的代理律师能毫无遗漏且正确地定性本案法律关系，或者给法官设定释明义务且法官能真正全部释明，否则只要出现遗漏或者错误定性，即使当事人发现可以适用新的法律关系救济也为时过晚。易言之，一旦诉讼标的完全独立于实体法律关系，既判力客观范围就具备无因性，使既判力本身成为不具有未提及的实体法律关系支撑的既判力，既判力也将丧失该部分正当性基础。③ 可见，适用一分肢说和二分肢说，需要满足极高的条件，是法律发展到很高阶段的产物。

由于新诉讼标的理论要求太高④，尽管有学者建议立法和司法实务采纳新诉讼标的制度⑤，但我国还是将旧实体法说作为诉讼标的识别的主要标准。⑥ 这表明，《民诉法司法解释》第 247 条的“诉讼请求”不能独立于实体法律关系或者实体权利，该诉讼标的与诉讼请求实为同一事物的不同表述，不能按照新诉讼标的理论将诉讼请求理解为独立的诉的声明。⑦ 如此，当事人向法院提交的诉讼请求必须基于实体法律关系得到理解，即使诉讼请求表述一致，也不能认为诉讼标的相同。⑧ 依此理解的诉讼标的，将既判力客观范围限定在诉讼标的上，虽然可以避免当事人失

① 有关日本一分肢说的详细论述，参见［日］山本克己.“第二次世界大战”后日本民事诉讼法学的诉讼标的论争. 史明洲，译. 清华法学，2019 (6)。

② 关于德国民事诉讼标的理论的详细论述，参见卢佩. 困境与突破：德国诉讼标的理论重述. 法学论坛，2017 (6)。

③ 如伦特所指出的，既判力问题涉及的是法院裁判的正确性，这只能来自对实体请求权的分析。曹志勋. 德国诉讼标的实体法说的发展：关注对请求权竞合的程序处理. 交大法学，2018 (1).

④ 如学者所指出：“在新说下，原告败诉后便不可基于其他实体请求权就同一诉讼请求再诉，即便其在前案中不知道有这些请求权。所以，它对原告的要求是较高的，尤其对于那些本人进行诉讼的当事人而言，因为他们不懂法或对法知之甚少，不太可能知道在哪些情况下会发生请求权竞合。即便在采此说的同时要求法官积极释明，也未见得总是能弥补当事人的疏漏。这种释明对法官的要求很高，法官必须真正精通法律。”严仁群. 诉讼标的之本土路径. 法学研究，2013 (3).

⑤ 有学者在解释《民诉法司法解释》第 247 条之“诉讼标的”时，认为应按照一分肢说理解诉讼标的。王亚新，陈晓彤. 前诉裁判对后诉的影响：《民诉法解释》第 93 条和第 247 条解析. 华东政法大学学报，2015 (6).

⑥ 最高人民法院修改后民事诉讼法贯彻实施工作领导小组编著. 最高人民法院民事诉讼法司法解释理解与适用. 北京：人民法院出版社，2015：635. 任重. 释明变更诉讼请求的标准：兼论“证据规定”第 35 条第 1 款的规范目的. 法学研究，2019 (4).

⑦ 夏璇. 论民事重复起诉的识别及规制：对《关于适用〈中华人民共和国民事诉讼法〉的解释》第 247 条的解析. 法律科学，2016 (2).

⑧ 有学者阐述了法律关系与诉讼请求的关系，认为法律关系是请求的原因，诉讼请求是诉讼标的的结果。作为结果的诉讼请求不能脱离作为原因的法律关系。原因发生改变，结果也必然发生变化。曹云吉. 释明权行使的要件及效果论：对《证据规定》第 35 条的规范分析. 当代法学，2016 (6).

权，但无法保障纠纷的一次性解决。

第三，新实体法说。该说认为，同一生活事实引发数个请求权时，竞合的不是实体法上的请求权，而是请求权基础关系。通过请求权基础的竞合择出一个请求权基础，进而确定一个请求权，再根据这个请求权确定诉讼标的。可见，该学说以请求权规范竞合说为基础，通过实体法规范上的请求权来界定诉讼标的，因而叫作新实体法说。于民事诉讼法学界，该说很难得到认同，因为该说未将诉讼标的这一诉讼法学上至关重要的概念置于诉讼法学内部探讨，而是将其实质建立在实体法请求权基础上，有损诉讼法学科本身的独立性。另外，从诉讼发展趋势来看，原告在起诉时只需向法院陈述生活事实并提出诉讼请求，并不需要进行实体法规范的详细论证。因而至少在诉讼程序的启动上，实体法律关系并非诉讼对象。

在我国，诉讼标的的主流学说为民事法律关系或实体权利理论。[①] 最高人民法院编写的《最高人民法院民事诉讼法司法解释理解与适用》确定地指出，该条的诉讼标的即实体法上的权利义务或法律关系。不过，这些界定却未被文义地反映在《民事诉讼法》及其司法解释的条文中。

《民事诉讼法》第 55 条、第 57 条、第 59 条的规定中涉及诉讼标的这一术语的表述。第 55 条与第 57 条为借助诉讼标的来区分普通共同诉讼与必要共同诉讼，第 59 条为借助诉讼标的区分有独立请求权的第三人与无独立请求权的第三人。2015 年《民诉法司法解释》对诉讼标的与重复起诉进行了明确规定，其第 233 条与第 256 条提及了诉讼标的。第 247 条是对重复起诉的规定，第 1 款第 2 项在认定重复起诉构成上提及了诉讼标的。从民事诉讼法及其司法解释对诉讼标的的使用来看，存在前后不统一甚至无法理解的情形。从《民事诉讼法》规定“诉的要素”的第 122 条而言，起诉需具备原告与被告这一主观要素，具体的诉讼请求和事实、理由这一客观要素以及管辖要素。显然，第 122 条并未直接规定“诉讼标的”，但该条包含诉讼标的是不可置疑的。从《民事诉讼法》规定“判决内容要素”的第 155 条来看，尽管判决书应当有诉讼标的，但在内容罗列上仍然没有直接表达诉讼标的。虽然《民诉法司法解释》第 247 条只是对重复起诉的规定，但该条另辟蹊径，并未完全按照《民事诉讼法》第 122 条诉的要素进行规定，而是将重复起诉的要素分解为主观要素、诉讼标的要素与诉讼请求要素。可以说，相对于《民事诉讼法》诉的要素规定，“诉讼标的”一词可谓横空出世，打乱了诉的要素的划分标准，引入了一个需要解释或者说需要重新归类的术语。尽管诉讼标的有多种理论，但就《民事诉讼法》及其司法解释的用语来看，诉讼标的似乎可理解为“事实与理由”。其原因有二：（1）与《民事诉讼法》第 122 条比对的结果。尽管重复起诉有其特殊性，但无论如何还是起诉，需要具备起诉的要素，且应当与前诉具有相同的诉的要素。倘若前后两诉在诉的要素上并不相同，很难认定后诉构成对前诉的重复起诉，有可能就是一个新诉。由于《民诉法司法解释》247 条并未按照诉的要素处理重复起诉，因此有必要逐一甄别以确定其内涵。如果抛开主观要素与管辖要素，《民诉法司法解释》第 247 条实

---

① 江伟主编. 民事诉讼法. 6 版. 北京：中国人民大学出版社，2013：27.

际上将《民事诉讼法》第 122 条第 3 项诉的客观要素分解为了诉讼标的与诉讼请求。依此理解，诉讼标的当为“事实与理由”。(2) 与《民事诉讼法》第 155 条比对的结果。判决书内容必然反映诉讼要素，当然包括作为诉讼要素内容的诉讼标的。从第 155 条规定的四项内容看，涉及法院审理对象者为“（二）判决认定的事实和理由、适用的法律和理由”与“（三）判决结果”。“判决结果”一般针对当事人诉讼请求，因此判决书内容也将诉的客观要素分解为事实、理由以及诉讼请求（判决结果）。鉴于此，《民诉法司法解释》第 247 条的诉讼标的也可解释为“事实与理由”。

“事实与理由”虽为诉讼法学概念，但对应着民法上的实体法律关系。生活事实或生活关系只有上升为法律关系，才能产生民法上的权利义务，才会受到法律调整。因此，引起民事法律关系变动的皆为法律事实而非生活事实。生活事实要想成为法律事实，需要满足法律事实的构成要件，也就是需要符合民事法律关系的构成。只有进入民事法律关系，生活关系才能从非法律事实中脱颖而出具有权利义务内容。生活事实之所以能转化成法律事实，是因为“理由”。通过“理由”，生活关系具备了成为法律关系的正当性，生活事实一跃而成为法律事实。可见，“理由”就是用实体法律关系去衡量生活关系，将实体权利义务赋予生活事实。因此，“事实与理由”实际上就是实体法律关系认定或者识别，也就是旧实体法说意义上的诉讼标的。如是，我国立法、司法实践与主流的学说一致。

三、法官释法

（一）本案是否构成请求权竞合？

从本案来看，虽然华机公司在每月实际用电量基础上加收 20%用电线路损耗费不合理，但双方租赁合同有效，电子学校可以不理会华机公司的无理要求，只需按照租赁合同履行自己缴纳租金的义务。按照租赁合同约定，电子学校未能按时缴纳租金时华机公司可以拉闸停电，此时华机公司的停电行为虽然损害了电子学校的利益，但属于合同约定项下的权利，并不构成违约。基于此，法院并未支持电子学校的违约请求权。不过，审理租赁纠纷案件的法院并未涉及华机公司停水停电行为是否构成侵权，更未对此作出裁判。当电子学校以侵权纠纷起诉时，法院都认为这里构成请求权竞合。从法院的审判实践看，认定是否构成请求权竞合并非一定要对是否构成请求权竞合进行裁判，而是根据案件事实进行判断。只要一方行为被相对方主张为违约行为与侵权行为，且因该行为受到人身权益、财产权益损害，即使未经法院裁判认定，也实际构成请求权竞合。本案中，华机公司停水停电行为被电子学校认为属于违约行为与侵权行为，因这一行为造成电子学校认为的财产损害，电子学校便具有依据违约责任或者侵权责任请求的选择权。简言之，无论是否实际构成违约责任与侵权责任，只要当事人认为既构成违约责任又构成侵权责任的，即发生请求权竞合效果，当事人必须在一审开庭前选择请求权基础。当事人明确表示了选择，或者当事人虽然没有表示选择但以某个请求权基础起诉时，即视为已经进行了选择。选择权一旦行使，如同所有的形成权一样，即告消灭。

（二）如何认定本案的诉讼标的？

就本案而言，尽管电子学校以侵权之诉取代违约之诉，但一审、二审与再审法院均认为其中五项诉请构成诉讼标的同一，结合当事人与诉讼请求而认定构成重复起诉，不对这五项内容进行审理。从法院的理由看，一审梧州市中级人民法院认为该五项侵权之诉的诉请依据的事实和理由一致，二审广西壮族自治区高级人民法院认为侵权之诉以违约之诉中同样的停水停电事实为基础，再审最高人民法院则与一审法院一样认为五项侵权之诉的诉请依据的事实、理由与违约之诉一致。可见，虽然诉请所依据的实体法律关系不同，违约之诉中依据的是基于合同的请求权，侵权之诉中依据的是基于侵权的请求权，但诉请所依据的事实与理由一致，因此即认定诉讼标的一致。本案的诉讼标的就是其事实与理由，也是实体法律关系的识别，即华机公司停水停电行为给电子学校造成的损害能否获得法院支持。具体而言，如果华机公司的停水停电行为对电子学校造成的损害构成实体法律关系，则电子学校有权利请求华机公司赔偿；反之则不能。由于请求权竞合规定已经要求电子学校在一审开庭前行使选择权，因此诉讼标的必定单一化，只能表现为审查某个具体实体法律关系是否构成。既然法院已经审查了不构成违约，也就表明电子学校已经选择了违约之诉。法院经过审理查明，华机公司并没有违约行为，电子学校基于违约的请求权未获得支持。此时，法院审理的对象为华机公司的停水停电行为是否构成违约行为。这是一个实体法律关系的判断，也是法院裁判的对象。因此，本案也可以支持诉讼标的即实体法律关系学说。

四、类案练习

练习一：张某于 2021 年开始到某保险公司工作。其间，保险公司将电脑、打印机、高拍仪、热熔机等交给张某使用。2023 年 2 月 23 日，保险公司解除与张某的劳动合同。张某认为保险公司违法解除劳动合同，向海门市劳动人事争议仲裁委员会申请仲裁。2023 年 4 月 25 日，仲裁机构作出裁决，保险公司支付张某经济赔偿金。之后，保险公司发现张某在离开公司时未将公司电脑、打印机、高拍仪、热熔机以及相关卷宗资料归还公司，遂提起诉讼。[①]

问题：本案构成请求权竞合吗？如果构成请求权竞合，保险公司享有的请求权基础有哪些？

练习二：被告是原告的存款银行，原告在被告下属的办事处开立了结算账户。2017 年 5 月 30 日原告通过被告下属的办事处误开一张金额为 160 万元的转账支票给被告，但实际上双方并无任何交易关系。被告在没有支付对价的情况下，收取了原告的 160 万元支票。同日被告从原告的账户中划付了 160 万元进入被告自己的账户。5 月 31 日，被告开具一张金额为 160 万元的转账支票给第三人，同日第三人将

---

① 作者对案例的时间进行了改编。案例来源于：https://www.pkulaw.com/pfnl/a6bdb3332ec0adc435f36147292365894b1dc5b882dbc253bdfb.html? keyword=张某与某保险公司劳动合同纠纷案&way=listView.

160万元用于偿还其在被告处的贷款。2017年、2018年、2019年，原告与被告进行年终对账时，没有证据表明原告对该160万元提出过异议。2022年8月17日原告因清理账目致函被告，要求查明2017年5月30日汇给被告的160万元的使用情况。在查询中，被告才向原告说明该款在5年前就已经应第三人申请划转给第三人，被告还向原告出示了第三人出具的书面申请函件，第三人在该函件中声称自己是2017年5月30日160万元支票的收款人，只是原告错划给被告账户，据此第三人请求被告将160万元划归自己，并许诺该笔款项将用于清偿第三人向被告之贷款。显然被告接受了第三人的申请并划转了资金。

2022年12月原告向一审法院提起侵权行为之诉，原告诉称，被告未征得原告同意，仅凭第三人的单方请求，擅自将原告的资金划转给第三人，其行为已构成侵权行为。原告认为，本案发生不当得利与侵权赔偿请求权之竞合，原告提起诉讼针对的是被告的侵权行为，时效应自2022年8月17日起算，原告的诉讼请求没有超出诉讼时效。一审法院最终按照不当得利审理了本案，并以超出诉讼时效为由，判决原告败诉。原告提起上诉并要求按照侵权行为审理本案，二审法院认为：由于金钱一经交付即转移所有权，因此被告获得该票据款项后，再开具支票将160万元从被告账户内划付给第三人的行为不构成对原告财产的侵犯；鉴于原告起诉的法律关系与实际争讼的法律关系不符，一审法院以不当得利确定本案的案由正确。原告上诉认为本案存在诉讼请求权的竞合与选择，本院不予采纳，故判决驳回上诉，维持原判。①

问题：本案构成请求权竞合吗？如果构成请求权竞合，当事人选择了请求权基础后，法院可否依职权改变？

五、知识拓展

1. 王泽鉴. 民法思维：请求权基础理论体系. 北京：北京大学出版社，2009.

2. ［日］新堂幸司. 新民事诉讼法. 林剑锋，译. 北京：法律出版社，2008.

3. 江伟主编. 民事诉讼法. 6版. 北京：中国人民大学出版社，2013.

4. 张卫平. 民事诉讼法. 4版. 北京：法律出版社，2016.

5. 段厚省. 请求权竞合要论：兼及对民法方法论的探讨. 北京：中国法制出版社，2013.

6. 陈杭平，卢佩，巢志雄，史明洲. 新范式下的民事诉讼标的理论. 北京：中国法制出版社，2020.

7. 江伟，徐继军. 民事诉讼标的新说在中国的适用及相关制度保障. 法律适用，2003（5）.

8. 谢鸿飞. 违约责任与侵权责任竞合理论的再构成. 环球法律评论，2014（6）.

---

① 作者对本案例的时间进行了改编。案例来源于：https://www.pkulaw.com/pfnl/c05aeed05a57db0a6dfaa98b52bfa5dfa41cdaeb7fe6c46cbdfb.html? keyword=广东某证券公司与中国工商银行某支行不当得利纠纷上诉案——侵权赔偿与不当得利请求权竞合&way=listView.

9. 张家勇. 中国法民事责任竞合的解释论. 交大法学，2018 (1).
10. 张卫平. 重复诉讼规制研究：兼论“一事不再理”. 中国法学，2015 (2).

专题二　诉讼标的与重复起诉的识别

一、案例导入

(一) 案情介绍：前诉“18 号判”到后诉“210 号裁”

1. 前诉的一审与二审[①]

2014 年，无锡市广益汽配城发展有限公司（下文简称“汽配城”）起诉上海磐天实业有限公司（下文简称“磐天公司”），汽配城诉称，因磐天公司拒不支付剩余购房款（主要合同义务是支付购房款），致使“商品房买卖合同”的目的已然无法实现，构成根本违约。据此，汽配城诉请撤销该合同，并要求磐天公司支付违约金 2 050 万元、律师费 117.8 万元、案件受理费 30 万元等款项。2014 年 10 月 31 日，一审无锡市中级人民法院作出（2014）锡民初字第 0018 号民事判决书（本部分简称“18 号判”），支持汽配城上述诉讼请求。2014 年 12 月，磐天公司不服一审法院“18 号判”向江苏省高级人民法院提起上诉，2015 年 12 月 31 日，二审法院作出（2015）苏民终字第 00019 号民事判决（本部分简称“19 号判”），“驳回上诉，维持原判”。

2. 后诉的一审、二审到再审[②]

2015 年，磐天公司以商品房销售合同纠纷为由另行起诉汽配城，磐天公司诉称汽配城违反合同，要求汽配城承担违约责任。一审法院无锡市中级人民法院以该案当事人与前诉“18 号判”的当事人相同而裁定驳回磐天公司的起诉。2016 年，磐天公司不服一审裁定向江苏省高级人民法院提起上诉，二审法院认为，本案与前诉“18 号判”构成重复诉讼，符合当事人同一、诉讼标的同一，以及本案中要求被上诉人汽配城承担违约责任的“诉讼请求”是“实质上否定前诉的裁判结果”的判定，所以作出（2016）苏民终字第 575 号民事裁定。

2017 年 3 月 8 日，磐天公司仍表示不服而向最高人民法院申请再审，最高人民法院组成合议庭集中就后诉中“磐天公司起诉要求汽配城承担逾期交付房屋的违约责任是否构成重复”之焦点问题进行审查，认为：在前诉的一审及二审终审的庭审过程中，对诉讼两造是否违约均进行了审查，并作出“汽配城不构成违约”，“磐天公司构成违约而应承担相应的违约责任”的认定；后诉中磐天公司基于同一事实、

---

① 江苏省无锡市中级人民法院（2014）锡民初字第 0018 号民事判决书、江苏省高级人民法院（2015）苏民终字第 00019 号民事判决书。

② 江苏省无锡市中级人民法院（2015）锡民初字第 99 号民事裁定书、江苏省高级人民法院（2016）苏民终字 575 号民事裁定书、最高人民法院（2017）最高法民申 210 号民事裁定书。

同一法律关系而诉称汽配城违约的诉讼请求，实质上就是在否定前诉无锡市中级人民法院“18 号判”的裁判结果。所以，根据《民诉法司法解释》第 247 条规定，磐天公司在后诉的起诉应被认定为重复起诉，裁定驳回起诉并无不当。最后，(2107) 最高法民申 210 号裁定（本部分简称“210 号裁”）驳回磐天公司再审申请。

(二) 案例思考

上述前诉与后诉共同指向的“上海磐天实业有限公司与无锡市广益汽配城发展有限公司的商品房销售合同纠纷案”，其争议的焦点问题是重复诉讼的识别与判定，上述纠纷经过前诉一审与二审和以后诉一审、二审与再审的审理，最终由最高人民法院根据《民诉法司法解释》第 247 条的规定，对后诉与前诉构成重复诉讼的定性进行了判定并依法裁定驳回后诉再审申请而告终结。试问：根据第 247 条规定的重复起诉标准，究竟如何实现实践层面的具体又准确的识别？具体而言，可分为三个问题。

(1) 后诉与前诉的当事人相同的判定，是基于“明确被告”的形式识别，还是基于“适格当事人”的实质性审查与判定？

(2) 为了实现具体而准确识别后诉与前诉的诉讼标的是否相同，是坚持唯一的“旧实体法说”标准，还是可以辅以“新诉讼法说”或者“新实体法说”标准？

(3) 关于诉讼请求是否同一的判定，即后诉与前诉的诉讼请求是否相同的判定应坚持诉讼请求的“不同项类”识别，而非具体“请求额度”的增减变化；但艰难的是，究竟如何判定“后诉的诉讼请求实质上否定前诉的裁判结果”。具言之，后诉的“诉讼请求”如何与前诉的“裁判结果”建立联系？二者是基于怎样的“共通要件”实现实质链接，并最终导致“后诉的诉讼请求实质上否定前诉的裁判结果”的法律效果？

二、基本原理

基于实体法秩序应仅能承认给付的一次性原则，投射以现代民事诉讼“权利保护一次性”原理，重复起诉是必须受到禁止的诉讼行为。《民诉法司法解释》[①] 明确规定了重复起诉的识别与判定标准，即同时满足后诉与前诉“当事人相同”、“诉讼标的相同”、“后诉与前诉的诉讼请求相同”或“后诉的诉讼请求实质上否定前诉裁判结果”，即可判定后诉为重复起诉。但是于重复起诉，无论是理论研讨中的清晰厘定，还是司法实务中的具体识别，均难度极大，所以，必须切实结合典型的实务案例，并充分联系基于实体法与程序法关涉的重要概念及其疑难问题进行的梳理与总结。

(一) 实体法疑难问题精讲

基于上述案例介绍，如何精准识别重复起诉，按照《民诉法司法解释》第 247

① 在 2015 年《民诉法司法解释》和 2022 年《民诉法司法解释》中，该处关涉的第 247 条法条之条文序号与内容并无改变。

条规定，应围绕当事人、诉讼标的、诉讼请求之“三全同一”为识别标准进行判定。结合前述诉讼标的的三大学说，首先必须厘清的是与之相关的民事实体法上的基础概念。

1. 民事法律关系与旧实体法说

在德国现代私法理论中，主观权利的内涵既包括受民法保护之法律地位权利关系，也包括请求权，对二者没有进行界分。[①] 这一观点与诉讼标的理论之旧实体法说内容基本一致，即诉讼标的是依实体法上的请求权或者权利而确定的，基于实体法所规定的民事实体权利类型，是原告在诉讼上提出的一定具体实体法上的权利或者法律关系的主张。这里的“法律关系”，即民事法律关系，是指民法所调整的以权利和义务为内容的社会关系。民事法律关系是民法干预社会生活的结果，一旦基于一定的民事法律事实而发生，即在当事人之间产生一定的民事权利和义务关系，据此区别于一般的社会关系。并且，《民法典》第 2 条规定，民法调整平等主体的自然人、法人和非法人组织之间的人身关系和财产关系。

在本案中，汽配城与磬天公司，即是按照民法的规定，基于法人之间的双方合意签订商品房销售合同，即二者基于真实意思表示并达致合意而设立合同法律关系。并且，受制于民事法律关系权利义务内容规制的民事主体，即汽配城与磬天公司是本案诉讼中的当事人，亦即是诉的利益的直接承受者。可见，民事法律关系的确定，同时确定了将来可能涉讼的民事主体之当事人与诉讼指向客体对象的法律关系之诉讼标的（旧实体法说），同时确立了诉讼两造的攻防框架与展开，还为法院审理对象的甄别与要件事实的锁定作好了铺垫。

2. 民事法律事实与新诉讼法说、新实体法说

尽管旧实体法说是我国审判实践中诉讼标的识别的主流标准，但该说存在无法克服的理论缺陷，即无法解决实体请求权竞合难题。如经典“电车案”，在特定的生活事实关系同一的情况下，当事人至少可以选择如“违约之合同给付不能”或“侵权之损害赔偿”这两个不同法律关系或实体权利来主张，即存在实体法上请求权基础的不同选择，亦即有两个不同的诉讼标的。为克服旧实体法说这一理论缺陷，我国审判实务中采取在坚持主流旧实体法说的前提下，辅助以新诉讼法说或新实体法说的识别标准。详言之，尽管因同一事实引发复数的实体法律关系之不同的请求权基础竞合，但无论是侵权还是违约，最终的目的都是诉请损害赔偿之受给付地位的满足；这里的“同一事实”才是核心关键，也是打破原来民事法律关系之权利义务内容衡平状态的根本原因，即所谓的民事法律事实，它推动民事法律关系的产生、变更和消灭，因之出现而使民事法律关系呈现动态变化。

本案中的汽配城与磬天公司，双方达成合意签订商品房销售合同，即因意思表示设立该合同法律关系，后又因磬天公司拒不支付剩余购房款构成根本违约而导致合同被撤销；这里的“设立”与“拒付”行为都是民法上的民事法律行为，是民事

---

① Hoffmann，J. *Remedies in Private Law from a German Perspective*，in F. Hofmann & F. Kurz（eds.），*Law of Remedies：A European Perspective*，Intersentia，2019:48.

法律事实的重要构成。根据是否与人的意志性有关，根据客观事实是否与人的意志有关，法律事实可分为行为和事件两大类。按照是否与人的意志性有关的行为标准作进一步划分，即根据行为的法律效果由谁决定，行为又可进一步被划分为表意行为与非表意行为。

（1）表意行为之民事法律行为。

表意行为，即民事法律行为是民事主体通过意思表示设立、变更、终止民事法律关系的行为。[①] 汽配城与磬天公司之民事主体通过意思表示设立商品房销售之买卖合同的行为，是双方意思表示一致而成立的民事法律行为，是以发生财产上的法律效果——互为权利义务（汽配城交付房屋所有权、磬天公司支付房屋对价）——为目的的民事法律行为，即是以发生债权债务为其效力的负担行为。

（2）非表意行为之事实行为。

非表意行为，又称事实行为，是指行为人不具有设立、变更、终止民事法律关系的意图，但依据法律规定能够引起既定的民事法律后果的行为，如侵权行为、违约行为等。在本案件中，尽管磬天公司在履行合同过程中未曾有明确表示要求变更或终止法律关系的表意行为，但其“拒不支付销售款”的行为客观上已构成根本违约之事实行为。其违约行为导致合同目的无法实现，守约方据此享有解除合同的形成权，亦可对违约方提出支付违约金等损害赔偿的请求。

3. 违约赔偿之请求权

民法上的请求权[②]，是得为请求他人行为（作为或不作为）之权利。我国《民法典》的请求权框架，主要系以“债权”为主的模型构建，所以，权利救济时的请求权基础思维亦是以“债权”为核心，如合同之债、侵权之债等。本案关涉的是买卖合同之债权实现。债权，是指特定人请求特定人为或不为特定行为的权利。债权的效力仅以特定人为义务人，即债权属于典型的相对于特定人的请求权。买卖合同，是出卖人转移标的物的所有权于买受人，而买受人支付价款的合同；是双向给付、有偿、有名、诺成且主要以非要式为外在表现的合同。合同之债是依照双方当事人的意思表示而发生的意定之债。本案中，汽配城与磬天公司在合同履行过程中，因为磬天公司违反合同约定，房款逾期仍不给付，导致该合同目的不能实现，所以汽配城诉请依法解除合同并要求磬天公司承担因合同解除而产生的违约金及其为实现债权而支出的律师费等损害赔偿。

（二）程序法疑难问题精讲

根据《民诉法司法解释》第 247 条的规定，后诉与前诉是否构成重复诉讼的判定，主要围绕“其一、后诉与前诉的当事人是否同一”，“其二、后诉与前诉的诉讼

---

① 《民法典》第 133 条规定：“民事法律行为是民事主体通过意思表示设立、变更、终止民事法律关系的行为。”

② 从私权的作用论，民事权利可划分为支配权、形成权、请求权与抗辩权四个样态；而所由生者，除债权外，尚有物权、身份权、人格权等民事权利的法定分类。当然，于债权，最为普遍的即为合同之债。

标的是否同一”，“其三、后诉与前诉的诉讼请求是否同一”与“其四、后诉的诉讼请求实质上否定前诉的裁判结果”的判定而展开。其中，较有争议的是关于“其二”与“其三”是否同一的判定，主要是因为理论与实务就诉讼标的与诉讼请求的关系并未完全达成统一共识；而最艰难的还是“其四”的判定，不仅关涉必须予以厘清的既判力理论与争点效理论等重要知识点，还必须对一事不再理与重复起诉二者的关系及其引出的诉讼系属与裁判生效之不同阶段的重复起诉判定进行明晰界定。

1. 当事人同一性的识别

这是重复起诉识别标准中的主体识别标准，算是判定后诉与前诉是否属于同一案件的形式要件。后诉与前诉的当事人相同的判定，是基于“明确被告”的形式识别，还是基于“适格当事人”的实质性审查与判定？我们认为，其应是基于后者的实质性审查与判定。按照通说，民事诉讼中的当事人，是指因发生民事纠纷而产生的民事诉讼中以其名义进行且案件审理结果与其有利害关系，并受人民法院裁判性文书拘束的程序主体。换言之，当事人系诉讼主体，是指民事诉讼制度系就对立当事人之间的私权纷争，运用国家公权力予以解决之制度，因而由一方当事人，向代表国家之法院，以自己名义请求行使民事审判权为判决之人（原告）及其相对人（被告）。其中“以其名义”和“受法院裁判性文书拘束”都较容易被理解，需要进一步说明的是何谓“案件审理结果与其有利害关系”，我们可借由诉的利益进行解读与说明。

诉的利益，即指特定主体于民事纠纷中所涉及的利益，通常以原告起诉并就其私权主张请求法院予以裁判时所必须具备的必要性和实效性为判定标准。民事诉讼程序的开启是以当事人之间的利益纷争为前提，诉的利益构成整个诉讼程序的基点，是谓“无利益即无诉权”。行使诉权者，统称为诉的利益享有主体，通常呈现两种基本形态。

（1）直接利害关系之纠纷主体，即直接享有权利或负担义务者。详言之，民事主体基于一定民事法律事实设立民事法律关系，又因新的法律事实发生，原来稳定的民事法律关系之权利义务处于非正常状态，即民事纠纷产生；纠纷主体依据实体请求权提起诉讼，纠纷主体就是利益的直接享有人与不利益的直接承受者，即民事权利义务关系中直接享有民事权利或承担民事义务者。详言之，民事主体基于一定民事法律事实设立民事法律关系，又因新的民事法律事实发生，原来稳定的民事权利义务关系处于非正常状态，即产生民事纠纷，而民事纠纷主体则是根据实体权利划分而成的利益的直接享有者与不利益的直接承受者，即在民事权利义务关系中直接享有民事权利或承担民事义务的主体。质言之，直接利害关系的纠纷主体就是民事实体权利义务关系的民事主体。

（2）间接利害关系之非纠纷主体者，即基于实体法的管理权或处分权成为程序法上的当事人，亦即诉讼担当人。详言之，诉讼担当人，是指在民事纠纷指向的民事权利义务关系中，虽不直接享有权利或承担义务，也不直接享受利益或承担不利益，但依法律规定或民事主体间的约定对民事纠纷所指向的民事权利义务内容负有保护、管理的职责而加入诉讼中的主体。基于第三人诉讼实施权行使的依据不同，诉讼担当可被分为法定诉讼担当和任意诉讼担当。前者是基于实体法或程序法的规定，如代位权人、当事人的继受者等；后者是权利主体以意思表示赋予他人诉讼实施权，典型如诉讼代表人。自然的程序后果即为民事诉讼程序继续进行，而已经进行的程序环节的法律效力亦不受影响。

2. 诉讼标的同一性的识别

诉讼标的，是民事诉讼中最为核心的概念，是整个民事诉讼的根基。作为民事诉讼法学体系化进程与教义学建构中的核心命题，诉讼标的理论一直被奉为民事诉讼领域的哥德巴赫猜想，其理论高度可见一斑。而在司法裁判文书中，作为判决主文的核心内容，诉讼标的被视为作出判断事项的最小单位，自然是判断后诉与前诉是否属于同一案件最重要的标准。但是，因诉讼标的本身概念的难以定义，更有诉讼标的新旧理论的争鸣，还有由之不断引出的新概念与新理论（如既判力与争点效、详见后述）等，这一识别标准在具体案件的实然操作应用确非易事。

尽管民诉学界对诉讼标的理论有大量著述的讨论与争鸣，但不可否认，理论学界与民事审判实务主流仍以旧实体法说为诉讼标的识别的主要标准。[①] 根据中国裁判文书网案例检索数据显示，我国司法实践的主流观点仍坚持旧实体法说，将法律关系的同一性作为诉讼标的同一性的识别标准。[②] 换言之，原则上坚持旧实体法说作为识别后诉与前诉的诉讼标的是否同一的主要标准，同时，基于案件的具体情形可以"法律事实"作为辅助标准。根据王忠法官的总结，这主要是因为：(1) 旧实体法说已经为我国司法系统所广泛所认同，最高人民法院的主流意见也认同以此标准作为裁判标尺；(2) 持旧实体法说能作大部分民事案件（给付之诉）的判断，有利于法官的实际操作，更有助于裁判尺度的统一；(3) 当然，应对旧实体法说缺陷，如"电车案"中请求权基础竞合的情形，可借助新诉讼法说或新实体法说标准，直接追溯至复数请求权发生的"法律事实"（原因事实），也可作出诉讼标的是否同一的识别，只不过这里呈现的不是直接的诉讼标的指向的法律关系的识别，而是从诉讼标的选择经由请求权基础确定、要件事实证明到诉讼标的的特定化之逻辑理路，即"诉讼标的（选择）—原因事实（生活事实）—诉的理由（事实＋法律）—实体法请求权—具体请求权基础（完全法规范要件）—要件事实—审理对象（攻防与争点）—诉讼标的（特定）"。

3. 诉讼请求同一性的识别

根据《民事诉讼法》第 122 条的规定[③]，诉讼请求应当"具体"，只有具体的诉讼请求才具有现实的可裁判性，才可以进行后诉与前诉的诉讼请求是否同一的清晰识别。这就要求原告按照诉的类别在起诉状中列明要求被告承担的责任形式及其具

---

① 王福华. 民事诉讼法学. 北京：清华大学出版社，2012：185. 最高人民法院民法典贯彻实施工作领导小组办公室编著. 最高人民法院新民事诉讼法司法解释理解与适用. 北京：人民法院出版社，2022：520－521.

② 王忠. 民商事诉讼案件律师出庭实战技巧. 北京：欧亚法苑（北京）文化传播有限公司. 2022：12－16.

③ 《民事诉讼法》第 122 条规定："起诉必须符合下列条件：（一）原告是与本案有直接利害关系的公民、法人和其他组织；（二）有明确的被告；（三）有具体的诉讼请求和事实、理由；（四）属于人民法院受理民事诉讼的范围和受诉人民法院管辖。"

体内容，即民事责任形式及其内容的具体化、明确化。

“诉讼请求”尽管这一术语于民事诉讼法中多有应用①，但无明确的定义。有学者基于诉讼请求与诉讼标的之间的关系的解读，提出诉讼标的是直接的实体法上的权利或法律关系的主张或声明，而诉讼请求是结合具体的案件对这种主张或声明的具体化；离开了诉讼标的，当事人无法凭空向法院提出任何具体的权益请求，于法官而言，也是通过诉讼请求进一步明确并特定化隐藏在其背后的诉讼标的。② 该观点与后来最高人民法院的权威解读基本一致。即是说，诉讼请求是当事人在诉讼过程中提出的具体权益请求，诉讼请求是建立在诉讼标的基础上的具体声明；诉讼请求具有识别案件诉讼标的、理清裁判对象及范围的作用。

实质上，作为当事人提出“主张”之重要内容构成的诉讼请求，是在诉讼标的证明基础上意欲实现的实体法上的各项具体的权利内容，是诉讼的根本主题与主要目标；原告提起“诉”这一请求，就是请求法院裁判而实现具体诉讼请求，即民事实体权利缺损的重新完满或补足。换言之，诉讼请求可以借民事实体法律所确立的民事权利、实体请求权等法律概念的范畴，回归到作为其基础的、原始形态的民事利益层面，而对民事纠纷的诉讼解决与民法实体权益的保护作出新的理解，最终通过损益弥补而达到权利义务内容的重新平衡。

4. 后诉的诉讼请求实质上否定前诉的裁判结果的判定

进行“后诉的诉讼请求实质上否定前诉的裁判结果”的判定或识别，意味着即便当事人同一、诉讼标的同一而诉讼请求不同一，基于“后诉的诉讼请求实质上否定前诉的裁判结果”这一要件的满足也可作出后诉与前诉构成重复诉讼的判定。试问：后诉的“诉讼请求”如何与前诉的“裁判结果”建立联系？换言之，二者是基于怎样的“共通要件”实现“诉讼请求”与“裁判结果”的实质链接，并最终导致“后诉的诉讼请求实质上否定前诉的裁判结果”的法律效果？上述问题的解答，不仅是对前述提及相关概念廓清的回应，也是解开“后诉的诉讼请求实质上否定前诉的裁判结果”这一法律效果的重要理据。

（1）“裁判结果”与既判力。

根据《民事诉讼法》第155条的规定③，“裁判结果”是指人民法院就当事人基于诉讼标的提出的诉讼请求作出的结论，即判决主文内容，也即我们通称的既判力客观范围；《民诉法司法解释》第247条规定的重复诉讼条款，也是关于既判力的规范条文。

既判力是指已经发生法律效力的判决、裁定对后诉具有强制性的通用力，此通用力会对后诉产生羁束，即若后诉所依据的事实与前诉判决主文所认定的事实同一，

① 如《民事诉讼法》第122条、第124条、第143条、第155条等，又如《民诉法司法解释》第39条、第90条、第166条、第201条、第214条等。

② 李龙. 民事诉讼标的理论研究. 北京：法律出版社，2003：13.

③ 《民事诉讼法》第155条规定：“判决书应当写明判决结果和作出该判决的理由。判决书内容包括：（一）案由、诉讼请求、争议的事实和理由；（二）判决认定的事实和理由、适用的法律和理由；（三）判决结果和诉讼费用的负担；（四）上诉期间和上诉的法院。判决书由审判人员、书记员署名，加盖人民法院印章。”

则后诉无法诉讼系属，而这一理论根植于罗马法上“诉权消耗”的理论和制度，即诉权会因诉讼系属而消耗，对同一诉权不允许二次诉讼系属。依照大陆法系民事诉讼理论和民事诉讼法，确定既判力客观范围的原则是：对终局判决中经确定的诉讼标的有既判力。除法律有特别规定外，当事人不得就已经裁判的诉讼标的再行起诉。德国《民事诉讼法》第322条（实质的确定力）规定，在“（一）判决中，只有对于以诉或反诉而提起的请求所为的裁判，有确定力。（二）被告主张反对债权的抵消，而裁判反对债权不存在时，在主张抵消的数额内，判决有确定力”。日本《民事诉讼法》第199条规定：“确定判决，对判决主文内容有既判力。”判决的主文内容就是法院关于权利或法律关系存在与否的裁决，即“裁判结果”。质言之，传统大陆法系既判力的客观范围唯严格限定判决主文部分，亦即只有对以诉或反诉提起的请求所作的裁判才有确定力、拘束力，而对据以作出裁判结论的事实认定和先决性实体法律关系不发生既判力。①

诉讼标的指向的法律关系经裁判后，以确定的终局判决中有关诉讼标的的法律关系为基准，嗣后同一事项于诉讼中再起争执时，当事人不得再行提出与该确定判决意旨相反的主张，法院亦不得为与该确定判决意旨相反的判断。此即民事诉讼制度为达终局的强制解决民事纷争的目的所赋予确定终局判决之效力，通称为判决的实质上确定力或既判力。也因此说，既判力理论的积极作用在于有先后矛盾之判断，而消极作用则在于禁止重复起诉。这就为重复诉讼识别之“后诉的诉讼请求实质性否定前诉的裁判结果”埋下隐患，即是说，据以作出“前诉的裁判结论的事实认定和先决性实体法律关系”不发生既判力，直接割裂了“后诉的诉讼请求”与“前诉的裁判结果”的内在联系，而这恰恰是既判理论的小“瑕疵”。尽管有学者提出可将“裁判结果”，即既判力的客观范围扩张于“判决理由”部分，但该观点既不符合学界通说，又缺乏足够的说服力，更有将“既判力”与“预决效力”混为一谈之嫌，一旦既判力及于“判决理由”部分，意味着该部分内容将不再有机会通过反证等诉讼行为被推翻，不仅违背《民诉法司法解释》第93条第1款第5项的规定②，还剥夺了当事人举证等诉讼权利，甚至间接剥夺了当事人的诉权。③

既判力的客观范围是既判力制度理论和实践中最重要的问题。既判力是对后诉的拘束，实际上就是对后诉的诉讼标的的拘束，即既判力客观范围适用的原则是限

---

① ［德］罗森贝克，施瓦布，戈特瓦尔德．德国民事诉讼法：下册．李大雪，译．北京：中国法制出版社，2007：1160-1161.

② 《民诉法司法解释》第93条规定：“下列事实，当事人无须举证证明：（一）自然规律以及定理、定律；（二）众所周知的事实；（三）根据法律规定推定的事实；（四）根据已知的事实和日常生活经验法则推定出的另一事实；（五）已为人民法院发生法律效力的裁判所确认的事实；（六）已为仲裁机构生效裁决所确认的事实；（七）已为有效公证文书所证明的事实。前款第二项至第四项规定的事实，当事人有相反证据足以反驳的除外；第五项至第七项规定的事实，当事人有相反证据足以推翻的除外。”

③ 在司法审判实践中，对于当事人收集提交的证据材料，并非所有的证据材料都能经历庭审的充分质证，对有些证据材料，法官只能根据证据优势规则进行认定，所以一些间接事实是容许通过反证的诉讼行为予以推翻的。但是，如果认定既判力可扩及判决理由部分，在程序上直接导致当事人后续只能开启再审程序，实质上是对当事人诉权的间接剥夺。

定于已裁判的法律关系。鉴于既判力对后诉的羁束力较强，因此传统民事诉讼理论一直将既判力的客观范围限定于诉讼标的的范围，但对于据以作出判断的事实、实体性先决问题等事项既判力囿于自身理论边界而无法波及。这是既判力无法克服的“小瑕疵”。因此，争点效理论应运而生。

（2）消除既判力小“瑕疵”的争点效理论。

既判力的客观范围仅及于经实体审理并作出生效裁判的诉讼标的，而无法扩张于据以作出判断的事实、实体性先决问题等事项，此为既判力无法克服的小“瑕疵”。为解决既判力客观范围的局限，引入争点效理论作为补足既判力理论“瑕疵”的“补丁”。新堂幸司之争点效理论是既判力客观范围之“瑕疵”的完美“补丁”，即经过正当程序保障的争点事实（通常是事实争点，当然也包括法律争点）也会产生拘束力。既判力存在自身无法克服的小“瑕疵”，仅限于前诉已经裁判的法律关系，亦即以诉或反诉提请的请求产生既判力的拘束。

按照争点效理论始创者新堂幸司教授给具的定义，争点效是指在前诉中被双方当事人作为主要争点予以争执，而且法院也对该争点进行审理并作出了判断；当该同一争点作为主要的先决问题出现在其他后诉请求的审理中时，前诉法院对该争点作出的判断将产生通用力，是谓“争点效”①。即是说，争点效突破传统既判力理论下判决主文的既判力客观范围，而赋予判决理由之判断以一种全新的、不同于既判力的判决拘束力。质言之，争点效是指“当事人在经过严格争议，并由法院作出实质性判断”后才能使判决理由中的判断产生拘束力的一种理论。具述如下。

第一，争点效范围的厘定。能发挥遮断效的争点属于“在前后诉讼的两个请求妥当与否的判断过程中”的主要争点（通常是事实争点，当然也包括法律争点），即必须是案件中主要的、可以对判决结果产生重大意义的争点，以免对当事人造成突袭，损害程序的基本价值。

第二，须经程序充分保障。对该主要争点，必须促令当事人在前诉的程序中穷尽主张并予以充分举证，以完整的质证、辩论等程序环节及其诉讼规则保障当事人诉权的竭尽展示。

第三，已经法院实质判定。经过程序充分保障的争点，无论是事实或是据以进行的法律适用，法院对于该争点也已作出实质性的判断。反之，未经法院以实质性判断的事项则不产生争点效。

综合上述既判力理论与争点效理论的重要知识点，我们已经可以有逻辑地回答前述提出的关于“后诉的诉讼请求”与“前诉的裁判结果”如何建立联系的问题，即二者的“共通要件”并最终导致“后诉的诉讼请求实质上否定前诉的裁判结果”这一法律效果的实质链接即是争点事实，亦即后述“法官释法”之“（四）”详细阐述的“实体性先决问题”，通常也是决定案件胜诉判决的“要件事实”。

---

① 争点效理论产生的根据或存在的价值在于：其根植于民事诉讼中的诚实信用及公平原则，其本身具有概念化、抽象化的特点，但随着理论的不断丰富以及司法实践的现实需要，争点效理论正逐步规范化、制度化，即以明定要件为基准对符合要件的判决理由中所认定的事实赋予拘束力。此举具有很强的现实意义，其更为直接的作用在于对法官在判决理由中准确评判案件的争点提出更高的要求。

（3）重复起诉与“一事不再理”。

上述既判力理论的“遮断效”与争点效理论涉及的诉讼状态皆是裁判生效后的特定阶段，但事实上，当事人重复诉讼行为还可能出现于诉讼系属阶段。即是说，重复诉讼行为既可发生于诉讼阶段，亦可发生于裁判生效阶段。对这两种处于不同阶段的重复诉讼，在民事诉讼制度上分别将之作为诉讼系属的“排除效”与既判力“遮断效”这两种不同的作用方式，通常也可将此两种情形指向对应的“一事不再理”原则与禁止重复起诉。

所谓“一事不再理”原则，也称“一案不二诉”，肇始于罗马法时期的诉权消耗理论。罗马人基于朴素的诉讼观念认为，一个诉权只有一次诉讼的机会，诉权因诉讼系属而消灭，当事人之间的纠纷不得再次向法院起诉，法院也不能再行裁判。由此衍生出针对一方当事人再次起诉，对方当事人享有诉讼法上“诉讼系属抗辩”或“既决事项抗辩”的权利，以阻却案件再次被法院审理裁判。简言之，罗马法上“一案不二诉”已然包含诉讼系属抗辩和既决事项抗辩的双重效力。我国司法实务案例中仍交替使用“重复起诉”或“一事不再理”，尽管禁止重复诉讼已经作为一种明确的制度或原则被规定在《民事诉讼法》及其司法解释中，且《民诉法司法解释》第247条对“诉讼过程中”与“裁判生效后”也分别进行了表述。可以说，我国民事诉讼中的禁止重复起诉包括诉讼系属与既判力拘束这两个层面的意义。

三、法官释法

我国民事审判思维始于案由的择定，案由是对讼争案件民事法律关系的高度概括，是对该案件反映的法律关系在整个民事法律大坐标中的准确定位。[①] 并且，按照最高人民法院关于诉讼标的之识别标准的观点统计，司法实务主流据以裁判的标准仍是旧实体法说，但在某些特殊情形下也以新诉讼标的说之基本事实作为辅助。[②] 所以，《民诉法司法解释》第247条所指称的当事人相同、诉讼标的相同、诉讼请求相同或后诉的诉讼请求实质上否定前诉裁判结果之“全三同一性”是为判断后诉是否构成重复起诉的核心要素，其中最难的即是“后诉的诉讼请求实质上否定前诉裁判结果”的识别与判定，对此，必须比照后诉与前诉的要件事实，甚至将着力点直抵生活事实或纠纷事实的最底层比较，始能进行精准识别与有效判定。

下述内容围绕“上海磬天实业有限公司与无锡市广益汽配城发展有限公司商品

---

① 最高人民法院研究室编著. 最高人民法院新民事案件案由规定理解与适用：上册. 北京：人民法院出版社，2021：238-240.

② 根据王忠法官的统计数据，最高人民法院的公开裁判文书案例中均直接或间接地表明，“诉讼标的是当事人发生争议并请求人民法院裁判的民事权利义务关系”，且该类见解占据绝对优势地位（80%以上）。王忠法官还进一步指出，关于诉讼标的，“原则上要坚持旧实体法标准，同时，在某些特殊情形下以基本事实作为辅助标准”。其理由是：“第一，旧诉讼标的理论容易操作与判断，能够为法官所掌握，并适于统一裁判尺度；第二，该标准为我国司法系统所广泛认同，最高人民法院的助力意见也仍然是以该标准作为裁判标尺；第三，可有效克服以法律关系作为识别诉讼标的的标准（第54条）的失灵（典型如‘电车案’中的请求权基础或请求权规范的竞合问题）。”

房销售合同纠纷案”进行详细的案例解析，即就前诉之“18 号判”与后诉之“210 号裁”构成重复起诉判定进行分项的解读与分析。

(一) 本案的当事人是否同一?

关于后诉与前诉之当事人是否同一的识别问题，是诉的主体构成要素的判定，也是判断前诉、后诉是否属于同一案件的形式要件。相对而言，当事人相同是“全三项同一”中较为容易的识别项，不仅包括前诉与后诉的当事人完全一致，还当然扩及当事人的诉讼担当人。至于前诉、后诉的当事人诉讼地位是否相同，盖不影响当事人的同一性判断。本章导入案例——前诉之“18 号判”与后诉之“210 号裁”中，前诉的原告汽配城与被告磬天公司，亦是后诉的原告磬天公司与被告汽配城，显然，符合重复起诉之“后诉与前诉的当事人相同”要件。

导入案例的后诉与前诉的当事人完全相同，识别自是容易。但现实审判并非皆如此，所以，法院的司法实践经验以“当事人的实质相同”作为当事人同一性的识别标准，“无论当事人在诉讼中仅为形式当事人，还是正当当事人，都要承受作为诉讼结果的判决的既判力约束，不能就相同的诉讼标的或审理对象再次提起诉讼。因此，重复起诉的第一个构成要件后诉与前诉的当事人相同，在使用时应作目的解释，即当事人相同不限于形式上的当事人数量、诉讼地位完全相同，而应指争议的法律关系中的当事人相同。”①

(二) 本案的诉讼标的是否同一?

我国司法实务主流据以裁判的仍是旧实体法说之“法律关系”标准。识别后诉与前诉的诉讼标的时，作为诉的客体构成要素的诉讼标的，被视作诉的识别的最核心要素，也是区分此诉与彼诉的重要识别标准；据此，可准确厘定法院审理的民事案件范围、当事人的攻击与防御目标、管辖规则、诉的合并与分立、诉讼请求的追加变更等程序事项，以此有效防止重复起诉，从而切实贯彻民事诉讼的“一事不再理原则”。

投射到导入案例，前诉“18 号判”与后诉之“210 号裁”指称的诉讼标的，案由皆为买卖合同纠纷，民事主体之汽配城与磬天公司基于双方合意达成的“商品房买卖合同”是基础民事法律关系。前诉中汽配城诉称，因磬天公司根本违约而致使合同目的无法实现，诉请解除该合同，并据此要求磬天公司给付违约等损害赔偿；后诉中磬天公司也以该合同纷争为诉讼标的，诉称汽配城同样违约并诉请法院要求其给付违约损害赔偿。显然，按照旧实体法说，前诉与后诉的诉讼标的即为同一的“买卖合同纠纷”，符合构成重复起诉之“后诉与前诉的诉讼标的相同”要件。

(三) 本案的诉讼请求是否同一?②

诉讼标的是民事争议和民事诉讼裁判的客体，而诉讼请求是当事人提出的实体

---

① 最高人民法院（2016）最高法民申 1540 号民事裁定书。

② 前诉与后诉的诉讼请求同一性的识别可通过相同、相反或可以代用三个要素决定。

民事权益主张；前者是后者的基础，后者是前者在诉讼中的具体反映。换言之，在以给付之诉占据民事案件主体量的背景下，可以说，诉讼请求就是当事人在诉讼中提出的要求对造作出民事利益给付的请求。一如前述，诉讼请求即是“具体的诉讼请求”，只有具体的诉讼请求才具有可裁判性，才可以据以比较、识别并作出前诉与后诉中的诉讼请求是否实质上相同的判定。

于本章前述导入案例，在后诉“210 号裁”中，原告磐天公司的诉讼请求是要求汽配城承担违约赔偿的给付请求；而在前诉“18 号判”中，原告汽配城的诉讼请求是解除合同并要求相对方承担因合同解除产生的违约责任与债权实现的支出费用。从诉讼请求的具体形式上比较，后诉中仅有违约赔偿，前诉中不仅有违约赔偿，更有双方约定的律师代理费等债权实现支出的费用赔偿。显然，这不符合构成重复起诉之“后诉与前诉的诉讼请求相同”要件。但事实上，若后诉支持原告磐天公司请求，就意味着后诉的诉讼请求实质上否定了前诉“18 号判”的胜诉裁判结果，即下述“（四）本章后诉的诉讼请求能否‘实质上否定’前诉的裁判结果”识别的具体展开。

（四）本案后诉的诉讼请求能否“实质上否定”前诉的裁判结果？

1. 前诉的裁判结果及其裁判逻辑

磐天公司之后诉“210 号裁”中的诉讼请求，是要求汽配城进行违约赔偿的给付。① 这一诉讼请求以证明汽配城有违约行为，且无免责事由之要件事实成立为前提。而前诉“18 号判”的裁判结果，是磐天公司的根本违约导致合同目的不能实现，据此支持汽配城诉请的合同解除及违约等损害赔偿请求。必须重点指出的是，这里的“合同解除”，事实上隐含着实体法上的两个先决性问题，即：（1）汽配城提出解除合同的诉讼请求，意味着被提请解除的合同是生效合同，但因存在合同解除的法定事由，合同生效后又归于消灭；（2）汽配城合同解除的诉讼请求已经得到了生效裁判的确认，这就意味着作为合同解除之形成权行使者的汽配公司不存在违约行为。质言之，作为非违约方的汽配城根据《合同法》第 94 条第 1 款第 4 项规定的“当事人一方迟延履行债务或者有其他违约行为致使不能实现合同目的”之法定事由提出解除合同，从而产生使原合同效力归于消灭的法律效果。②

同时，在导入案例的前诉“18 号判”中，法院针对上述“对判决结果产生重大意义”的两项“实体性先决问题”，都已经组织当事人进行了充分的质证与辩论，并且经由法院作出了实质性判断，即汽配城没有违约。汽配城的非违约方定性，是汽配城能否行使合同解除权的核心，也是《合同法》第 94 条规定的应有之义，更是汽配城诉请因合同解除要求磐天公司进行违约等损害赔偿的逻辑前提。即是说，正是

---

① 《民法典》第 186 条规定：“因当事人一方的违约行为，损害对方人身权益、财产权益的，受损害方有权选择请求其承担违约责任或者侵权责任。”

② 《合同法》第 94 条对应《民法典》第 563 条第 1 款，规定：“有下列情形之一的，当事人可以解除合同：（一）因不可抗力致使不能实现合同目的；（二）在履行期限届满前，当事人一方明确表示或者以自己的行为表明不履行主要债务；（三）当事人一方迟延履行主要债务，经催告后在合理期限内仍未履行；（四）当事人一方迟延履行债务或者有其他违约行为致使不能实现合同目的；（五）法律规定的其他情形。”

基于合同解除权的行使，汽配城可根据《合同法》第 97 条、第 107 条的规定，提出并实现因合同解除的违约赔偿及其债权实现的费用赔偿等诉讼请求。

2. 后诉的诉讼请求及其实质否定

在导入案例的后诉“210 号裁”中，磬天公司以汽配城为被告，诉请汽配城承担该合同义务不履行的违约赔偿。但诚如前述，在前诉的“18 号判”中，法官已经认定汽配城没有违约，也正因汽配城没有违约，而磬天公司是根本违约，所以前诉的法官判决支持汽配城诉请的合同解除及违约金等损害赔偿。如果允准后诉的原告磬天公司以此另行起诉，那么后诉的“汽配城违约赔偿”就是对前诉基于“汽配城不违约”而获得的生效裁判文书中确定的合同解除及违约等损害赔偿这一“裁判结果”的实质性否定，构成重复起诉。

实际上，这也是对前述争点效理论的有效借鉴与司法应用——若前诉中已经当作争点并经过双方充分的攻防的要件事实与裁判理由，对后诉有拘束力，亦即争点效。详言之，前诉“18 号判”既判力依据的裁判基础指向的“实体性先决问题”，是合同的有效性与汽配城无违约行为的定性，也是判决主文判定磬天公司承担违约等损害赔偿给付的要件事实与裁判理由。如果后诉支持原告磬天公司诉讼，意味着前诉原告汽配城据以获得胜诉裁判的“磬天公司根本违约、汽配城并无违约”的判决主文之事实、裁判理由就此被“釜底抽薪”，即后诉“210 号裁”的诉讼请求（权利主张）直接否定了前诉“18 号判”的实体性先决事实，亦即实质上否定前诉的胜诉裁判结果。

可以说，所谓实质性的否定，其实是打通后诉“210 号裁”的“诉讼请求”与前诉“18 号判”的“裁判结果”之间的共性链接点，即要件事实。[①] 但从逻辑上来看，结构要件事实其实是对实体请求权进行细化、拆分。实体请求权中的“要件事实”具有一定的抽象性，需要纠纷案件当事人以“生活事实”为据，靶向性地提炼出符合“要件事实”规定的部分“生活事实”，此时法官即可将该“生活事实”作为判决依据而作出裁判结果。上文是“后诉之诉讼请求实质否定前诉的裁判结果”的清晰逻辑演示。质言之，所谓的“实质否定”，是就后诉与前诉的要件事实这一裁判理由的对比，最后作出是否“实质性否定”的判断。

四、类案练习

练习一：2015 年，刘某作为原告，对北京正龙安投资有限公司（下文简称“正龙投资公司”），就合同法律关系（“安置协议”）为诉讼标的提起诉讼，并实现了要求正龙投资公司返还购房款的诉讼请求，即已经生效的（2015）东民初字第 06269 号生效民事判决书的既判力确定。

2021 年，刘某以中冶时代置业有限公司（下文简称“中冶置业公司”）为被告、正龙投资公司为第三人，以合同法律关系为诉讼标的提起诉讼，要求中冶置业公司作为北京华成通房地产有限公司（下文简称“华成通公司”）的唯一股东、权

① 关于“要件事实”的详细内容，可参见本教材第四编的详细内容。

利义务的继受主体承担其该承担的违约责任。[①]

两案中均有牵涉的是“安置协议”，这是两案的基础法律关系与主要证据材料。“安置协议”中载明的民事法律关系之主体为甲方（华成通公司）、乙方（刘某），但在“甲方的盖章处”同时盖具了“华成通公司”与“正龙投资公司”。该处的“华成通公司”后因被撤销而由“中冶置业公司”承继相应的民事权利义务与民事责任。

也正因为前述主体变更，刘某以（2015）东民初字第06269号案件（简称“前案”）遗漏“中冶置业公司作为共同被告”提起诉讼。本案的原、被告是刘某与中冶置业公司，“前案”原、被告的刘某与正龙投资公司，即两案的被告并非同一，即“当事人”之识别已然不同；就诉讼标的而论，都是基于“安置协议”之合同法律关系，即“诉讼标的”之识别标准同一；就诉讼请求而言，前案的诉讼请求是返还购房款，而本案中的诉讼请求实质上是要求中冶置业公司作为共同债务人对“前案”的判决结果与正龙投资公司承担连带责任，但刘某依据“安置协议”已经获得“前案”的生效判决并得到执行。因此，北京市东城区人民法院认定符合重复起诉情形而裁定驳回起诉。

2022年，刘某不服本案的一审裁定而提起上诉，二审法院作出驳回上诉、维持原裁定的终审裁定。[②]

问题：请画出上述案例的人物法律关系图，并根据《民诉法司法解释》第247条，逐一分析上述案例构成重复起诉的原因。

练习二：根据（2013）东民初字第14570号与（2018）京02民终3628号（下文简称“前案”）的裁判文书，吴某基于医疗服务合同在2013年提起诉讼，要求被告承担医疗行为侵权的损害赔偿责任；经过2013年一审、2018年二审，侵权诉讼二审终审审结，但似乎并未实现对应的诉讼请求。[③]

2021年，吴某仍以协和医院为被告，向北京市西城区人民法院提起诉讼（“本案”），请求基于医疗服务合同的违约事实之“给付义务不能”，要求协和医院承担医疗损害责任，并提出向患者近亲属赔礼道歉，给付精神抚慰金、医疗费等诉讼请

---

① 北京市东城区人民法院（2015）东民初字第06269号民事判决书、北京市第二中级人民法院（2022）京02民终2817号民事裁定书。

② 参考理由：本案系拆迁安置补偿合同纠纷，原告先以签订的“安置协议”确认的房屋面积少于房屋所有权证书登记的面积损害其合法权益为由诉请确认协议无效，一审法院认定协议有效，驳回其诉讼请求，经二审判决维持，再审法院驳回其再审申请。裁判生效后，原告以赔偿损失为由再次起诉，一审法院认为生效的裁判文书具有既判力，双方之间因拆迁中的“安置协议”这一民事法律关系形成的权利义务已被确定，未损害原告利益，本案中即使原告提出了与前案不同的诉讼请求，也不得就同一民事法律关系再行起诉，法院也不得再行受理，裁定驳回起诉。二审法院认为对于拆迁房屋面积的误差问题，原告在前诉的上诉理由及再审申请理由中均有提及，二审判决书、再审裁定书、检察院的不支持监督申请决定书中均对此作出了处理。生效的裁判已明确被告对被拆迁房屋面积的确认及安置未损害原告利益，“安置协议”有效。原告此次的诉讼请求，实质上是否定前诉生效判决所确定的内容，故即使原告提出了与前案不同的诉讼请求，仍构成重复起诉，遂裁定驳回上诉，维持原裁定。

③ 北京市东城区人民法院（2013）东民初字第14570号民事判决书、北京市第二中级人民法院（2018）享02民终3628号民事判决书。

求。法院认为：本案与前案对比，两案当事人相同；就诉讼标的而论，尽管前案是行使“侵权请求权”，而本案是行使“违约请求权”，但两次起诉的诉讼标的实质同一，因为吴某均是“以协和医院在诊疗过程中存在过错为由要求协和医院承担损害赔偿责任，两次向协和医院主张精神损害赔偿、医疗费、丧葬费、死亡赔偿金，实质上均系基于侵权法律关系，故两个诉应系同一诉讼标的”；而所谓的“违约或侵权”，不过是案由的变更，其事实、理由和诉讼请求并无二致，属于《民诉法司法解释》第247条规定的一事不再理之重复起诉情形，所以裁定驳回吴某起诉。

2021年，吴某不服北京市西城区人民法院（2021）京0102民初16075号民事裁定，向北京市第二中级人民法院申请再审。经法院合议庭审查，认为原审认定吴某提起的本案之诉符合重复起诉的条件，裁定驳回吴某再审申请。

问题：请你根据《民诉法司法解释》第247条，改动练习二的案情使吴某不构成重复起诉，并说明理由。

五、知识拓展

1. 李木贵. 民事诉讼法. 台北：三民书局，2006.

2. 姜世明. 民事诉讼法基础论. 台北：元照出版有限公司，2016.

3. 马世忠主编. 最高人民法院政治部编. 人民法院大讲堂·民法典重点问题解读. 北京：人民法院出版社，2021.

4. 最高人民法院民事审判第二庭编著.《全国法院民商事审判工作会议纪要》理解与适用. 北京：人民法院出版社，2019.

5. 最高人民法院研究室编著. 最高人民法院新民事案件案由规定的理解与适用. 北京：人民法院出版社，2022.

6. 最高人民法院民法典贯彻实施工作领导小组办公室编著. 最高人民法院新民事诉讼法司法解释理解与适用. 北京：人民法院出版社，2022.

7. 曹志勋. 禁止重复起诉规则之重构：以合同效力的职权审查为背景. 中国法学，2022（1）.

8. 熊跃敏，郭家珍. 禁止重复起诉和禁止另行起诉的区分与适用. 国家检察官学院学报，2020（5）.

9. 夏璇. 论民事重复起诉的识别及规制：对《关于适用〈中华人民共和国民事诉讼法〉的解释》第247条的解析. 法律科学，2016（2）.

10. 段文波. 日本重复起诉禁止原则及其类型化析解. 比较法研究，2014（5）.

11. 柯阳友. 也论民事诉讼中的禁止重复起诉. 法学评论. 2013（5）.

12. 张卫平. 重复诉讼规制研究：兼论“一事不再理”. 中国法学，2015（2）.

13. 袁琳. 民事重复起诉的识别路径. 法学，2019（9）.

14. 段厚省. 重复诉讼判断标准检讨：以法释（2015）5号第247条为分析对象. 甘肃政法学院学报，2019（5）.

专题三　部分请求*

一、案例导入

（一）案情介绍

2014年7月30日，甲公司就其公司财产向乙保险公司投保了财产综合险，保期三年。后甲公司因恶劣自然天气造成厂房和货物损害，向乙保险公司报案，双方共同委托某公估广州分公司进行公估并出具公估报告。2015年11月18日，甲公司就其损失向佛山市南海区人民法院提起诉讼，案由为财产保险合同纠纷，请求乙保险公司支付保险赔偿金20万元。经审理，一审法院于2016年2月5日作出（2015）佛南法民二初字第1381号民事判决，认为原告损失不属于保险责任范围，遂判决驳回甲公司的诉讼请求。甲公司不服，上诉于佛山市中级人民法院，二审法院查明：2015年11月28日，公估公司完成公估报告，结论为本案损失金额为351 676.43元。二审法院认为：甲公司遭受暴风雨毁损的财产仍在保险标的范围之中，原告请求乙保险公司支付赔偿金20万元，该金额明显低于公估报告所核定的损失数额351 676.43元，亦未超出约定保险金额范围，其请求合法有理，依法予以支持。遂于2016年10月26日作出（2016）粤06民终5825号民事判决（下文称该案为“前诉”）：撤销一审民事判决，乙保险公司支付保险赔偿金20万元给甲公司。

随后，甲公司再次就剩余部分向广东省佛山市南海区人民法院提起诉讼，要求乙保险公司赔偿剩余损失151 676.43元。一审法院认为此诉当事人、诉讼标的、诉讼请求均相同或重合，且乙保险公司在前诉二审时提供的公估报告，不属于新的事实，甲公司提起本案之诉构成重复起诉，遂驳回其诉讼请求。后甲公司提起上诉，二审法院审理认为虽然本案与前诉当事人和诉讼标的相同，但两部分请求金额并不重合，不存在后诉的诉讼请求实质上否定前诉裁判结果的情况，依法不构成重复起诉，一审裁定驳回起诉不当，发回佛山市南海区人民法院重审。

（二）案例思考

在民事诉讼中，对于数量上可分的金钱或代替物为给付内容的债权，能否允许当事人先行请求债权的一部分，待判决确定后，再以另行起诉的方式请求债权的剩余部分？这是大陆法系中德国、日本民事诉讼理论界及实务界在学术和判例上长期争论不休的债权部分请求问题。过去，在我国民事诉讼实务中，法院习惯于从“一事不再理”的角度来考虑部分请求问题，并基于纠纷应当一次性解决，确定判决的债权应受既判力拘束，受理部分请求会因重复审理而增加法院负担，认可部分请求会增加被告应诉之累等原因，大都对部分请求持否定态度。但近年来，随着学界和

---

* 本专题部分内容来源于黄毅．民事诉讼部分请求研究．北京：中国政法大学出版社，2020。

实务界对诉讼标的原理的再认识，对既判力理论的再检讨，以及立法上对重复起诉的界定，一些地区的法院对部分请求持宽容态度的案例越来越多。前述案例中，二审法院就依据重复起诉的法律规范，容许了部分请求。虽然在实务中肯定部分请求的案例逐渐增加，但仍有不少反对的声音，那么，法院面对当事人提出的部分请求，如何处理才更为合理?

二、基本原理

(一) 实体法疑难问题精讲

出于“纠纷一次性解决”的考虑，作为程序法的民事诉讼法一般不容许当事人将以数量上可分的金钱或代替物为给付内容的债权分割，先行请求债权的一部分，待判决确定后，再另行起诉债权剩余部分。但是，从实体法的视角来看，债权人可以自由地分割自己的债权，债权人部分地让与自己债权的行为也是适法的。[①] 我国《民法典》第5条规定：“民事主体从事民事活动，应当遵循自愿原则，按照自己的意思设立、变更、终止民事法律关系。”此为民事活动的自愿原则在《民法典》中的确立。自愿原则又称意思自治原则，是指民事主体在实施民事活动之时，享有表达自己真实意志的自由，可以按照自己意愿设立、变更或终止民事法律关系。自愿原则的目的就在于对民事主体独立意思在民事活动中的支配地位的承认，其赋予民事主体在法律规定之内享有广泛自由。[②] 具体而言，如果甲公司对乙公司享有100万元债权，甲公司可以与乙公司协商，将100万元分割为数个债权予以偿还，根据自愿原则，民事实体法上这样的操作没有问题。但在作为程序法的民事诉讼法方面，由于法院的介入，一般不会容许当事人自由分割债权，因此，部分请求涉及的主要是程序法问题。

(二) 程序法疑难问题精讲

1. 部分请求的概念

部分请求是指在民事诉讼中，对于以数量上可分的金钱或代替物为给付内容的债权，当事人先行请求债权的一部分，待判决确定后，再以另行起诉的方式请求债权剩余部分的一种民事诉讼请求方式。曾有日本学者作过如下形象比喻：犹如将一块肉用菜刀切开，先烹调其一部分，剩余部分再放入冰箱冷冻，待日后烹调。其中，肉为实体权利，烹调为审理，先行烹调后端上餐桌的菜肴为判决，放回冰箱冷冻的部分为剩余债权。但从既判力的角度来看，剩余部分是否可以解冻（是否与既判力抵触）? 解冻后该当如何烹调（审理）? 烹调（审理）应受怎样的限制?[③] 这些都是民事诉讼部分请求理论无法回避且必须解答的问题。部分请求这一请求方式发端于

---

① ［日］高桥宏志. 民事诉讼法：制度与理论的深层分析. 林剑锋，译. 北京：法律出版社，2003：85.

② 杨立新编著. 民法案例分析教程. 4版. 北京：中国人民大学出版社，2018：8.

③ ［日］勅使川原和彦. 一部請求と隠れた訴訟対象. 早稲田法学，75巻3号（2000）：25.

德国判例，后为日本的判例和学说所承继、发展。[①] 这种部分请求方式区别于传统的民事诉讼请求方式，在日本民事诉讼法中，部分请求被称为“一部请求”，但也有学者称其为“残部请求”，意为“剩余部分请求”，如日本学者中野贞一郎教授认为，根据民事诉讼法的处分权原则，当事人将债权分割，在前诉中提出部分请求是适法的，也应该是没有争议的，学界争论的焦点是当事人能否在后诉中请求清偿债权剩余部分。因此，与其将这种请求方式称为部分请求，倒不如将其称为剩余部分请求，更为妥帖。[②]

司法实践中，当事人采用部分请求这一起诉方式的原因极其复杂多样，大致可分为如下类型。

（1）试验诉讼型部分请求。

民事诉讼是原告与被告之间的博弈，但影响这场博弈的因素很多，当事人及律师的能力和技巧、证据的掌握、法官的心证等都是左右胜负的重要因素。诉讼有风险，进入需谨慎，在诉讼费用较高的场合，原告有可能为避免损失过高的诉讼费用和律师费用等风险，以部分请求先行试探法官对案件的判断，在部分请求胜诉后，再行提起剩余债权的诉讼请求。

我国司法实务对试验诉讼并不陌生，甚至大量运用。季卫东教授曾指出，“在讨论审判程序与法律制度改革之间的关系时，应当重点关注到我国大量发生的一种案件类型——试验诉讼”[③]。当前我国处于社会转型关键期，新问题与新需求不断地被提出。在司法改革中，我国一方面在制度上要求极端的司法消极主义，另一方面在实践中却可以发现司法积极主义抑或司法能动主义在四面出击，存在相当的悖论。但是，在社会转型关键期，又不得不容忍甚至鼓励法院根据个案形成经验，因此试验诉讼显得十分活跃。从这个角度来看，制度改革就是在一种试验主义氛围中不断向前推进的。“试验诉讼”是一个被频繁使用但又未被严格界定的概念，法院常使用试验诉讼为模式诉讼或原则诉讼，[④] 而当事人（特别是原告）常使用试验诉讼为试探诉讼。在部分请求诉讼的类型中，当事人提起的试验诉讼型部分请求中的“试验诉讼”仅限于原告在节约诉讼成本（包括向法院交纳的诉讼费用、律师费用以及证据收集费用等）的意图下，为试探胜诉可能性或法院可能认定的金额，而提起的部分请求诉讼。[⑤]

（2）债权总额不明型部分请求。

---

① ［日］坂本恵三. 一部請求について：主としてドイツの判例・学説を手がかりとして. 早稲田法学会誌，31 卷（1980）：162.

② ［日］中野貞一郎. 一部請求論について. 民事手続の現在問題. 判例タイムズ社，1989：86.

③ 季卫东. 要关注“试验诉讼”：当事人推动的制度变迁及其实证研究. 司法，2007.

④ 模式诉讼侧重于具体事实关系的认定和共同争论点的处理，有利于归并案件、减轻诉累、提高审理效率，是广义上的试验诉讼。原则诉讼则限于对将来的程序具有重要实质性价值的原则性法律问题之解决，是狭义上的试验诉讼。季卫东. 要关注“试验诉讼”：当事人推动的制度变迁及其实证研究. 司法，2007.

⑤ 部分请求中原告的试探性诉讼不同于示范诉讼，示范诉讼为试验诉讼中的一种，通常被理解为集团诉讼（共同诉讼）中的一个诉讼，是指法院经全体当事人同意挑选其中一个案件进行审理，全体当事人均受该判决的拘束。严仁群. 部分请求之本体路径. 中国法学，2010（2）.

有的原告以债权总额不明为由，提起部分请求诉讼。由于在提起诉讼之时债权总额不明，因此原告先以可能算定的金额提起诉讼，再通过观察被告的应诉内容及法院的诉讼指挥来判断自己债权总额。① 此种部分请求诉讼类型，主要产生原因不是节约诉讼费用或胜诉可能性不明确，而是在判明债权总额之前采取的临时部分请求，一旦审理过程中判明债权总额，此种部分请求类型的原告在诉讼系属中将部分请求扩张为全部请求的情况较多。并且，与试验诉讼型部分请求相比，此种类型的全部债权额与部分请求额的比例较高。

（3）被告能力考虑型部分请求。

波斯纳法官说过："人们都是自己满足度的理性最大化者。"② 在理性社会中，趋利避害是人们行为的动机，人们在实施一个行为之前会考虑其可能投入的成本及可能产出的利益。当事人之所以选择部分请求的方式，是因为这样的起诉方式能为其节约诉讼成本，从而保障其利益。原告提起被告能力考虑型部分请求诉讼的动机可以与试验诉讼型部分请求相提并论。易言之，原告提起诉讼时考虑到即使申请强制执行，被告当时的能力也不足以满足全部债权，为避免徒劳地承担无用的诉讼费用，所以暂时以被告能力能承担的数额提起部分请求诉讼。现在，公司、企业等经济实体的规模越来越大，经济活动中巨额不良债权的情形并不鲜见，这些不良债权往往难以全部回收。我国的诉讼费用采用随请求金额增减的浮动制，提起高额的诉讼请求必将负担相应的高额诉讼费用，胜诉后诉讼费用虽可转由败诉方承担，但高额的律师费用并不由败诉方承担。考虑到不良债权在胜诉后难以通过执行回收，当事人会选择全部债权中最有可能实现的部分提起部分请求，剩余部分债权则留待日后债务人经济好转之后再行提起。

（4）原告遗漏型部分请求。

原告遗漏型部分请求的形成原因主要为，原告疏忽或者确实不熟悉相关法律，主观上遗漏部分诉讼请求，而在第一次诉讼时未能提起全部诉讼请求，导致必须提起后诉请求剩余部分方能完全实现权利。此种情形在司法实践中实际上是较为常见的，也是比较如容易获得后诉法院容许部分请求的情形。当然，从立法层面上来看，依据《民事诉讼法》第 207 条第 11 项③的规定，只有当法院遗漏诉讼请求时，当事人才可能获得重审或再审的救济机会，对于原告遗漏型部分请求，立法上并无救济措施。在实践层面，各地法院对原告遗漏型部分请求采取的做法不一，一般采取按一事不再理处理，即不允许再次提出上一次诉讼中由于主观疏忽或不熟悉相关法律而遗漏的诉讼请求。

（5）证明困难型部分请求。

该类型部分请求主要是指客观上难以证明的部分请求。提起证明困难型部分请求的原因有二：一是损害确实难以在短时间内确定，二是损害赔偿数额大小难以在

① ［日］三木浩一. 一部請求論について：手続運営論の視点から. 民事訴訟法雑誌，47 巻（2001）：35.

② ［美］理查德·A. 波斯纳. 正义/司法的经济学. 苏力，译. 北京：中国政法大学出版社，2002：1.

③ 该项规定，原判决、裁定遗漏或者超出诉讼请求的，人民法院应当再审。

短时间内以证据证明。[①] 对于这两种原因，原告又因经济困难或时效即将超过等因素，确实需要提起诉讼以暂时先行救济权利，如果不允许原告先行提出部分请求，则有左手赋予原告诉权，右手又将其夺回的“左手予右手夺”之嫌。第一种原因的主要情形有：后发后遗症、虽预料到将发生后遗症但起诉时无法确信、治疗周期可能超过一审期间等。[②] 第二种原因的主要情形有：由于欠缺市场性，难掌握交换价值之情形；多数纷争当事人介入事件，以致难以分别估算之情形。具例言之，某建筑物虽确因某次火灾而受有损害，但对该建筑物本身年久失修所致折旧损害部分与因该次灾害而致毁损部分，无从予以明确识别区分之场合；因火灾或水灾家具日常用品受损害之场合；因企业经营者形象变化贩卖成交量低落而受损害之场合；装置整箱内各种价值不等药品确已受侵害，但甚难逐一予以估计为核算之场合。[③] 此外，还应包括基于侵权行为产生的抚慰金赔偿请求或因幼儿死亡而产生的期待利益赔偿请求。[④]

（6）恶意诉讼型部分请求。

恶意诉讼型部分请求是指原告纯粹出于恶意，采用浪费对方时间、精力等方式，增加对方诉累以进行报复。部分请求否定说学者曾担忧，“债权人将1 000万元的债权分割1 000万次来分别提起诉讼”[⑤]。

（7）基于连带之债型部分请求。

连带之债是多数主体之债的一种。连带债务的债权人请求权具有较高自由度，债权人可向连带债务人中的一人或数人行使请求权，可向不同债务人同时或先后请

---

① ［日］三木浩一．一部請求論について：手続運営論の視点から．民事訴訟法雑誌，47巻（2011）：36頁以下．

② 高桥宏志教授认为，后发性后遗症的损害赔偿请求与部分请求是存在较大差异的，因为，在最初提起的诉讼中，受害人（原告）并没有“还存在着剩余部分请求”这样的意识。就后发性后遗症的概念而言，正是因为受害人当初不知道后发性损害存在其才被称为后发性后遗症，因此，后发性后遗症问题应当作为独立于部分请求论的另一问题来展开论述。部分请求只限定于，原告意识到存在剩余部分请求的场合。［日］高桥宏志．民事诉讼法：制度与理论的深层分析．林剑锋，译．北京：法律出版社，2003：98．但不可否认的是，现实中许多人身损害案件受害人确实在损害发生时已经意识到可能发生后遗症，只是当时苦于没有证据证明，因此，这种将后发性后遗症赔偿请求与部分请求区别开来的观点值得商榷。

③ 邱联恭．程序利益保护论．台北：三民书局，2005：38．

④ ［日］山本克己．自由心証主義と損害額の認定．//竹下守夫编　講座新民事訴訟法Ⅱ．东京：弘文堂，1999：56．

⑤ ［日］高桥宏志．民事诉讼法：制度与理论的深层分析．林剑锋，译．北京：法律出版社，2003：86．不过，我们可以假设这样的设例真的在我国发生，原告将1 000万元的债权分割为1 000万份来提起诉讼，而这样的诉讼也被法院受理，那么结局会是怎样呢？首先，按我国《民事诉讼法》的规定，起诉应当提交起诉状，那么原告应当提交1 000万份起诉状；其次，原告若无特殊原因，应当亲自到法院提交诉状，那么原告至少应当去法院1 000万次；最后，原告至少需完成1 000万次以上的出庭或1 000万次的执行申请。姑且不论诉讼风险，即使假设原告在这1 000万次的诉讼中都胜诉，原告所支出的诉讼成本将远远不止1 000万元。再考察被告这一方的情况，被告洞悉原告系恶意之后，完全可以在第一次败诉后，不再去法院出庭，而听凭法院缺席审判，其结果也就是支付本应偿还的1 000万元，而不会有其他额外的负担。如此一来，原告的恶意诉讼不仅没有伤害被告反而伤害了自己，这种偷鸡蚀米的事情在现实中是没有哪个原告愿意去做的。因此，部分请求否定说的这一极端设例在现实逻辑中是不能成立的。

求，可请求其全部或部分履行。[①] 由此可见，债权人可自由决定向连带债务人中的何人请求履行何种程度的债务。有学者认为，根据连带之债的性质，其本身是允许当事人以分割债权的形式进行部分请求。连带之债的债务人中，可能有的履行能力较强，有的履行能力较弱，应当允许债权人根据实际情况，选择债务人提出部分请求。[②]

2. 部分请求的容许条件

虽然在我国司法实践中，已经出现了不少容许部分请求的判例，但从立法层面上看，我国《民事诉讼法》及其司法解释的历次修改仍未对部分请求作出明确的正式规定。最高人民法院只是在一些司法解释中，对部分请求问题作了零散回应。[③] 法院在需要作出容许部分请求的裁判时，仍然面临着不小的制度压力和理论羁绊。因此，对部分请求在司法实践中如何操作，是其重点和难点。原告的进攻和被告的防御是民事诉讼程序的核心内容，如何保持当事人双方攻击防御的平衡是诉讼公平所要追求的价值目标。在保证诉讼公平的前提下，应尽量实现诉讼经济，以降低民事诉讼成本。鉴于部分请求能在一定条件下为当事人节约诉讼成本，为兼顾诉讼公平与诉讼经济，有必要在我国附条件地肯定部分请求。在具体司法实务中，可作如下程序上的设计。

（1）确定适用部分请求案件的债权数额。

日本学者棚濑孝雄将“生产正义的成本”分为国家负担的审判成本和当事人负担的诉讼成本，如何在法院和当事人之间合理地分配“生产正义的成本”是民事诉讼的难题。[④] 部分请求的主要作用在于为当事人节省诉讼费用，但如果对所有的案件都许可部分请求，则势必增加法院审理之累。学者吕太郎认为，所谓诉讼经济不外是追求利润与支出成本之间的互动状态，诉讼经济很大程度上是受制于国家财政的，如果国家财政充足，诉讼不花钱也是可能的。[⑤] 然而在现实中，国家不可能也不应该不计成本地提供免费诉讼，因为“免费诉讼意味着诉讼成本全部转移给整个社会，按法院的实际开支全额征收讼费则意味着国家将履行公共职能的成本转移给诉讼当事人，故合理的司法政策总是在两个极端之间寻求折中”[⑥]。如果对原告提出的部分请求不加限制一概应允，则势必会造成法院司法资源的不经济，因此，立法

---

① 魏振瀛. 民法. 3版. 北京：北京大学出版社，2007：328.

② 蒲菊花. 部分请求理论的理性分析. 现代法学，2005（1）.

③ 比如，2003年最高人民法院《关于审理人身损害赔偿案件适用法律若干问题的解释》第19条第2款规定：“医疗费的赔偿数额，按照一审法庭辩论终结前实际发生的数额确定。器官功能恢复训练所必要的康复费、适当的整容费以及其他后续治疗费，赔偿权利人可以待实际发生后另行起诉。但根据医疗证明或者鉴定结论确定必然发生的费用，可以与已经发生的医疗费一并予以赔偿。”回应现实对部分请求的需求，支持当事人以另行起诉的方式再次请求康复费、整容费及其他后续治疗费。又如，2008年最高人民法院《关于审理民事案件适用诉讼时效制度若干问题的规定》第11条规定：“权利人对同一债权中部分债权主张权利，诉讼时效中断的效力及于剩余债权，但权利人明确表示放弃债权的情形除外。”这在时效问题上承认部分请求。

④ ［日］棚濑孝雄. 纠纷的解决与审判制度. 王亚新，译. 北京：中国政法大学出版社，2004：268.

⑤ 吕太郎. 民事诉讼法研究会第一百零五次研讨会记录. 法学丛刊，2010：238.

⑥ 方流芳. 民事诉讼收费考. 中国社会科学，1999（3）.

或司法机关应规定争议债权必须达到一定数额才能提出部分请求。具体数额可根据各地区的经济发展水平确定。

（2）提出部分请求须有正当理由。

鉴于部分请求这一起诉方式在为原告节约诉讼成本的同时，可能增加被告应诉之累与法院审理之累，因此，有必要对原告设定说明为何要提起部分请求的正当理由之义务，原告的这种说明应该是一种疏明。疏明是相对于证明的一种当事人行为，是指为了实现迅速与简便之处理，在未达到证明度的情况下，当事人通过证据等加以印证，从而使法官作出大致确定之推论。① 原告必须疏明其提出部分请求的原因，且必须符合以下正当理由之一，才能采用部分请求这一起诉方式。第一，被告可供执行的财产数额与全部债权数额相差比较大。如前所述，由于执行难问题在我国仍旧客观存在，且司法实践中尚无有效途径根除之，为避免出现“赢了官司赔了钱”的尴尬局面，如果被告可供执行的财产数额与全部债权数额相差较大，应允许原告提出部分请求。这样既可保护原告的胜诉利益，又可为被告留有一定东山再起的机会。第二，基于情势变更的部分请求。对于一些在判决确定后，债权债务关系仍会因情势变更而发生变化的诉讼［如后遗症治疗费、被扶（抚）养人生活费等］，当事人很难在第一次起诉时准确地掌握全部债权数额，出于举证困难及仅能暂时提出部分诉讼资料等因素的考虑，当事人可能会选择提起部分请求。当情势发生变更（如后遗症加重、物价上涨等）时，可再提出剩余部分请求。例如，一些人身侵权的案件，已有较充分的证据显示受害方将有后遗症的发生，但一时难以确定全部损害数额；又如，某些治疗周期较长的案件，其治疗持续时间将跨越审理期限，此等全部损害赔偿额一时难以确定的情形也应是提出部分请求的正当理由之一。早在 2003 年最高人民法院《关于审理人身损害赔偿案件适用法律若干问题的解释》（下文简称《人身损害赔偿司法解释》）第 19 条第 2 款就规定：“……器官功能恢复训练所必要的康复费、适当的整容费以及其他后续治疗费，赔偿权利人可以待实际发生后另行起诉……”该规定的趣旨实际上就是使原告及时弥补因被告侵权而遭受的损害，是从效率角度出发采取的措施，这一点其实和纠纷一次性解决原则的出发点并不矛盾。有观点认为，后遗症损害不能适用部分请求理论，理由是对后遗症这种后发性损害，当事人之所以没有在前诉中请求，是因为其根本没有意识到还存有后遗症，在前诉中不可能提出部分请求。前诉判决对不能预测的后遗症损害不具有既判力，故后遗症请求不属于部分请求。② 但不可否认现实中也存在如下情形，即有些后遗症虽然

---

① 在疏明中，为了突出实现迅速处理，不仅减轻或缓和证明度，证据方法也仅限于可立即进行调查之证据方法（如日本《民事诉讼法》第 188 条规定：疏明仅限于立即可以进行调查的证据），例如，限于在庭审中的证人询问、自己持有文书物件的验证等。在日本旧《民事诉讼法》中，为达到这种及时性目的，考虑到可利用证据方法可能灭失，法院可以依据材料，让当事人或法定代理人提供保证金或就其主张之真实性进行宣誓，并视为已经获得疏明（日本旧《民事诉讼法》第 267 条第 2 项），若将来，判明为虚假陈述时，可以处以没收保证金或罚款之制裁，不过由于实务中几乎没有利用该制度，因此 1996 年日本修改旧《民事诉讼法》时废除了该条。［日］新堂幸司．新民事诉讼法．林剑锋，译．北京：法律出版社，2008：373.

② ［日］坂本正幸．一部請求の適法性に関する小論：専門家論理と管轄を中心として．島大法学，2007（50）：7.

在前诉中已经预见到且已明示为部分请求，但不能准确预测后遗症在将来可能加重的程度，对这种情况应该认可部分请求。[①] 第三，被告持续侵权或持续违约。在被告持续侵权或持续违约的情况下，为及时救济自己的权利，原告只能就对方已经发生的侵权行为或违约行为起诉，这种起诉对象一般为部分请求。因为在前诉判决确定后，侵权行为或违约行为依然存在，继续给原告造成了新的损失，虽然以新的损失为由提出的后诉可能与前诉的诉讼标的相同，但法院也应该允许原告就新的损失再次提起诉讼。例如，在一起商标侵权案件中，原告要求被告停止侵权，获胜诉判决后，被告继续侵权，原告再次起诉要求赔偿新的损失。当然，如果持续的侵权行为或违约是可以明确预测的，则可以告知原告一并提出将来给付之诉。[②] 例如，承租人在租赁期满后拒不搬出，这种情形可以按照日租金明确计算出将来可能造成的损害。第四，损失大小事实难以证明或不能证明。部分请求诉讼中涉及的证明困难问题主要是损害额难以证明或不能证明，此种情况下应当允许原告就能够证明的部分损害数额先行提出部分请求，待搜集到能够证明剩余部分损害数额的证据之时，再诉剩余部分，以实现诉讼效率。

（3）原告无力承担全部诉讼费用。

如前所述，由于我国诉讼费用比较高，特别是在一些诉讼标的额较高的案件的场合，原告可能因为自身经济问题而无力一次性预先交纳全部诉讼费用，导致其不能就全部债权提起诉讼。在这种情况下，应该允许原告先就部分债权提起诉讼，待前诉判决执行后或者原告有经济能力之后，再对剩余部分债权提起后诉。不过，对于如何判断原告是否系无力一次性交纳全部诉讼费用，应当要求其以适当的证据疏明。具体而言，如果原告符合法定《诉讼费用交纳办法》中诉讼费用减免缓交条件的，则依法准许其减免缓交的申请；如果不符合诉讼费用救助条件，则可以作出准许部分请求的决定。另外，如果提出部分请求的数额与全部债权的数额相差不大，则也不应当允许，因为在这种情况下部分起诉与全部起诉的诉讼费用非常接近。例如，原告对被告有一个100万元债权，原告提出无力承担全部诉讼费用而先部分请求90万元，由于100万元债权的诉讼费用与90万元债权的诉讼费用相差无几，原告的这一理由就不能被视为正当理由，因此不能允许其提出部分请求。

（4）原告、被告达成进行试验诉讼的合意。

如前所述，原告提起部分请求诉讼的动机，相当一部分是利用试验诉讼来试探法院对争议的判断，从而避免诉讼成本损失的风险。[③] 部分请求肯定论学者中有人认为，原告这种以先提起小额请求来试探法院判断的办法，具有相当合理性。但是，部分请求否定论学者反驳认为，原告在预测法官心证之时可以扩张其请求数额。对于这个问题，严仁群教授认为，否定论学者的这一反对理由在我国本土是不切实际的，因为实践中虽有部分法院针对部分案件试行判前释法，但是大多数法官还是不

① 这种见解在日本被多数判例接受且在理论上亦为多数说。参见［日］伊藤真. 民事訴訟法. 3版. 試験対策講座. 东京：弘文堂，2002：208.

② 严仁群. 部分请求之本土路径. 中国法学，2010（2）：168.

③ ［日］三木浩一. 一部請求論について：手続運営論の視点から. 民事訴訟法雑誌，47卷（2001）：35.

愿告知原告可以扩张请求额，譬如原告仅请求精神损害赔偿 1 万元，法官经审理后认为可以赔偿 5 万元，但现实中绝大多数不愿也不敢作这样的释明，因此大多数原告还是无法准确预测法官的心证。何况，即使一审法官公开了心证，也有可能被二审法院推翻其心证结果。[①]

虽然根据以上分析，在我国以小额请求作为试探的试验诉讼可以成为原告提起部分请求的正当理由之一，但是也有必要对这一理由作相应限制。原告进行试验诉讼是为了降低诉讼成本的风险，如果对原告这样的起诉不设置限制条件，则有过于偏向原告而忽视被告利益之虞。如前所述，对于那些曾经资产上亿而今濒临破产，迫切需要资金重整旗鼓以偿还剩余债务的被告来说，部分请求对被告方还是有利。在这类情形中，被告甚至期待原告发动的是部分请求诉讼，而非全部请求诉讼。在原告提起试验诉讼的部分请求时，如果被告也同意原告以部分请求方式进行试验诉讼，那么就可以认为此时的部分请求也是符合被告利益的[②]，亦即，这个时候的部分请求已经兼顾了原告、被告双方的利益，法院应该允许这种合意性的部分请求。

（5）提出部分请求时须明示。

原告提出部分请求时，须明示该请求为部分请求。让原告承担明示义务的作用在于，原告在提出部分请求时，只要明确表示本次请求仅为部分请求，就可以使被告在应诉时认识到原告可能还会提出请求剩余部分的后诉，可在心理上做好准备，防止诉讼突袭；同时，被告认为不存在剩余债权时，也可以提出消极确认剩余债权不成立的反诉，抵销、吞并原告的主张，从而避免再度应诉之累。

（6）败诉后不能再诉剩余债权。

把对剩余债权的再诉限定在部分请求的前诉胜诉之后的意义是，部分请求败诉意味着法院在审理的过程中作出了债权不成立的判断，如果允许原告在败诉后再诉剩余债权，难免会有重复审理之虞，因此，应该以前诉部分请求的胜诉作为后诉剩余债权请求提起的前提条件。但需要明确的是，这里所说的部分请求败诉需要区分是全部败诉还是部分败诉：如果是全部败诉，则当然不能再诉剩余债权；如果是部分败诉，则需要区分情形具体分析，以确定是否能够对剩余债权提出请求。譬如，原告在前诉中请求赔偿医疗费 30 万元，并明言是部分请求，法院经审理后仅认可 25 万元，从而原告部分败诉，但原告若再次请求器官功能训练的必要的康复费，就应当允许。

（7）小额诉讼程序中不得适用部分请求。

我国《民事诉讼法》规定了“小额诉讼程序”[③]。在该程序的价值和目标定位上，立法者期待的是分流案件或分解司法压力，主要目的不是弥补正式司法程序在便民诉讼方面的缺陷。但由于我国实际司法状况与国外并不一致[④]，在草案制定之

---

① 严仁群. 部分请求之本土路径. 中国法学，2010（2）：167.

② 严仁群. 部分请求之本土路径. 中国法学，2010（2）：167.

③ 也有学者认为该规定实际上并不能构成一个独立的程序制度，充其量只能是“小额案件的一审终审”，刘学在. 小额案件一审终审制之质疑. 中国审判，2012（6）：31.

④ 傅郁林. 小额诉讼与程序分类. 清华法学，2011（3）：46.

前和草案讨论过程中，这个中国式的“小额诉讼程序”曾饱受各种争议。其中一个重要的担忧是，一旦在中国打开了小额诉讼程序这个“潘多拉盒子”，它是否会沦为当事人滥诉的工具。在该担忧尚未消解之际，如果允许部分请求，那么当事人把一个标的额高的大案子拆分为若干个进行部分请求，利用小额诉讼程序的一审终审制损害对方程序利益怎么办?[①] 其实，在小额诉讼程序已成立法事实无从改变的背景下，为消弭部分请求与小额诉讼之间的矛盾，不妨明确规定小额诉讼程序不得适用于部分请求，但当事人已声明不就剩余部分另行起诉的除外。

(8) 前诉与后诉的当事人须为同一。

因为连带债务的债权人请求权具有较高自由度，债权人可向连带债务人中的一人或数人行使请求权，可向不同债务人同时或先后请求，可请求其全部或部分履行。连带之债的债务人中，可能有的履行能力较强，有的履行能力较弱，因此，有学者认为，根据连带之债的性质，债权人可自由决定向连带债务人中的何人请求履行何种程度的债务，其本身是允许当事人以分割债权的形式进行部分请求的。[②] 但是，在我国民事诉讼法学界和实务界对部分请求这一起诉方式还存在相当阻力的情况下，如果允许债权人在连带债务诉讼中自由寻找被告提起部分请求诉讼，则有可能引起部分请求诉讼主体的紊乱，使部分请求否定论者更有理由排斥部分请求，从而使以节约诉讼成本为目的的部分请求就此止步。因此，在部分请求诉讼的改革方面，是否应当借鉴李浩教授对民事司法改革的见解“宁可慢些，但要好些”[③]，放慢脚步，在连带债务诉讼情形中，规定部分请求与剩余债权请求的前诉与后诉的当事人须为同一。

(9) 法官应积极运用释明权。

从提高纠纷解决效率的角度出发，对于部分请求诉讼法院应当积极运用释明权，最大限度地消解因部分请求而可能出现的后诉，减少法院与被告可能面临的审理和应诉之累。

在原告未明示其请求为部分请求时应要求其说明情况。如果原告未明示其请求为部分请求，那么法院应当询问该请求是否为部分请求。释明制度的存在一般被认为是以还原真实和追求真实为目的的，从大陆法系国家释明权的具体运行状况来看，释明制度亦含有维护及促进当事人实现权利的意图。它的理念为，法院裁判应该以真实为基础，此乃大陆法系民事诉讼法追求的价值所在，这个理念表明只有基于案件真实情况而作出的裁判，才为公正的裁判（当然也有一些例外，比如，在法律要件事实真伪不明时，也尽可能以拟制的真实为基础，客观证明责任规范之适用即是这种例外）。[④] 因此，为追求原告的真实意图，法院在发现原告未就全部债权提出请求时，应当询问其原因，以保障原告实现自己的全部实体权利。不可否认的是，在我国确实存在当事人诉讼程序知识匮乏的现象：有的当事人提起人身损害赔偿请求，却不知除请求医疗费用之外，还可以请求护理费用、误工费用、营养费用

① 第 3 期金杜—明德法治沙龙实录.［2011－10－19］. www.fxcxw.org.cn/dyna/content.php? id=9944.

② 蒲菊花. 部分请求理论的理性分析. 现代法学，2005 (1)：143.

③ 李浩. 宁可慢些，但要好些. 中外法学，2010 (6)：66.

④ 张卫平. 民事诉讼“释明”概念的展开. 中外法学，2006 (2)：133.

等；有的当事人提起清偿租金的请求，却不知还可以请求利息。如果法院遇此类情形，能够耐心地询问原告的真实意图，让其知晓还存在遗漏的请求事项，则可以在很大程度上消解原告提出后诉请求剩余部分之可能，这也符合“纠纷一次性解决”之精神。

默示的部分请求其实应该分为无意和有意两种情形。无意的默示部分请求如前述这种遗漏诉讼请求的部分请求属一例，另外还有后发后遗症也属此类情形。有意的默示部分请求（原告有意以部分请求方式起诉，但未明示其起诉为部分请求）的类型就比较多，比如，上文归纳的类型中的——规避级别管辖型部分请求、特定费用项目限定型部分请求、抵销考虑型部分请求、（被告）能力考虑型部分请求、总额不明型部分请求、试验诉讼型部分请求等均属于此类情形。有意的默示部分请求是原告出于最大限度地实现自己实体利益的目的而采取的一种诉讼策略，但如前所述，如果部分请求的意图不予以明示，将给被告乃至法院造成相当的不利益。而且，日本的判例及学说大多不承认这种有意的默示部分请求，本书也主张只应该附条件地承认明示的部分请求。因此，对上述有意的默示部分请求，法院在察觉到原告提出的是部分请求时，应该积极行使释明权，告知原告不予以明示其请求为部分请求将承担的后果，避免原告遭受不利益。

法院除对原告积极释明以消解其可能提出的请求剩余部分的后诉之外，还应该积极向被告释明，提醒告知其如果认为原告所主张的债权不存在或者认为剩余部分债权不存在，或者反对原告以部分请求的方式提起诉讼，就可以提起消极确认之诉①，以消解原告可能提起的后诉。

法院还应该提醒告知原告和被告，法院在本案判决中对基础事实关系的判断，将对可能发生的请求剩余部分债权的后诉产生重大影响，双方应当在本诉中积极进行充分的攻击防御，以防止自己的疏忽在后诉中给自己造成被动。

（10）法院提示被告及时提出异议或提起反诉。

对部分请求的反对理由之一是，如果允许原告提起部分请求，会增加被告应诉之累，使诉讼的攻击防御失去平衡。针对这种忧虑，可以通过赋予被告提出异议的权利，以达到诉讼攻击防御之平衡。例如，原告主张被告没有全部履行的能力，因此本次诉讼仅部分请求100万元，此时，如果被告不愿意对方部分请求，则在可以疏明自己有全部履行能力的情况下，提出异议反驳原告提出的部分请求。这样也就避免了多次应诉。当然，被告选择这样做需要预估全部履行给自己带来的风险。除此之外，被告还可以在原告第一次起诉部分债权时，提出消极确认剩余债权不存在的反诉，以消解可能发生的后诉，避免应诉之累。

三、法官释法

在甲第二次诉乙保险公司案中，二审法院认为：“《最高人民法院关于适用〈中

① 当然，如前文中黄国昌教授所指出的那样，对原告证明困难的案件，法院应当慎用对被告告知可以提起消极确认之诉。黄国昌. 民事诉讼理论之新开展. 北京：北京大学出版社，2008：363.

华人民共和国民事诉讼法〉的解释》第二百四十七条第一款规定：‘当事人就已经提起诉讼的事项在诉讼过程中或者裁判生效后再次起诉，同时符合下列条件的，构成重复起诉：（一）后诉与前诉的当事人相同；（二）后诉与前诉的诉讼标的相同；（三）后诉与前诉的诉讼请求相同，或者后诉的诉讼请求实质上否定前诉裁判结果。’从上述规定可知，必须同时具备后诉与前诉的当事人、诉讼标的相同，并且诉讼请求相同，或者后诉的诉讼请求实质上否定前诉裁判结果这三个构成要件，才能构成重复起诉。虽然本案与（2016）粤06民终5825号案的当事人和诉讼标的相同，但是甲公司在本案主张的赔偿金额151 676.43元，即是根据公估报告核定的损失金额351 676.43元减去（2016）粤06民终5825号案所主张的20万元所得的数额，该两部分请求金额并不重合，也不存在后诉的诉讼请求实质上否定前诉裁判结果的情况。因此，本案并不具备与前诉的诉讼请求相同的构成要件，依法不构成重复起诉。一审法院认定甲公司提起本案之诉违反了一事不再理的民事诉讼原则，构成重复起诉不当，本院予以纠正。”①

法官在审理涉及部分请求的案件时，应当注意甄别部分请求与相关概念的差异，并在法庭审理和判决说理时予以充分阐释。具体而言，应对以下三组相关概念予以甄别：

（1）部分请求与重复起诉。

重复起诉在日本又被称为二重起诉，是指在诉讼系属中，原告不得以同一案件对同一被告提起二次诉讼，否则法院就会以后诉不合法为由裁定不予受理或驳回起诉，后诉相对于前诉即为重复起诉。德国、日本的民事诉讼法中明确确立了禁止重复起诉规则。如，《德国民事诉讼法》第261条第3款规定：“诉讼系属期间内，双方当事人均不得使该诉案件另行发生系属关系。”② 日本《民事诉讼法》第142条规定：“当事人不得对尚处于诉讼系属中诉讼，另行提出相同的起诉。”重复起诉行为会引起诸多弊端，譬如，被告可能因重复应诉而承担过重诉讼负担，法院可能因重复审理而浪费司法资源，并且不同法院可能因对相同诉讼请求作出矛盾判决而致司法秩序混乱等。有鉴于此，各国法律大都禁止重复起诉。从形式上看，部分请求也存在前诉部分请求和后诉剩余部分请求的复数起诉，这与重复起诉有些形似。但从实质上看，部分请求与重复起诉又明显不同，属于两个概念。

部分请求与重复起诉发生的时间不同。部分请求的后诉发生于前诉判决确定之后，前诉与后诉相互独立。由于部分请求的后诉发生于前诉结束以后，因此不存在将两诉合并的可能性。如果法院不认可部分请求的后诉，则可采用驳回起诉的方式作出裁判。而重复起诉的后诉发生于前诉的诉讼系属中，前诉与后诉之间不存在独立性。日本学者三月章教授界定重复起诉为：“已系属于法院之事件，当事人不得再次起诉，此即为重复起诉的禁止。所谓系属于法院的案件即诉讼，系指由一定法院

---

① 广东省佛山市中级人民法院（2017）粤06民终6210号民事裁定书。

② 德意志联邦共和国民事诉讼法. 谢怀栻，译. 北京：中国法制出版社，2001：63.

将原告申请裁判的权利主张（法律上的主张）作为裁判对象的一种状态。”[①] 从这个定义可以看出，三月章教授明确将重复起诉的后诉限定于前诉的诉讼系属之中。高桥宏志教授分两种情形讨论对重复起诉的处理：“一旦形成重复起诉之情形，如系狭义重复起诉，则法院会以后诉不合法而驳回，在此场合，无论前诉系属于哪个法院（哪怕是上告审法院）皆会被驳回……如系广义重复起诉，若前诉与后诉之强制合并有可能造成不妥当，在前诉判决确定之前法院就应当暂时中止后诉程序……”[②] 由此推知，高桥宏志教授也认为重复起诉的后诉应当限定于前诉的诉讼系属之中。从立法论上看，《德国民事诉讼法》第 261 条第 3 款、《日本民事诉讼法》第 142 条也明确规定重复起诉的发生限于前诉系属中。因此，部分请求与重复起诉虽然形似却实异。

在我国，重复诉讼是指就同一事项前诉尚处于诉讼系属之中，或者前诉判决已经产生既判力，一方当事人提起后诉。在 2015 年《民诉法司法解释》颁布之前，一般认为，在上述两种情况中都至少要求前、后两个诉讼中的当事人与诉讼标的一致。在 2015 年《民诉法司法解释》颁布后，重复诉讼的识别标准增加了一项，即把前、后诉的诉讼请求之间的关系一并列入考察范围。《民诉法司法解释》第 247 条规定：“当事人就已经提起诉讼的事项在诉讼过程中或者裁判生效后再次起诉，同时符合下列条件的，构成重复起诉：（一）后诉与前诉的当事人相同；（二）后诉与前诉的诉讼标的相同；（三）后诉与前诉的诉讼请求相同，或者后诉的诉讼请求实质上否定前诉裁判结果。当事人重复起诉的，裁定不予受理；已经受理的，裁定驳回起诉，但法律、司法解释另有规定的除外。”[③] 在前述甲公司诉乙保险公司财产保险纠纷案中，二审法院认为，“虽然本案与前案的当事人和诉讼标的相同，但是甲公司在本案主张的赔偿金额 151 676.43 元，即是根据公估报告核定的损失金额 351 676.43 元减去前案所主张的 20 万元所得的数额，该两部分请求金额并不重合，也不存在后诉的诉讼请求实质上否定前诉裁判结果的情况。因此，本案并不具备与前诉的诉讼请求相同的构成要件，依法不构成重复起诉”，从而，容许了当事人的部分请求。

（2）部分请求与新事实再诉。

2015 年《民诉法司法解释》第 248 条规定了“裁判生效后的新事实”，前诉裁判生效后如果出现新事实，则可能引发后诉，并且人民法院应当受理。新事实引发的后诉，虽然与因请求剩余部分债权引发的后诉存在类似之处，但形似实异。新事实之所以能够引发新的诉讼是因为民事法律关系在不断地发生变化，该法律关系可能会因为新事实的出现而出现与先前审判结果不同的状态，但是由于对该新事实当事人从客观上无法在前诉当中予以主张并被审理，因此新事实就不会被前诉既判力所遮断，进而即便后诉是针对同一诉讼标的的诉讼，法院也不能以前诉判决效力来

① ［日］三月章．日本民事诉讼法．汪一凡，译．台北：五南图书出版有限公司，1997：137.

② ［日］高桥宏志．民事诉讼法：制度与理论的深层分析．林剑锋，译．北京：法律出版社，2003：105.

③ 卜元石．重复诉讼禁止及其在知识产权民事纠纷中的应用：基本概念解析、重塑及案例群形成．法学研究，2017（3）：91.

遮断该新的事实进而对该新的诉讼不予受理。[①]

（3）部分请求与增加诉讼请求。

增加诉讼请求是诉的变更中的一种情形，又称为诉讼请求的量上变更或请求趣旨的变更，是指在同一个诉讼程序之中，在不损害诉讼关系同一性的前提条件下进行的诉讼请求扩张。[②] 从形式上看，部分请求与增加诉讼请求有一定形似之处，二者均是在原来的诉讼请求之基础上附加扩张新的诉讼请求。虽然理论界和实务界对诉讼请求的质上变更存有争议，但对诉讼请求的量上变更（诉讼请求的扩张）一般都认同。根据我国《民事诉讼法》和相关司法解释，法院受理案件以后法庭辩论终结前，原告可以增加诉讼请求，并且法院必须合并审理。[③] 但是，二者之间存在实质上的区别。第一，部分请求与增加诉讼请求的发生时间不同。部分请求的后诉发生于前诉判决确定且已经生效之后，而增加诉讼请求发生于法院受理案件后法庭辩论终结之前。第二，诉讼程序的数量不同。部分请求的后诉剩余部分请求是以另行起诉方式提起的独立之诉，因此诉讼程序从数量来说有两个或两个以上。而增加诉讼请求是发生在一个诉讼程序中，增加诉讼请求的结果是将诉讼请求合并为一个。

四、类案练习

练习一：在陈某诉徐某公司民间借贷纠纷一案[④]中，陈某和徐某系朋友关系，自 2012 年 2 月 10 日起，徐某陆续向陈某借款用于各种经营，陈某则多次通过自己以及女儿、丈夫名下的借记卡，以汇款方式向徐某交付借款本金共 200 余万元，经陈某多次催讨，徐某表示其无力偿还借款，承诺将其持有的振佳公司 30%的股权转让给陈某，并于 2014 年 6 月 30 日向陈某出具“承诺书”一份，但此后徐某仍未履行还款或转让股权的义务。为此，陈某诉至法院，要求徐某履行还款义务，诉请徐某偿还借款本金 50 万元。法院根据徐某于 2014 年 3 月 10 日向陈某出具的两份借条、于 2014 年 6 月 30 日向陈某出具的一份“承诺书”以及于 2014 年 8 月 10 日向陈某出具的两份“确认书”，确认徐某向陈某借款共计 275 万元的事实。法院认为：“虽然被告于 2014 年 3 月 10 日出具的借条所约定的借期尚未届满，但被告在两份‘确认书’中确认以前的借条作废，‘确认书’可作为借条使用，且该‘确认书’未约定还款时间，故原告有权要求被告在合理期限内偿还，但被告至今未偿还任何本金，显属违约，故本院对原告要求被告偿还借款本金的诉讼请求予以支持。原告表示鉴于被告目前的履行能力，在本案中仅先诉请被告偿还其中 50 万元借款本金，系其对民事权利的自由处分，本院不予干涉。”

---

① 曹云吉. 论裁判生效后之新事实. 甘肃政法学院学报，2016（3）：105.

② ［日］中村英郎. 新民事诉讼法讲义. 陈刚，林剑锋，郭美松，译. 北京：法律出版社，2001：128. 张卫平，李浩编. 新民事诉讼法原理与适用. 北京：人民法院出版社，2012：242.

③ 《民事诉讼法》第 143 条规定：“原告增加诉讼请求，被告提出反诉，第三人提出与本案有关的诉讼请求，可以合并审理。”

④ 浙江省宁波市江北区人民法院（2014）甬北商初字第 537 号民事判决书。

问题：本案原告为何只请求 275 万元债权中的 50 万元？这种请求方式对原告最大的风险是什么？

提示：可以从当事人提出部分请求的原因类型方面思考。原告将债权分割，在实体法上没有问题，在前诉中提出部分请求是适法的，也应该是没有争议的，风险在于后诉法院是否容许原告对剩余部分债权的请求。

练习二：庹某与陈某、鄱阳县永联物流有限公司等机动车交通事故责任纠纷案[①]

2008 年 4 月 12 日 11 时 20 分左右，陈某驾驶鄱阳县永联物流有限公司（下文称"永联公司"）所有的赣 E×××号大货车不慎与骑自行车的庹某相碰，造成庹某受伤。后庹某因与陈某、永联公司、天安保险公司道路交通事故人身损害赔偿纠纷向杭州市滨江区人民法院提起诉讼，后经审理，庹某得到了 98 167.90 元赔偿。根据最高人民法院《关于审理人身损害赔偿案件适用法律若干问题的解释》的规定，庹某还应得到 9 175.65 元的扶养费赔偿。后庹某再次向杭州市滨江区人民法院提起诉讼请求：(1) 判令陈某、永联公司支付被扶养人生活费 9 175.65 元；(2) 判令天安保险公司在交强险范围内承担连带赔偿责任。根据上述有效证据和双方当事人在庭审中的陈述，法院对案件事实认定如下：在（2010）杭滨民初字第 391 号民事判决书所涉案件中，本院确认原告右下肢损伤评定为十级伤残；陈某应承担事故全部责任并赔偿原告全部合理损失；永联公司作为赣 E×××号大货车的所有人，应对陈某承担的赔偿责任承担连带责任；天安保险公司在机动车交通事故责任强制保险责任限额 122 000 元范围内承担对庹某的赔偿责任。并判决天安保险公司赔偿庹某合理的医疗费、误工费、护理费、交通费、住院伙食补助费、营养费、残疾赔偿金、精神损害抚慰金等合计 113 359.90 元。但该判决没有涉及被扶养人生活费。后天安保险公司在机动车交通事故责任强制保险责任限额范围内又赔偿永联公司 2 678.10 元。法院认为："原告的伤情应认定为对其劳动能力有一定影响，故其要求赔偿被扶养人生活费的请求，应予以支持。虽然本案与（2010）杭滨民初字第 391 号民事判决书所涉案件存在同一事实、同一案由、同一当事人，但（2010）杭滨民初字第 391 号民事判决书所涉案件法院处理了原告的其他损失，并没有处理被扶养人生活费，故本案与前案属于不同赔偿项目和不同的诉讼标的。为公平保护原告和其女儿的合法权益，原告现在另案提起诉讼要求赔偿被扶养人生活费，可以得到支持。天安保险公司认为根据民事诉讼'一事不再理'的原则，原告不得就本案事故再次提起诉讼的观点，依据不足，本院无法予以采信。"

问题：本案法院的判决理由是否妥当？

提示：以后诉的形式提起剩余部分请求应当有正当理由，可检索案例数据库，考察法院一般是如何处理类似情形的。

五、知识拓展

1. ［日］高桥宏志．民事诉讼法：制度与理论的深层分析．林剑锋，译．北京：

① 浙江省杭州市滨江区人民法院（2010）杭滨民初字第 848 号民事判决书。

法律出版社，2003.

2. 蒲菊花. 部分请求理论的理性分析. 现代法学，2005 (1).

3. 段文波. 日本民事诉讼法上部分请求学说与判例评说. 环球法律评论，2010 (4).

4. 严仁群. 部分请求之本土路径. 中国法学，2010 (2).

5. 袁琳. 部分请求的类型化及合法性研究. 当代法学，2017 (2).

6. 占善刚，刘洋. 部分请求容许性的“同案不同判”及其规制：基于 107 份裁判文书的文本分析. 华东政法大学学报，2019 (2).

第二编　民事法律关系与主管和管辖

《民法典》第2条规定："民法调整平等主体的自然人、法人和非法人组织之间的人身关系和财产关系。"民事法律关系，是指民法所调整的平等主体之间以权利和义务为内容的社会关系，包含主体、内容和客体三要素。从民法角度分析，每一种法律关系都可以产生请求权。请求权基础分析和法律关系分析法是民法学方法论的两大核心[①]，在理解请求权与民事诉讼标的之关联后，有必要从民事法律关系角度展开对程序法的分析。当民事权利受到侵害，支配权能与请求权能无法自动运行时，权利人只能寻求外力的救济。民事诉讼是人民法院审判和解决民事纠纷的诉讼活动，不同性质的法律纠纷适用不同的诉讼程序，因而法院在行使民事裁判权时，首先要明确该争议是否属于特定裁判权行使的对象。在民事法律关系基础之上，厘清法院与其他机构对民事纠纷的主管问题，这正是法院主管民事纠纷的范畴。在确定具体法院的管辖时，民事法律关系的主体，即自然人、法人和非法人组织的住所，以及民事法律关系的客体，可能涉及的交易不动产所在地都发挥了决定性的作用。因而本编以"民事法律关系与主管和管辖"为主题，分列"民事权利救济与法院主管和管辖""自然人住所与管辖""法人住所与管辖""涉不动产专属管辖"四个专题进行讨论。

专题一　民事权利救济与法院主管和管辖

一、案例导入

（一）案情介绍

案例一：张某与周某两夫妻共生育四个子女，分别为张甲、张乙、张丙与张丁。

---

① 王利明．法学方法论：以民法适用为视角．2版．北京：中国人民大学出版社，2021．

2020年10月15日，丈夫张某去世，因两夫妻与其子张甲长期存在家庭矛盾，故周某要求张乙、张丙及张丁不将丈夫去世的消息通知张甲且未在张某的墓碑上刻张甲的名字。后张甲得知父亲去世的消息，认为张乙、张丙、张丁是为侵占老人遗产而故意不告知父亲去世的消息，因此诉至法院，请求依法判令三被告向其公开赔礼道歉并赔偿精神损害抚慰金5万元。①

案例二：原告刘某世居于被告某村小组，2000年原告农转非户口落于市区，并一直耕种家庭承包经营的农田。2010年9月1日原告又将户口迁回某村小组，2015年10月，某村小组土地被政府征用。被告在分配征地补偿款时，未将刘某列入名单。刘某多次与被告某村小组协商无果后起诉至法院，要求按标准支付征地补偿款。

案例三：张某与刘某于1980年5月登记婚姻，婚后夫妻感情一直较好。1990年6月，张某继承父母遗产获得一处房产。该房拆迁后张某获得一套补偿安置住房，随后以其个人名义办理了产权登记。2000年，刘某与一年轻女子爱某相识并长期在外非法同居。2005年10月，刘某与张某将张某继承所得的这套房产以10万元的价格出售。2008年1月刘某癌症晚期住院治疗，于2008年10月5日立下遗嘱，将其公积金和卖房款10万元赠与爱某，并办理了公证。后刘某因病去世，爱某以张某侵犯其财产权为由，诉至法院与张某争夺遗产。②

案例四：2020年4月，张1与张2订立“双方协议”，约定：张1借给张2 1 000 000元，用于购买杭州市某房屋，张2给张1做情人。如果张2不给张1做情人，则应当返还所有借款，如果张1要求解除与张2的情人关系，则该借款抵作给张2的精神赔偿不予退还。同年12月1日，双方再次订立“补充协议”约定：张1已出资700 000元，以张2名义购买杭州市一处房屋，张2自愿做张1的情人，如果张2违反协议，则应退还张1已支付的700 000元及按揭款，张1提出解除与张2的情人关系，则张2可不退还张1已支付的700 000元和按揭款。后二人发生争执，张1起诉至法院请求确认该协议无效。③

（二）案例思考

上述案件中当事人主张的民事权利能否得到法律的保护？双方当事人的诉争是否属于法院民事案件的主管范围？如若当事人提起诉讼，具体的管辖法院如何确定？

二、基本原理

（一）实体法疑难问题精讲

1. 民事权利的救济

民事权利，是指民事主体为实现其某种利益依法为一定行为，或者请求民事义

① 案例改编自山东省济南市中级人民法院（2016）鲁01民终800号民事判决书。

② 案例改编自泸州市纳溪区人民法院（2001）纳溪民初字第561号民事判决书。

③ 案例改编自浙江省杭州市中级人民法院（2009）浙杭商终字第1138号民事裁定书。

务主体为一定行为或不为一定行为的可能性。以“利益”为起始，代表民事权利的利益核心；以意思自由为归宿，体现了私法自由的尊崇；以对自己、对他人的合法支配作为连接利益与自由的纽带，揭示出以国家强制力为后盾，令权利人的自由行为取得他人、社会尊重的态度。民事权利包含三项内容：第一，权益。它是指民事权利的存在目的，即其所保护的民事主体的“私益”。它包括人身利益与财产利益两大类。第二，权限。它指称民事权利的行使范围，权利人在法律允许的范围内自由地向特定或不特定的义务人为一定意思表示。第三，权能。它是权利的作用机理，是权利的具体运用方式，是以法律强制力为后盾的权利人实现自身权益、保障自身意思自由、排斥干涉、对抗侵害、自我救济的措施与手段；具体包含支配权能、请求权能和公力救济权能。①

依民事权利保护利益类型的不同，民事权利可分为人身权与财产权。根据《民法典》总则编第五章的有关规定，人身权包括人格权与身份权。人格权包括生命权、身体权、健康权、姓名权、肖像权、名誉权等，此外还包括自然人的人格尊严、人身自由、个人信息，以及法人的名称权等特殊权益；身份权包括“自然人因婚姻、家庭关系等产生人身权利”，实践中常包含监护权、配偶权等。财产权是保护财产利益的民事权利。根据《民法典》总则编第五章“民事权利”的相关规定，财产权包括物权、债权、知识产权（不包括其中的人身权部分）、继承权、股权及其他投资性权利、网络虚拟财产（权）等。

通常情况下，权利人直接行使支配权能或者请求权能利益就能得到满足。但当民事权利受到侵害，支配权能与请求权能无法自动运行时，权利人只能寻求外力的救济。民事权利救济，是指当权利人的民事权利遭受侵害时，由有关机关或个人在法律所允许的范围内采取一定的补救措施消除侵害，从而使权利人获得一定的补偿或者赔偿来保护权利人的合法权益。民事权利救济可分为非讼救济与诉讼救济。非讼救济，是指在民事权利受到侵害时，权利人通过法院以外的其他机构或者个人采取的对其权利予以保护的措施，具体包括自决与和解、公权性社会机构的职权处理、人民调解委员会的调解、仲裁救济等方式。诉讼救济，也称公力救济，是指权利人通过法定程序请求国家对其权利予以保护。当民事权利受到侵犯时，权利人向法院提起民事诉讼，法院运用公权力进行审理和裁判，从而对正常的民事法律关系加以补救。相较于非讼救济，由于民事诉讼具备公权性与强制性特征，因而诉讼救济在整个民事权利救济体系中居于主导地位。它作为司法最终解决机制，具有支撑、维持其他救济方式的作用。

2. 新兴权利的诉讼救济

关于民事权利的诉讼救济，近年来司法实践中有关新兴权利的司法保护问题较为突出。上述案例一中就涉及“悼念权”这一新兴权利能否受到法律保护的问题，从裁判结果观之，二审法官认为悼念权属于法无明文规定的法外空间，不受法律调整，应属习俗、道德等民间规范的调整范围。反对上述观点者则认为，法无明文规

---

① 谭启平主编．中国民法学．3版．北京：法律出版社，2021：31.

定并不能当然认定其属于法外空间，因而新兴权利也可能受到民法的调整与保护。然对于法外空间是否客观存在，也存在极大的争议。目前学界对是否承认法外空间这一概念存在肯定说与否定说两种观点。肯定说认为，法外空间客观存在，但对概念的内涵与外延既没有进行清晰的梳理，也没有达成共识。① 否定论者则主张，但凡人类生存与活动的领域就不存在法律真空，因而也没有法外空间。

更进一步讲，即使承认法外空间的存在，也不能认为“法无明文规定就意味着存在法外空间”，只有“法律没有评价”的事项或行为才能归属于法外空间。即便存在这样的法外空间，其范围也是极其有限的。依据“无法律评价”的法外空间理论，在民法领域，对诸如吃饭、睡觉、散步等不会产生任何法律后果的行为当然不会评价为“合法”或者“违法”，而是放任其在法律调整范围之外行为，故称之为法外空间。这就要求法院对此类不会产生任何法律后果的行为或者当事人不具有创设法律关系意图的协议所产生的争议不予受理。② 而案例一所涉及的“悼念权”纠纷，显然不同于上述情况。因为所谓的“悼念权”在我国属于一种习惯性权利已成共识，我国《民法典》也授权法院在没有制定法明确规定的情况下可以适用习惯裁判具体案件，这表明我国立法已经将“悼念权”纳入了“规范评价”③。

在社会生活中，由于民事活动的复杂性与多样性，立法不可能将全部的民事生活领域都纳入法律规范，尤其是不可能全部纳入民事立法的概念体系中。在这一背景下，司法实践中法官在遇到法无明文规定的情形时，就不能当然地以“法无明文规定”为由将其排除在法律的调整范围之外。法律天然地具有滞后性，如若将新情况与新问题的出现都排除在其调整之外，那么法律的价值与功效将会大打折扣。法院正确的做法应当是主动承担起法律解释的责任和对释法风险行使其自由裁量权④，就某待决事项或行为是否属于法外空间，从“法律评价”的视角通过法律解释来确定，而且这一事项和行为能否为“法律所评价”不能只拘泥于通过法律文本的字面含义来探寻法律的意图，还应采法学方法论上公认的解释方法，如文义解释、体系解释、历史解释、目的解释等去探寻法律对所涉事项或行为是否有“评价”⑤。

从现如今的司法实践不难看出，公众对于新兴权利需要得到司法救济的愿望日趋强烈，社会生活中新兴权利所涉及的纠纷也越来越多。有关新兴权利的司法救济从根本上体现了公民企图借助法定权利的法律强制力将道德权利上升为法定权利的一种主观意愿。那么在司法实务中面对此类纠纷，法院不能以“法无明文规定”为由对这些争议予以回避，而应当寻找法律与道德间的契合点，发挥法官的能动性与创造力，推进法律的发展。如若仅仅运用道德伦理规范对这些新兴权利进行调整，显然难以满足公众的需求，也不符合社会的发展规律，并且会导致司法权威受到极大破坏，因而在现今司法实务中，法官不能动辄以属于道德习俗调整范畴为由而拒

---

① 王钢. 法外空间及其范围：侧重刑法的考察. 中外法学，2015（6）：1545－1550.

② 王雷. 情谊行为、法外空间与民法对现实生活的介入. 法律科学，2014（6）：47.

③ 周辉斌. 论法外空间的司法认定. 现代法学，2020（4）：8.

④ 薛张敏敏. 棕树下的正义. 北京：北京大学出版社，2017：158.

⑤ 周辉斌. 论法外空间的司法认定. 现代法学，2020（4）：9.

绝审判，武断地将其认定为应然的法外空间，而应当针对具体案件，依照一定的标准去衡量其是否属于“法内空间”并对当事人的诉求予以回应。与此同时，《民法典》第10条规定的“处理民事纠纷，应当依照法律；法律没有规定的，可以适用习惯，但是不得违背公序良俗”，也表明我国现行立法已将习惯调整的事项纳入了法律规范调整的范围，或者至少可以认为我国的立法规定已经授权法官在没有法律明确规定或者不违背法律原则的情况下，可以适用习俗规范作为具体案件的裁判依据。

将新兴权利纳入“法内空间”予以司法保护，主要涉及新兴权利的证成标准问题。诸如变性权、代孕权、吸烟权、自杀权、祭奠权、亲吻权、贞操权，等等，各种形态的权利作为新兴权利不断涌进法律领域，但同时也应当警惕权利泛化带来的风险，因此，面对司法实践中不断涌现的形态各异的利益诉求，需要讨论新兴权利的证成标准，从中甄别出真正的“权利”并予以司法救济。一项新兴权利需要满足以下两方面的标准，才可能被确认并得到司法的救济。其一，概念标准，亦即它作为权利被保护的合理性。这一标准可揭示哪些利益可作为民事权利得到救济。权利的存在必须包含权利的合理概念。① 它一方面必须体现正当利益，而这里就涉及价值判断；另一方面还必须具备被保护的必要性。其二，实证标准，亦即法律体系的可容纳性与被实现的可能性。一项新兴权利要想成为法律权利，必须被证明为现有的法律体系所容纳。此处可采权利推定这一证明方法，即它可以从法律明文规定的基础权利中推衍出来。此外，这一实证标准还要考量新兴权利实现的社会成本。对于积极的事实行为请求权，尤其需要考虑实现权利所要花费的社会成本。②

（二）程序法疑难问题精讲

1. 法院主管制度

法院主管，亦即法院审判权行使的范围，是指人民法院依法受理、审理和裁判民事纠纷的权限范围。理论上，只有法律上的争议才能成为法院裁判的对象。在我国，由于不同的裁判对象必须通过不同的诉讼程序，并且不同的裁判权由法院内部分工不同的裁判机构具体行使，因而法院的裁判权又分为民事裁判权、刑事裁判权和行政裁判权。

由于对不同性质的法律纠纷适用不同的诉讼程序，适用不同的法律，因而法院在行使裁判权时，除了应当明确该争议是否属于法院裁判权的对象，还要明确该争议是否属于特定裁判权行使的对象，亦即该争议的性质。只有民事争议和纠纷，才属于法院主管的范围，人民法院适用民事诉讼程序，依法对其作出民事裁判。由此可见，在确定法院民事案件的主管范围时要解决两个层面的问题：一是哪些纠纷属于民事纠纷；二是哪些民事纠纷由法院主管。

对于第一个问题——哪些纠纷属于民事纠纷，《民事诉讼法》第3条作出了规范，规定“人民法院受理公民之间、法人之间、其他组织之间以及他们相互之间因

---

① ［加］L·W. 萨姆纳. 权利的道德基础. 李茂森，译. 北京：中国人民大学出版社，2011：10.

② 雷磊. 新兴（新型）权利的证成标准. 法学论坛，2019（3）：28.

财产关系和人身关系提起的民事诉讼，适用本法的规定”。按照这一规定，财产关系和人身关系的争议都属于法院适用民事诉讼程序，依照民事诉讼法审理和裁判的对象。从理论上讲，民法调整的范围十分宽泛，民事争议的表现形式也多种多样，因此，很难以立法的形式予以明确和具体的表述。但应当注意，在把握民事纠纷的判断标准时，主体和内容条件尤为重要，首先要看争议是否发生在平等民事主体之间，其次看该争议是否属于民事权益争议。民事权益既包含民事主体间的财产关系，又包含与财产有关的人身关系，如婚姻关系、收养关系。

对于第二个问题——哪些民事由法院主管，主要涉及法院和其他机构之间对民事纠纷的主管范围问题。其一，民事诉讼与劳动仲裁程序。劳动仲裁仅适用于劳动纠纷，并且采仲裁前置程序，与民事诉讼是“一裁两审”的关系。其二，民事诉讼与民商事仲裁程序。民商事仲裁的适用范围要小于民事诉讼，仅适用于平等民事主体间发生的合同纠纷和其他财产权益纠纷，其与民事诉讼呈相互排斥的关系。其三，民事诉讼与人民调解。人民调解是一种非法定、非必经的诉讼外程序，与民事诉讼程序无实质冲突。其四，民事诉讼与行政处理。这里也细分为当事人自行选择民事诉讼或提交行政处理，行政处理为前置必经程序两种模式。

2. 管辖的确定

民事案件的管辖规则，是指规定各级法院及同级各个法院间受理一审民事案件的权限分工的程序规范。在对民事主体的权利进行诉讼保护时，还需要确定具体的民事纠纷由哪一个或哪几个法院进行实际受理。只有确定了民事案件的管辖规则，才能使当事人明确案件的受理法院，方便当事人通过诉讼维护合法权益。同时对于法院而言，明确的管辖规则也能避免法院之间出现相互推诿或争夺案件的情形。

（1）管辖确定的原则。

我国《民事诉讼法》规定了明确、具体的管辖规则，为了实现管辖规则的合理性与科学性，民事诉讼立法时主要遵循了以下原则。一是便利当事人诉讼原则。便利当事人行使诉讼权利是我国民事诉讼法的指导思想，也是“司法为民”的体现。民事诉讼立法中确定的管辖法院多为与当事人有实际联系的住所地、义务履行地等地的法院。二是便利法院的审理和执行原则。主要依据当事人、诉讼标的、诉讼标的物、法律事实和法院之间的密切联系程度来确定管辖法院，便于法院对案件的审理和执行。三是各级法院的工作负担均衡原则。考虑到各级法院的职能分工不同，立法将绝大多数案件划归基层法院管辖，从而使中级以上人民法院更好地发挥指导和监督职能。四是有利于国家主权原则。审判权属于国家主权的重要组成部分，而管辖权作为审判权的重要内容，在行使时必然应当体现国家主权。尤其是在涉外案件中，管辖法院的确定应当尽可能拓宽我国法院对案件的管辖权，以此来维护国家主权与我国公民的合法权益。[①]

（2）管辖的种类。

在立法上，《民事诉讼法》第一编第二章共分三节，分别为级别管辖、地域管

① 张卫平. 民事诉讼法. 5 版. 北京：法律出版社，2019：103.

辖、移送管辖和指定管辖，对管辖规则作出了具体规定。其中，地域管辖又包含一般地域管辖、特殊地域管辖、协议管辖、专属管辖、共同管辖、选择管辖和应诉管辖等几类。从学理上看，依管辖是由立法予以规定还是法院裁定确定为标准，管辖可分为法定管辖和裁定管辖。法定管辖包含民事诉讼立法所规定的级别管辖和地域管辖。裁定管辖需要法院以裁定的方式确定管辖法院，如移送管辖、指定管辖和管辖权转移。依管辖是由立法强制性规定还是允许当事人协商确定为标准，管辖可分为专属管辖和协议管辖。

（3）管辖的确定方法。

在级别管辖的确定上依据级别管辖规则，亦即依据规范不同级别的法院之间受理第一审民事案件的权限分工的管辖规则，确定级别管辖。级别管辖是管辖法院确定的首个要素，对具体案件，首先从纵向上确定归属哪一级法院管辖，再去考虑具体由同一级别的哪个法院管辖。《民事诉讼法》在第二章第一节“级别管辖”中，对我国各级人民法院的一审民事案件管辖分工作出了具体规定。通常而言，依照案件的性质、繁简程度、影响范围来确定级别管辖。在民事诉讼实践中，诉讼标的金额大小是判断案件影响范围的一个重要标准，如最高人民法院自 2021 年 10 月 1 日实施的《关于调整中级人民法院管辖第一审民商事案件标准的通知》，将同一辖区中级人民法院管辖的一审民事案件的诉讼标的额提升至 5 亿元以上。

在地域管辖的确定上依据地域管辖规则，亦即依据规范同级别各个法院在各自辖区内及不同辖区间受理第一审民事案件权限分工的管辖规则，确定地域管辖。对具体案件，确定了由哪一级别的法院受理是远远不够的，还需要在此基础之上确定由同一级别的某个具体法院来管辖，才能最终确定案件的管辖法院。地域管辖规则具体包括一般地域管辖、特殊地域管辖、协议管辖、专属管辖、共同管辖、选择管辖和应诉管辖。面对如此复杂且繁多的地域管辖规则，我们在确定具体案件的管辖法院时，可按以下方法依次来考虑。

首先，看案件是否涉及专属管辖的情形。专属管辖是法律强制性地规定某些案件只能由特定的法院管辖，其他法院在任何情况下都不得管辖，当事人也不得以协议变更管辖法院。这一规则具有极强的排他性，排斥一般地域管辖、特殊地域管辖和协议管辖，甚至排斥外国法院的管辖权。依我国《民事诉讼法》第 34 条的规定，属于专属管辖的案件有三类：第一，因不动产纠纷提起的诉讼，由不动产所在地人民法院管辖；第二，因港口作业中发生纠纷提起的诉讼，由港口所在地人民法院管辖；第三，因继承遗产纠纷提起的诉讼，由被继承人死亡时住所地或者主要遗产所在地人民法院管辖。

其次，如果案件不涉及专属管辖情形，则看是否存在协议管辖。所谓协议管辖，是指双方当事人在纠纷发生前或发生后，以书面的形式约定案件的地域管辖归属。如果某一案件双方当事人约定了管辖协议，那么此时只要该协议不违反专属管辖和级别管辖的规定，就以双方选择的法院作为管辖法院。但须注意，协议管辖的案件必须是财产权益纠纷，且双方当事人只能在法律规定的与纠纷有实际联系的地点内选择管辖法院。

再次，如果案件不涉及专属管辖和协议管辖，此时就考虑特殊地域管辖。特殊地域管辖规则是指，以“当事人所在地”及引发“诉讼标的”的民事法律关系发生、变更、消灭的法律事实所在地与法院辖区的“隶属关系”为标准确定具体案件地域管辖归属的规则。依《民事诉讼法》第24～33条的规定，其具体包括一般合同纠纷、保险合同纠纷、票据纠纷诉讼、公司诉讼、运输合同纠纷、侵权行为纠纷、交通事故损害赔偿纠纷、海损事故侵权纠纷、海难救助费用纠纷和共同海损纠纷。如若具体案件中涉及的是以上类型的诉讼案件，那么就按照立法规定的受理相应纠纷的法院来确定管辖。

又次，如果案件不属于特殊地域管辖的具体纠纷类型，那么此时适用一般地域管辖。所谓一般地域管辖规则，是指以当事人“所在地”与法院辖区的“隶属关系”来确定地域管辖的规则。它以“原告就被告”为原则，亦即以被告住所地法院作为管辖法院。依《民事诉讼法》第22条的规定，对公民提起的民事诉讼，由被告住所地人民法院管辖，被告住所地与经常居住地不一致的，由经常居住地人民法院管辖。对法人或者其他组织提起的民事诉讼，由被告住所地人民法院管辖。

最后，一些特殊情况下管辖法院的确定。若案件涉及两个以上法院都有管辖权的情形，当事人可从中选择一个法院起诉。这就是共同管辖和选择管辖。如果某一法院对具体案件没有管辖权，但原告向该法院起诉，被告没有提管辖权异议且应诉答辩的，就视为该法院对这一案件享有管辖权，可以依法审理和裁判。这就是应诉管辖规则。它在管辖的确定上尊重了当事人的意愿，实质改变了法律规定的管辖法院，有利于提高诉讼效率。但同时应当注意，应诉管辖不能违反专属管辖和级别管辖的规定。

3. 民事、行政交叉案件的主管与管辖

虽然立法上对民事争议和行政争议适用不同的诉讼程序来审理和裁判，但在司法实践中仍然存在着法院将民事争议作为行政争议而不予受理，或者将行政争议作为民事争议而予以受理的情形。从理论上而言，二者区分起来较为简单：如果涉及民事权利义务争议，即为民事争议；如果涉及行政法律关系争议，即为行政争议。但从实践层面而言，由于行政争议往往涉及经济利益，而经济利益又牵连民事权利义务，所以二者有时难以区分。复杂的争议可能涉及多个主体，包含多种利益，此时正确识别争议的主要矛盾和焦点就成为关键问题。①

对民事争议和行政争议交叉案件的称谓和性质，目前学界仍没有达成统一的标准予以界定。江伟教授认为，民事行政争议关联案件是指行政争议与民事争议因在法律事实上相互联系，在处理上互为因果或互为前提、相互影响的一种案件形式。②实践中交叉案件的类型主要分为：以行政争议为主、涉及民事争议的案件，以民事争议为主、涉及行政争议的案件，同一法律事实引发民事争议和行政争议并重的案件。实务中在审理这类案件时存在着民事和行政程序的衔接问题。单独的民事诉讼

① 张卫平. 民事诉讼法. 5版. 北京：法律出版社，2019：100.

② 江伟，范跃如. 民事行政争议关联案件诉讼程序研究. 中国法学，2005（3）：165.

或者行政诉讼都不能解决这一问题，需要在主管与管辖、证明责任、诉讼时效等层面做好衔接，从而保障纠纷的公正审理和裁判。

对于民事争议和行政争议交叉案件，应当考虑争议发生的先后、争议本身对案件的重要程度以及诉讼的公正与效率等多方面因素，针对不同情况分别设计不同的处理程序。具体而言：第一，当民事争议和行政争议交叉案件引起的民事和行政诉讼的处理结果不会产生矛盾，也不会相互影响，没有因果关系时，法院应当实行民事诉讼和行政诉讼并行的方式，对二者分别审理和裁判；第二，当民事争议和行政争议交叉案件引起的民事和行政诉讼发生因果关系时，若民事诉讼的处理结果须以行政诉讼的处理结果为前提，法院应先审理行政案件，裁定中止民事诉讼，在行政诉讼审理终结后再以其为依据作出民事裁判；第三，当民事争议和行政争议交叉案件引起的行政诉讼的处理结果须以民事诉讼的处理结果为前提时，法院的审理顺序为先民事诉讼，再以民事裁判结果为依据作出行政裁判。上述处理方式可被概括为“基础性行为优先审理”原则，即当民事争议行政争议出现交叉的情形时，民事行为和行政行为中谁为基础性行为，就优先审理谁。如此一来既保证了诉讼公正，又兼顾了诉讼效率。①

三、法官释法

以上四个案例涉及民事权利的司法救济和民事诉讼中法院主管的问题。在我国，不同性质的法律纠纷适用不同的诉讼程序、不同的部门法。具体纠纷中法院在行使裁判权时，不仅要明确该争议是否属于法院裁判权的对象，还要明确该争议是否属于特定裁判权行使的对象，亦即该争议的性质。若该争议属于民事法律关系方面的争议，法院就应当适用民事诉讼程序，作出的裁判为民事裁判。因而判断该争议是否属于民事争议，是否应当由法院主管就成为民事诉讼面临的首要问题。

上述案例一中虽然一、二审法院最终都否定了原告的诉讼请求，但二者的裁判思路和理由存在明显差异。一审法院认为，孝顺老人是中华民族的传统美德，孝顺的首要做法就是顺，即顺从老人的意愿。三被告遵从母亲周某的意思并考虑母亲的身体状况等因素，故未通知张甲参加葬礼及未在墓碑上刻张甲名字的行为，具有一定的合理性。此外，原告张甲与其父母一直以来存有较为严重的家庭矛盾，在其父亲生病后很少履行探望义务，故原告的诉讼请求依据不足，不予支持。二审法院则认为，张甲所主张的三被告没有通知其父亲去世的消息，以及未在墓碑上刻其名字等事项属于社会风俗、习惯以及道德规范所调整的范畴，不应当由法律调整，故起诉不属于法院受理民事诉讼的范围。

造成一审和二审法院不同裁判思路的原因主要在于对民事诉讼主管的不同理解。一审法院在认可悼念权属于民事权利可予以诉讼救济的前提下，将本案视为一般侵权案件。一审法院从侵权责任构成要件出发，认为三被告未履行通知义务存在过错，

---

① 张桃益. 新中国行政诉讼与民事诉讼交叉案件审理问题研究. https://www.chinacowrt.org/index.shtml.

三被告未向原告进行通知的行为致原告未能参加父亲葬礼，原告因此遭受了精神痛苦，且三被告之行为与损害后果之间存在因果关系，故三被告的侵权行为成立。同时法官又具体考虑本案的特殊情况，即原告与父母之间存有家庭矛盾，原告母亲周某不希望原告参加父亲葬礼，三被告系遵从母亲愿望而未履行通知义务，故三被告的行为存在一定合理性，亦即原告存在过错，三被告存在免责事由，可免除侵权责任，因而裁判不予支持原告的诉讼请求。二审法院则适用不予受理的思路，从请求权基础出发，认为悼念权不属于法律权利，不能进行诉讼救济，由此产生的纠纷不属于法院受理民事案件的范围，因而裁定驳回原告的起诉。[①] 可以看到，这一案例实质涉及新兴权利的司法保护和救济问题。前文已重点论述，在涉及新兴权利的司法救济时，法院不能以“法无明文规定”为由对这些争议予以回避，而应当发挥主观能动性，寻找法律与道德间的契合点，借助新兴权利的证成标准，从中甄别出真正的“权利”并予以司法救济。

案例二中法院在审理此案时对征地补偿费用分配纠纷的性质存在较大的分歧。有的法官认为，村民与村委会之间的该类纠纷属于平等主体间的民事纠纷，二者就征地补偿款所发生的纠纷应当适用民事诉讼程序来审理和裁判。另一种观点则认为，村民与农村集体经济组织之间因征地补偿费所发生的纠纷，不属于平等主体间的争议，故不属于法院受理民事诉讼的范围，应当由行政机关解决。本案的审理要点首先在于确定征地补偿费用分配纠纷是属于民事争议还是行政争议。经分析可知，在征地补偿费用分配纠纷中，双方当事人之间的地位具有不平等性。《村民委员会组织法》规定了村委会有协助基层人民政府从事行政管理工作的公务职能，村委会对征地补偿费用的分配具有管理权。那么在征地补偿费用分配中村委会的行为属于履行公务职能，村委会和村民之间属于当事人地位不平等性的行政纠纷，应适用行政诉讼法的有关规定受理。

案例三中遗赠人刘某与被告张某系结婚多年的夫妻，无论从社会主义道德角度，还是从婚姻法的相关规定来讲，均应相互扶助、互相忠实、互相尊重。但在本案中，刘某与爱某长期非法同居，违反了婚姻法所规定的禁止有配偶者与他人同居的规定，属违法行为。此外，本案被告张某一直以来履行夫妻扶助义务，并在刘某住院期间对其悉心照料，但刘某违反社会公德，将财产赠与爱某。这一行为不仅违反了法律规定的一夫一妻制，损害了被告的财产继承权，还损害了社会公德，属无效行为。故法院不予支持原告要求被告给付受遗赠财产的主张，判决驳回原告的诉讼请求。

案例四中一审法院认为张 1 与张 2 之间订立的协议违反了法律规定和公序良俗，损害了社会公德与公共秩序，应属无效行为，故判决支持张 1 的诉讼请求，张 2 所得财产应予返还。二审法院则认为：张 1 与张 2 无视我国婚姻法的规定，以协议的名义利用金钱维系不正当的情人关系，违反了社会公德，因该协议引起的纠纷，不属于法院民事案件的主管范围，故裁定驳回起诉。可以看出，二审的裁判更为妥当。驳回张 1 起诉的裁判体现了司法的谦抑性，为法院受理民事案件的主管范围确立了

---

① 周辉斌. 论法外空间的司法认定. 现代法学，2020 (4)：5.

一定的界限。虽然本案涉及财产关系，但双方是以借贷协议的形式维系不正当的情人关系，此种财产关系并不属于正常的民事权益。就这一层面而言，原告所主张的财产权利不能被纳入可以通过民事诉讼保护的民事权利的范畴，不能得到诉讼救济。

四、类案练习

刘 1 和刘 2 是两兄妹，两人共有一套房屋，房产证上登记的是刘 1 的名字。某日，刘 1 与李某签订了一份“房屋买卖合同”，将该套房屋出售给李某。随后，李某支付了房款并去房管局办理房产移转登记手续。但房管局以该套房屋为刘 1 和刘 2 共有为由不予办理。协商未果后，李某向法院提起行政诉讼，要求法院判令房管局依法履行职责办理过户登记。在该案的审理过程中，刘 2 作为第三人参加行政诉讼，并表明不同意出售该套房屋，请求法院确认刘 1 和李某签订的“房屋买卖合同”无效。

问题： 该案如何审理?

五、知识拓展

1. 江伟，廖永安. 我国民事诉讼主管之概念检讨与理念批判. 中国法学，2004 (4).
2. 张卫平. 中国民事诉讼法立法四十年. 法学，2018 (4).
3. 张建文.《民法典》与新型民事权利保护. 甘肃政法大学学报，2021 (1).
4. 韩波. 民事、行政交叉司法机制的困局与出路. 河南社会科学，2013 (2).

专题二 自然人住所与管辖

一、案例导入

(一) 案情介绍

案例一： 原告周某东与被告杨某、张某文签订委托合同，后因纠纷原告起诉至北京市大兴区人民法院。被告杨某户籍所在地为辽宁省沈阳市铁西区，被告杨某提交的辽宁省沈阳市和平区某居民委员会出具的“证明”，载明“杨凯…现住址为：辽宁省沈阳市和平区×××，系我社区居民”，用以证明被告经常居所地位于沈阳市和平区。大兴区人民法院裁定本案应当移送沈阳市和平区人民法院管辖。原告周某东认为应由大兴区人民法院管辖，提起上诉，主张：被告杨某的经常居住地位于北京市大兴区，因为杨某一直在大兴区购买的房屋居住，名下汽车的登记地址为大兴区，且之前北京市第二中级人民法院的民事判决书也确认了杨某居住在大兴区；杨某提供的“证明”仅有居委会印章，没有单位负责人及制作证明材料的人员签名或盖章，不具有证据效力。二审中，被告杨某提交了“商品房买卖合同”“沈阳市第二热力供暖公司采暖费收据”，用以证明其经常居住地位于辽宁省沈阳市和平区。

案例二： 上诉人崔某勇（原审被告）与被上诉人周某华（原审原告）于 2020 年

6月16日签订“合伙经营合同”，其中第10条约定：“合伙施工过程中如合伙人之间产生矛盾，应友好协商解决，协商不成时，由广州增城区人民法院裁决。”后双方于2020年6月29日签订“广州市内环路大修工程合作协议”，周某华因该协议纠纷向一审湖南省安乡县人民法院提起诉讼。崔某勇对一审法院管辖权提出异议，认为：“广州市内环路大修工程合作协议”系“合伙经营合同”的补充协议，应按合同约定由广东省广州市增城区人民法院管辖；同时，上诉人于2002年起在广州市陆续购置房屋、车辆并担任广州安众劳务有限公司法定代表人，工作并生活在广州市海珠区、增城区，现在广东省广州市增城区连续居住生活一年以上。因此，崔某勇户籍所在地湖南省安乡县人民法院没有管辖权，应将本案移送至广东省广州市增城区人民法院管辖。崔某勇一并提交了以下相关证据：“广州市来穗流动人口基本情况查询打印表”；广东省居住证；结婚证、房地产权证复印件；业户证明；法院专递邮单复印件及官网签收截图；以崔某勇为法定代表人的广州安众劳务有限公司营业执照，登记地址为广州市番禺区铺；崔某勇的广东省社保缴费记录；持有人为崔某勇的机动车行驶证；“滴滴”出行单及发票；崔某勇名下某车辆的行程记录。

案例三：陶某与张某在2018年5月16日签订的“补充协议”中约定，“因履行‘夫妻婚内财产协议书’及本协议所产生的争议纠纷双方应友好协商解决。协商不成，交原告所在地人民法院裁决”。其中显示张某的住址为海南省海口市×××。后发生纠纷张某起诉至法院，双方对管辖权均有异议。被告陶某主张张某的经常居住地在海南省海口市，张某从未在身份证住址或者户籍住址居住过，不能将广东省珠海市视为张某的住所地，为此提交了海南省海口市公安局某所出具的查询信息（证明张某领取了海口市居住证）、海南省海口市某居民委员会出具的“居住证明”、张某虚假办理广东省珠海市居民身份证等。张某主张其经常居住地为广东省深圳市，称其为照顾其与前夫所生的在广东省深圳市读书的儿子，常年往返于海口、深圳两地，且大部分时间居住在广东省深圳市。张某为此提交了其与案外人文某签订的“房屋租赁合同”及其每月支付租金的银行转账记录。经查，张某的居民身份证住址是广东省珠海市A，张某的户籍住址为广东省珠海市B，张某在广东省人口信息系统中的住址为广东省珠海市C。

（二）案例思考

案例一中，原告周某东以杨某没有为其办理相关事务为由起诉，要求判令杨某、张某文连带返还委托款50万元等，属于因合同纠纷提起的诉讼，根据《民事诉讼法》第24条的规定，应由被告住所地或者合同履行地人民法院管辖。被告为自然人，以户籍登记或者其他有效身份登记记载的居所为住所；经常居所与住所不一致的，经常居所视为住所。那么如何判断是否存在经常居所？该案之前生效的其他法律文书就杨某经常居住地的认定内容，能否作为本案的认定依据？杨某提交的“证明”“商品房买卖合同”“沈阳市第二热力供暖公司采暖费收据”能否证明其连续居住的情况而用以认定经常居所？

案例二中，周某华与崔某勇就“广州市内环路大修工程合作协议”约定揽标目的未能实现而返还封标费和居间费发生的纠纷，系合同纠纷，由被告住所地或者合同履行地人民法院管辖，即原审被告崔某勇的住所地人民法院及本案的合同履行地人民法院均有管辖权。广东省广州市增城区能否被认定为原审被告崔某勇的住所地？居住证明、配偶户籍地、代步工具固定出行点及居住房屋等信息，能否作为证据证明原审被告崔某勇的住所地？“广州市内环路大修工程合作协议”系“合伙经营合同”的补充协议，后者约定的管辖条款是否对前者有当然的约束力？

案例三中，陶某与张某签订“补充协议”约定争议纠纷交原告所在地人民法院裁决。该约定系双方当事人的真实意思表示，不违反民事诉讼法对级别管辖和专属管辖的规定，合法有效。因此，案件管辖适用协议管辖，由原告即张某一方住所地法院管辖，关键在于如何确定经常居住地。居住证、居住证明、房屋租赁合同及租金缴纳记录、机动车以及房产权属信息、社保缴纳信息等是该案中双方提交的主要证据，其中哪些可以作为张某经常居所的证明材料，以及各自的证明力如何？经常居所的判断要求连续居住满一年，张某为了工作和照顾小孩两地奔波，是否影响一年的计算时间？

二、基本原理

（一）实体法疑难问题精讲

自然人的住所具有极为重要的法律意义。在民事实体法上，自然人的住所决定了监护、宣告失踪、宣告死亡、合同履行以及涉外法律适用之准据法。例如：就监护人的指定或监护人对监护发生争议的，由被监护人住所地的居民委员会、村民委员会等机构指定监护人，指定监护前被监护人合法权益无人保护或没有依法具有监护资格的人的，由具有履行监护职责条件的被监护人住所地的居委会、村委会担任监护人；紧急情况下被监护人无人照料的，也是由被监护人住所地的居民委员会、村民委员会等安排必要的临时生活照料措施。当事人的住所也是合同条款的基本内容，在合同履行地点不明时，交付不动产以外的标的的，根据履行合同义务一方所在地确认履行地点。此外，在涉外继承关系和夫妻财产关系中，住所地是法律关系适用法的连接点。[①]

1. 住所的内涵

住所，是指自然人长期居住生活的地点。在普通法系中，住所是一个人居住、家庭生活、社会和民事生活的中心地，强调任何人都必须有且只能有一个住所，住所一旦取得便不能随意变更。一个人只有具有完全的行为能力，才能够选择住所。普通法将住所划分为原始住所、选择住所和依附住所。其中，原始住所指自然人出生时即取得的住所，不以本人意志为转移；选择住所是自然人出生后根据自身长久居住的意图和实际长久居住的客观事实而取得的住所；依附住所则是指儿童及精神病人等“受抚养者”因不具备行为能力无法自己选择而依附于法律上依靠的人取得的住所。在大陆法系中，各国基本沿袭了罗马法的观念，将住所视为自然人生产和生活的业务中心、活动中心，并强调住所应当满足持续性或主导性居住这一核心要

① 相关条文可参见《民法典》第 27 条第 2 款第 3 项、第 28 条第 2 款第 4 项、第 34 条第 4 款、第 470 条、第 511 条第 3 项等。

件。例如，《法国民法典》第102条和《德国民法典》第7条都规定，自然人住所是自然人持续居住的主要定居地。

我国民事立法并未对住所的内涵作出明确规定。通常认为，“住所”作为严格的法律概念应有其明确的界定，它既不是对房屋自然形态的描述，也不是自然人所居住的房屋或宅院。不能将住所片面地理解为居住地点或居住场所。作为自然人民事法律关系的中心，住所具有唯一性。一个人只能有一个住所，但可以有多个居所。居所是指自然人虽无久居的意思，但为特定目的而暂时居住的处所。有无常住之意思是住所和居所最为重要的区别。① 住所是为了一般的生活目的而居住的地方，而居所则是为了特殊的生活目的而居住的地方，如服刑的监狱、治病的医院，都是为了特殊的生活目的、具有长期居住的事实，但并无久居的意思。居所的主要意义在于，在无法确定住所时，以经常性居所作为住所：住所也不同于住址：住址是居住的具体地点，可以频繁变动，而住所在一定时期内具有相对稳定性。

理论上，住所可分为法定住所、意定住所和拟制住所。其中，法定住所包括广义和狭义的法定住所。狭义的法定住所，是指不能通过自然人意思设定，而只能由法律规定的住所，如无民事行为能力人及限制民事行为能力人的住所为共同居住生活的监护人的住所。广义的法定住所，包括狭义的法定住所和拟制住所。拟制住所是指在一些特殊情形下的住所，例如：自然人的经常居住地与住所不一致的，经常居住地视为住所；自然人由其户籍所在地迁出后至迁入另一地点前，无经常居住地的，仍以其户籍所在地为住所；当事人的住所不明或者不能确定的，以其经常居住地为住所。② 意定住所，也称为任意住所，是指当事人可以根据自己的意愿选择确定住所。我国现行立法没有规定意定住所，基于住所与户籍分离的现象，客观上，应对意定住所予以承认。整体而言，这些住所的分类其实是通过住所的判断来实现的。

2. 住所的判断

关于对住所的判断，大陆法系和英美法系国家标准不一，主要有主观标准说、客观标准说和折中标准说三种。主观标准说强调意思因素，以当事人长久居住的意思决定住所，法国、日本等普通法系国家多采此种主张。客观标准说强调事实因素，以长期居住的事实作为认定住所的标准，德国等大陆法系国家多采此说。折中标准说将意思因素和事实因素结合起来，认为住所是自然人以久住的意思长期居住的处所，瑞士采此说。③ 我国《民法典》第25条规定：“自然人以户籍登记或者其他有效身份登记记载的居所为住所；经常居所与住所不一致的，经常居所视为住所。”该条阐释了自然人住所的判断标准，包括长住之意思和经常居住之事实两个要件，可见，更倾向于折中说的观点。

(1) 户籍或其他有效身份登记。

户籍，又称户口，是指由国家主管户政的行政机关制作，以户为单位记载姓名、

① 王泽鉴. 民法总则. 北京：中国政法大学出版社，2001：140.

② 魏振瀛主编. 民法. 8版. 北京：北京大学出版社，高等教育出版社，2021：69.

③ 谭启平主编. 中国民法学. 3版. 北京：法律出版社，2022：96.

出生时间、住所、亲属、婚姻状况等与自然人密切关联的重要信息的法律文件。户籍登记，是公安机关按照国家户籍管理法律、法规，对公民的身份信息进行登记记载的制度，主要是指户口簿、身份证登记。居民身份证登记信息包括常住户口所在地住址，也就是户籍所在地。根据《居民身份证法》第11条的规定，如果户口发生了变化，公民应当办理户口迁移。公安机关应当在居民身份证机读项目中记载公民常住户口所在地住址变动情况，并告知本人。当户口簿记载的地址和身份证上的地址不一样时，当事人可以凭户口本到户籍所在地派出所申请办理新的变更住址。如果户籍信息迁移时身份信息未及时更新，应根据户籍登记地认定自然人的住所。

长期以来，我国司法实践都以户籍所在地作为自然人的住所。这在早期人员流动少、异地就业不多的情形下并无问题。随着人员流动频繁、异地就业增加，户籍所在地和实际生活地分离的现象逐渐增多，此时仍然以户籍所在地作为自然人住所，可能造成立法与司法实践的脱节。在此背景下，我国大力改革户籍制度，推行居住证制度，以缓解户籍制度与人口流动之间的冲突。《民法典》第25条将认定自然人住所的依据从“户籍所在地的居住地”调整为“户籍登记或者其他有效身份登记记载的居所”也是这一改革的体现。户籍之外，其他有效身份登记主要包括居住证、外国人的有效居住证件。护照登记、台湾居民身份证明、香港居民身份证明等也可以用来证明自然人的住所。

然而，不论是“户籍登记”，还是“其他有效身份登记”，都要求根据实际“登记”情况进行判断。性质上，登记属于行政管理的行为，由其直接决定住所，缺乏对自然人主观意图的考量。现实生活中，有些人离开户籍登记地后，可能没有迁移户口也没有申领居住证，甚至办理居住证后又到其他地方居住。如果仍依登记情况确定自然人的住所，则偏离了确定住所的法律意义。随着我国市场经济的发展，住所和户籍分离的存在已是客观事实，住所不应因登记而发生效力变化。判断自然人的住所时，也不应忽略考察当事人自身的主观意愿。此时，经常居所便成为继户籍或其他有效身份登记后自然人住所的判断标准。

（2）经常居所。

《民法典》沿用了《民法总则》第25条的规定，使用了“经常居所”这一概念，摒弃了《民法通则》中“经常居住地”一词，规定在经常居所与户籍登记或其他有效身份登记记载的居所不一致时，将经常居所视为住所。对于经常居所的认定，实体法上只有已经被废止的最高人民法院《关于贯彻执行〈中华人民共和国民法通则〉若干问题的意见（试行）》（下文简称《民通意见》）第9条作出了明确规定。该条强调“最后连续居住”以及“连续居住一年以上”，要求公民离开住所地最后连续居住一年以上的地方，才能被认定为经常居住地。[①] 程序法上，《民诉法司法解释》第4条规定：“公民的经常居住地是指公民离开住所地至起诉时已连续居住一年以上的地

① 学说理论上有观点认为，依据《民法典》之前的民事基本法制定的相关司法解释，即便在《民法典》颁行后已经被废止，鉴于这些民事基本法中的大部分规定都被保留吸纳到《民法典》之中，只要原司法解释与《民法典》不冲突，仍可适用。王文胜.《民法典》通过后原有司法解释的清理更新与遗留价值：以合同法相关司法解释为例. 财经法学，2020（5）：70-87.

方，但公民住院就医的地方除外”。可见，连续居住一年以上是认定经常居所的关键。对于“连续居住一年以上”，存在“绝对连续说”与“相对连续说”两种观点。“绝对连续说”认为，连续居住一年以上，是指自然人在居住地居住满一自然年，中间不得出现离开居住地的情况，否则重新起算。“相对连续说”主张，“生活中心”是“经常居所地”概念的核心和基础，应当结合“生活中心”的规定对“连续居住一年以上”的规定进行解释。理论上，住所是自然人生活和进行民事活动的中心，只要自然人实际形成了一种持续性居住、生活的状态且达到一年的便应予以肯定。

“我国学理上普遍认为，经常居所概念与国内法或国际条约中规定的惯常居所或习惯居所概念同义，均是为解决当事人存在若干个居所而难以确定准据法问题而生。”[①]“如何确定‘惯常居所地’往往被认为是一个事实问题，因此，国际条约并没有对认定‘惯常居所地’的标准作出规定。其他国家的立法中也鲜有对‘经常居所地’的规定，如德国法与瑞士法对此仅有抽象规定，均强调其应当是‘生活中心’。”[②] 最高人民法院《关于适用〈中华人民共和国涉外民事关系法律适用法〉若干问题的解释（一）》（下文简称《涉外司法解释》）第13条规定：“自然人在涉外民事关系产生或者变更、终止时已经连续居住一年以上且作为其生活中心的地方，人民法院可以认定为涉外民事关系法律适用法规定的自然人的经常居所地，但就医、劳务派遣、公务等情形除外。”虽然该司法解释主要适用于涉外民事关系，但从体系解释以及解释标准本身的周延性来看，应将其作为经常居所的判断标准。[③]《涉外司法解释》在“连续居住一年以上”的基础上强调“作为其生活中心的地方”，两者既是并列的关系，也是相互补充参考的关系。除了考虑当事人在某地居住的连续状态，还要考虑当事人主观上是否有将其作为生活中心的居住意图。这意味着，确定经常居所时，既要关注当事人自身的主观意愿，又要考虑当事人客观的生活状况，即综合当事人的主观意愿、家庭生活、社会关系、主要职业、财产状况等要素进行全面考察。

（二）诉讼法疑难问题精讲

在程序法上，自然人住所是确定民事诉讼管辖的重要依据，决定了案件管辖权与相关法律文书的送达。通常，对公民提起的民事诉讼，由被告住所地人民法院管辖，判决文书、仲裁裁决、公证债权文书等也由被执行人住所地的人民法院执行。[④]因此，当事人的住所是确定民事诉讼一般地域管辖的标准。此外，自然人之间发生纠纷时，住所也直接影响了级别管辖。最高人民法院《关于调整高级人民法院和中级人民法院管辖第一审民商事案件标准的通知》区分当事人住所地均在受诉法院省

---

① 朱晓峰. 论《民法典》实施背景下经常居所的认定. 大连理工大学学报（社会科学版），2022（1）：79.

② 张先明. 正确审理涉外民事案件 切实维护社会公共利益：最高人民法院民四庭负责人答记者问. 人民法院报，2013-01-07（6）.

③ 朱晓峰. 论《民法典》实施背景下经常居所的认定. 大连理工大学学报（社会科学版），2022（1）：81.

④《民事诉讼法》第22条第1款规定：“对公民提起的民事诉讼，由被告住所地人民法院管辖；被告住所地与经常居住地不一致的，由经常居住地人民法院管辖。”

级行政辖区和一方不在受诉法院省级行政辖区的一审案件，对二者的级别管辖确定了不同的管辖标准。在此情形下，如何判断当事人的住所地，以及住所地或经常居住地不一致时，如何确定当事人的“住所地”是否在受诉法院的省级行政辖区，对一审案件的级别管辖尤为重要。[①]

1. 住所地、经常居住地和居住地[②]

与《民法典》第25条相同，《民事诉讼法》第22条确定管辖时，也规定了住所地与经常居住地不一致时，以经常居住地作为自然人的住所。不同的是，程序法仅强调住所地为户籍地，并未涉及其他有效身份登记记载的居所。同时，在住所地为户籍地的基础上，程序法严格区分了居住地和经常居住地，通过经常居住地确定法院的管辖权。也就是说，确定自然人的住所地管辖常是按照住所地（户籍所在地）—经常居住地（对应实体法“经常居所”）—居住地（对应实体法“居所”）的顺序予以实现。如在离婚案件中，通常由被告住所地法院管辖，如果夫妻双方离开住所地超过一年，则由被告经常居住地人民法院管辖，没有经常居住地的由原告起诉时被告居住地人民法院管辖。相对于住所、经常居住地，居住地在实体法上不具有法律意义，而在程序法上，当不存在户籍地、经常居住地时，居住地成为确定法院管辖的标准。如原告、被告均被注销户籍的，由被告居住地人民法院管辖。但这一标准的适用并不是绝对的。在当事人户籍迁出后尚未落户时，没有经常居住地的，由其原户籍所在地人民法院而非实际居住地法院管辖；有经常居住地的，当然由经常居住地法院管辖。

实体法和程序法都将经常居住地作为住所的一般判断标准，并具有优先于户籍地的效力。根据《民事诉讼法》第22条第1款和《民诉法司法解释》第4条规定，如果经常居住地同时满足以下要件则优先于住所，由经常居住地法院享有相应的管辖权：起诉时在此地居住，居住超过一年，一年的时间必须是连续的。偶尔离开经常居住地，如探亲、休假等并不影响经常居住地的判断。在一些特殊情形下，经常居住地的判断另当别论。如双方当事人都被监禁或者被采取强制性教育措施一年以上的，被监禁地或者被采取强制性教育措施地可视为其经常居住地。

2. 经常居住地的证明

户籍登记或其他有效身份登记记载的居所是自然人的住所，这一规定本身属于可推翻的民事法律事实推定规范。如果自然人能够举证证明经常居所与住所不一致的，经常居所被拟制为住所，从而发生与住所一样的法律效力。[③] 当事人主张以经常居住地作为住所的，应当提供关于经常居住于生活地的证明材料，如物业公司、居委会、村委会、派出所、工作单位出具的证明。这些证明材料应当符合证据的真实性、合法性和关联性，如居委会、村委会等单位出具的证明材料，必须有单位负

---

① 最高人民法院《关于调整高级人民法院和中级人民法院管辖第一审民商事案件标准的通知》(2015)第1条、第2条。

② 分别对应《民法典》中的住所、经常居所和居所三个概念。

③ 王雷.《民法总则》中证据规范的解释与适用. 法学家，2018 (6)：113.

责人及制作证明材料的人员签名或者盖章，并加盖单位印章。证明材料往往还需要结合具体情况确定其证明力，如载明具体时间范围，在当事人提供居住证、村民委员会和居民委员会证明等证据出现矛盾时，应按照证据规则进行审查判断，必要时可组织双方当事人质证，依法确定“经常居住地”。

司法实践中，居住证明、暂住人口信息查询打印表、流动人口基本情况查询打印表、租房合同或商品房买卖合同是当事人提交次数最多的证明材料。居住证明由居委会、村委会、街道办等基层组织开具，暂住人口信息查询打印表由基层派出所负责，因开具机关的权威性，这些证明材料也是法院最为认可的。但如果这类证明没有载明具体的居住时间，同样不能作为经常居住地的证明。单独的租房合同、房产或车辆购置、水电气缴费记录等往往因为不能直接证明当事人的连续居住情况，难以认定经常居住地，而需结合其他证明材料发挥证明作用。当事人提交的证据材料中可能还存在暂住证。暂住证是我国特定时期对流动人口进行管理的一种凭证，随着 2016 年《居住证暂行条例》的施行而为“居住证”制度所取代。暂住证能够表明持证人在某一地区居住，一般有效期为一年。因此，若没有相反证据，可以根据当事人提交的物业公司、街道办、居委会出具的证明以及房屋所有权证、缴纳燃气费凭证等材料综合认定经常居所是当事人的住所。①

除此之外，法院也会综合考量当事人提交的其他证据，结合生活经验对经常居住地作出认定。在吕×上诉龚×离婚纠纷案中，龚×的户籍所在地为上海市×，吕×向法院提交了其与龚×之女吕甲（2013 年 8 月出生）在位于北京市朝阳区的北京和睦家医院接种疫苗的记录。该医院记录显示吕甲在 2013 年 12 月、2014 年 3 月、2014 年 4 月、2014 年 6 月、2014 年 11 月、2015 年 2 月、2015 年 4 月、2015 年 8 月、2015 年 11 月等日期接种了多类疫苗。二审法院认为，儿童出生后通常由其监护人带到现居住地承担疫苗接种工作的预防接种门诊进行疫苗接种，综合考虑吕甲在医院接种疫苗的时间、被看护照顾情况以及物业公司开具的证明，认定北京市朝阳区为龚×经常居住地。② 需注意的是，送达地址确认书及另案地址信息不能当然地被用于确认当事人住所，当事人未能提交有效相反证据否定住所时，户籍地法院仍享有管辖权。③

三、法官释法

（一）连续居住一年以上的判断

对于经常居住地的判断，民事实体法和程序法都强调连续居住一年以上。对于连续一年，《民诉法司法解释》第 4 条以起诉时间为计算点往前推算，不同于此前《民通意见》以离开住所最后居住时往前推算，强调被纠纷发生时最后一个经常居住

---

① 类似案例参见湖南省娄底市中级人民法院（2022）湘 13 民辖终 1 号民事裁定书、辽宁省大连市中级人民法院（2021）辽 02 民辖终 360 号民事裁定书。

② 北京市第三中级人民法院（2016）京 03 民辖终 962 号民事裁定书。

③ 辽宁省朝阳市中级人民法院（2022）辽 13 民辖终 80 号民事裁定书。

地为住所，即最后一个连续居住一年以上的地方可以被认定为经常居住地，而《民诉法司法解释》第 4 条要求经常居住地的时间必须覆盖“起诉时”这一时间节点。目前，第一种观点是主流观点，以起诉日往前推算一个自然年度，考察自然人是否存在唯一一个居所。

通常，因必要日常生活所需而中断的不影响连续性的认定，如生病入院、工作出差，关键在于该地是否为生活的中心。在案例二中，崔某勇 2002 年起多次在广州市办理居住证明，其配偶户籍地、代步工具固定出行点及房屋均位于广东省或广东省广州市，其中生活居住的房屋也位于广州市增城区。由于其从事的工作的特殊性，经常往返于多地并临时居住于某一不固定的地点，这不能被认定为连续居住的中断。因此，崔某勇的经常居住地应被认定为广州市增城区。同样，案例三中张某分别在广东省深圳市照顾小孩、海南省海口市工作，但因小孩就读学校为寄宿学校，并不存在长期照顾的问题，短期前往深圳并不影响其在海南省海口市连续居住一年以上的认定。因此，海南省海口市是张某的经常居住地。

然而，若多次连续居住于同一地方，对于居住期间出现短暂的中断是否影响经常居住地的认定，司法实践中有不同的观点。如当事人于 2014 年 7 月 14 日至 2015 年7 月 14 日居住在北京市通州区，2015 年 12 月 1 日至 2016 年 11 月 30 日居住在北京市通州区。起诉时，当事人在北京通州区居住未满一年，两个居住时间段也存在4 个多月的间隔，但都是同一个地方，且前一时间段为一年以上。此时，如何认定连续居住一年而确定经常居住地？部分法院认为，“公民经常居住地原则上应该以起诉时间为起算点，往前推算公民连续居住一年以上的地方可认定为公民的经常居住地。如果从起诉之日起算公民在所居住地点居住不足一年，但自公民离开住所地后曾在该地点连续居住一年以上，且起诉时公民又在该地点居住的，该地点可以认定为公民的经常居住地”[①]。也就是说，此时认定当事人的经常居住地为北京市通州区。也有少数法院严格认定连续居住的期间，要求必须是起诉时已经不间断地居住一年以上，不允许任何间隔。[②] 当事人于 2014 年 12 月 19 日至 2015 年 12 月 19 日居住在北京市海淀区，时隔三个多月后，2016 年 3 月 15 日起继续居住在北京市海淀区。以起诉日 2016 年 1 月 22 日作为起算点倒推一年到 2015 年 12 月 20 日，均无法对应到上述两个时间段，法院最终认为无法认定北京市海淀区为其经常居住地。

通常，当事人提交居住证明等材料不会出现连续居住期间中断的情况，居住期间中断的情形常出现在暂住证、居住证等存在有效期限的材料之中。暂住证、居住证等证件的办理本身需要一定的期间，单纯因为两个居住时间段存在间隔而直接否定经常居所，难免过于武断。因此，从起诉之日起自然人在该地居住不足一年，但离开住所地后曾在该地点连续居住一年以上的，应当认定该地为经常居住地，视为住所。

---

① 北京市第三中级人民法院（2016）京 03 民辖终 1267 号民事裁定书。

② 北京市第一中级人民法院（2016）京 01 民辖终 786 号民事裁定书。

（二）住所地法院管辖与协议管辖

根据《民事诉讼法》第35条的规定[①]，当事人可以通过协议在原告住所地、被告住所地、合同签订地、合同履行地、标的物所在地，或其他与合同有实际联系地点的范围内选择具体管辖的法院。由此，可能出现当事人通过协议管辖选择合同签订地、合同履行地等法院而排除住所地法院的管辖，也可能单独就住所地法院管辖作出具体约定，如当事人约定发生争议时“向原告所在地法院起诉”或“向原告住所地法院起诉”。这两种表述看似差别不大，实质指向完全不同。[②]“原告所在地”可能是原告的住所地，也可能是居住地，无法完全确定；而“原告住所地”则是唯一的、明确的。那么“向原告所在地法院起诉”的约定是否属于有效的协议管辖？当事人可以任意选择向原告住所地或居住地法院起诉吗？

《民诉法司法解释》第30条规定：“根据管辖协议，起诉时能够确定管辖法院的，从其约定；不能确定的，依照民事诉讼法的相关规定确定管辖。管辖协议约定两个以上与争议有实际联系的地点的人民法院管辖，原告可以向其中一个人民法院起诉。”由此可见，法律对当事人之间的协议管辖采取了从宽的态度。协议管辖的价值在于当事人协商选择争议解决的管辖法院，具有确定性和可预期性。从尊重当事人管辖合意和尽快确定管辖的目的出发，协议管辖约定不明并不必然无效，而应综合考量当事人合意内容、合同类型等因素予以判断——如果能够明确指向，应当认定为有效；如果不能明确，就属于约定不明确，应当认定为无效。如果在起诉时，原告一方已经确定，那么“向原告所在地人民法院起诉”的约定则可适用。在约定了两个以上人民法院均可管辖的情况下，只要与争议有实际联系，合同纠纷一方就可任意选择其中一个法院提起诉讼。如果当事人协议管辖不明，需要经过实体审理后方能明确的，如当事人在合同中约定“由守约方所在地法院管辖”，则该管辖协议因无法执行而应被认定为无效。[③] 案例三中，陶某与张某约定因协议发生纠纷后协商不成的，交原告所在地人民法院裁决。该约定没有违反级别管辖、专属管辖，是双方当事人真实意思，合法有效，同时案发时原告已经确定，因此应由张某所在地法院管辖。

协议管辖条款通常只能约束合同的当事人，对合同当事人以外的主体没有约束力。如果协议管辖约定当事人之外还有其他案件当事人，不能根据部分当事人之间的协议管辖条款确定整个案件的管辖。如果存在两个及以上具有关联性的合同，其中在一个合同中约定管辖，另一个合同纠纷发生时是否受到约定管辖的限制？在多

---

① 《民事诉讼法》第35条规定：“合同或者其他财产权益纠纷的当事人可以书面协议选择被告住所地、合同履行地、合同签订地、原告住所地、标的物所在地等与争议有实际联系的地点的人民法院管辖，但不得违反本法对级别管辖和专属管辖的规定。”

② 类似案例可参见最高人民法院（2021）最高法知民辖终93号民事裁定书、最高人民法院（2017）最高法民辖终358号民事裁定书。

③ 最高人民法院行政审判庭编著. 最高人民法院关于审理行政协议案件若干问题的规定理解与适用. 北京：人民法院出版社，2020：461-462.

个具有关联性的合同中，争议解决条款约定不一致时如何确定管辖法院？此时不应一概而论，而应分析多个关联密切合同之间的具体关系，是互为主从，还是互为补充。原则上，尽管多个合同具有关联性，但各个合同本身是独立的合同，有相应的解纷解决方式与管辖规定，应当适用自身的约定管辖条款。在美康生物科技股份有限公司、姚某华股权转让纠纷案中，法院认为补充协议并不受到原协议约定管辖条款的约束。但在补充协议没有重新约定管辖时，则可能根据原协议的管辖约定确定管辖法院。[①] 当然，如果补充协议本身就是对原协议管辖进行约定的，当然直接适用补充协议的约定管辖条款。案例三中，陶某和张某分别签订了"夫妻婚内财产协议书"和"补充协议"，并在"补充协议"约定"因履行'夫妻婚内财产协议书'及本协议所产生的争议纠纷双方应友好协商解决，协商不成，交原告所在地人民法院裁决"。此时，两个协议都适用补充协议中的该约定管辖条款。若为主从合同，常以主合同约定来确定管辖法院，最为典型的如主债权债务合同和担保合同，但也有严格的限制条件。根据最高人民法院《关于适用〈中华人民共和国民法典〉有关担保制度的解释》(下文简称《民法典担保制度司法解释》) 第 21 条第 2 款的规定，只有在债权人一并起诉债务人和担保人时，才根据主合同确定管辖法院。如果债权人仅向担保人主张权利，应由担保人住所地法院管辖。

此外，根据《民诉法司法解释》第 33 条，债权转让时，受让人成为新的债权人，原合同约定的其他事项一并转让于受让人，约定管辖的条款对受让人具有同样的法律约束力，发生的纠纷应以债权转让人与债务人约定的法院确定管辖权，当然，受让人并不知道或受让人与转让人另有约定且原债务人同意的除外。[②] 如果当事人在约定管辖后变更住所，除非当事人另有约定，仍应由签订管辖协议时住所地的人民法院管辖，以避免当事人为逃避约定管辖而恶意变更住所。

四、类案练习

练习一： 郭甲于 1952 年 11 月 16 日出生，于 2013 年 8 月 20 日在我国台湾地区死亡，户籍地址为中国台湾地区台北市。郭甲生前同时持有美国护照与台湾居民来往大陆通行证。李甲为郭甲妻子，1990 年 11 月 25 日，双方于中国台湾地区台北地方法院公证结婚，其户籍地址与郭甲相同。吴乙、吴丙均系中国台湾地区居民，系李甲与前夫吴甲的子女。李甲与吴甲离婚后，吴乙、吴丙由其母亲李甲监护。郭甲与李甲结婚后未履行对吴乙、吴丙的收养手续。郭乙与张乙系郭甲的父母，张乙于 2001 年 9 月 29 日死亡。2007 年 1 月 29 日，郭甲取得青岛昌隆公司的股东资格，持股 29.526%。郭甲在青岛存在相应的财产状况、投资活动、居住证明、驾驶执照、持有公用事业收费服务便民卡等。法院对郭甲死亡时的经常居所地为中国大陆或台湾地区的不同判断，将导致案件裁判结果存在明显不同。如果认定经常居所地为中

① 浙江省宁波市中级人民法院（2022）浙 02 民辖终 30 号民事裁定书。

② 北京市第二中级人民法院（2022）京 02 民辖终 124 号民事裁定书、浙江省宁波市中级人民法院（2022）浙 02 民辖终 30 号民事裁定书。

国大陆，则郭妻李甲可持有郭甲 3/4 的股权，郭父继承 1/4。如果认定经常居所地为中国台湾地区，则郭妻李甲和郭父应当各继承 1/2 的股权。

练习二： 被告杨某在 2019 年 1 月向原告韩某借款 5 万元买楼，许某为该借款提供担保。经原告韩某多次催讨，被告杨某没有还款意愿。许某与被告杨某是亲属关系，在杨某没有还清时没有承担担保责任。原告韩某经常居住在南宁市邕宁区，遂将杨某与许某起诉至邕宁区人民法院要求判令被告偿还借款本金及利息。被告杨某对管辖权提出异议，认为本案案由为民间借贷纠纷，根据《民事诉讼法》第 24 条，因合同纠纷提起的诉讼，应由被告住所地和合同履行地人民法院管辖。本案被告杨某、许某住所地均不在邕宁区，杨某的住所地在黑龙江省讷河市，许某的住所地在黑龙江省海伦市。另查明，原告户籍住址在黑龙江省克山县，但居民身份证及广西壮族自治区居住证表明其经常居住地在南宁市邕宁区。

练习三： 王某等三人提起诉讼，要求甲公司支付股权转让款，乙公司在 1.5 亿元范围内对王某等三人不能受偿之股权转让款承担赔偿责任。“股权转让协议”对股权转让作了约定，此后“天邑公司增资框架协议”对股权交割、增资及管辖作了约定。乙公司主张，签订在后的“天邑公司增资框架协议”关于管辖的约定适用于“股权转让协议”，同时王某向法院提供的送达地址为经常居所。王某等主张其经常居住地在海南省海口市，并提交了居委会开具的居住证明。

问题： 请说明上述案例中有管辖权的法院，并阐述理由。

五、知识拓展

1. 朱晓峰. 论《民法典》实施背景下经常居所的认定. 大连理工大学学报（社会科学版），2022（1）.

2. 刘诚. 自然人住所制度相关概念之辨析. 海峡法学，2021（4）.

3. 王克玉. 自然人住所的冲突及法律适用问题辨析：兼评论行政立法上的经常居所. 中国国际私法与比较法年刊，2016.

4. 薛童. 论作为自然人生活中心的经常居所地. 国际法研究，2015（6）.

5. 王雷.《民法总则》中证据规范的解释与适用. 法学家，2018（6）.

6. 何其生. 我国属人法重构视阈下的经常居所问题研究. 法商研究，2013（3）.

专题三　法人住所与管辖

一、案例导入

（一）案情介绍

案例一： 上海京汇公司（甲方）与厦门寻购信息公司（乙方）签订“贷款额度合同”。后上海京汇公司作为贷款人，厦门寻购信息公司作为借款人，双方签订“借款合同”。潘某腾与上海京汇公司签订了“最高额保证合同”，约定由其对厦门寻购信息公司的全部债务提供连带责任保证。“贷款额度合同”、“借款合同”和“最高额保证合同”中均有协议管辖条款，约定各方在履行合同过程中发生争议向甲方所在地有管辖权的人民法院起诉。两份合同首部均载明“贷款人（甲方）：上海京汇小额贷款有限公司，地址：上海市嘉定工业区×××室”。合同签订后，上海京汇公司依约发放了贷款，后厦门寻购信息公司逾期未还。上海京汇公司的注册登记地址为上海市嘉定工业区×××室，上海京汇公司以其公司实际经营地位于北京经济技术开发区为由，起诉至北京市大兴区人民法院。潘某腾提出管辖权异议，认为合同中的“甲方所在地”应是合同首部载明的“上海市嘉定工业区×××室”，本案应由上海市嘉定区人民法院管辖。

案例二：在一起证券虚假陈述案件中，甘肃刚泰公司受到行政处罚。韩某因甘肃刚泰公司的证券虚假陈述行为投资受损，由于公司官方网站公布的办公地址和联系电话都位于上海市浦东新区，遂向上海金融法院起诉，请求判令赔偿投资损失。经查明，甘肃刚泰公司注册登记地为甘肃省兰州市七里河区某小区，但该小区实际并无甘肃刚泰公司的办公场所。上海金融法院与甘肃省兰州市人民法院就该案管辖权发生争议。

案例三：太平洋证券（乙方）与万赛投资中心于2016年12月12日签订“股票质押式回购交易客户协议及风险揭示书”（以下简称“风险揭示书”），其中，载明的太平洋证券地址位于云南省辖区内，第66条明确约定：“协商或调解不成的，甲乙双方同意按以下第____种方式解决：（如甲方不作选择，即默认为选择2）……2.提交乙方所在地人民法院诉讼裁决。”其中，太平洋证券的营业执照中的住所地为云南省昆明市北京路×××。2016年12月12日，吴某与太平洋证券签署了“太平洋证券股份有限公司与吴某之保证合同”（以下简称“保证合同”），约定吴某作为保证人对万赛投资中心因“客户协议”和“回购协议”而对太平洋证券产生的债务提供连带责任保证。同日，那某作为吴某的配偶签署了“配偶同意书”，承诺接受吴某签署的“保证合同”全部条款，同时与吴某一起承担对万赛投资中心的连带责任保证担保。“保证合同”中载明，太平洋证券的住所、通信地址均为“北京市西城区×××”。后因合同履行发生争议，太平洋证券将万赛投资中心、那某等一并起诉到云南省高级人民法院。万赛投资中心、那某上诉请求将案件移送至北京市高级人民法院，认为应根据“保证合同”载明的地址确定北京市西城区×××为太平洋证券的住所。

（二）案例思考

上述三起案例都涉及法人住所与管辖法院之间的关系。案例一中，一审法院认为，上海京汇公司（甲方）的主要办事机构所在地位于北京经济技术开发区，当事人约定甲方所在地法院管辖，故确定由甲方所在地北京市大兴区人民法院管辖。二审法院认为，鉴于“贷款额度合同”已明确载明上海京汇公司的所在地位于上海市嘉定区，上海京汇公司的登记注册地址亦位于上海市嘉定区，故应确定由上海京汇公司的所在地上海市嘉定区人民法院管辖是双方当事人的约定。可见，一、二审法院对当事人的约定内容认识不一。那么，当事人签订合同中载明的一方（法人）所在地性质为何，是否可以直接认定为约定管辖地？该地址与法人实际经营地不一致时，如何认定法人的住所来确定管辖？

案例二中，甘肃刚泰公司并未在登记注册地实际开展业务，能否根据公司官网公布的办公地址、联系电话认定其主要办事机构所在地？法人的主要办事机构所在地与法人注册地或登记地之间的关系是什么？当不能确定法人的主要办事机构所在地时，法人注册地或登记地是否就是法人的住所？

案例三中，“风险揭示书”和“保证合同”中载明的太平洋证券地址信息不一致，此时如何认定太平洋证券的住所？一审法院认为“风险揭示书”所载地址为太平洋证券的住所，而“保证合同”所载住所信息为其联络地址，这是否具有合理正当性？主合同“风险揭示书”第66条的约定管辖，能否约束“保证合同”？

二、基本原理

（一）实体法疑难问题精讲

与自然人一样，住所也是法人存续的必备要素。通常，法人住所地决定了合同成立与履行的地点。具体而言，如果法人采用数据电文形式订立合同，收件人没有主营业地的，收件人的住所地就是合同成立的地点。在对合同履行地点没有约定或约定不明的情形下，也可以通过法人住所来确定合同的履行地。此外，在法人人格否认制度中，法人住所的重合也常常会成为支持混同的主要依据之一。

1. 法人住所——主要办事机构所在地

法人住所是指法人据以开展业务、进行商事交易活动的中心场所，是法人发生法律关系的中心区域。① 法理上，“法人是‘模仿自然人’而产生的法律拟制物，不是自然人的‘对应物’”②，因而，法人作为“人”的拟制物，是与自然人并肩而立的民事主体，理应有住所。实践中，住所是决定法人登记成立的重要因素之一，若公司章程没有记载公司住所，公司将无法登记成功，不能取得法人资格。③

主要办事机构所在地，是法人全部组织的中枢机构所在地，是决定、处理法人事务，执行法人业务活动的机构所在地，如总部、总公司等所在地。我国民事立法将法人主要办事机构所在地视为法人住所。《民法典》第63条规定：“法人以其主要办事机构所在地为住所。依法需要办理法人登记的，应当将主要办事机构所在地登记为住所。”《公司法》第8条也将公司主要办事机构所在地规定为公司住所。法人可能存在多个办事机构所在地，但作为住所的主要办事机构所在地只有一个。在法律上，法人的住所与场所的概念是完全不同的。场所的范围更广，包含了法人的场所以及法人从事生产经营活动的其他地点或设施。④

---

① 刘俊海. 现代公司法：上册. 3版. 北京：法律出版社，2015：92.

② 梁上上. 中国的法人概念无需重构. 现代法学，2016（1）：74.

③ 施天涛. 公司法论. 4版. 北京：法律出版社，2018：185.

④ 中国审判理论研究会民事专业委员会编著. 民法典总则编条文理解与司法适用. 北京：法律出版社，2020：113.

2. 法人住所的确定

各国都对法人住所作出了相关规定，只是确定住所的依据不尽相同。对于法人住所的确定，存在管理中心主义、营业中心主义和公司章程确定三种模式。①

(1) 管理中心主义。

管理中心主义是指以法人登记时常设管理机关所在地为住所。虽然该种模式具有确定性，但比较僵硬，难以对法人管理机关迁移作出及时反应，因而法人通常会以迁移管理中心的方式来避税或逃避监管。采用此种模式的国家主要有日本、韩国。其中，《日本公司法》第 4 条以及《韩国商法》171 条第 2 款都规定了"公司以其总公司所在地的住所为住所"。

(2) 营业中心主义。

营业中心主义，是指以法人的业务执行地为住所。对于经营范围小、规模不大的法人，其业务执行地比较集中，通常只有一个营业中心，采用营业中心主义便于控制公司的主要财产收入，有效降低政府管理成本。然而，在面对规模较大、有多个营业中心的法人时，运用营业中心主义模式便难以确定其住所。

(3) 公司章程确定。

公司章程确定模式，是指法人住所由其章程作出规定，具体又可细分为限制模式与放任模式。限制模式，即法律在公司章程规定其住所时给予限制。如《德国股份法》，其规定了公司可以指定地点作为住所，但只能选择法律规定的"营业经营地"、"业务执行地"和"管理执行地"。放任模式是指公司章程可以不受法律限制地自由指定法人的住所。

我国法律将法人主要办事机构所在地视为法人住所，理论上接近于管理中心主义。一般而言，如果一个法人有多个办事机构，则以统辖全部事务和分支机构的办事机构所在地为住所。若公司有分公司，虽然分公司同样需要在营业场所所在地登记机关登记，但由于分公司不具备法人资格，故而其营业场所不具有住所的地位，仍以总公司所在地为住所。对于公司章程选定的住所与主要办事机构所在地不一致时如何确定法人的住所，我国现行立法并未作出规定。"对此，依照公司住所原理，本应以后者为准。然而，实践中我国并不依此确定公司住所，而是严格依照公司注册登记地确定，其住所必须在登记辖区内。因此，至于公司实际主要办事机构所在地，法律在所不问。"② 然而，《民诉法司法解释》第 3 条第 2 款规定："法人或者其他组织的主要办事机构所在地不能确定的，法人或者其他组织的注册地或者登记地为住所地。"如此一来，我国法人住所的确定并不完全遵循管理中心主义。

3. 法人住所的登记

我国法律并非一开始便把"主要办事机构所在地"作为法人住所予以登记，甚至"法人住所"本身就与"经营场所"相混合。在我国市场经济发展初期，企业的

---

① 赵旭东主编. 公司法学. 2 版. 北京：高等教育出版社，2006：162. 朱锦清. 公司法学. 北京：清华大学出版社，2019：136.

② 范健，王建文. 公司法. 3 版. 北京：法律出版社，2011：171.

经营规模、经营范围往往比较小，此时法人的住所与经营场所往往重合。随着社会生产力发展，企业组织形式逐渐现代化。一个企业在不同地区拥有多个经营场所，甚至出现不在住所地进行业务活动，但仍然保留其住所的现象。此时，法人的住所与经营场所开始逐渐分离，二者的性质、功能出现分化。[①] 具体而言，关于法人住所登记的立法大体可以划分为合并登记、分别登记两个阶段。1986 年的《民法通则》、1988 年的《企业法人登记管理条例》以及 1993 年的《公司法》，是法人住所和经营场所合并登记的代表性立法，这一阶段强调企业法人的设立应具备固定的经营场所，并将法人住所和经营场所列入登记注册事项，要求提交经营场所和企业住所的证明。到了 1994 年，《公司登记管理条例》规定公司的登记事项只包括住所，排除了经营场所，相应的也只需提交公司住所的证明。2005 年修订的《公司法》更是删除了设立有限公司和股份公司"有固定的生产经营场所和必要的生产经营条件"的规定，代之以"有公司住所"[②]。2022 年，《市场主体登记管理条例》开始施行，对所有以营利为目的的从事经营活动的自然人、法人、其他组织的登记进行统一规范化管理，其中对于法人只要求登记住所或主要经营场所。

在此背景下，对法人住所及其经营场所进行区分就显得尤为重要。首先，法人住所和经营场所性质不同。经营场所是法人从事生产、经营和服务活动的空间，在性质上是企业的生产要素，是企业从事生产经营必备的条件，是一种有形的物理空间；而住所指向的是法人注册登记的联系地址。其次，法人住所和经营场所的法律意义有所不同。基于两者的性质差异，住所是法人取得商事主体资格的必要条件，与法律关系联系密切，通过法人住所可以确定诉讼法上的管辖问题，并作为连接点影响国际私法的适用，从而将法人权利、义务和责任具体化、现实化。经营场所只是法人生产经营地或营业活动地，既不是企业主体资格构成要素，又不具有确定企业行政和司法管辖及法律文书送达效力的功能，不具有类似住所的法律意义。最后，法人住所和经营场所在数量上有明显的区别。法人有且只有一个住所，却可能存在多个经营场所，如《市场主体登记管理条例》第 11 条规定："市场主体只能登记一个住所或者主要经营场所。"因此，法人的住所往往都是其经营场所，但经营场所不一定是法人的住所。

我国《民法典》第 63 条规定"应当将主要办事机构所在地登记为住所"该条虽然在措辞上使用了"应当"一词，但该条并非强制性规范，如果没有将主要办事机构所在地登记为住所，不会影响法人的成立。事实上，不少法人选择注册登记的地址与实际办公的地址并不相同，由此出现了法人登记注册地与主要办事机构所在地不一致的情形。根据《民法典》第 64 条、第 65 条的规定[③]，法人住所的登记有一定的"公示公信"效力，主要办事机构所在地与登记注册地不一致的，不得对抗善意相对人。"善意"要求第三人不知道也不应当知道，如果第三人明知法人主要办事

① 郭富青. 我国企业住所与经营场所分离与分制改革的法律探析. 现代法学，2020（2）：147.

② 吴煌开. 经营场所与经营住所混同登记的立法误区与反思. 中国工商管理研究，2008（7）：57.

③ 《民法典》第 64 条规定："法人存续期间登记事项发生变化的，应当依法向登记机关申请变更登记。"第 65 条规定："法人的实际情况与登记的事项不一致的，不得对抗善意相对人。"

机构所在地与登记注册地不一致，那么法人所证明的“主要办事机构所在地”便具备“住所”的法律效力。例如，A法人与B签订买卖合同，约定B向A法人交付货物，交付地址为A法人的住所，但合同并没有明确住所的地址。合同签订后，A法人迁移了主要办事机构，但并未办理变更登记。合同履行期限届满，B到A法人登记的住所交付货物，A法人以主要办事机构所在地和登记注册地不一致为由主张登记注册地不是合同约定的住所，不予受领。B为此诉讼至A法人登记注册地法院要求其继续履行合同并对此承担违约责任。A法人则提出管辖权异议，认为无论是住所地还是合同履行地都是其主要办事机构所在地，应当由其主要办事机构所在地的法院管辖。此种异议不能对抗相信登记的善意相对人B，A法人的登记注册地法院对此仍有管辖权。[①]

（二）程序法疑难问题精讲

在诉讼法上，法人住所决定了法院的地域管辖及文书送达地。实践中当事人基于诉讼成本、诉讼成败等因素考虑，常对案件管辖权发生争议。确认具体管辖，往往是解决争议的第一步。在地域管辖中，如果是对法人或其他组织提起的民事诉讼，常由被告法人住所地法院管辖。即使是合同纠纷、保险合同纠纷、票据纠纷、公司设立、确认股东资格、分配利润、解散纠纷、侵权纠纷等涉及特殊地域管辖的案件，也可以由被告法人住所地法院管辖。[②] 因此，确定了法人的住所，也就确定了法院的管辖。在管辖基础上，送达是民事案件审理过程中的重要程序事项，是保障人民法院依法公正审理民事案件、及时维护当事人合法权益的基础。[③]《民事诉讼法》第88条规定文书应当直接送交受送达人。若受送达人为公司法人，这就需要确定法人的住所。同样，第89条的留置送达，第91条的委托送达、邮寄送达等都以住所地作为送达地。可见，只有明确了法人住所地，法人才能够快速、及时地接收各种法律文书，这有利于保障法人的合法权益。

1. 主要办事机构所在地与登记注册地

《民诉法司法解释》第3条规定，法人的住所地是法人的主要办事机构所在地，主要办事机构所在地不能确定的，注册登记地为住所地。注册登记地常见于法人营业执照和工商登记信息之中，这也是判断法人住所的第一标准。通常，法人的住所就是法人的主要办事机构所在地，主要办事机构所在地也应当在设立法人的时候登记为住所，因此直接根据法人注册登记地确定住所便是最简单快捷的方式。然而，登记注册地并不能直接被认定为住所，也就是说登记注册地与主要办事机构所在地不一致的，仍以主要办事机构所在地为住所。实体法上，我国《公司法》第8条、

---

① 赵旭东主编. 公司法学. 2版. 北京：高等教育出版社，2006：164.

② 如《民事诉讼法》第27条规定：“因为公司设立、确认股东资格、分配利润、解散等纠纷提起的诉讼，由公司住所地人民法院关系。”《民诉法司法解释》第22条规定：“因股东名册记载、请求变更公司登记、股东知情权、公司决议、公司合并、公司分立、公司减资、公司增资等纠纷提起的诉讼，依照民事诉讼法第二十七条规定确定管辖。”

③ 最高人民法院《关于进一步加强民事送达工作的若干意见》。

《市场主体登记管理条例》第 11 条表明，公司登记的住所只能有一个，登记的住所也就是主要办事机构所在地。而在程序法上，主要办事机构所在地和注册登记地并非同一，由此与实体法出现冲突。在民事诉讼中确定管辖时，应当根据《民诉法司法解释》第 3 条的规定，首先判断是否存在主要办事机构所在地，只有在不存在主要办事机构所在地时才以注册登记地为法人住所。如此一来，既可以解决无须办理登记的法人的住所问题，又可以解决应当办理住所登记的法人在办理登记后因为其他原因而另地开展生产经营活动导致主要办事机构所在地与注册登记地不一致的问题。

依法需要进行住所登记的法人，一旦完成登记，住所发生变更的也必须进行变更登记。登记注册地发生“人去楼空”的情形，并不构成对主要办事机构所在地、注册登记地的变更，不会影响对法人住所的判断。如果人民法院向营业执照载明的地址送达起诉书、开庭传票等诉讼文书，一旦显示签收，即使法人并不在该地实际办公，签收人也不是法人的员工，也会认为诉讼文书已经送达。如果在送达过程中，发现没有注册登记的办公场所或为虚拟地址而无法送达，人民法院则会采取公告送达的方式。

《民诉法司法解释》第 32 条规定：“管辖协议约定由一方当事人住所地人民法院管辖，协议签订后当事人住所地变更的，由签订管辖协议时的住所地人民法院管辖，但当事人另有约定的除外。”尽管该条与《民法典》第 65 条的适用效果相同，但其法理稍有差异。这一规定稳定了当事人的预期，更重要的是避免当事人通过改变住所地选择有利于自己的管辖法院。在司法实践中，法官也更倾向于通过适用《民诉法司法解释》第 32 条解决约定管辖后当事人住所变更的情形。管辖协议签订前，法人主要办事机构已经变化但没有进行变更登记的，以该主要办事机构所在地为法人住所进而确定管辖法院。对于当事人“不得对抗善意第三人”的主张，法院基本回避，并不认可。①

2. 法人住所的证明

通常，法人主要办事机构所在地是法人的住所，往往也是法人的注册登记地。为了提高立案效率，司法实践中法院往往倾向于直接根据注册登记地认定法人住所。“登记公示核心意旨均在于增强市场信息透明度、维护市场交易安全、优化市场营商环境，因为这些属于市场经济的内在要求，市场经济的本质归根结底乃信用经济和法治经济。如果法人在登记部门初始登记或变更登记的信息不可信赖，公众势必不得不自力调查法人的各项情况与登记信息是否一致，由此必然导致社会交易成本的提升和交易负担的加重，显然不符合市场交易透明化、规范化、法治化和可预期化的市场经济要求。合同一方当事人基于对登记部门公示的法人登记信息的信赖而确定该法人住所，进而当与该法人发生合同纠纷时以此确定管辖法院寻求司法救济，自为法律所允许，此亦是民事活动应当遵循诚信原则的应有之义。”② 如果两者并不

① 北京市第二中级人民法院（2022）京 02 民辖终 30 号民事裁定书、北京市第一中级人民法院（2022）京 01 民辖终 39 号民事裁定书、广东省广州市中级人民法院（2021）粤 01 民辖终 1608 号民事裁定书、上海市第二中级人民法院（2021）沪 02 民辖终 923 号民事裁定书。

② 最高人民法院（2020）知民辖终 291 号民事裁定书。

一致，根据“谁主张谁举证”的基本原理，由提出法人住所并非工商登记注册地，而是主要办事机构所在地的当事人承担证明责任。在证明标准上，主要办事机构所在地是指起诉时法人的主要办事机构所在地，主要办事机构是指法人的管理机构，如有限责任公司的董事会或执行董事、监事会或者监事以及高级管理人员的办公地点。房屋租赁合同、权属证明、水电费缴纳凭据往往能够证明法人对租赁房屋、办公场所的使用，但不足以表明该地是主要办事机构所在地。这时，公司董事会、执行董事、高管人员等签发相应文件的地点，办公场景、税务缴纳凭据、年报披露地址、诉讼送达地址、工商登记信息等可以佐证证明。①

法人的设立必须具有固定的经营场所，登记机关往往也要求提供住所的产权证明和用途证明，这实际上是要求设立法人的发起人必须先购置或租借相应的经营场所并获得产权证书或用途证明，才能顺利登记注册，取得营业执照。这种高昂的设立成本，无疑成为相关主体准入市场的阻碍。“住所是公司与世界现实联系的点，牵动着多个法律部门的神经，深深嵌入我国行政管理体系。商事登记制度改革、信息技术带来的网络世界正在改变住所的面貌，由此对法律改革提出了体系化要求。”②随着经济、科技的快速发展、迭代，实践中法人的住所与其经营场所也愈加分离，甚至借助于互联网，出现了住所的虚拟化现象。《市场主体登记管理条例》第 11 条第 2 款肯定了自然人住所的虚拟化③，未明确法人住所登记，而实践中只是扩大了可供登记为企业住所的经营场所的范围。④ 这对传统法人登记制度提出了挑战，也促使传统法人登记制度作出相应的改革。目前全国各地有在制定商事主体住所登记管理办法，但规定不一。对此，一方面可以考虑适度放开公司住所的选择自主权，允许将网络经营场所注册为住所，使法人登记制度更加放开包容以适应现实的发展；另一方面，制定统一的商事主体住所登记制度，避免各地规定不一而引发不必要的纠纷。

三、法官释法

(一) 主要办事机构所在地的判断

主要办事机构所在地是判断法人住所的关键，特别是当同一法人在不同地域拥有多个办事机构且与注册登记地不一致时，如何确定主要办事机构所在地是解决争议的关键。对于何为主要办事机构所在地、如何认定主要办事机构所在地，我国现行法律并未作出具体规定。

实践中，部分法院要求主要办事机构所在地应在工商登记或税务登记等官方文件中予以登记⑤，但更多的法院就法人主要办事机构所在地在何地进行实际审查。

---

① 北京市第一中级人民法院（2018）京 01 民辖终 5 号民事裁定书。

② 李政辉. 公司住所的功能、挑战与制度应对. 北方法学，2022（2）：116.

③ 《市场主体登记管理条例》第 11 条第 2 款规定：“电子商务平台内的自然人经营者可以根据国家有关规定，将电子商务平台提供的网络经营场所作为经营场所。”

④ 郭富青. 我国企业住所与经营场所分离与分制改革的法律探析. 现代法学，2020（2）：145－146.

⑤ 上海知识产权法院（2015）沪知民终字第 641 号民事判决书。

实际上，我国立法并未要求市场监督、税务等行政管理部门对主要办事机构所在地进行登记管理，将登记作为法人主要办事机构所在地的判断标准除了快捷，并无任何法理基础。法院常常结合以下两类材料判断法人的主要办事机构所在地：一类是，法人对外公布的地址信息，如公司官网公布的联系地址、证交所公布的上市公司的地址以及董事会公告召开股东大会的会议地址。另一类是，实际进行主要经营的有关人、地、物的材料，如：办公场所的产权证书或房屋租赁合同、租金交纳凭证或者物业公司开具的办公证明，公司高管和人事、财务等核心业务机构或部门办公情况，公司高管和财务、人事主管人员缴纳社保的证明等；公司公章、财务章、营业执照等情况。对于当事人约定的收件、函件往来等指向的地址，法院基本都认为不能直接认定该地址为主要办事机构所在地而将之确定为法人住所。

要判断法人主要办事机构所在地，上述证据还需要达到“能够确定”的证明标准。案例二中，甘肃省高级人民法院以甘肃刚泰公司官方网站公布的办公地址及联系电话在上海市浦东新区为由，认定甘肃刚泰公司的主要办事机构所在地在上海市浦东新区，但最高人民法院推翻了这一认定，认为缺乏事实法律依据。在缺乏其他证据证明甘肃刚泰公司主要办事机构所在地的情形下，以其注册登记地作为住所确定管辖。法院认为“不能确定”时基于诸如“仅有法定代表人所签的公司在某地办公的租赁合同”[①]，“均有办公场所时，不能确定为主要办事机构所在地”[②] 等原因，表述为“证据不足以证明”“无相应证据证明”，但具体原因未见进一步阐释。此时是否应当要求法官依照职权进行调查，或对《民诉法司法解释》第 3 条中的证明标准进行进一步说明都有待明确。

（二）约定法人住所的效力

《民事诉讼法》第 35 条允许当事人在不违反级别管辖和专属管辖的基础上，就合同或者其他财产权益纠纷在被告住所地、合同履行地、合同签订地、原告住所地、标的物所在地等与争议有实际联系的地点的人民法院范围内选择管辖法院。出于对交易和诉讼成本、公平保护等因素的考虑，当事人可能通过各种约定排除法人住所地法院管辖，如约定合同履行地后选择合同履行地法院管辖。

那么，当事人是否可以约定法人主要办事机构所在地之外的其他地址作为法人住所进而确定管辖，即法律规定的住所是否具有强制性？对此，司法实践存在两种不同的观点。一种观点认为，约定的地址与主要办事机构所在地、登记注册地不一致时，应认定为通信地址，不发生诉讼法上的管辖效力。也就说，当事人约定的法人住所地应当是法人的主要办事机构所在地或登记注册地，主要办事机构所在地与登记注册地不一致的，以登记注册地为准。案例一中，双方当事人约定的甲方所在地是合同首部载明的地址，该地址也是甲方的登记注册地址，因此应当根据约定确定上海市嘉定区人民法院为管辖法院，而不论其实际经营地如何。如果当事人约定

---

① 重庆市高级人民法院（2017）渝民辖终 147 号民事裁定书。

② 吉林省长春市中级人民法院（2018）吉 01 民辖终 22 号民事裁定书。

的法人住所与法人的登记注册地不一致，且不存在主要办事机构所在地的，约定的法人住所无效，仍按照法人的登记注册地确定管辖法院。如一点都公司对广州文化传播有限公司、广州思码客数据科技有限公司等服务合同纠纷案[1]中，广州思码客数据科技有限公司在“直播带货服务合同”中载明了其联系地址，并约定该联系地址作为各项通知、文件及诉讼、仲裁文书等之送达地址。发生纠纷时，一点都公司主张该地址是广州思码客数据科技有限公司的主要办事机构所在地，应以该地址确定管辖法院。对此，法院认为该地址与广州思码客数据科技有限公司注册地不一致，亦无证据证明该地址为广州思码客数据科技有限公司的主要办事机构所在地，因此该地址不能作为法人住所确定管辖。

另一种观点认为，当事人对于法人住所的约定为协议管辖。此时即使法人的主要办事机构所在地与登记注册地不一致，且当事人约定的地址与登记注册地址也不一致，只要不违反协议管辖的规定，就应根据当事人约定确定管辖法院，而非由登记注册地（住所地）法院管辖。例如，在天津文海文化传播有限公司与寰宇慧旅（北京）科技有限公司广告合同纠纷案[2]中，天津文海文化传播有限公司（甲方）与寰宇慧旅（北京）科技有限公司（乙方）签订的“媒体合作合同”约定：“如协商不成，双方同意向原告方所在地人民法院提起诉讼。”该合同在首部同时约定：“乙方：寰宇慧旅（北京）科技有限公司；地址：北京市东城区东直门内大街×××。”实际上，乙方的登记注册地位于北京市海淀区万泉河路×××。后发生纠纷，甲方上诉请求撤销一审裁定并将本案移送甲方住所地人民法院或北京市海淀区人民法院管辖。北京市第二中级人民法院认为双方在合同中明确约定发生争议向一方住所地法院提起诉讼，同时合同中载明了一方的地址，该地址作为争议管辖连接点是双方当事人的真实意思表示，“在合同中无相斥意思表示、各方在签订合同时均未提出异议的情况下，可以推定该地址是该一方签订合同时的主要办事机构所在地，进而成为确定管辖的连接点”。同时根据《民诉法司法解释》第 30 条第 1 款，双方当事人选择纠纷由与争议有实际联系的地点的人民法院管辖的意思表示明确，符合法律关于协议管辖范围的规定，且未违反级别管辖和专属管辖的规定，约定管辖法院明确、有效，因此北京市东城区人民法院有管辖权。类似的在案例一中，合同约定的法人地址可以视为对管辖法院的约定，在不违反协议管辖的规定时，即便能够确定法人主要办事机构所在地，也以合同约定为准，由约定的法人所在地法院进行管辖。

综合来看，若在诉讼法上把约定的法人住所限定在主要办事机构所在地和注册登记地，当约定地与主要办事机构所在地重合时，约定并无意义；当主要办事机构所在地不能确定，而约定与登记注册地一致时，约定也无任何意义。因此，这种限制实际是禁止对法人住所进行约定。较为可取的是，尊重当事人的意思自治，将约定的法人住所转化为协议管辖，从而使其具有选择管辖法院的法律效果。但需注意的是，如果约定的法人地址仅仅为字面的“通信地址”，并且没有进一步明确地址的

---

① 广东省广州市中级人民法院（2022）粤 01 民辖终 215 号民事裁定书。

② 北京市第二中级人民法院（2022）京 02 民辖终 50 号民事裁定书。

具体功能，那么便不能当然认定约定的是法人的“住所”，更不能认为这是在进行协议管辖的约定。[①] 在某种程度上，当事人约定的法人住所事实上越过了“主要办事机构所在地”这一推导“媒介”，直接进入协议管辖的规范视野。

此外，与自然人住所与管辖中存在的问题类似，当事人可能在数份合同中对管辖作出不同约定，此时应区分数份合同之间的关系分别对待处理。值得注意的仍然是具有主从性的多份合同——保证合同的情形。案例三中，最高人民法院不支持上诉人请求的一个理由便是“‘保证合同’仅为‘风险揭示书’的从合同”，对于住所和管辖的约定具有一定的独立性。依据《民诉法司法解释》第 66 条规定，那某是赛万投资管理中心的连带保证人，与赛万投资管理中心作为共同被告，根据“保证合同”与“风险揭示书”的约定，北京市高级人民法院和云南省高级人民法院都对此有管辖权。《民诉法司法解释》第 36 条规定：“两个以上人民法院都有管辖权的诉讼，先立案的人民法院不得将案件移送给另一个有管辖权的人民法院。人民法院在立案前发现其他有管辖权的人民法院已先立案的，不得重复立案；立案后发现其他有管辖权的人民法院已先立案的，裁定将案件移送给先立案的人民法院。”该案中，云南省高级人民法院对此已经立案并作出判决，便不能再将该案移送至北京市高级人民法院审理。若那某是赛万投资管理中心的一般保证人，太平洋证券公司仅起诉那某时，应依据“保证合同”向其约定的北京市高级人民法院提起诉讼，而非依“风险揭示书”约定向云南省高级人民法院提起诉讼。

四、类案练习

练习一：甲公司（注册地：北京市西城区×××）与乙公司签订“木方采购合同”。其中合同第 18 条约定：“发生争议时，双方通过协商解决。协商不成时，可采取下列第二种方式解决：……第二种争议解决方式：向甲方（甲公司）所在地人民法院起诉。”第 16 条约定：“双方的联系地址确认：甲方：甲公司……联系地址：北京市丰台区×××……”

发生争议后，乙公司向北京市西城区人民法院提起诉讼，甲公司提出管辖权异议，认为：首先，甲公司的注册地虽然在北京市西城区×××，但是主要办事机构所在地为北京市丰台区×××（并未提供相关证据）。双方签订的“木方采购合同”第 16 条亦确定该地址为甲公司的联系地址。其次，“木方采购合同”第 18 条约定的“所在地”与《民事诉讼法》第 35 规定的“住所地”不同，甲公司与乙公司在“木方采购合同”中约定的联系地址才是甲公司的所在地。因此，按照双方在合同中关于管辖条款的约定，本案应当由甲公司所在地的北京市丰台区人民法院管辖。

练习二：甲装饰公司与乙装饰公司签订“A6－8 地块 EPS 项目合同”，由甲公司委托乙公司制作孙桥社区 A6－8 地块 EPS 项目的 EPS 材料。后因甲公司拖欠委托费，乙公司向上海市崇明区人民法院提起诉讼。而甲公司（注册地：上海市崇明区）提出管辖异议，被驳回后上诉，称：双方合同内容涉及安装施工，故本案应为

① 广东省潮州市中级人民法院（2021）粤 51 民辖终 22 号民事裁定书。

建筑工程施工合同纠纷，应由工程项目所在地上海市浦东新区孙桥社区的人民法院管辖，且合同约定的交货地在上海市浦东新区孙桥社区，上诉人实际经营地位于上海市浦东新区，故请求撤销原裁定，将本案移送至上海市浦东新区人民法院审理。

练习三：甲公司与乙公司在 2016 年 7 月 8 日签订“工程设备采购合同”，其中管辖条款约定可向合同签订地（洛阳）法院提起诉讼，其后双方又于 2016 年 10 月 24 日函件中对交货及付款进行了新的管辖约定：如发生纠纷由甲公司住所地人民法院管辖。甲公司登记地址为朝阳市双塔区，但实际经营场所及主要办事机构所在地已经于 2019 年搬迁到龙城区，对此，乙公司知情。之后，甲公司将其对乙公司的买卖合同债权转让给了第三人辛某，且在转让债权时，说明了其与乙公司之间的管辖约定是甲公司住所地法院管辖，并向辛某出示了甲公司和乙公司之间往来函件的证明。而后，辛某为实现债权向朝阳市双塔区人民法院提起诉讼。对此，乙公司提出管辖权异议，认为：甲公司与乙公司数个诉讼的法律文书包括 2019 年涉及本案事实的“民事判决书”、2020 年 10 月的“民事裁定书”、2021 年 9 月的“民事裁定书”，都确认甲公司住所地为“朝阳市龙城区”，相关案件由龙城区人民法院管辖，主张应当将案件移送朝阳市龙城区人民法院审理。辛某答辩称，与甲公司签订债权转让协议期间，甲公司已经向我方说明了其与上诉人之间的管辖约定是由甲公司住所地法院管辖，并出示了甲公司和乙公司之间往来函件的证明。同时，经查询，甲公司的住所地就是朝阳市双塔区，属于双塔区人民法院管辖。

问题：如何确定上述案例中的管辖法院？

五、知识拓展

1. 施天涛. 公司法论，4 版. 北京：法律出版社，2018.

2. 郭富青. 我国企业住所与经营场所分离与分制改革的法律探析. 现代法学，2020 (2).

3. 李政辉. 公司住所的功能、挑战与制度应对. 北方法学，2022 (2).

4. 范璐晶. 国际投资仲裁中法人“住所”的确定和管辖权问题. 国际商务研究，2018 (6).

5. 吴煌开. 经营场所与经营住所混同登记的立法误区与反思. 中国工商管理研究，2008 (7).

专题四　涉不动产专属管辖

一、案例导入

（一）案情介绍

案例一：原告甲公司与被告乙公司签署“工业用房买卖合同”，购买了乙公司的厂房一间。该买卖合同第 20 条约定：“本合同履行过程中若发生争议，应当由双方当事人协商解决。协商不成的向乙方所在地法院起诉。”在合同的履行过程中双方发生了争议，原告以合同约定的管辖法院违反了专属管辖为由，主张案件应当由不动产所在地法院管辖而诉至重庆市北碚区人民法院。被告乙公司在提交答辩状期间提出管辖权异议，认为本案属于协议管辖的情形，应当由合同约定的乙方所在地即重庆市沙坪坝区人民法院管辖。[①]

案例二：2018 年 6 月 17 日原告马某与凤翔县柳林镇某村委员会签订“土地租赁协议”，约定将本村闲散地 20 亩租赁给马某，使用年限为 20 年，从 2018 年 6 月 17 日开始至 2038 年 6 月 17 日止，租金每亩每年 5 000 元。原告马某承租土地后又于 2020 年 11 月 1 日与被告王某签订“土地转租协议”，其中约定：原告马某将以上承租的土地转租给被告，被告支付土地收益补偿款 250 万元；签订此协议时被告支付定金 50 万元，2021 年 12 月 30 日前付清余款 200 万元；并约定双方发生争议的，由原告马某住所地法院管辖。签订“土地转租协议”后，2020 年 11 月 2 日被告支付定金 50 万元，原告根据“土地转租协议”的约定将承租的土地交付给被告，此后被告在土地上建造厂房进行生产。截至 2021 年 12 月 30 日，被告不愿支付剩余 200 万元款项，经多次催要未果，原告将被告诉至原告住所地法院。被告在答辩时提出管辖权异议，认为本案应属专属管辖。

案例三：福建省福州市中级人民法院审理了一起离婚后财产纠纷上诉案件，被告不服原审法院的民事裁定，向福州市中级人民法院提起上诉，称，其经常居住地为福建省惠安县，应将本案移送至惠安县人民法院审理。福州市中级人民法院经审理后认为，本案被上诉人即原审原告向法院起诉，请求判决分得位于鼓楼区的某处房产，属于不动产纠纷，因而原审法院鼓楼区人民法院对该不动产纠纷享有管辖权，驳回上诉人的异议。[②]

案例四：在四川省成都市一起离婚后财产纠纷案件中，原告赵某向被告王某所在地成都市甲区人民法院提起诉讼，要求人民法院按照离婚协议的约定确认乙地某房屋为其个人财产。被告王某对本案提出了管辖权异议，认为本案属于不动产纠纷，应由成都市乙区人民法院管辖。原审法院认为本案属于离婚后财产纠纷，依据《民事诉讼法》第 22 条应由被告所在地即成都市甲区人民法院管辖。被告王某不服成都市甲区人民法院作出的民事裁定，认为本案属不动产确权纠纷，遂向成都市中级人民法院提起上诉。成都市中级人民法院经过审理后认为，本案系离婚后财产纠纷，不属于不动产纠纷，故原审法院享有管辖权，驳回上诉人的异议。[③]

（二）案例思考

依民事诉讼管辖的相关立法及理论知识来思考，如何确定上述案件中的管辖法院？是适用不动产专属管辖规则，还是适用地域管辖规则，抑或是协议管辖规则？

---

① https://www.china court.org/article/detail/2016/04/id/1840859.shtml.

② 案例改编自福建省泉州市中级人民法院（2014）原民终字第 2103 号民事裁定书。

③ 案例改编自山东省济南市中级人民法院（2014）济中立终字第 213 号民事裁定书。

二、基本原理

我国《民事诉讼法》第34条确立了专属管辖规则，规定："下列案件，由本条规定的人民法院专属管辖：（一）因不动产纠纷提起的诉讼，由不动产所在地人民法院管辖；（二）因港口作业中发生纠纷提起的诉讼，由港口所在地人民法院管辖；（三）因继承遗产纠纷提起的诉讼，由被继承人死亡时住所地或者主要遗产所在地人民法院管辖。"由此在立法上确立了我国的不动产纠纷专属管辖规则。专属管辖具有很强的排他性，主要体现在：（1）专属管辖的案件，只能由法律明确规定的法院管辖，其他法院均无管辖权；（2）于专属管辖的案件，当事人不得通过协议变更案件的管辖法院；（3）专属管辖的案件，不适用一般地域管辖和特殊地域管辖的规定。由此可见，专属管辖规则具有排他效力、排除效力与限制效力。[①]

具体到不动产纠纷专属管辖规则，因不动产纠纷提起的诉讼，由不动产所在地人民法院管辖。不动产是指不能移动或移动后其性能或价值会降低或者丧失的财产，主要包括房屋、土地等。对不动产纠纷的界定和范围，《民诉法司法解释》第28条明确规定："民事诉讼法第三十四条第一项规定的不动产纠纷是指因不动产的权利确认、分割、相邻关系等引起的物权纠纷。农村土地承包经营合同纠纷、房屋租赁合同纠纷、建设工程施工合同纠纷、政策性房屋买卖合同纠纷，按照不动产纠纷确定管辖。不动产已登记的，以不动产登记簿记载的所在地为不动产所在地；不动产未登记的，以不动产实际所在地为不动产所在地。"这一司法解释对不动产纠纷的内涵作出了相对明确的规定，确立了不动产纠纷专属管辖的"3＋4"原则，亦即对三类物权纠纷和四类合同纠纷适用不动产专属管辖规则。

（一）实体法疑难问题精讲

从《民诉法司法解释》第28条的规定可以看出，立法明确规定了不动产专属管辖的三类物权纠纷和四类合同纠纷的适用情形。从程序法的角度来看，民事诉讼立法对不动产专属管辖的具体适用已作出了明确规定，但从民事实体法角度观之，涉及不动产专属管辖规则的这几类物权纠纷和合同纠纷却有极其丰富的外延。如若不将其内涵与外延作一精准界定，则可能导致司法实践中的适用混乱，因而有必要从民事实体法角度对这一规则作出详细解读。

1. 物权纠纷

（1）不动产权利确认纠纷。

从民事实体法来看，《民法典》第234条规定："因物权的归属、内容发生争议的，利害关系人可以请求确认权利。"此时利害关系人向法院起诉请求确认权利的，如属于不动产纠纷，则应当适用不动产专属管辖规则来确定管辖法院。民法上所指称的不动产，是指依自然性质或者法律的规定在空间上占有固定位置，移动后会影

---

① 张卫平. 民事诉讼法. 5版. 北京：法律出版社，2019：113.

响其经济价值的物，具体包括土地、土地定着物、与土地尚未脱离的土地生成物、因自然或者人力添附于土地并且不能分离的其他物，如房屋、土地、林木等。权利确认纠纷，亦即民事诉讼法中的确认之诉，它是指原告要求法院确认其主张的法律关系存在或不存在的请求。[①] 具体到不动产权利确认纠纷，则需区分《民法典》第234条与其他法条的相关内容。依据《民法典》第235条（返还原物请求权）、第236条（排除妨害、消除危险请求权）、第237条（恢复原状请求权）、第238条（损害赔偿请求权）之一条或者数条提出相应的诉讼请求的，并不属于权利确认纠纷。此时原告向被告主张的是给付请求，应属于给付之诉，因而不属于“因不动产的权利确认引起的物权纠纷”的范畴，不适用不动产专属管辖的规定，而应当以侵权纠纷依“侵权行为地或者被告住所地法院管辖”规则来确定管辖法院。此处试举两例予以说明。张某因房屋限购政策，遂借朋友李某的名义购买一套商品房，房屋所有权登记在李某名下，张某为实际购房者。后张某与李某发生纠纷，张某诉至法院，请求确认自己为房屋的所有权人。本案中，张某提起的为确认之诉，具体而言是确认房屋所有权的物权纠纷，因而适用不动产专属管辖，由房屋所在地法院专属管辖。但在另一起涉及“一房二卖”的案件中，甲将其名下的一套房屋分别出卖给乙和丙，并和乙办理了房屋过户登记手续，又将房屋直接交付给丙。此时乙向法院起诉要求丙搬离房屋、返还原物。在该案中，由于房屋已经过户给乙，乙对争议的房屋享有所有权，此时不涉及所有权确认之诉。乙对房屋享有的所有权是其提起返还原物请求权所依据的基础法律关系，就裁判而言，属于事实问题而非诉讼请求事项，因而该案不适用不动产纠纷的专属管辖规则。[②]

（2）不动产分割与相邻关系纠纷。

不动产分割纠纷，主要涉及的是共有物的分割。依上述案例三和案例四的展示，司法实务中争议较大的不动产分割纠纷多存在于离婚案件和分家析产案件中。分割共有房屋是否属于不动产专属管辖？对此，各地法院在司法实践中作出不同的裁判结果。北京市各级法院普遍认为这类纠纷属于婚姻家庭纠纷，不属于不动产纠纷。北京市高级人民法院于2015年颁布的《关于民事诉讼管辖若干问题的规定（试行）》第8条规定：“婚约财产纠纷、离婚后财产纠纷、夫妻约定财产纠纷、分家析产纠纷等纠纷属于婚姻家庭纠纷，不适用不动产专属管辖，按照被告住所地确定管辖法院。《民事诉讼法解释》第十七条规定的情形除外。”

相邻关系主要规定在《民法典》第288条、第289条和第290条，该类纠纷涉及《民事案件案由规定》第53个三级标题“相邻关系纠纷”项下的7类四级案由，包含：“（1）相邻用水、排水纠纷；（2）相邻通行纠纷；（3）相邻土地、建筑物利用关系纠纷；（4）相邻通风纠纷；（5）相邻采光、日照纠纷；（6）相邻污染侵害纠纷；（7）相邻损害防免关系纠纷。”自《民诉法司法解释》出台后，有关相邻关系纠纷的

① 张卫平. 民事诉讼法. 5版. 北京：法律出版社，2019：189.

② 何东闽. 如何理解不动产纠纷专属管辖的“3+4”原则. htpps://www.pkulaw.com//awfirmarticles/b3ea50136aaa702541ec21850b3814c2bdfb.html.

专属管辖问题在实践中争议不大。

（3）占有保护纠纷。

《民法典》第458条规定："基于合同关系等产生的占有，有关不动产或者动产的使用、收益、违约责任等，按照合同约定；合同没有约定或者约定不明确的，依照有关法律规定。"据此可知，《民法典》并没有将占有规定为物权，而是将其视为一种事实状态，属于占有人受法律保护的一种财产利益。因此，当事人因占有关系而产生的争议是否属于物权纠纷，其中如若涉及不动产，是否适用专属管辖就存在了疑问。但与《民法典》有关占有的规定不同，《民事案件案由规定》第三部分"物权纠纷"项下却规定了六类纠纷，分别是不动产登记纠纷、物权保护纠纷、所有权纠纷、用益物权纠纷、担保物权纠纷和占有保护纠纷。

由此可见，实体法与程序法有关占有的内容存在分歧。从《民法典》的角度来看，占有并非物权的一种；但民事诉讼法将占有保护纠纷视为物权纠纷。那么由此产生的纠纷是适用专属管辖规则还是适用地域管辖规则，从实体法和程序法角度去解答就会有不同的答案。本质上，占有只是一种财产利益，并非民事权利，因而不能作为确认之诉的诉讼标的，那么自然就不属于不动产纠纷，不适用专属管辖规则，亦即《民事案件案由规定》中"占有保护纠纷诉讼"项下的4个案由，"占有物返还纠纷""占有排除妨害纠纷""占有消除危险纠纷""占有物损害赔偿纠纷"，均不适用不动产纠纷专属管辖规则。

2. 合同纠纷

（1）农村土地承包经营合同纠纷。

农村土地承包经营合同，是指农村集体经济组织成员家庭承包或者不宜采取家庭承包方式的荒山、荒沟、荒丘、荒滩等农村土地，以招标、拍卖、公开协商等方式，承包农民集体所有和国家所有依法由农民集体使用的耕地、林地、草地，以及其他依法用于农业的土地的合同。该类纠纷主要包含土地承包经营权转包合同纠纷、土地承包经营权转让合同纠纷、土地承包经营权互换合同纠纷、土地承包经营权抵押合同纠纷等。依据《民诉法司法解释》第28条的规定，对农村土地承包经营合同纠纷，适用不动产纠纷专属管辖。

（2）房屋租赁合同纠纷。

房屋租赁合同是指房屋所有权人将房屋租给承租人使用，承租人定期给付租金，并在合同终止时将房屋归还于出租人的协议。房屋租赁合同纠纷，实属债权债务纠纷，但因涉及的是不动产租赁，各地对房屋宏观调控政策也存在差异，为了便于法官审理，立法将其纳入不动产专属管辖的范畴，由不动产所在地法院管辖。在2015年《民诉法司法解释》出台前，关于房屋租赁合同的管辖法院实践中存在不同的认识，并且当事人之间往往约定由房屋所在地、出租人所在地、承租人所在地、合同签订地等的法院管辖，致使该类纠纷的管辖法院的确定更为复杂。自《民诉法司法解释》出台后，对房屋租赁合同纠纷属于不动产纠纷作出了明确规定，依专属管辖规则确定管辖法院。

（3）建设工程施工合同纠纷。

建设工程施工合同，也称包工合同，是指作为建设单位的发包方和作为施工单位的承包方为完成商定的建筑安装工程施工任务，所签署的明确相互之间权利和义务的书面协议。一般而言，建设工程施工合同纠纷主要涉及以下问题：其一施工合同的效力；其二合同无效时是否应当结算；其三当备案合同和“补充协议”不一致时，结算以哪份合同作为依据；其四工程款结算采何种标准；其五施工合同版本通用条款中涉及的发包方逾期不结算是否视为认可送审价；其六在诉讼中司法审价的范围；其七有关工期、工程质量和农民工利益等问题。《民诉法司法解释》第 28 条之所以规定建设工程施工合同纠纷案件适用不动产专属管辖，就是考虑这类纠纷与不动产有牵连关系，并且在诉讼中常常涉及质量鉴定、留置权优先受偿、执行拍卖等问题，由不动产所在地法院管辖便于此类纠纷的审理和执行，也有利于法院审判标准的统一，以免引发其他纠纷。

对建设工程施工合同纠纷专属管辖虽然立法作出了明确规定，但在司法适用中仍存有争议。2017 年 9 月，江西省南昌县洪宇建设集团公司因与陈某建设工程施工合同纠纷管辖权异议一案，不服安徽省合肥市瑶海区人民法院（2017）皖 0102 民初 4363 号民事裁定，向合肥市中级人民法院提起上诉。上诉人洪宇建设集团公司称涉案建设工程已被合肥市新站区管委会回收，认为对此案不应适用建设工程所在地专属管辖。但二审法院审理后认为该案是一起与建设工程施工合同纠纷相关联的给付之诉，原审法院对该案具有管辖权，因而驳回上诉人的上诉请求。在本案中，上诉人还提出另外两点上诉理由：第一，本案双方当事人的争议焦点主要为建设工程施工合同的工程款利息，与建设工程施工合同本身并无太大关联；第二，争议工程款利息的相关账目资料繁多，且均在上诉人住所地保管，上诉人异地诉讼举证耗时耗力，不利于诉讼资源的节约。虽然最终上诉人的上述观点没有被二审法院采纳，但这使得大家对诸如此类情形是否应严格适用不动产专属管辖产生了疑惑。[①]

对建设工程施工合同纠纷是否适用专属管辖，关键在于区分它是属于不动产物权纠纷，还是不动产债权纠纷。在具体区分时，还应当分析该建设工程以及建设工程施工合同的性质。不动产物权主要包括以房屋、土地等不能移动的财产作为权利标的的物权，未经登记其设立、变动和消灭均不产生法律效力。而不动产债权是建立在不动产物权基础上的债权债务关系，实质是对不动产物权的取得和维护。它主要包括从不动产物权中衍生出的侵权之债、不当得利之债和无因管理之债。依照物权公示原则，不动产作为物的一种，要确认对其享有直接支配和排他的权利，理应遵循法律规定予以登记，只有登记才具有公示效力。在现有的法律体系下，建设工程因尚未竣工等原因，未经登记而无法完成“物”的法律形态的转化，此种情形下其不属于“物”，自然就不能将其确定为不动产；经过登记的建设工程才能被称为“物”[②]。依《民法典》之规定，建设工程施工合同作为建设工程合同的一种，具有承揽合同的一般特征，属于一种特殊的承揽合同，虽与不动产有牵连关系，但它并不涉及建筑物的所有权，只是对建筑物的建设与安装作出约定。并且在实践中，建

① 庞华萍. 地域管辖权之争：基于建设工程施工合同的反思与重建. 安徽警官职业学院学报，2018（3）：76.

② 徐波. 建设工程合同纠纷案件相关法律问题的探讨. 中国招标，2014（33）：26.

设工程施工合同纠纷常常表现为索要垫资、拖欠工程款、拖欠农民工工资等债权纠纷，亦不属于不动产专属管辖的范围。因而学界和实务界所提出的建设工程施工合同纠纷适用专属管辖的质疑，有待日后立法的修订与完善。

（4）政策性房屋买卖合同纠纷。

所谓政策性房屋买卖合同，亦指经济适用房买卖合同。政策性房屋，是指政府在对中低收入家庭实行分类保障过程中提供的限定供应对象、建设标准、销售价格或租金标准，具有社会保障性质的住房。基于房地产行业实行宏观调控的政策，各地法院依照当地政策，在诉讼时进行理解适用，因此立法将政策性房屋买卖合同纠纷等同不动产纠纷专属管辖，以便法院的审理和执行，也有利于审判标准的统一。

（二）程序法疑难问题精讲

2015年颁布的《民诉法司法解释》第28条针对不动产纠纷的内涵进行了相对明确的规定，确立了不动产纠纷专属管辖“3＋4”原则。这一司法解释的出台，以明确的列举方式确立了不动产纠纷专属管辖的范围，符合管辖规则明确具体的要求。但仔细考察不难发现，这一规定仍存有缺陷。其一，该规定以列举的形式确立了不动产物权纠纷的三种情形，但没有更为详尽的规定，致使实务中对此的理解出现了偏差。涉不动产纠纷的双方当事人和受物权相关知识影响的受案法院，可能会对不动产物权纠纷作出不一致的理解。而且在我国司法实践中，是按照民事案由规定来受理案件，如若对不动产物权纠纷没有细致的规定，当事人和法院可能会就此作出不同的判断。在这种情况下，管辖权异议的出现就难以避免。其二，将农村土地承包经营合同纠纷等四类合同纠纷案件的管辖依不动产纠纷确定专属管辖，看似对此类案件的管辖统一标准从而解决了管辖中存在的争议与混乱，但从专属管辖制度的设置目的来看，这几类合同纠纷适用效力最强的专属管辖规则予以保障，似有小题大做之嫌。[①]

司法实践中我国各级法院是依照最高人民法院公布的《民事案件案由规定》来分配并审理案件的。依据2020年最新修订的《民事案件案由规定》，涉不动产纠纷可能涉及以下案由：其一是婚姻家庭和继承纠纷，包括婚约财产纠纷、离婚纠纷、离婚后财产纠纷、同居关系析产纠纷、法定继承和遗嘱继承等纠纷；其二是物权纠纷包括不动产登记纠纷，所有权纠纷，物权保护纠纷，用益物权纠纷，担保物权、质权、留置权纠纷等涉及不动产的纠纷；其三是合同、无因管理、不当得利纠纷，尤其是包括建设用地使用权纠纷、买卖合同纠纷、房地产开发经营合同纠纷、房屋买卖合同纠纷等的合同纠纷也可能涉及不动产；其四侵权纠纷、海事海商纠纷中也会涉及不动产。由于不动产纠纷适用专属管辖的刚性与排他性，在上述可能涉及不动产纠纷的民事案件案由中，如遇管辖问题就必须慎重考虑该类纠纷是否属于不动产纠纷，以及如何确定管辖法院。基于我国民事诉讼法及司法解释相关条文规定存

① 高星阁. 涉不动产纠纷离婚诉讼管辖问题研究：兼评《民事诉讼法》第三十三条第一款及其司法解释. 河南财经政法大学学报，2017（1）：144.

在的模糊性，司法实务中各地法院在适用这一规则时也缺乏统一的标准，致使实践中关于涉不动产纠纷案件的管辖法院存在一定的争议与混乱。从民事程序法角度观之，在运用不动产纠纷专属管辖规则时需要厘清这几类纠纷适用。

1. 物权纠纷

从民事诉讼法角度而言，“因不动产的权利确认引起的物权纠纷”，应当是指《民事案件案由规定》第三部分“物权纠纷”中有关物权确认之诉的几类纠纷，具体包括：（1）第 37 个三级案由“物权确认纠纷”项下的全部纠纷，含所有权确认纠纷、用益物权确认纠纷和担保物权确认纠纷。（2）第 54 个三级标题“共有纠纷”项下的共有权确认纠纷。（3）第 61 个三级标题“土地承包经营权纠纷”项下的土地承包经营权确认纠纷。由此可见，依民事诉讼法的规定，有关物权确认的上述纠纷适用不动产纠纷专属管辖。但实践中往往涉及在一个争议案件中，既有不动产物权确认之诉，又有不动产物权给付之诉，此时如何确定管辖法院？这里可以从专属管辖的优先性、排除性和强制性效力考虑，此类案件一并适用专属管辖规则。

对不动产分割纠纷，按照《民事案件案由规定》第 54 个三级案由“共有纠纷”项下的第二个四级案由“共有物分割纠纷”来确定案由。前已述及，实践中离婚案件和分家析产案件常常涉及分割共有房屋是否属于不动产纠纷，各地裁判对此口径不一。从诉讼法上讲，这仍然归结于立法层面不动产纠纷专属管辖规则规定的模糊与不完善。我国目前各级法院是按照最高人民法院公布的《民事案件案由规定》来确认案件性质并审理案件的。就离婚案件中涉及不动产分割的部分来看，在解释论视阈下至少会出现两种理解：其一，将其作为离婚后的财产纠纷来解读，认为虽涉及不动产，但仍属于离婚后财产纠纷，并依此来确定管辖；其二，如若从另一角度观之，以物权纠纷为例，夫妻双方离婚后请求分割房屋，该案件的性质即为不动产分割纠纷，双方的离婚只是引发这一不动产纠纷的原因事实。

民事诉讼法将不动产纠纷作为专属管辖予以规定，主要是考虑不动产的价值较大，在社会交往中占据重要地位，常常关涉社会的和谐与稳定。此外，从民事诉讼确立管辖的“两便原则”考虑，方便了法院的审理与执行，也便利了当事人的诉讼活动。具体到前述离婚诉讼，虽然现行立法并未明确规定此类纠纷中财产分割涉及不动产时是否属于专属管辖，但可以考虑从制度设置的目的进行分析。从目的论层面讲，离婚诉讼属于人事诉讼，主要是为了解决身份关系纠纷，虽然其间涉及不动产的确权、分割等争议，但案件的争点仍在身份关系的确定。如果从这个角度考量，离婚诉讼财产分割涉及不动产案件的管辖，如果一律按不动产专属管辖来确定法院，是存在问题的。①

针对这一管辖困境，近年来，出现了部分法院在审理离婚案件时排斥夫妻财产纠纷，而告知当事人另行处理的现象。这一做法将离婚争议与离婚引发的财产争议

---

① 高星阁. 涉不动产纠纷离婚诉讼管辖问题研究：兼评《民事诉讼法》第三十三条第一款及其司法解释. 河南财经政法大学学报，2017（1）：145.

分案审理，从法律层面讲无明显不妥，有利于方便快捷地解决纠纷。① 从民事诉讼角度来看，离婚诉讼时的财产分割主要分为提起离婚时提出财产分割请求和诉讼离婚后单独提起财产分割请求。针对第一种情况，学界和实务界已达成共识，此时案件虽涉及不动产分割，但本质仍是解除婚姻关系的离婚诉讼，因而适用“原告就被告”的一般地域管辖规则。针对第二种情况，有观点认为离婚后不动产分割与离婚诉讼是分离的，在此种情况下，不动产分割纠纷就应当适用专属管辖。这一观点值得商榷，此时不动产分割虽是离婚后另行提出的请求，但其前提是离婚诉讼，因而不能片面地将其归于专属管辖。也有律师认为，《民事诉讼法》第 34 条规定的是“因不动产纠纷提起的诉讼”而并非“有不动产纠纷提起的诉讼”，如果把“因”扩大为“有”，将会造成整个民事诉讼管辖制度的面目全非。② 离婚后不动产分割仍旧是以离婚诉讼为前提的，基于管辖制度目的考量，此时由一般地域管辖规则中的被告住所地法院受理，不仅能便利当事人，兼顾保护诉讼权益，也便于法院查清案件事实，因而不宜适用专属管辖。

2. 合同纠纷

《民事诉讼法》第 24 条规定：“因合同纠纷提起的诉讼，由被告住所地或者合同履行地人民法院管辖。”立法由此确立了合同纠纷由被告住所地或者合同履行地人民法院管辖。此外，依据确定性与灵活性相统一原则，当事人可以根据《民事诉讼法》第 35 条的规定，协议选择与争议有实际联系地点的法院管辖。但在司法实践中，针对一些特殊类型的不动产，全国各地的政策不统一，当事人的权利义务受所在地政策影响较大，若由其他地区法院受理则不利于案件事实的查清，甚至会使法院作出错误裁判，严重损害法院的司法权威与当事人的合法权益。因此，对某些特殊类型的不动产合同纠纷，司法解释规定适用不动产纠纷专属管辖；具体而言，包括农村土地承包经营合同纠纷、房屋租赁合同纠纷、建设工程施工合同纠纷和政策性房屋买卖合同纠纷这四类合同纠纷。

就其中的房屋租赁合同纠纷而言，在《民诉法司法解释》出台以前，对涉及不动产租赁合同纠纷管辖法院的确定，各地有不同做法。广东省高级人民法院（2013）粤高法立民终字第 593 号民事裁定书认为，土地租赁合同纠纷属于不动产纠纷。南京市中级人民法院（2014）宁民辖终字第 142 号民事裁定书也认为，土地租赁合同纠纷应由不动产所在地法院专属管辖，当事人对这一纠纷的约定管辖应属无效。但与之相对，北京的法院则认为，不动产租赁合同纠纷属于合同纠纷，应由被告住所地与合同履行地法院管辖。2015 年司法解释出台以后，立法对房屋租赁合同纠纷属于不动产纠纷作出了明确规定，这一争议似乎得到了解决。

但对照《民事案件案由规定》又发现新的问题，该规定第 111 个三级案由“租赁合同纠纷”中，存在两项不动产租赁合同纠纷，即“（1）土地租赁合同纠纷”和“（2）房屋租赁合同纠纷”，那么此处的土地租赁合同纠纷是否属于不动产纠纷专属管

---

① 蒋月．夫妻财产争议与离婚案件拆分审判探析．华东政法大学学报，2007（6）：84.

② 郭建立．离婚后财产纠纷管辖权．http://www.66law.cn/topic2010/111aspx.

辖？如果严格依《民诉法司法解释》的规定，仅房屋租赁合同纠纷属于不动产纠纷，土地租赁合同纠纷仍应按照合同纠纷确定管辖。但实践中对这一问题存在不同做法。有法院认为土地租赁合同纠纷属于不动产纠纷，也有法院认为其属于合同纠纷，甚至同一法院也会作出不同裁定。如广东省中山市中级人民法院在作出的（2017）粤20民辖终75号民事裁定书中指出，“本案为土地租赁合同纠纷……本案诉争的租赁标的物是土地，应按照不动产纠纷专属管辖的规定确定管辖法院”。而其作出的另一份裁定书（2017）粤20民辖终97号民事裁定书则认为，“本案系土地租赁合同纠纷……并非因土地的权利确认、分割、相邻关系而引起的物权纠纷，故本案不属于不动产纠纷，也不是参照不动产纠纷确定管辖的案件类型，而应当属于合同纠纷”。

那么涉及土地租赁合同纠纷管辖法院的确定，从立法层面来看，它不属于《民诉法司法解释》明确规定的四类不动产合同纠纷专属管辖，原则上应当适用合同纠纷的管辖规则。尤其是在双方当事人签订有管辖协议的情形中，若法院直接认定管辖协议无效，会极大地损害当事人的处分权。但是实践中如果涉案合同名为土地租赁合同，实际上合同标的物除土地外，还包括土地上附着的房屋，此种情形则应认定为不动产专属管辖。在这里还应区分租地租房合同和租地建房合同，这二者虽均涉及房屋，但前者房屋属于合同标的物，应适用不动产纠纷专属管辖，后者房屋本身并非租赁物，仅属于承租人租赁土地的实际用途，故应当按合同纠纷确定管辖法院。[①]

有关建设工程施工合同纠纷，《民事案件案由规定》第115个三级案由为“建设工程合同纠纷”，其项下包含9个四级案由，分别为：（1）建设工程勘察合同纠纷；（2）建设工程设计合同纠纷；（3）建设工程施工合同纠纷；（4）建设工程价款优先受偿权纠纷；（5）建设工程分包合同纠纷；（6）建设工程监理合同纠纷；（7）装饰装修合同纠纷；（8）铁路修建合同纠纷；（9）农村建房施工合同纠纷。其中第3项为建设工程施工合同纠纷，与《民诉法司法解释》规定的专属管辖表述一致。

但在司法实践中，如何理解《民诉法司法解释》第28条中的“建设工程施工合同纠纷”存在一定争议。有观点认为，该类纠纷仅指《民事案件案由规定》第115个三级案由“建设工程合同纠纷”项下的第三个四级案由，即“建设工程施工合同纠纷”。但也有观点认为，建设工程施工合同纠纷应当包括《民事案件案由规定》第115个三级案由中的9项案件类型，而不限于第3项。针对这一适用上的困境，最高人民法院于2015年8月27日在《人民法院报》上发表了《关于民诉法解释中有关管辖若干问题的理解与适用》一文，对上述问题作出了明确答复。最高人民法院认为，依不动产纠纷由不动产所在地法院专属管辖的建设工程施工合同纠纷，不限于《民事案件案由规定》的建设工程合同纠纷项下的第三个四级案由“建设工程施工合同纠纷”，还应当包括该项下的建设工程施工相关的案件：“（3）建设工程施工合同纠纷；（4）建设工程价款优先受偿权纠纷；（5）建设工程分包合同纠纷；（6）建

---

① 何东闽. 如何理解不动产纠纷专属管辖的“3＋4”原则. http://www.pkulaw.com/lawfirmarticles/b3ea50136aaa702541ec21850b3814c2bdfb.html.

设工程监理合同纠纷；（7）装饰装修合同纠纷；（8）铁路修建合同纠纷；（9）农村建房施工合同纠纷。”在这一文件的指导下，当前实务中有关建设工程施工合同纠纷的法院管辖规则，基本都是按《关于民诉法解释中有关管辖若干问题的理解与适用》来把握的，还有部分法院在作出的相关裁定中直接引用了该文。[①] 此外，有些法院直接将该文内容规定在办案规则中，如北京市高级人民法院颁布的《关于民事诉讼管辖若干问题的规定（试行）》直接将其规定在第9条。

最高人民法院将“建设工程施工合同纠纷”专属管辖适用扩大解释的上述做法，是值得商榷的。基于建设工程施工合同纠纷的特殊性，将其规定为不动产专属管辖。专属管辖具有最高效力，是对一般管辖和协议管辖的否定，从根本上是对民事诉讼中当事人处分权的限制。那么在适用这一管辖规则时就应当持审慎态度，对“建设工程施工合同纠纷”采限缩解释，而不应通过扩张解释扩大专属管辖的适用范围。

三、法官释法

前述四个案例均涉及民事诉讼中不动产纠纷管辖的相关规定，由于不动产是社会经济活动的重要财产，现实中有大量纠纷案件都是围绕不动产展开的。现行立法虽对专属管辖及不动产纠纷作出明确规定，但在实践中当事人订立以不动产为标的物或者与不动产相关的民事合同时，仍会对管辖法院有所疑惑。而各地法院在审理该类案件时，对于是否属于不动产专属管辖，又或是与不动产存在牵连关系但本质仍属于民事合同纠纷案件的管辖，也存在不同的看法。基于此，应从民事实体法着手区分民事法律关系的内容，在此基础之上结合民事诉讼法管辖的相关规定来确定具体纠纷的管辖法院。

上述案例一中，主要争议焦点就在于双方当事人协议约定的管辖法院是否违反了不动产专属管辖的规定。有观点认为本案交易标的为不动产，应按不动产纠纷确定管辖法院，因而当事人的协议管辖约定无效。另一观点认为，本案本质上为合同纠纷，且双方当事人对管辖法院作出了约定，故应由协议选择的法院管辖。从民法角度来看，“法无禁止皆自由”，对当事人诉权的限制不应任意扩张至不动产债权纠纷。诸如购房款等纠纷虽与不动产有牵连关系，但本质仍属于债权纠纷，不属于《民诉法司法解释》规定的四类不动产合同纠纷专属管辖的情形，因而不应适用不动产专属管辖。同时，不动产物权纠纷，也应被严格限定在“因权利确认、分割、相邻关系等引起的”物权纠纷之内。综上，本案中工业用房买卖合同纠纷不属于不动产专属管辖的情形，当事人可依管辖协议约定管辖法院，由沙坪坝区人民法院管辖。

案例二中是关于土地租赁合同纠纷案件的管辖法院确定问题，依据《民诉法司法解释》第28条第2款的规定，农村土地承包经营合同纠纷、房屋租赁合同纠纷、建设工程施工合同纠纷、政策性房屋买卖合同纠纷，按照不动产纠纷确定管辖。这一款规定明确了四类涉及不动产的合同纠纷按照不动产纠纷进行专属管辖。依据该

---

① 具体内容详见江苏省南京市中级人民法院（2015）宁民辖终字第484号民事裁定书、山东省青岛市南区人民法院（2016）鲁0202民初6025号民事裁定书、最高人民法院（2017）最高法民辖终336号民事裁定书。

规定，房屋租赁合同纠纷属于不动产纠纷专属管辖的范畴，那么对与其相关的土地租赁合同纠纷是认定属于不动产纠纷进行专属管辖，还是认定为合同纠纷进行管辖法院的确定，在司法实务中仍存在争议。有法官认为，土地租赁合同纠纷案件，诉争的租赁标的物是土地，应作为不动产纠纷进行专属管辖，双方当事人在租赁合同中约定的管辖协议无效。但也有法官认为，土地租赁合同纠纷并非因为土地的权利确认、权利分割、相邻关系而引起的物权纠纷，故不属于不动产纠纷，也不属于参照不动产纠纷确定管辖的案件类型，而应当属于合同纠纷。案例二中租赁标的物为土地，其后被告在土地上建造了厂房，使得这一纠纷又和房屋租赁相关联。结合前文分析可知，双方签订的是土地租赁协议，其上所建的房屋并非租赁标的物，只是承租人对所租赁土地进行的实际使用，因而本案为典型的土地租赁合同纠纷，不属于《民诉法司法解释》规定的四类不动产纠纷，不适用专属管辖规则。并且双方当事人在签订合同时约定了管辖法院，应当依照管辖协议确定法院。

案例三与案例四是离婚后涉不动产纠纷的管辖法院确定，在实践中亦存在诸多争论。上述两个案例，同样为离婚后涉及的不动产财产纠纷，福州市中级人民法院认为其涉及不动产属于不动产纠纷，适用我国民事诉讼法有关不动产专属管辖之规定，而成都市中级人民法院认为其为一般的离婚诉讼，按照一般对人管辖的规则来确定管辖法院。该类纠纷的主要特点是在离婚诉讼中涉及不动产确权、分割等争议，对如何确定管辖法院，在司法实践中不同法官有不同的考量标准，难免会作出截然相反的裁判。上述案例三和四虽属于离婚后不动产分割纠纷，但仍以离婚诉讼为前提，考虑到管辖制度设置的目的，由一般地域管辖下的被告住所地法院受理，不但能兼顾当事人的隐私和权益的保护，也便于法院查清案件事实，因而不宜适用专属管辖规则。

四、类案练习

2015 年万信公司与关爱信托公司签订“项目联建合同”。2016 年 9 月 1 日，万信公司与关爱信托公司、关爱集团公司签订“最终处置协议”，该协议约定：关爱信托公司“有且仅有重庆关爱地下商贸城 150 000 平方米建筑面积及重庆百联购物中心 18 万平方米建筑面积的房地产权益”，其中第一项已经办理“房屋所有权证”，第二项由关爱信托公司委托万信公司代为处置，但并未放弃权利。除上述建筑面积外，项目中的其他房地产权利均由万信公司享有。

2020 年 6 月 8 日，关爱信托公司与万信公司、李某签订“整体框架协议”，并约定该协议生效后，关爱信托公司与万信公司及其关联企业以往签署的所有协议等文件全部终止，依据前述文件产生的债权债务关系全部解除，同时双方约定因该协议引发的争议由合同签订地上海市长宁区人民法院管辖。

后万信公司向重庆法院起诉称该“整体框架协议”因被迫签订应属无效，请求继续履行 2016 年 9 月 1 日的“最终处置协议”。关爱信托公司则提出管辖权异议，要求将本案移送至上海市长宁区人民法院审理。

问题：如何确定本案的管辖法院？

五、知识拓展

1. 高星阁. 涉不动产纠纷诉讼管辖之类型化研究. 西部法学评论，2017（6）.

2. 吴保宏，高嫦馨. 论遗产继承纠纷专属管辖的法律困境. 安徽工业大学学报（社会科学版），2020（2）.

3. 刘阳. 涉外不动产专属管辖研究：以欧洲法院判例为视角. 南海法学，2022（2）.

4. 陈丹. 不动产纠纷专属管辖规则适用冲突及解决. 人民司法，2012（11）.

5. 王次宝. 我国民事专属管辖制度之反思与重构：以大陆法系国家和地区的一般规定为参照. 现代法学，2011（5）.

第三编　民事主体与民事诉讼当事人

专题一　非法人组织

一、案例导入

（一）案情介绍

案例一：联达机械厂是魏某于2005年9月登记注册成立的个人独资企业，并领有营业执照。2005年12月，魏某、蒋某、卞某及祝某签订合伙合同约定：联达机械厂由上述四人共同出资，合伙经营，变更为合伙经营企业。合伙后的企业名称仍为联达机械厂，未办理工商变更登记，仍使用原魏某领取的联达机械厂营业执照。2006年12月23日，魏某、蒋某、卞某、祝某、尹某、洪某又签订协议书一份，六人一致同意全权委托魏某将该厂对外承包以偿还债务和各自的投资，该厂承包前对外的债权债务由魏某负责处理，与其余五人无关。随后，联达机械厂向双盈公司购买焦炭用于生产，但仅支付部分货款，并于2007年1月出具欠条确认欠款1 213 785.95元。随后，双盈公司诉至法院，以联达机械厂系魏某等六人合伙经营为由，请求判令联达机械厂及魏某等六人共同给付货款并承担逾期付款利息。①

案例二：2000年，中川公司开发建设了位于徐州市泉山区黄河南路369号的艺君花园（一期）。2001年8月交付使用时，中川公司仅提供2间车库供小区物业管理公司使用。随后物业管理公司发现，中川公司将8楼东侧168平方米的物管用房出租给他人经营幼儿园。2008年8月，艺君花园业主委员会起诉要求中川公司交付物管用房时，中川公司出示了物管用房已变更为营业房的规划变更手续。随后，艺

---

① 江苏省高级人民法院（2009）苏民二终字第0130号民事判决书。

君花园业主委员会申请行政复议和行政诉讼，均维持了政府的决定。判决生效后，双方就物管用房的交付问题协商未果，艺君花园业主委员会诉至法院，请求判决确认位于徐州市泉山区黄河南路369号艺君花园8楼东侧的168平方米物业管理用房归艺君花园（一期）全体业主所有，诉讼费由中川公司承担。①

案例三：2007年11月26日、2007年12月24日、2008年1月28日，姚某与张某分别签订借款合同各一份，并由张某于上述时间各出具借据一份，同时由永安财产保险股份有限公司浙江分公司湖州市营销服务部（下文简称“永安财保湖州营销部”）于上述同一时间各出具还款责任约定书一份。张某从姚某处分次借款420 000元、405 000元、255 000元，合计1 080 000元；三份借款合同分别约定借款期限为2007年11月26日至2008年6月25日、2007年12月24日至2008年1月22日、2008年1月28日至2008年6月27日，借款利率均为月利率30‰，并由永安财保湖州营销部对以上借款承担连带归还本息的责任，承担连带归还本息责任的有效期自借款期限届满之日起两年。但张某至期满未归还借款，于是引发诉讼。2008年11月17日，姚某向法院提起诉讼，请求判令张某等人归还借款，永安财保湖州营销部对以上借款承担连带归还本息的责任。②

（二）案例思考

上述三个案例分别涉及合伙企业、业主委员会以及法人分支机构，其涉及的实体法问题是：三者的民事法律地位是什么？三者是否属于非法人组织的范畴？三者分别享有什么样的权利，又承担什么样的责任？涉及的诉讼法问题则是：三者能否作为诉讼中的当事人？

二、基本原理

（一）实体法疑难问题精讲

根据《民法典》的规定，我国民事主体的类型包括自然人、法人与非法人组织三种。合伙企业、业主委员会以及法人分支机构不属于自然人与法人的范畴，最为接近的是非法人组织。因此，我们需要了解什么是非法人组织。

1. 非法人组织的概念和特征

《民法典》第102条的规定，非法人组织，是指不具有法人资格，但是能够以自己的名义从事民事活动的组织。非法人组织，在德国仅指无权利能力社团，在日本包括非法人社团和非法人财团。③ 非法人组织包括个人独资企业、合伙企业、不具有法人资格的专业服务机构等。

非法人组织主要有以下特征：

---

① 江苏省徐州市泉山区人民法院（2012）泉民初字第1486号民事判决书。

② 浙江省高级人民法院（2010）浙商提字第31号民事判决书。

③ 谭启平主编. 中国民法学. 3版. 北京：法律出版社，2021：136.

第一，非法人组织必须依法设立。依据《民法典》第103条的规定，非法人组织的设立原则上必须依照法律的规定登记，如果法律、行政法规规定非法人组织的设立必须经过有关机关批准，则非法人组织的设立还应当经过批准。登记设立或者批准设立将非法人组织与未登记的民事合伙、设立中的法人等区别开来。在法律上要求非法人组织必须依法设立，有利于加强对非法人组织的监督和管理，维护交易安全。①

第二，非法人组织以自己的名义从事民事活动。依据《民法典》第102条的规定，非法人组织能够以自己的名义从事民事活动。非法人组织具有民事主体资格，享有民事权利能力和民事行为能力，能够以自己的名义从事民事活动，如与其他民事主体订立房屋买卖合同，登记为房屋的物权人。

第三，非法人组织不能独立承担民事责任，由非法人组织的成员承担无限责任。虽然非法人组织属于独立的民事主体，可以享有民事权利、负担民事义务，但其与法人不同，不能独立对外承担责任。《民法典》第104条规定："非法人组织的财产不足以清偿全部债务的，其出资人或者设立人承担无限责任。法律另有规定的，依照其规定。"由此可见，非法人组织是不同于自然人、法人的一类民事主体，其可以以自己的名义从事民事活动，但不能独立地承担最终的民事责任，而是由非法人组织的出资人、设立人承担最终的民事责任。这也是非法人组织与法人的根本不同之处。②

第四，非法人组织是多数人组成的人合组织体。非法人组织虽然不是法人，但也是组织体，与单纯的不具有法人资格的财产的集合体，如信托财产、破产财产是有区别的。③ 法人是具有法律要求条件的组织体，其设立程序、财产数额、机构设置、议事规则等均由法律明文规定。例如，《公司法》规定了不同类型公司设立的最低注册资本等事项。虽然非法人组织也存在设立程序、议事规则等事项，但这些更多由组织成员自己决定，法律一般对此不予规定。④

第五，非法人组织能够拥有自己的财产。按照《民法典》第104条的规定，只有在非法人组织自己的财产不足以清偿全部债务时，才由其出资人或者设立人承担无限责任。这说明非法人组织也可以有自己的财产，并且在对外负担债务时，应当首先以自己的财产承担责任。例如，《合伙企业法》第20条规定："合伙人的出资、以合伙企业名义取得的收益和依法取得的其他财产，均为合伙企业的财产。"在此基础上，《合伙企业法》第38条、第39条规定，在合伙企业承担债务时，首先以合伙企业的全部财产承担责任，只有在合伙财产不足以承担责任时，才由各合伙人承担无限连带责任。

2. 非法人组织的设立条件

根据《民法典》以及相关法律法规的规定，非法人组织的设立条件包括如下

---

① 王利明，等. 民法学. 6版. 北京：法律出版社，2020：142-143.

② 韩松编. 民法总论. 4版. 北京：法律出版社，2020：219.

③ 朱庆育. 民法总论. 北京：北京大学出版社，2013：468.

④ 谭启平主编. 中国民法学. 3版. 北京：法律出版社，2021：136.

几项：

第一，必须要有自己的设立目的。作为社会组织体，非法人组织与法人一样，须有自己的目的。这里的目的既可以是营利目的，也可以是非营利目的。

第二，须有自己的名称。无论是法人还是非法人组织，在对外进行民事活动时，都应当以组织的名称和名义对外进行。如果以个人的名义对外进行活动，则其行为不属于非法人组织的行为。

第三，须有自己的财产或者经费。非法人组织，须有属于自己支配的财产或者经费。这是非法人组织进行民事活动的经济基础。

第四，应设有代表人或者管理人。《民法典》第105条规定："非法人组织可以确定一人或者数人代表该组织从事民事活动。"这意味着非法人组织须有自己的代表人或者管理人。

第五，非法人组织的设立应当经过登记或者批准。《民法典》第103条规定了非法人组织的设立程序，即非法人组织的设立应当依照法律的规定登记，法律、行政法规规定设立非法人组织需要有关机关批准的，还须经过批准。

3. 非法人组织的财产责任

第一，非法人组织在合法存续期间，原则上独立承担自己的责任。依据《民法典》第104条的规定，非法人组织首先应当以自己的财产来承担责任。这也是非法人组织具有稳定性的法律保障，属于其具有一定法律地位的表现。[①] 例如，《合伙企业法》第38条规定，合伙企业对其债务，应先以其全部财产进行清偿。《个人独资企业法》第31条规定，只有在个人独资企业财产不足以清偿全部债务时，投资人才需要以其个人的其他财产予以清偿。上述规定都确立了首先由作为非法人组织的合伙企业、个人独资企业的财产来偿还债务的责任规则。[②]

第二，非法人组织财产不足以清偿债务的，应由其出资人或者设立人承担无限责任。所谓无限责任，是指非法人组织的设立人或者出资人需要以其个人的全部财产对非法人组织的债务承担责任。这意味着非法人组织的法律地位是有限的，它毕竟不具有法人资格。倘若非法人组织的财产足以清偿债务，应维持其组织稳定性，由其以自己的财产独立承担责任；但是一旦非法人组织的财产不足以清偿债务，则应当解散非法人组织，转而由出资人或者设立人承担责任，即成员的无限责任。[③] 对此，《合伙企业法》第39条、《个人独资企业法》第31条都作了明确规定。

第三，非法人组织财产责任承担的例外。如果法律特别规定非法人组织的出资人或者设立人无须对非法人组织资不抵债部分的债务承担无限连带责任或者有其他限制的，那么出资人或者设立人无须承担责任或者只需承担有限责任。例如，《合伙企业法》第2条第3款规定："有限合伙企业由普通合伙人和有限合伙人组成，普通合伙人对合伙企业债务承担无限连带责任，有限合伙人以其认缴的出资额为限对合

---

① 龙卫球，刘保玉主编. 中华人民共和国民法总则释义与适用指导. 北京：中国法制出版社，2017：373.

② 谭启平主编. 中国民法学. 3版. 北京：法律出版社，2021：139.

③ 龙卫球，刘保玉主编. 中华人民共和国民法总则释义与适用指导. 北京：中国法制出版社，2017：373.

伙企业债务承担责任。”据此，有限合伙人对合伙企业债务承担有限责任。

4. 非法人组织的解散与清算

第一，非法人组织的解散。《民法典》第 106 条规定：“有下列情形之一的，非法人组织解散：（一）章程规定的存续期间届满或者章程规定的其他解散事由出现；（二）出资人或者设立人决定解散；（三）法律规定的其他情形。”据此，非法人组织解散的原因或者事由主要分为两大类：一是自愿解散，包括章程规定的存续期间届满、章程规定的其他解散事由出现以及出资人或者设立人决定解散，体现的是意思自治原则；二是强制解散，即按照法律或者行政法规的规定强制解散，例如，非法人组织违反法律禁止性规定，从事违法犯罪活动，得依法被强制解散。[①]

第二，非法人组织的清算。非法人组织的清算，是指清理行将终止的非法人组织的财产，了结其作为当事人的法律关系，从而使非法人组织归于消灭的必经程序。[②]《民法典》第 107 条规定：“非法人组织解散的，应当依法进行清算。”据此，解散非法人组织必须先行进行清算，否则不得注销登记。关于非法人组织的清算，《个人独资企业法》《合伙企业法》《律师事务所管理办法》等单行法已经作了不少更为详细的规定，包括清算人的组成和职责、清算程序（如通知债权人或者公告、编制清算报告、办理注销登记）、清算期间非法人组织的行为约束等。[③]

5. 非法人组织的常见类型

根据《民法典》第 102 条的规定，非法人组织包括个人独资企业、合伙企业、不具有法人资格的专业服务机构。

第一，个人独资企业。个人独资企业，顾名思义，是指由一个自然人创办的企业，且仅有一个投资者。[④] 根据《个人独资企业法》第 2 条的规定，个人独资企业是指“在中国境内设立，由一个自然人投资，财产为投资人个人所有，投资人以其个人财产对企业债务承担无限责任的经营实体”。个人独资企业投资者的财产和企业财产没有分离，企业的所有权和经营权是合一的，投资者对企业债务承担无限责任。

第二，合伙企业。根据《合伙企业法》第 2 条的规定，合伙企业是指“自然人、法人和其他组织依照本法在中国境内设立的普通合伙企业和有限合伙企业”。普通合伙企业由普通合伙人组成，只要没有法律的特别规定，全体普通合伙人就应当对合伙企业债务承担无限连带责任。有限合伙企业由普通合伙人和有限合伙人组成，普通合伙人对合伙企业债务承担无限连带责任，有限合伙人以其出资额为限对合伙企业承担责任。

第三，不具有法人资格的专业服务机构，是指专门提供专业服务的非法人组织，如会计师事务所、律师事务所等。这类组织多采用合伙制，但是《合伙企业法》没有将其纳入调整范围，主要是由于这类组织与一般的合伙企业存在区别，具有一定

---

① 张新宝.《中华人民共和国民法总则》释义. 北京：中国人民大学出版社，2017：210.

② 陈甦主编. 民法总则评注：上册. 北京：法律出版社，2017：742.

③ 龙卫球主编. 中华人民共和国民法典总则编释义. 北京：中国法制出版社，2020：280.

④ 朱庆育. 民法总论. 北京：北京大学出版社，2013：473.

的特殊性。[①]

（二）程序法疑难问题精讲

1. 民事诉讼当事人的概念

民事诉讼当事人是指以自己的名义请求法院行使审判权解决民事纠纷或者保护民事权益的人及其相对人，包括原告、被告以及第三人。

首先，原告是指以自己的名义提起诉讼，请求法院保护其权益，因而使诉讼成立的人；被告与原告相对，是指被指控侵犯原告利益需要被追究民事法律责任，经法庭通知参加诉讼的人；第三人是指对原、被告之间的诉讼标的有独立的请求权或没有独立的请求权但是与该案的处理结果有法律上的利害关系，因此参加原、被告间进行的诉讼的人。

其次，对于民事诉讼当事人的称谓因诉讼阶段和诉讼程序的不同而有所不同。在第一审普通程序或简易程序中，民事诉讼当事人被称为原告、被告，在特别程序中被称为申请人；在第二审程序中，民事诉讼当事人被称为上诉人、被上诉人；在再审程序中，依适用的是一审程序还是二审程序，其称谓与前述一致；在执行程序中，民事诉讼当事人被称为申请人与被申请人。

最后，在这一定义下，并非以自己的名义，而是以他人名义进行诉讼的人，比如诉讼代理人，不是民事诉讼当事人。同时，即使以自己的名义参与诉讼，但不受法院裁判约束，与该案诉讼标的以及诉讼结果没有利害关系的人，如证人、鉴定人，也不是民事诉讼当事人。

日本学者新堂幸司将当事人定义为“因起诉或被诉而成为判决承受人之人”，其认为民事纠纷常因利益对立而出现，适用的民事诉讼程序也与二者对立的构造相呼应，法院在给予两造平等地位使其主张自己的利益或抗辩后作出相应判决，当事人就是该程序上地位的主体。[②] 高桥宏志也提出作为一种过渡性的理论，尽管他的老师新堂幸司的观点有欠缺之处，但就现实的解释论来说仍是最为妥当的说法。[③]

民事诉讼中的当事人的内涵经历了从实质当事人逐渐向形式当事人转变。在德国民事诉讼法学领域，一度占据学说统治地位的是将实体权利义务关系的主体直接理解为或等同于当事人，也即采取实体当事人的概念，但因确认民事主体间权利义务关系的诉讼出现等因素，动摇了实体当事人概念的统治地位，出现形式当事人的理念。形式当事人只需经原告主张即可确定，但实质当事人指向实体法律关系主体。在诉讼程序开始之初，确定当事人是首要任务，如依照实质当事人概念则无法确定启动诉讼以及参加诉讼的民事主体的法律地位，形式当事人的概念即是对实质当事人概念的弥补。另外，并非参与诉讼的当事人一定是实体权利义务关系指向的主体，其只能获得形式当事人的法律地位，诉讼担当是其典型。

---

① 陈甦主编. 民法总则评注：上册. 北京：法律出版社，2017：718.

② ［日］新堂幸司. 新民事诉讼法. 林剑锋，译. 北京：法律出版社，2008：88.

③ ［日］高桥宏志. 民事诉讼法制度与理论的深层分析. 林剑锋，译. 北京：法律出版社，2003：138.

2. 当事人的诉讼权利能力与诉讼行为能力

诉讼权利能力是指享有民事诉讼权利以及承担民事诉讼义务并能以自己的名义起诉、应诉的资格；诉讼行为能力是指能够独立进行诉讼行为，行使民事诉讼权利以及履行民事诉讼义务的能力。

具备诉讼权利能力的人还须具备诉讼行为能力才能进行诉讼，诉讼权利能力与诉讼行为能力一般与民事权利能力和行为能力相适应，但二者也有一定区别：

一是诉讼权利能力是指能够作为民事诉讼主体的资格，但民事权利能力是指作为民事权利主体的资格。诉讼权利能力和诉讼行为能力二者一起构成诉讼主体为维护自身民事权利而进行诉讼活动的资格，但民事权利能力与民事行为能力是指民事主体行使法律规定的民事权利以及进行相应的民事活动的能力。

二是诉讼行为能力只能是存在或不存在，但民事行为能力被分为有民事行为能力、限制民事行为能力以及无民事行为能力，其中限制民事行为能力者只能为一定的民事行为，但没有诉讼行为能力，不能进行任何诉讼行为。因此，尽管未成年人、精神病人等特殊民事主体享有诉讼权利能力，但并无诉讼行为能力，只能由其法定代理人代为起诉、应诉。

三是自然人的民事权利能力始于出生、终于死亡，诉讼权利能力因死亡而消灭，诉讼行为能力自成年时享有，在无民事行为能力时消灭或者死亡时消灭。法人的民事权利能力自其成立时开始，撤销、注销、解散时消灭，诉讼权利能力与诉讼行为能力亦是如此。非法人组织在民事主体资格上具有一定特殊性，即使没有民事权利能力，也依然可以以其代表人的名义起诉、应诉。也即法律赋予了非法人组织当事人能力。

日本学者高桥宏志指出当事人能力是指能够成为民事诉讼当事人的一般性资格。当事人能力和诉讼能力与民法上的民事权利能力和民事行为能力分别对应。① 我国现行《民事诉讼法》对当事人能力的规定表现在第 51 条："公民、法人和其他组织可以作为民事诉讼的当事人。法人由其法定代表人进行诉讼。其他组织由其主要负责人进行诉讼。"

3. 当事人适格的定义以及其与诉讼实施权的界限

(1) 当事人适格的内涵及判断标准。

1) 当事人适格的内涵。

当事人适格是指对具体诉讼中诉讼标的所具备的实施诉讼行为以及请求法院作出判决的法律资格。这种资格又被称为诉讼实施权或者诉讼遂行权。② 具备此种法律资格的人就是适格当事人或正当当事人。德国学者将诉讼实施权定义为在特定诉讼中，凭自己的名义作为原告或被告对以诉的形式主张的权利实施诉讼的权利。③

---

① ［日］高桥宏志. 民事诉讼法制度与理论的深层分析. 林剑锋，译. 北京：法律出版社，2003：146.

② ［日］新堂幸司. 新民事诉讼法. 林剑锋，译. 北京：法律出版社，2008：204.

③ ［德］汉斯-约阿希姆·穆泽拉克. 德国民事诉讼法基础教程. 周翠，译. 北京：中国政法大学出版社，2005：74.

我国台湾地区学者将当事人适格称为“本案适格”或“实体适格”，认为其与诉讼实施权内涵并不同一，是指当事人之间必须按照实体法的规定客观存在系争的权利义务关系。[①] 亦有学者认为诉讼实施权是指为本人或他人的私法权益，具有诉的利益的纠纷管理权主体以自身名义主张民事权利义务关系或特定法律事实的权能，认为应将诉讼实施权与当事人适格的概念严格区分。[②]

按惯例，当事人适格的解读或区分往往是按照民事诉讼中给付之诉、确认之诉以及形成之诉进行的，因此有学者认为当事人适格与诉讼实施权有严格的界限，比如德国法上就指出诉讼实施权仅与形式相对人相对应，不必与案涉实体法律关系相呼应，但当事人适格要求原告实际上是所主张权利的相对人，被告也必须承担所主张的义务。但摆脱诉的实体法性质，当事人适格问题将失去存在根基，因此不能将其仅视为民事实体法的解释工具，还应从程序法中找寻其制度渊源。

我国民事诉讼法对当事人适格的内容规定在《民事诉讼法》第119条，总的来说，我国当下的当事人适格存在一定弊病，主要表现在：首先，将当事人适格作为起诉条件，同时并未将权利保护型标准纳入直接利害关系人的判断标准，导致起诉条件门槛过高；其次，当事人是否适格的审查与判断成为职权调查事项，当事人无法在此问题上使用攻击防御手段，导致对此问题的判断稍显片面；再次，当事人不适格时的应对措施过于机械，仅采判决驳回或裁定驳回的方式过于极端，丧失了处理该问题的灵活性导致其制度功能发挥受阻；最后，缺乏对当事人不适格采取法律措施的明确法律规范，导致实践中法官难以把握尺度，不利于司法统一。

有学者提出民事诉讼法的现代化转型包含了当事人适格的现代化转型要求，对当事人适格问题的讨论不再只从单一的实体法视角进行分析讨论，而须对其进行从实体法、程序法到宪法等多方面的研究考察。[③] 按此逻辑，对当事人适格的概念应当从实体法、程序法与宪法三个维度进行解读。

一是实体法意义上的当事人适格，即对具体诉讼具有诉讼实施权或者诉讼遂行权的当事人。实体法意义上的当事人适格是民事权利主体在程序法上的反映，民事权利主体或者民事法律关系主体决定了当事人适格的内涵和外延，二者一一对应。

二是诉讼法意义上的当事人适格。当实体法不能为当事人适格提供正当性依据或为维护程序法自身的规范体系时，诉讼法可进行必要的补充。第一，实体法未明确规定某一纠纷的当事人的适格规范，程序法必然为此提供正当性依据，譬如人数不确定的代表人诉讼中，实体法难以确定具体哪些人是该案件的潜在当事人，此时可由诉讼代表人作为该类诉讼当事人适格的代称。第二，诉讼法为维持其程序的权威性与实现诉讼目的而确定当事人的适格，譬如民事诉讼法规定的第三人撤销之诉、案外人执行异议之诉等，因为作为未参与诉讼或执行程序的第三人或案外人在实体法上并无当事人适格的法律资格，此时民事诉讼法必须赋予其此法律资格以维护其

---

① 陈荣宗，林庆苗. 民事诉讼法：上. 台北：三民书局，2014：169.

② 黄忠顺. 再论诉讼实施权的基本界定. 法学家，2018 (1)：68.

③ 汤维建. 当事人适格的现代化转型. 法治现代化研究，2022 (3)：18-20.

合法权益，保障程序法的权威性。

三是宪法意义上的当事人适格。当事人适格根本上是宪法性问题，当实体法与程序法均对特定案件的当事人适格作出明确规定时，宪法的原则与精神成为当事人是否适格的理论依据，同时，实体法与程序法上规定的当事人适格都必须符合宪法的原则与精神。案例二中，即使对业主委员会的诉讼主体资格未在民事实体法与诉讼法上作出具体的规定，根据宪法的原则与精神，也应当赋予其诉讼主体资格。

随着法治现代化的发展，当事人适格制度的功能不再局限于排除和过滤非适格的当事人，还具备其他的功能，如法院以当事人适格来确定其司法主管范围的调控功能，受既判力扩张影响的一定范围内的民事主体可被赋予诉讼实施权的民主功能，通过扩大当事人适格范围使主体参与诉讼程序促成新的实体权利形成的生成功能，等等。①

2）当事人适格的判断标准。

当事人适格的判断标准主要有三个。第一，实体利害关系人标准，也即适格当事人是指实体法律关系中的直接民事主体，不过不是实体法律关系中的直接民事主体则非适格当事人。第二，实体权益保护标准，是指根据民事实体法的规定或当事人的处分权产生的、为维护他人合法权益提起和进行诉讼的权能。诉讼担当即为此例，诉讼担当又分为法定的诉讼担当与任意的诉讼担当，法定的诉讼担当是指根据法律的规定或实体法上的管理权或基于职务，第三人以自己的名义就他人之间的实体权利义务关系进行诉讼，第三人属于适格当事人。任意的诉讼担当是指根据实体权利义务关系主体的赋权，代表该主体提起和进行诉讼，该被赋权的主体属于适格当事人，如代表人诉讼。第三，诉的利益标准，也即原告既非实体权利义务关系指向的对象也非实体权益保护下被赋权的主体，但进行该诉讼确有必要，典型如公益诉讼。②

（2）当事人适格与诉讼实施权的界限。

各学者对当事人适格的定义的不同点在于诉讼实施权与当事人适格的关系。德国法上，诉讼实施权与当事人适格有严格界限，诉讼实施权属于诉的合法性要件，原告和被告都可以获得诉讼实施权；当事人适格为诉的正当性要件，仅指原告向被告主张其实际享有的权利。③ 因此，在德国，诉讼实施权与形式当事人概念相对应，当事人适格与实质当事人相对应。区别于德国法，日本法将诉讼实施权与当事人适格同一看待。美国虽然没有严格区分当事人适格与诉讼实施权，但是有原告适格和被告适格的具体规定。④ 当原告具备诉讼主体资格时，被告自然负担不利判决的风险，法院享有对被告的司法管辖权，所以原告适格是诉讼要件。被告是否适格在后续审理阶段确定，所以被告适格是本案判决要件。

---

① 汤维建. 当事人适格的现代化转型. 法治现代化研究，2022（3）：21-22.

② 汤维建. 当事人适格的判断机制. 法律适用，2021（7）：42-44.

③［德］罗森贝克，施瓦布，戈特瓦尔德. 德国民事诉讼法. 李大雪，译. 北京：中国法制出版社，2007：286-287.

④ 黄忠顺. 再论诉讼实施权的基本界定. 法学家，2018（1）：72.

因此，从严格意义上讲，诉讼实施权应当与当事人适格区别开来，诉讼实施权是一种更强调特定主体以自身名义向法院主张民事权利义务关系或法律事实的权能，而当事人适格则更强调一种符合实体法规定的资格。

三、法官释法

（一）合伙的认定以及合伙责任的承担

合伙是指两个或两个以上的民事主体根据合伙协议而设立的共同出资、共同经营、共享收益、共担风险的组织。[①] 实践中，根据不同的标准可以将合伙分为不同的类型。例如，以是否存在稳定的营业活动为标准，合伙可以区分为民事合伙和商事合伙；以是否频繁发生对外交往为标准，合伙可以区分为内部合伙和外部合伙；以是否最终形成组织体为标准，合伙可以区分为合同型或者契约型合伙和组织型合伙；以是否登记为标准，组织型合伙又可以区分为登记的合伙和未登记的合伙。[②]

《民法典》规定了两种合伙类型。其一，《民法典》第102条规定的合伙企业，即商事合伙，其性质为非法人组织，合伙企业是商事的、外部的、组织型的、登记的合伙。对于合伙企业的财产构造和责任承担等具体规则，主要由《合伙企业法》规定。其二，《民法典》合同编规定的合伙合同，即民事合伙，合伙合同以契约型合伙为调整对象，其不是完全的组织体，不具有民事主体资格，合伙合同是民事的、内部的、合伙型合伙。是否具有民事主体资格是合伙企业和合伙合同的最主要的区别，也是认定这两种合伙的关键因素。合伙企业具有独立的民事主体地位，具有民事权利能力和民事行为能力，合伙企业是独立的、严密的组织体；合伙型合伙不具有民事主体资格，仅是合同关系，主要由《民法典》合同编调整。[③] 合伙企业能够以自己的名义从事民商事活动，而民事合伙中各个合伙人无法以合伙的名义从事民商事活动。不管是合伙企业还是民事合伙，均需要订立合伙协议，合伙协议具有组织性和协议性双重属性，合伙协议是确立合伙人之间权利义务关系的基本准则，也是合伙人承担民事责任的法律依据。[④] 民事合伙协议和商事合伙协议的内容侧重点有所不同，民事合伙协议主要是通过合同确定合伙人之间的权利义务关系，不具有设立组织体的目的；而商事合伙协议的订立则是为了设立组织体。[⑤] 基于此，在辨别当事人设立的是何种合伙类型时，合伙协议的内容是一个关键的考量因素。

合伙的类型不同，责任的承担也有所不同。《合伙企业法》第2条、第38条、第39条规定了合伙企业的债务承担规则。在合伙企业中，合伙企业对其债务，应当以全部财产进行清偿，不足部分，由合伙人承担无限连带责任。合伙企业区分普通合伙和有限合伙，普通合伙人对合伙企业的债务承担无限连带责任；有限合伙人以

---

① 王利明. 论民法典对合伙协议和合伙组织体的规范. 甘肃社会科学，2019（3）：27.

② 朱虎. 民法典合伙合同规范的体系基点. 法学，2020（8）：19.

③ 黄薇主编. 中华人民共和国民法典合同编解读：下册. 北京：中国法制出版社，2020：1508.

④ 王利明. 论合伙协议与合伙组织体的相互关系. 当代法学，2013（4）：58.

⑤ 王利明. 论民法典对合伙协议和合伙组织体的规范. 甘肃社会科学，2019（3）：27.

其认缴的出资额为限对合伙企业的债务承担责任。具体来说，合伙企业的债务承担有两个层次，即先由合伙企业的财产承担，不足部分，才由合伙人承担。合伙人的民事责任是二次补充型责任，仅针对合伙组织无法清偿部分的债务，合伙人不受有限责任的保护，需要超越出资额清偿债务[①]；当然，有限合伙中的有限合伙人除外。此外，《民法典》第973条规定了合伙人的连带责任及追偿权，即合伙人对合伙债务承担连带责任，清偿合伙债务超过自己应当承担份额的合伙人，有权向其他合伙人追偿。

正是基于此，在南通双盈贸易有限公司诉镇江市丹徒区联达机械厂、魏某等六人买卖合同纠纷案中，一审法院认为：联达机械厂欠双盈公司货款未付，应承担还款责任。合伙合同基本证明联达机械厂已由个人独资企业变更为合伙经营企业，之后的六人协议进一步明确了联达机械厂的实际合伙人为六人。联达机械厂在市场监督管理部门登记的为个人独资企业，但实质上已转化为合伙企业，未在市场监督管理部门进行变更登记，是遵守合伙合同的约定。因此，对于双盈公司提出的联达机械厂系魏某等六人合伙经营的主张，应予采信，魏某等六位合伙人应对合伙债务承担连带责任。随后，二审法院认为：联达机械厂是魏某等六人合伙经营的企业。根据合伙协议及六人协议，该六人有合伙经营联达机械厂的明确意思表示，且已实际出资并共同参与了联达机械厂的经营决策活动，联达机械厂名义上的个人独资企业性质不影响各合伙人本应承担的民事责任。[②] 简言之，合伙人应当对合伙债务承担无限连带责任，除非法律另有规定。

（二）业主委员会的民事法律地位和责任承担

根据《物业管理条例》第8条的规定，业主大会由全体业主组成，是管理建筑区划内建筑物及其附属设施的共有部分和共同事务的自治组织，代表和维护物业管理区域内全体业主在物业管理活动中的合法权益。通常来说，一个物业管理区域成立一个业主大会，而业主委员会是业主大会的事务执行机构，受业主大会的委托来管理全体业主的共有财产和共同事务。[③]

当前，理论界和实务界的争议主要集中在业主委员会是否可以被认定为非法人组织。有学者认为，业主委员会的非法人组织地位存在理论上的障碍，业主委员会的成员机制和非法人组织存在很大的不同，且业主委员会的意思形成和执行受制于业主大会制定的管理规约、大会决议等。[④] 有学者认为，业主委员会应为业主大会制度的组成部分，法律不应再规定业主委员会的非法人组织主体地位，而应规定业主大会为非法人组织。[⑤] 也有学者认为，业主大会和业主委员会均属于非法人组织，因为《物权法》第78条第2款明确了业主委员会作为被告的诉讼主体资格，并且

---

① 赵玉．民法典背景下合伙企业财产制度构造．中国法学，2020（6）：103.

② 江苏省高级人民法院（2009）苏民二终字第0130号民事判决书。

③ 崔建远．物权法．5版．北京：中国人民大学出版社，2021：231.

④ 梅夏英．民法典编纂中所有权规则的立法发展与完善．清华法学，2018（2）：23.

⑤ 于凤瑞．民法典编纂中业主大会的法律属性与财产责任．北方法学，2018（6）：44.

《物业管理条例》第 34 条赋予了业主委员会订立物业服务合同的主体资格。① 还有学者认为，业主委员会存在以自己的名义对外从事民事活动的现实需求，应赋予业主委员会民事主体地位。虽然业主委员会不能进行登记，但是法律法规要求其备案。② 与此同时，业主委员会的成员由业主召开业主大会选举产生，既无须登记机关批准，也无须登记机关审核。此处的“备案”实际上能够起到“登记”的效果，因此不能简单地因法律用语的不同而断然认定业主委员会不具有非法人组织资格。③

我们认为，《民法典》已经间接承认了业主委员会的民事主体属性。例如，《民法典》第 280 条规定：“业主大会或者业主委员会的决定，对业主具有法律约束力。业主大会或者业主委员会作出的决定侵害业主合法权益的，受侵害的业主可以请求人民法院予以撤销。”《民法典》第 286 条第 2 款规定：“业主大会或者业主委员会，对任意弃置垃圾、排放污染物或者噪声、违反规定饲养动物、违章搭建、侵占通道、拒付物业费等损害他人合法权益的行为，有权依照法律、法规以及管理规约，请求行为人停止侵害、排除妨碍、消除危险、恢复原状、赔偿损失。”从实践来看，物业服务中确实存在着需要解决的业主委员会对外法律关系的效力问题和责任问题，故有必要赋予其民事主体地位。由于业主委员会本身不具有独立的财产，不能独立承担民事责任，无法取得法人资格，将之归入非法人组织更加合适。因此，案例二中的业主委员会应当被认定为非法人组织，具有独立的民事法律主体地位。

在认定业主委员会非法人组织资格的前提下，业主委员会的责任承担也理应遵循《民法典》关于非法人组织的责任承担方式的设定。但需要注意的是，与普通合伙企业不同的是，业主委员会的民事责任不应该由业主委员会成员承担，而应该由全体业主分担。业主委员会背后真正的权利义务主体是全体业主，业主委员会对外行为的法律后果，应当由全体业主来承担。具体而言，虽然业主委员会没有独立的财产，但是业主委员会对全体业主共有的财产享有占有、使用、支配的权利，可以以此承担责任。如果业主委员会的财产不足以清偿全部债务，应当由业主按专有部分比例承担责任。当然，如果业主委员会的行为违反了法定职责，或者超越了业主大会的决议与授权范围而造成侵权或者违约，那么该行为的后果应由有过错的业主委员会委员承担，而不应由全体业主承担。④

（三）法人分支机构的法律地位和责任承担

《民法典》第 74 条第 1 款仅规定了法人分支机构的设立，即“法人可以依法设立分支机构。法律、行政法规规定分支机构应当登记的，依照其规定”。关于法人分支机构是否具有民事主体资格的问题，即是否属于非法人组织，存在不同观点。有学者认为，《民法典》第 102 条第 2 款中所谓“等”，应包括村民小组、某项目工程

---

① 谭启平. 中国民法典法人分类和非法人组织的立法构建. 现代法学，2017（1）：76.

② 《物业管理条例》第 16 条第 1 款规定：“业主委员会应当自选举产生之日起 30 日内，向物业所在地的区、县人民政府房地产行政主管部门和街道办事处、乡镇人民政府备案。”

③ 张新宝，汪榆森.《民法总则》规定的“非法人组织”基本问题研讨. 比较法研究，2018（3）：65.

④ 梁慧星，陈华彬. 物权法. 6 版. 北京：法律出版社，2016：175.

部、法人的分支机构、农村承包经营户、个体工商户、业主委员会。[①] 有学者认为，从民事诉讼主体入手，认为在法人分支机构广泛参与民事交易及诉讼活动，并且诉讼法已经承认其诉讼主体地位的情况下，应当顺势而为地将其纳入民法的非法人组织中。[②] 也有观点认为，当设立该分支机构的法人终止时，该分支机构也必然终止，因此，法人的分支机构不是一个独立的民事主体。[③] 有学者则从民事责任承担的角度解读：根据《民法典》第 104 条的规定，非法人组织对外先以自己的财产清偿债务，其财产不足以清偿债务的，才由其出资人或者设立人承担无限责任。这与《民法典》第 74 条第 2 款关于分支机构责任承担的规定不一致，故不应将之放入非法人组织这一主体类型当中。[④]

本书认为，法人分支机构不符合非法人组织的构成特征。首先，民法上的非法人组织是指不具有法人资格，但能够以自己的名义从事民事活动、承担民事责任的组织。虽然法人分支机构可以以自己的名义对外开展民事活动，但是其并不能独立承担民事责任，法人分支机构的民事责任由设立该分支机构的法人承担。其次，法人分支机构的财产不具有独立性，而是作为设立该分支机构的法人财产的一部分，其不具备非法人组织的财产特征。再次，"分支机构是法人的组成部分"乃理论界和实务界的共识。非法人组织虽不能独立承担民事责任，但在法律上独立于其设立人或出资人，不存在"非法人组织是其设立人或出资人的组成部分"的说法。若作为组成部分的分支机构与作为整体的法人同为民事主体，将形成整体与部分同为民事主体的矛盾局面，从而会与既有的诸多法律制度相冲突。[⑤] 最后，非法人组织解散的，应当依法进行清算。但是按照现行法，企业法人分支机构不适用解散和清算制度，并且分支机构的债务为企业法人的债务，没有单独清算的必要。[⑥]

对于法人分支机构的责任问题，《民法典》第 74 条第 2 款作了明确规定，即"分支机构以自己的名义从事民事活动，产生的民事责任由法人承担；也可以先以该分支机构管理的财产承担，不足以承担的，由法人承担"。实践中，分支机构作为法人的组成部分，其资信无论如何都弱于法人（总部），这使相对人更倾向于要求法人履行义务或承担责任。其实，分支机构实施民事法律行为时，相对人通常会意识到，分支机构只是法人的一个分部，法人最终会为其分支机构的行为承担法律后果，因此，因义务履行或责任承担发生争议时，相对人会直接选择法人作为诉讼当事人，当分支机构明确拒绝履行义务时，相对人更倾向于直接把法人作为诉请对象。随着交往便利性的日益增强，异地诉讼成本逐渐降低，有时直接选择法人作为诉讼当事

---

① 崔建远. 我国《民法总则》的制度创新及历史意义. 比较法研究，2017 (3)：180.

② 谭启平. 中国民法典法人分类和非法人组织的立法构建. 现代法学，2017 (1)：76.

③ 张新宝，汪榆森.《民法总则》规定的"非法人组织"基本问题研讨. 比较法研究，2018 (3)：65.

④ 夏平. 法人分支机构的法律地位与责任承担：以民法总则第 74 条为考察重点. 西部法学评论，2019 (4)：111.

⑤ 金印. 法人承担分支机构民事责任的实体基础与程序结构. 法商研究，2023 (1)：164.

⑥ 梁慧星. 民法总论. 5 版. 北京：法律出版社，2017：149.

人更为有利。[①] 基于此，在案例三中，永安财保湖州营销部系永安财产保险股份有限公司分支机构浙江分公司的职能部门，对相关责任问题可以适用《民法典》第74条第2款以及《民法典担保制度司法解释》第11条的规定。

(四) 民事诉讼原告与被告的确定

《民事诉讼法》第122条："起诉必须符合下列条件：（一）原告是与本案有直接利害关系的公民、法人和其他组织；（二）有明确的被告；（三）有具体的诉讼请求和事实、理由；（四）属于人民法院受理民事诉讼的范围和受人民法院管辖。"在我国民事诉讼中，原告的确定标准为"有直接利害关系"，而被告的确定只需原告提供被告的姓名（名称）、住所等具体信息以区别于其他民事主体。因此，明确的被告并不代表其为适格的被告，适格的被告应当是该案件的诉讼标的（采通说）的相对方。还须明确的是，即便是适格的被告，也不代表其必然承担败诉的后果。

1. 关于原告的确定

理论界基本认为对《民事诉讼法》第122条规定的"原告与本案有直接利害关系"应当解读为原告为正当当事人。[②] 实务界亦认为，直接利害关系人与实体权利义务人内涵一致。[③]

在起诉阶段，若要判断起诉的民事主体是否是争议的法律关系主体则需要进行严格的实质审查。这无疑抬高了起诉门槛。为克服"起诉难"的问题，立案登记制改革后，在立案阶段法院对原告是否与本案有直接利害关系采取形式审查的方式，在案件审理阶段法院对该问题进行二次审查，若发现原告并非直接利害关系人则驳回起诉。究其原因，在民事诉讼法从实体私法分离出来之初，尚未有确认之诉与形成之诉的分别，给付之诉是当时唯一的诉讼类型，因此实体权利义务人才能具备正当当事人资格。随着给付之诉与确认之诉的出现，诉权机能发生变化，正当当事人的范围逐渐超越了实体权利义务人，法院确认案件当事人的难度大幅增加。

2. 关于被告的确定

案例一涉及被告的确定，一审法院与二审法院都以合伙合同与六人协议中明确的意思表示以及实际出资的行为确定了应承担民事责任的被告的范围，实际上这是将被告的确定置于实体审理程序，这样的确定方式符合实践常态。但在实践中，因采取实体法认定标准判断当事人是否适格，法院常以判断"被告是否满足本案胜诉要件"来决定其是否是适格当事人。在此基础上，若认定其不是适格当事人，又以裁定驳回的方式处理，前后逻辑矛盾。对此，有学者提出，应依不同的诉讼阶段的结构与功能来划分对被告的审查判断标准。在立案阶段，立案登记制的制度改革着

---

① 朱广新. 论法人分支机构之行为的法律后果归属. 华东政法大学学报，2022（5）：18.

② 肖建华. 正当当事人理论的现代阐释. 比较法研究，2000（4）：78. 曹云吉. 民事诉讼正当当事人判断标准的建构：兼谈起诉条件的"双重高阶化". 北方法学，2019（5）：88.

③ 曹云吉. 民事诉讼正当当事人判断标准的建构：兼谈起诉条件的"双重高阶化". 北方法学，2019（5）：88.

重强调对民事主体的诉权保护，因此对原告是否符合《民事诉讼法》第 122 条规定的起诉要件——“与本案有直接利害关系”只能采取形式审查，而对被告只需按照该条规定的“明确”之要求即可；在管辖权异议阶段，为防止原告利用管辖规则虚列被告，应以适格的被告而非形式的被告来确定一般地域管辖的管辖法院；在实体审理阶段，除诉讼担当外，法院无须专门判断当事人适格问题，但若被告提出不适格的抗辩，该抗辩应被法院视为争议焦点优先于其他实体要件审查，如果被告在本案胜诉要件上被认定不适格则应判决驳回起诉。[①]

有相反观点认为，在当事人更换的基础理论下，因为当事人的更换是在诉讼过程中将不适格的当事人换成适格的当事人，既然最终目的是确定适格的被告，那么为促进理论前后的一致性，起诉时被告的确定依然应以“适格”而非以《民事诉讼法》第 122 条规定的“明确”为标准，以此促进当事人适格审查的统一性与一体化。同时，起诉条件并非本案要件，适格问题是先决性问题，因此须确定其存在才能进行后续的案件审理并作出裁判，而若被告不适格，只能裁定驳回起诉而不可判决驳回诉讼请求。[②]

本书认为，从理论上讲，应当在审理阶段明确正当当事人，将其视为本案判决要件而非起诉要件。不过我国在现阶段不仅需要缓解民众“起诉难”的问题，还面临“案多人少”的困境，只能仍将此置于起诉要件对待并与实体权利义务主体分离，降低正当当事人的判断标准以符合当下司法境况。正如学者提出应将立案登记制下“当事人”概念划分为三个层次，即登记程序中其地位为“形式当事人”，审查受理程序中其应当为“立案受理当事人”，实体审理程序中应视其为“正当当事人”，如此方能平衡诉权保障，缓解审判压力。[③]

四、类案练习

明珠花园小区的业主委员会与甲物业服务公司分公司乙签订“物业服务合同”，由乙公司为小区提供物业管理服务。丙是普通合伙企业，从事珠宝行业，其合伙人为 a、b、c。为在明珠花园小区张贴广告宣传其产品，丙与该小区业主委员会签订合同。后来，乙公司不履行“物业服务合同”，存在违约行为，如不及时清理小区内的垃圾，致使小区环境恶劣，该小区业主委员会起诉乙要求其履行合同，并修复小区环境。此外，由于丙合伙企业未支付广告费，且经营不顺，合伙企业财产不足以支付广告费。

（1）明珠花园小区业主委员会是否可以作为原告起诉乙？

（2）如何分担乙因修复小区环境而发生的费用？

（3）对丙欠付的广告费应如何承担？

---

① 袁琳. 民事诉讼中被告适格的审查与裁判. 法学，2021（8）：137.

② 段文波. 论民事诉讼被告之“明确”. 比较法研究，2020（5）：171-175.

③ 曹云吉. 立案登记制下“当事人”的程序构造. 法制与社会发展，2017（5）：129.

五、知识拓展

1. 李永军. 对我国民法上非法人组织概念的质疑. 比较法研究，2021 (2).

2. 张新宝，汪榆森.《民法总则》规定的“非法人组织”基本问题研讨. 比较法研究，2018 (3).

3. 谭启平. 中国民法典法人分类和非法人组织的立法构建. 现代法学，2017 (1).

4. 王利明. 论民法典对合伙协议和合伙组织体的规范. 甘肃社会科学，2019 (3).

5. 赵玉. 民法典背景下合伙企业财产制度构造. 中国法学，2020 (6).

6. 曹云吉. 立案登记制下“当事人”的程序构造. 法制与社会发展，2017 (5).

7. 段文波. 论民事诉讼被告之“明确”. 比较法研究，2020 (5).

8. 袁琳. 民事诉讼中被告适格的审查与裁判. 法学，2021 (8).

9. 黄忠顺. 再论诉讼实施权的基本界定. 法学家，2018 (1).

10. 曹云吉. 民事诉讼正当当事人判断标准的建构：兼谈起诉条件的“双重高阶化”. 北方法学，2019 (5).

11. 汤维建. 当事人适格的现代化转型. 法治现代化研究，2022 (3).

12. 汤维建. 当事人适格的判断机制. 法律适用，2021 (7).

专题二　用人者

一、案例导入

(一) 案情介绍

案例一： 2016 年 6 月 1 日，武汉百事可乐饮料有限公司与钟某浩签订书面劳动合同，聘任钟某浩为驻区业务代表，并在合同中约定钟某浩过错造成武汉百事可乐饮料有限公司直接经济损失，依法应当承担赔偿责任的，武汉百事可乐饮料有限公司可以从钟某浩工资中扣除赔偿费，因钟某浩欠付武汉百事可乐饮料有限公司款项到期应付未付的，武汉百事可乐饮料有限公司可提前书面告知扣除原因及数额并从钟某浩工资中扣除。后钟某浩被派驻武汉百事可乐饮料有限公司的分公司武汉百事可乐饮料有限公司荆州营业所任驻区业务代表。2016 年 8 月 25 日，钟某浩驾车在业务区域内检查落实饮料销售情况，途中遇见案外人杨某华。杨某华与其兄共同经营小卖部，杨某华负责为客户寄送百事可乐等产品。钟某浩遂邀请杨某华上车以便落实百事可乐销售情况。钟某浩驾车途中，对路面观察不够，采取措施不力，导致所驾汽车发生事故，杨某华受伤，经鉴定为九级伤残并花费医疗费等费用若干，部分费用由钟某浩垫付。事后，交警大队事故认定书确认钟某浩负全责。随后，杨某华向法院提起诉讼，请求武汉百事可乐饮料有限公司和钟某浩赔偿其损失。[1]

① 湖北省荆州市中级人民法院（2018）鄂 10 民终 161 号民事判决书。

案例二：杨某伟系上海宝钢二十冶企业开发公司（以下简称“宝二十冶公司”）职工。2000 年 10 月 16 日，宝二十冶公司职工在工作过程中违规作业，从高处抛掷钢管，砸中杨某伟头部，致其重度颅脑外伤、外伤性尿崩症等。2003 年 1 月 14 日，杨某伟的伤情经鉴定结论为：因工致残程度四级。杨某伟与宝二十冶公司的劳动保险纠纷经仲裁和法院判决，宝二十冶公司已承担了一定的费用。根据医院的意见，杨某伟的病情需长期服用特效药。根据司法鉴定的结论，杨某伟可护理 12 个月、营养 8 个月。杨某伟受伤前平均工资为每月人民币 1 523 元，目前每月收入为 1 005 元。杨某伟现有一子和母亲需要扶养，儿子尚未成年。2004 年 7 月，杨某伟诉讼至法院，要求判令宝二十冶公司赔偿交通费、护理费、营养费、长期服用特效药的费用、杨某伟母亲被扶养人生活费、杨某伟之子被抚养人生活费、精神抚慰金、律师代理费、伤残造成的收入损失等共计 80 余万元。①

案例三：2020 年 10 月 1 日 9 时许，郭某到沈阳体育学院给其儿子送两箱苹果等物品。由于校园管理限制，郭某未被允许进入校园内，郭某将物品放到校门口后，安保人员夏某驾驶安保巡逻用电动四轮电瓶车运送物品时，由于操作不当，启动电瓶车时倒车将郭某撞伤。安保人员夏某系人力资源服务公司派遣至华盾保安服务公司的员工，华盾保安服务公司系沈阳体育学院的保安服务单位，华盾保安服务公司与沈阳体育学院签订了保安服务合同，沈阳体育学院将学院南、北校门门卫管理、校园治安巡逻、校园交通管理、校园停车收费管理、办公楼门卫管理、大型活动的管理、突发事件处置、南北校门前秩序、临时勤务等服务外包给了华盾保安服务公司。郭某后因治疗花费各项费用若干，遂向法院提起诉讼，请求华盾保安服务公司和沈阳体育学院赔偿其各项损失。②

（二）案例思考

案例一：本案涉及的实体法问题是：钟某浩是否属于武汉百事可乐饮料有限公司工作人员？工作人员的身份如何认定？钟某浩的驾车行为是否属于“执行工作任务”的行为？在确认工作人员身份的前提下，如何界定“职务行为”？本案涉及的诉讼法问题是：如何确定本案两个被告的关系？本案判决应当如何作出？

案例二：本案涉及的实体法问题是：在第三人造成用人单位工作人员损害的情况下，第三人的侵权损害赔偿和工伤保险能否同时适用？因执行工作任务受到损害的工作人员是否可以获得“双重利益”？本案涉及的诉讼法问题是：如何确定本案的当事人？

案例三：本案涉及的实体法问题是：被派遣人员造成他人损害时，劳务派遣单位和实际用工单位如何承担责任？《民法典》将《侵权责任法》中的“劳务派遣单位有过错的，承担相应的补充责任”改为“相应的责任”，对此作何理解？劳务派遣单位的责任形态是什么？本案涉及的诉讼法问题是：劳务派遣单位和实际用工单位的

---

① 中华人民共和国最高人民法院公报，2006（8）.

② 辽宁省沈阳市中级人民法院（2021）辽 01 民终第 16756 号民事判决书。

诉讼形态是什么？是否属于必要共同诉讼？

二、基本原理

（一）实体法疑难问题精讲

1. 用人者责任的概念与特征

用人者责任，也被称为“使用人责任”、“雇佣人责任”或者“雇主责任”，是指用人者对于被使用人在执行工作任务或者提供劳务时对他人造成的损害承担的侵权责任。这也是狭义上的用人者责任。而广义的用人者责任，除包括狭义的用人者责任外，还包括被使用人因为执行职务或者提供劳务自身受到损害时用人者应当承担的责任。① 从《民法典》第1191条与第1192条的规范内容来看，我国法规定了广义的用人者责任概念。对于用人者责任，一般认为具有如下特征：

首先，用人者责任原则上是替代责任，是自己责任的例外。用人者并非对自己的侵权行为负责，而是对被使用人的侵权行为负责，即只要被使用人的行为符合侵权行为的构成要件，用人者就要承担责任。②

其次，用人者责任的成立以用工关系的存在为前提。用人者责任因用工关系的存在而成立，因用工关系的消灭而免除。从这个角度看，虽然同为对他人行为之侵权责任，但是用人者责任与监护人责任并不完全相同，用人者并不时刻处于对他人行为负责之境地，用工关系的结束、非属执行工作任务或从事劳务活动等，都是维护用人者行动自由的“调节阀”③。所谓的用工关系主要体现为用人者对被使用人进行指挥、监督和管理并支付报酬，被使用人按照用人者的意志执行工作任务或者提供劳务并领取相应的报酬。这种用工关系既可以是长期关系，又可以是短期的、临时的关系；既包括用人单位与工作人员签订劳动合同的关系，又包括个人之间提供劳务的关系。

再次，用人者责任主要是用人者对第三人承担的侵权责任。换言之，用人者责任主要是一种外部责任，区别于用人者和被使用人之间的内部关系引发的内部责任。对于被使用人在执行职务或者从事劳务时遭受的损害，用人者通常也需要承担责任。对此，《民法典》第1192条第1款第三句规定：“提供劳务一方因劳务受到损害的，根据双方各自的过错承担相应的责任。”与此同时，《民法典》第1192条第2款规定：“提供劳务期间，因第三人的行为造成提供劳务一方损害的，提供劳务一方有权请求第三人承担侵权责任，也有权请求接受劳务一方给予补偿。接受劳务一方补偿后，可以向第三人追偿。”这种用人者为被使用人承担的侵权责任属于广义用人者责任的范畴。

最后，用人者责任通常是一种损害赔偿责任。用人者责任的责任形式主要是损

---

① 《民法学》编写组. 民法学. 2版：下册. 北京：高等教育出版社，2022：338.

② 王利明. 侵权责任法. 2版. 北京：中国人民大学出版社，2021：164.

③ 曹险峰.《民法典》中用人者责任与承揽人责任之二元模式论. 法学家，2023（1）：92.

害赔偿责任，用人者一般不承担停止侵害、排除妨碍、消除危险的责任[①]，背后的原因在于用人者与被使用人通常是两个独立的主体，被使用人在前方从事侵权行为，用人者在后方隐而不发，难以承担停止侵害、排除妨碍、消除危险的责任。但也存在例外，在被使用人严格执行用人者指令执行工作任务或者提供劳务时，或者在用人者与被使用人共同实施侵权行为时，用人者需要承担停止侵害、排除妨碍、消除危险的责任。

2. 用人者责任的理论基础

用人者责任是典型的替代责任，用人者需要为被使用人的行为负责。其背后的理论依据包括三个。

第一，风险与收益相一致理论，也被称为“报偿理论”。具体来说，用人者通过被使用人的劳动和付出，拓展了自己的业务范围和活动能力，创造出更高的价值并获取更多的利益，理当承担更多的风险。换言之，用人者享受了被使用人执行工作任务或者提供劳务的利益，让用人者承受这些活动带来的不利益也符合公平原则。

第二，控制力理论。被使用人经用人者选任、培训，并在日常工作中受到用人者的监督、管理，用人者对被使用人具备相当的控制力，因此，被使用人的行为处在用人者的控制范围以内，让用人者就被使用人的行为承担责任具有正当性。与此同时，替代责任的安排还可以倒逼用人者采取适当的措施预防被使用人实施侵权行为。为此，用人者可以通过建立严格的规章制度，对那些在从事工作任务或者提供劳务过程中给他人造成影响的工作人员，进行扣发工资、奖金甚至解雇等处分，形成威慑力。[②]

第三，“深口袋”理论。在社会一般人看来，无论是单位用工还是个人劳务的情形下，相较于被使用人，用人者都具备更强的赔偿能力和风险分散能力。这就是通常所说的“深口袋”理论，让更加有钱的一方承担赔偿责任，从而更好地保护受害人的利益。[③]

3. 用人者责任的归责原则

用人者责任的归责原则，是指用人者对被使用人造成他人的损害需要承担什么样的侵权责任，具体适用哪一种归责原则。从世界范围看，主要存在两种立法例。一种是过错推定责任。这种立法例认为，雇主对雇员造成他人损害所承担的责任本质上还是过错责任，即雇主只有对雇员从事雇佣活动中致人损害行为的发生具有过错，才需要承担责任，雇主可以以自己不存在过错进行抗辩。同时，基于保护受害人权益的考虑，采用过错推定的方式，将举证责任转移至雇主一方，雇主必须证明自己在选任、监督、管理雇员的过程中不存在过错方能免责。采取过错推定责任模

---

① 王利明. 侵权责任法. 2版. 北京：中国人民大学出版社，2021：164.

② 程啸. 侵权责任法. 3版. 北京：法律出版社，2021：446.

③ 张新宝. 侵权责任法. 5版. 北京：中国人民大学出版社，2020：144.

式的国家或地区主要有德国、瑞士、奥地利等国家。[①] 此外，德国法上的雇主责任也采取过错推定责任模式，背后的原因在于坚持对过错责任的信念，确保个人对自己的行为负责，同时顾及家庭和小型企业的负担能力。[②] 另一种则是无过错责任。该立法例认为，无论雇主是否存在选任、监督上的过错，只要雇员在从事雇佣活动时因故意或过失给他人造成损害，雇主都应承担责任。例如，《法国民法典》第1384条、《意大利民法典》第2094条就采取这一模式。[③]

从《民法典》相关条文的表述来看，我国采取的是无过错责任的归责原则。我国学界主流观点认为，采取无过错责任更能适应当下大公司、大企业快速发展的社会经济状况，也更符合侵权法保护弱者的理念。[④] 但是也有观点认为，我国用人者责任采取的是过错推定责任，从被使用人致害的事实中推定用人者疏于履行选任、监督职责，由用人者举证证明自己尽到注意义务。[⑤] 本书认为，采取无过错责任更加符合社会发展的需要，符合企业运转日益组织化、复杂化的现实情况，有利于保护受害人。与此同时，诸如德国等采取过错推定责任的国家和地区，在司法实务中严格认定雇主举证免责的情形，条文规定的过错推定责任实际上已演变为无过错责任。此外，采取过错推定责任的立法例，不断遭到学者批评，如王泽鉴教授就认为："就公平正义而言，雇用人利用他人扩大其活动范围，理应承受雇用人侵害他人权利所生损害赔偿责任，始足以保护被害人。"[⑥] 综上所述，本书认为，《民法典》采取无过错责任的归责原则是合理的。

4. 用人者责任的构成要件

首先，加害人是用人单位的工作人员或提供劳务的一方。这是对加害人主体身份的规定。用人单位的范围是非常广泛的，可以涵盖自然人之外的一切组织[⑦]，不仅包括企业、事业单位、国家机关、社会团体等，还包括个体经济组织等，只要其与被使用人存在用工关系，就可以成为用人单位。[⑧] 工作人员则是指受用人单位指派并受其管理、控制的自然人，而不论其与用人单位之间是存在劳动关系还是劳务关系。[⑨] 但也有观点认为，用人者责任以劳动合同关系为前提，不包括单纯的劳务关系。[⑩] 本书认为，判断自然人是否是用人单位的工作人员，应当看该自然人是否受该用人单位指挥、控制，而不论其与用人单位之间究竟是劳动关系还是劳务关系。

---

① 王泽鉴. 民法学说与判例研究：第1册. 北京：中国政法大学出版社，1997：7.

② 周友军. 侵权法学. 北京：中国人民大学出版社，2011：425.

③ ［德］克里斯蒂安·冯·巴尔. 欧洲比较侵权行为法：上卷. 张新宝，译. 北京：法律出版社，2004：238.

④ 程啸. 侵权责任法. 3版. 北京：法律出版社，2021：451. 王利明. 侵权责任法. 2版. 北京：中国人民大学出版社，2021：164. 张新宝. 侵权责任法. 5版. 北京：中国人民大学出版社，2020：144.

⑤ 杨立新. 侵权责任法. 4版. 北京：法律出版社，2021：178.

⑥ 王泽鉴. 侵权行为. 3版. 北京：北京大学出版社，2016：556.

⑦ 程啸. 侵权责任法. 3版. 北京：法律出版社，2021：452.

⑧ 黄薇主编. 中华人民共和国民法典侵权责任编解读. 北京：中国法制出版社，2020：110.

⑨ 朱广新，谢鸿飞主编. 民法典评注：侵权责任编. 北京：中国法制出版社，2020：301.

⑩ 满洪杰，等编著. 中华人民共和国民法典：侵权责任编释义. 北京：人民出版社，2020：67.

在个人提供劳务的情况下，加害人是提供劳务的自然人。值得注意的是，自然人之间形成劳务关系即可，而不论是否有偿。因此，无偿帮工关系也在《民法典》第1192条的规制范围之内。

其次，被使用人实施了侵权行为。用人者责任以被使用人行为构成侵权为前提，若被使用人的行为不是侵权行为或具备免责事由，那么用人者就无须承担侵权责任。由此可见，《民法典》第1191条第1款第一句和第1192条第一句并非独立的请求权基础，而是责任承担规范。[①] 判断工作人员的行为是否构成侵权，需要视工作人员行为的性质来决定。

再次，侵权行为必须发生在执行工作任务或提供劳务的过程中。依据《民法典》第1191条以及第1192条的表述，被使用人侵权行为的发生与“职务行为”存在因果关系，必须是“因执行工作任务造成他人损害”或者“因提供劳务造成他人损害”。如何判断被使用人的侵权行为发生在职务过程中一直是司法实践中的难题。依照主流观点，从更好地保护受害人利益出发，只要被使用人具有执行任务的外观，就认为满足上述条件。[②] 但是，这并不意味着被使用人在执行职务过程中的一切侵权行为都会当然地引起用人者责任的承担，还需要考察该行为与工作内容是否具备内在关联性。例如，公司职员甲出差途中吃早点时不慎将另一顾客烫伤，通常认为这不属于“因执行工作任务”导致的侵权。

最后，被使用人的行为造成了他人损害。[③] 法谚有云，“无损害则无责任”。这里的损害，原则上是指除用人者和被使用人以外的第三人遭受的损害，既包括财产损害，又包括人身损害、精神损害。

（二）程序法疑难问题精讲

用人者责任中，由被使用人抑或用人者承担侵权责任是实体法中的重要问题。该问题也衍生出诉讼法中的相关争论，如受害人欲通过诉讼方式请求损害赔偿时，如何确定适格的被告，若存在数名被告，共同被告之间的关系如何界定等问题。对于当事人适格，前述内容已有相关介绍，此处不再赘述。本部分围绕共同诉讼的理论问题展开。

1. 共同诉讼概述

单一原告和单一被告形成的“一对一”诉讼状态是诉讼的常见形态。然而，在民事法律关系主体的一方或双方为二人以上时，固守“一对一”的诉讼形态，既可能产生矛盾判决，也于诉讼效率无益。因此，在某些情形下，需要将数名当事人纳入同一诉讼程序，也就形成了诉讼一方或双方为二人以上的多数人诉讼，即共同诉

---

① 程啸. 侵权责任法. 3版. 北京：法律出版社，2021：461.

② 尹飞. 用人者责任研究. 法学杂志，2005（2）：43.

③ 有学者认为，受损害事实作为构成要件不妥，因为用人者责任实为侵权责任的转承或替代，不应再对损害进行重复评价。贾小龙，王祎敏. 特殊侵权责任研究. 北京：中央编译出版社，2018：30.

讼。[①] 处于共同关系的人被称为共同诉讼人或共同原告、共同被告。[②]

共同诉讼中，诉讼一方或双方为二人以上，属于诉的主观合并，也被称为诉的主体合并。在同一诉讼程序中，若存在两个以上诉讼标的，则属于诉的客观合并。诉的主观合并与诉的客观合并没有必然的联系。

共同诉讼分为必要共同诉讼和普通共同诉讼。《民事诉讼法》第55条第1款规定："当事人一方或双方为二人以上，其诉讼标的是共同的，或者诉讼标的是同一种类、人民法院认为可以合并审理并经当事人同意的，为共同诉讼。"该条文列举了两类共同诉讼：一是"诉讼标的是共同的"的共同诉讼，即必要共同诉讼；二是"诉讼标的是同一种类"的共同诉讼，即普通共同诉讼。据此，我国采取以诉讼标的数量为标准的二分法，没有再对必要共同诉讼进行分类。德日采取三分法，除规定必要共同诉讼和普通共同诉讼之外，进一步划分了必要共同诉讼的类型。日本学者传统上将必要共同诉讼分为固有必要共同诉讼和类似必要共同诉讼。[③] 前者是指数人就诉讼标的必须一同起诉或应诉，且诉讼标的之权利义务的裁判结果必须合一确定；后者是指数人就诉讼标的不必一同起诉或应诉，当事人有选择是一同起诉或应诉，还是分别起诉或应诉的权利，但一旦选择共同诉讼，就必须对共同诉讼人的诉讼标的之权利义务的裁判结果合一确定，且法院所作判决的效力及于可以作为共同诉讼人的其他人。[④] 固有必要共同诉讼既有共同诉讼的必要，又有合一确定的必要；类似必要共同诉讼无共同诉讼的必要，但有合一确定的必要；普通共同诉讼既无共同诉讼的必要，也无合一确定的必要。[⑤] 德国学者以合一确定的原因为标准，将必要共同诉讼分为基于诉讼法原因的必要共同诉讼和基于实体法原因的必要共同诉讼。[⑥]

我国未对必要共同诉讼作进一步分类，实践中通常将必要共同诉讼作为日本法上固有必要共同诉讼看待，要求所有当事人必须共同参与诉讼。否则，一方面可能因部分主体未参与诉讼，法院认为当事人不适格而驳回起诉，阻碍当事人的权益保护进程；另一方面也容易造成诉讼迟延，影响诉讼效率。因此，我们将增加对日本共同诉讼类型的介绍，以期为我国司法实践中的共同诉讼问题提供更具体的解决方案。

2. 必要共同诉讼

（1）固有必要共同诉讼。

固有必要共同诉讼，是指当事人一方或者双方为二人以上，诉讼标的同一，共同诉讼人必须一同起诉或应诉，未一同起诉或应诉的，应予追加，法院必须合并审理，作出合一判决的诉讼。[⑦]

固有必要共同诉讼要求共同诉讼且合一确定的主要原因，在于实体法中的权利

---

① 张卫平. 民事诉讼法. 5版，北京：法律出版社，2019：146.

② ［日］伊藤真. 民事诉讼法：第四版补订版. 曹云吉，译. 北京：北京大学出版社，2019：430.

③ ［日］中村英郎. 新民事诉讼法讲义. 陈刚，林剑锋，郭美松，译. 北京：法律出版社，2001：77.

④ 张卫平. 民事诉讼法. 5版，北京：法律出版社，2019：147-148.

⑤ 王亚新，陈杭平，刘君博. 中国民事诉讼法重点讲义. 2版. 北京：高等教育出版社，2021：165.

⑥ 陈荣宗，林庆苗. 民事诉讼法：上. 修订8版. 台北：三民书局，2013：200-201.

⑦ 张卫平. 民事诉讼法. 5版. 北京：法律出版社，2019：148.

义务安排。依据传统诉讼标的理论，同一实体法律关系中，需要数人共同享有管理权的情形下，数人所涉及的诉讼标的共同，且数人共同享有诉讼实施权，必须由共同享有诉讼实施权的主体一同起诉或应诉，方可满足当事人适格之诉讼要件。若基于实体法律关系，需由数人一同享有权利或履行义务，而仅有部分主体参与诉讼，则当事人不适格，法院应当认定不满足诉讼要件而驳回起诉。数人共同享有诉讼实施权时，不适用共同诉讼人独立原则，共同诉讼人之间应当共同进行诉讼、作出诉讼行为，法院的裁判亦应当合一确定，不能作出矛盾裁判。需要注意的是，共同的实体法律关系并非必然带来固有必要共同诉讼，还需要具有数人共同行使管理权、诉讼实施权之要件。例如，共有物受到第三人侵害时，任何共有人均有权单独或与其他共有人共同行使返还原物、停止侵害、排除妨碍等请求权，不以全体共有人共同诉讼为限，原因在于，此种情形属于物权法上的保存行为，任何一名共有人均有个人管理权与诉讼实施权。①

固有必要共同诉讼主要包括三种类型。一是以确认或变动他人之间法律关系为目的的诉讼，受确认或变动的法律关系之主体为共同诉讼人。例如，在第三人提出的确认收养关系无效之诉中，收养人与被收养人应当作为共同诉讼人，构成固有必要共同诉讼。二是数人共同管理处分或执行职务时，该数名管理处分权人或者职务执行人成为共同诉讼人。例如，数名财产代管人，应当共同管理处分代管财产，这种情形属于固有必要共同诉讼。三是对于共同共有的财产，若共有关系本身作为诉讼标，则全体共有人共同享有所涉纠纷的管理处分权，这种情形属于固有必要共同诉讼；若不涉及共有关系，仅相关纠纷与共有物有关，则可以由个人单独起诉或应诉。

除上述类型外，《民诉法司法解释》也规定了部分固有必要共同诉讼的情形，例如：其一，个体工商户营业执照上登记的经营者与实际经营者不一致的，以登记的经营者和实际经营者为共同诉讼人（第 59 条第 2 款）；其二，借用业务介绍信、合同专用章、盖章的空白合同书或者银行账户的，出借单位和借用人为共同诉讼人（第 65 条）；其三，无民事行为能力人、限制民事行为能力人造成他人损害的，无民事行为能力人、限制民事行为能力人和其监护人为共同被告（第 67 条）；其四，继承遗产的诉讼中，部分继承人起诉的，人民法院应通知其他继承人作为共同原告参加诉讼，被通知的继承人不愿意参加诉讼又未明确表示放弃实体权利的，人民法院仍应将其列为共同原告（第 70 条）；其五，共有财产权受到他人侵害，部分共有权人起诉的，其他共有权人为共同诉讼人（第 72 条）。上述情形并非严格按照固有必要共同诉讼标准形成的共同诉讼，而是司法解释依据具体情形所作的特别规定，可以视作对必要共同诉讼的扩张，需要注意此类情形。

（2）类似必要共同诉讼。

类似必要共同诉讼，是指虽然不要求数人对作为诉讼标的的法律关系必须一同起诉或应诉，当事人有选择一同起诉或应诉，或者分别起诉或应诉的权利，但是一

---

① 王亚新，陈杭平，刘君博．中国民事诉讼法重点讲义．2 版．北京：高等教育出版社，2021：167．

旦选择共同诉讼，则必须对共同诉讼人的诉讼标的合一确定。[①]

类似必要共同诉讼中，各共同诉讼人均有独立的诉讼实施权，可以选择单独或共同起诉、应诉，没有共同诉讼的必要，此与固有必要共同诉讼不同。虽然各共同诉讼人没有共同诉讼之必要，但是法院作出的判决效力及于可以作为共同诉讼人的其他人，即发生既判力扩张情形，其他人即使未参与诉讼，也不能就该诉讼标的再次起诉。由于判决发生既判力扩张的效果，各共同诉讼人选择一同起诉或应诉时，法院对诉讼标的的判决结果必须合一确定，否则可能出现不同判决的既判力均发生扩张，其他未参诉人的权利义务难以确定之情形。基于判决合一确定之必要，共同诉讼人之间的关系与固有必要共同诉讼中的共同诉讼人之间的关系相同，不适用独立原则。

类似必要共同诉讼与固有必要共同诉讼在“诉讼标的同一”上没有区别，都需要对诉讼标的合一确定。不同的是，在产生原因上，固有必要共同诉讼基于实体法律关系中的权利义务安排，需要由共同诉讼人一同行使管理处分权、诉讼实施权，因此需要全体共同诉讼人一同起诉或应诉，法院一同作出判决。类似必要共同诉讼中的实体法律关系并无共同行使管理处分权之要求，只是其判决发生既判力扩张效果，因此在共同诉讼人一同起诉或应诉时，需要对诉讼标的合一确定。既判力的主观范围以相对性为原则，以既判力扩张为例外。类似必要共同诉讼以既判力扩张为基础，只有在存在既判力扩张的情形下，才具备类似必要共同诉讼的基础。因此，类似必要共同诉讼的类型限于既判力扩张的情形，如股东大会决议撤销之诉中，判决效力及于未参诉的其他人，即可以成立类似必要共同诉讼。

然而，我国并未规定类似必要共同诉讼，也没有完善的既判力制度，这就造成部分纠纷的诉讼实施权主体不明等乱象。例如案例三中，对劳务派遣单位与接受劳务派遣单位的判决是否需要合一确定，二者是否需要一同起诉或应诉等问题，存在较大争议。《民法典》第 178 条规定，权利人有选择部分或全部连带责任人承担责任的权利，《民诉法司法解释》则列举了多种连带责任人为共同诉讼人的情形，将该情形规定为固有必要共同诉讼。学理上对连带责任不属于固有必要共同诉讼已经基本达成一致，但依然存在分歧，部分学者认为连带责任是基于同一法律关系或案件事实产生的，属于同一诉讼标的，应当作为类似必要共同诉讼[②]，亦有部分学者认为，连带责任的法律特征表现为责任人各自负担全部履行义务，基于权利与义务的对应关系，可以认可权利人对义务人分别享有要求其履行全部义务的请求权，各个义务人的诉讼标的相互独立，应适用普通共同诉讼。[③] 除连带责任之外，其他责任承担形式亦面临诉讼标的是否同一、是一同还是分别起诉应诉的相关问题，需要在后续

---

① 张卫平. 民事诉讼法. 5 版. 北京：法律出版社，2019：151.

② 张卫平. 民事诉讼法. 5 版. 北京：法律出版社，2019：152. 王亚新，陈杭平，刘君博. 中国民事诉讼法重点讲义. 2 版. 北京：高等教育出版社，2021：171. 卢佩. 多数人侵权纠纷之共同诉讼类型研究：兼论诉讼标的之“案件事实”范围的确定. 中外法学，2017（5）：1244.

③ 任重. 重思多数人侵权纠纷的共同诉讼类型：与卢佩博士商榷. 法律科学（西北政法大学学报），2020（2）：199.

疑难问题精讲中进一步明确各诉讼形态的区分标准。

（3）必要共同诉讼的程序进行。

必要共同诉讼的判决需要合一确定，因此，共同诉讼人内部需要具备程序进行上的统一和诉讼资料上的统一。在程序进行方面，全体共同诉讼人一同起诉或应诉，共同进行诉讼程序，不允许部分判决和分开辩论；共同诉讼人中一人发生程序中断或中止事由、一人上诉期间没有届满的，效力均及于全体共同诉讼人；对方当事人对共同诉讼人中一人作出诉讼行为，相当于对全体共同诉讼人为诉讼行为；共同诉讼人中一人上诉，上诉效力及于全体共同诉讼人；在撤诉上，因固有必要共同诉讼有共同诉讼的必要，类似必要共同诉讼没有，故前者共同诉讼人不可单独撤诉，亦不可只对共同诉讼人中的一人撤诉，后者可以单独撤诉或对共同诉讼人中的一人撤诉。在诉讼资料方面，遵循协商一致原则和有利原则，共同诉讼人应该一同作出诉讼行为，单独作出的诉讼行为需要得到其他共同诉讼人的明示或默示承认，否则不发生效力；一人实施的诉讼行为对全体共同诉讼人有利的，该诉讼行为对全体共同诉讼人有效，此“有利”是指在作出诉讼行为时，该诉讼行为从形式上看对全体共同诉讼人有利，并非指该诉讼行为真正产生有利的判决结果。[①]

固有必要共同诉讼有共同诉讼之必要，因此，若共同诉讼人未全体参与诉讼，则构成当事人不适格，需要追加未参诉的当事人。必须参加诉讼的原告没有参加诉讼时，应当予以追加，当事人明确表示放弃实体权利的，可以不予追加；既不愿意放弃实体权利又不参与诉讼的，仍应追加为共同原告。应当列为共同被告而原告未列出的，由法官释明原告追加，原告不将其列为共同被告的，法院在以当事人不适格为由，不予受理或者驳回起诉。类似必要共同诉讼没有共同诉讼的必要，当事人未一同起诉或应诉时，依然满足当事人适格要件，不需要追加未参诉之人。

3. 普通共同诉讼

普通共同诉讼，是指当事人一方或双方为二人以上，诉讼标的是同一种类的诉讼。与必要共同诉讼要求诉讼标的合一确定不同，普通共同诉讼中，共同诉讼人的诉讼标的相互独立，兼具诉的主观合并与诉的客观合并。诉讼标的彼此独立，意味着当事人可以分别诉讼，即便一同起诉或应诉，对各当事人的判决也应当分别确定。普通共同诉讼意在通过将多个同种类的诉讼标的合并审理，达到提高诉讼效率和实现诉讼经济的目的，因此，在衡量纠纷是否将其作为普通共同诉讼审理时，除了对照普通共同诉讼的要件，还应当考虑合并审理是否能起到诉讼经济之作用。

基于诉讼标的是同一种类，以及诉讼经济的考量，普通共同诉讼一般包括如下几种情形：（1）基于同一事实或者法律上的原因产生的同类诉讼标的，例如，公交车发生交通事故造成多名乘客受害，受害乘客基于侵权，向公交车公司主张损害赔偿请求权。（2）基于同类事实或者法律上的同类原因产生的同类诉讼标的，例如，物业公司基于物业合同，向多名业主请求缴纳物业管理费。（3）基于数人对同一权利义务的确认形成的同种类诉讼标的，例如，对数位被告提起确认标的物属于自己

---

① 张卫平. 民事诉讼法. 5版. 北京：法律出版社，2019：154.

所有的情形。[①]

普通共同诉讼具有如下适用要件：（1）当事人一方或者双方为二人以上；（2）诉讼标的是同一种类；（3）人民法院认为可以合并审理并经当事人同意；（4）法院对各诉讼均享有管辖权，且相关诉讼能够适用同一诉讼程序；（5）符合合并审理所欲实现的诉讼经济之目的。

普通共同诉讼中奉行独立原则，共同诉讼人各自拥有独立的诉讼实施权，任何一个共同诉讼人的行为，对其他共同诉讼人均不发生效力。但在诉讼资料方面，适用证据共通原则，即共同诉讼人中一人提出的证据资料适用于其他共同诉讼人，无论其他共同诉讼人主张援用与否，法官均可将该证据作为认定案件事实的依据。其原因在于，一方面，普通共同诉讼中，诉讼标的为同一种类，作为诉讼标的基础的案件事实往往是相互联系的，采用证据共通原则，可以减少事实认定的负担和矛盾，提高诉讼效率[②]；另一方面，民事诉讼采取自由心证主义，若将共同诉讼人中一人提出的证据仅作为认定主张者所涉案件事实的依据，可能使得法官明知相关证据存在，依然不能将该证据作为认定事实的基础，从而限制了法官的自由心证。[③]

三、法官释法

（一）“职务行为”的判断

《民法典》第1191条和第1192条均将用人者责任限定在被使用人因职务行为造成他人损害的情形，那么该如何认定职务行为呢？

根据学界以往的观点，判断职务行为主要有以下两种标准：

一是主观说，此说又分为用人者主观说和被使用人主观说。用人者主观说强调以用人者的主观意思为判断标准，即被使用人在用人者的指示或授权范围内活动的行为，才被判断为执行职务的行为。该说弊端在于以用人者的主观意思为判断标准，用人者往往会以被使用人未取得其授权或指示为由拒绝承担替代责任。[④] 而被使用人主观说主张以被使用人的主观意思为判断标准，只要被使用人主观上为了用人者的利益行动，就被认为是在执行职务。该标准过分提高了用人者承担的风险，实践中被使用人往往会借此逃避自己应当承担的侵权责任。总之，主观说存在很高的不确定性，不利于平衡被使用人与用人者的利益。

二是客观说，又称外观说，此说是目前的主流观点。该说以被使用人活动的外在表现为判断标准，若被使用人的侵权行为具有职务行为的合理外观，那么应当认为被使用人在执行职务。该说融合了德国法上的“直接的内在联系说”和瑞士法上的“关联性”原则为补充，如果某一行为与其职务行为有内在联系，那么也认为被使用人在执行职务。我国2003年《人身损害赔偿司法解释》第9条规定：“雇员在

---

① 张卫平. 民事诉讼法. 5版. 北京：法律出版社，2019：154.

② 王亚新，陈杭平，刘君博. 中国民事诉讼法重点讲义. 2版. 北京：高等教育出版社，2021：171.

③ ［日］伊藤真. 民事诉讼法：第四版补订版. 曹云吉，译. 北京：北京大学出版社，2019：617.

④ 唐义虎. 侵权责任法研究. 武汉：湖北人民出版社，2019：118.

从事雇佣活动中致人损害的，雇主应当承担赔偿责任；雇员因故意或者重大过失致人损害的，应当与雇主承担连带赔偿责任。雇主承担连带赔偿责任的，可以向雇员追偿。前款所称‘从事雇佣活动’，是指从事雇主授权或者指示范围内的生产经营活动或者其他劳务活动。雇员的行为超出授权范围，但其表现形式是履行职务或者与履行职务有内在联系的，应当认定为‘从事雇佣活动’。”从表述上看，最高人民法院采用了客观说的标准。

然而，认定被使用人的行为具有执行职务的合理外观或与执行职务具有内在联系并不容易。对此，应当采取由表及里的判断思路，具体可以分两个阶段：首先，要看该行为是否为用人者所授权或者指示的行为。如果被使用人造成他人损害的行为就是在用人者的授权或者指示范围内的行为，该损害当然属于执行职务造成的损害，用人者需要承担赔偿责任。其次，如果被使用人造成他人损害的行为并非用人者授权或者指示的行为，此时并不必然排除用人者的赔偿责任，还需要考察该行为的表现行为是否为履行职务或者与履行职务有内在联系。① 例如，某影楼的工作人员擅自使用客户的照片进行宣传，虽然该行为未得到用人单位的授权或者指示，但该行为的目的是宣传影楼，理当认定其为属于执行工作任务的行为。基于此，在案例一中，法院认为，被告钟某浩是武汉百事可乐饮料有限公司荆州营业所的驻区业务代表，在前往章庄铺镇落实销售百事可乐饮料任务时，邀请受害人上车，因驾驶不当发生交通事故，致受害人损害。虽然被告百事可乐饮料有限公司荆州营业所对被告钟某浩没有明确的授权，但其表现形式是履行职务或与履行职务有内在联系，应认定被告钟某浩为履行职务，故被告百事可乐饮料有限公司荆州营业所应承担相应的赔偿责任。②

（二）用人者的追偿权

在《民法典》颁布以前，2003 年《人身损害赔偿司法解释》第 9 条第 1 款规定雇员因故意或重大过失造成损害时，应当与雇主承担连带赔偿责任。理由在于：在雇佣活动尤其是个人提供劳务的活动中，不能一概认为雇主的经济实力强于雇员，若规定受害人只能向雇主求偿，则不利于受害人利益的保护。受害人对雇主和雇员分别根据雇主责任和雇员侵权责任享有两个请求权，雇主和雇员形成不真正连带责任的关系。③

随后，《侵权责任法》出台，第 34 条和第 35 条并未对用人单位工作人员或劳务提供一方造成他人损害时，用人单位和接受劳务一方是否享有追偿权作出规定。在《侵权责任法》的起草过程中，立法机关曾讨论过用人单位对工作人员的追偿权问题，但认为：“考虑到追偿权的问题比较复杂，追偿条件规定过严，对广大劳动者不利；追偿条件规定过宽，也不利于工作人员谨慎工作、减少事故的发生。不同行业、

---

① 程啸. 侵权责任法. 3 版. 北京：法律出版社，2021：467.

② 湖北省荆州市中级人民法院（2018）鄂 10 民终 161 号民事判决书。

③ 唐义虎. 侵权责任法研究. 武汉：湖北人民出版社，2019：126.

不同工种和不同劳动安全条件，其追偿条件应有所不同。因此，本法对于追偿权的问题没有规定。”[①] 随后，《民法典》第1191条和第1192条明确了用人者对有重大过失或故意的被使用人的追偿权。背后的理论依据在于，自己责任仍然是侵权法的基本原则，唯有贯彻落实自己责任才能有效地促使行为人谨慎地行为。在法人、非法人组织对外活动的时候，真正执行工作任务的只能是法人、非法人组织的工作人员即特定的某个或某些自然人，如果这些人在执行工作任务时给他人造成任何损害的后果都由法人、非法人组织承担，自己无须承担，显然无法促使这些自然人更好地遵守法律的规定，谨慎行为，这不仅不利于保护他人的合法权益，也不利于保护用人单位的合法权益。[②]

应当明确的是，只有被使用人具有重大过失或故意时，用人者才享有追偿权。换言之，被使用人仅具有一般过失的，属于用人者应当承受的正常风险，依据责任自负的原则，用人者不享有追偿权，而应自己承担责任。如何界定重大过失或故意呢？故意相对较好判断，即被使用人明知自己的行为会造成他人损害仍然为之。[③] 例如，家政公司员工在为顾客打扫卫生时实施盗窃或抢劫等犯罪行为。但对何为“重大过失”并不容易界定。所谓的重大过失，是指行为人极为粗心大意、毫不顾忌的心理状态，这种情况下造成他人损失的，应当承担侵权责任。判断被使用人心理状态时，应根据行业特征、行业规范、工作环境，本单位内部的规章制度、操作规程，行为人的工作水平等进行综合判断。例如，员工枉顾单位内部规章制度，不按照操作要求操作，应当认定其为重大过失，造成第三人损害的，用人者享有追偿权。需要说明的是，用人者不得以被使用人的过错对抗受害人的赔偿请求。[④] 此外，用人者对被使用人的追偿不等于完全追偿，追偿的方式和数额可以在劳动合同中约定或者在内部管理规定中规定，并结合用人者与被使用人的过错程度和原因力大小综合考虑。

值得注意的是，无偿帮工情形下，也可以适用个人劳务情形下的追偿权规定。无论是《侵权责任法》还是《民法典》，均未规定无偿帮工或者义务帮工的情况下如何承担责任。但是，无偿帮工确实在我国尤其是广大农村大量存在，是一个绕不开的话题。对此，2022年《人身损害赔偿司法解释》第4条规定，被帮工人承担赔偿责任后向有故意或者重大过失的帮工人追偿的，人民法院应予支持，明确确认了被帮工者的追偿权。

（三）第三人侵权赔偿责任与工伤保险

我国《民法典》第1191条和《侵权责任法》第35条均未规定用人单位工作人员在执行工作任务时自身遭受损害的责任承担方式。实务中争议最大的问题是工伤保险赔偿与第三人侵权赔偿责任的关系，即两者能否同时适用的问题。

---

① 王胜明. 中华人民共和国侵权责任法释义. 北京：法律出版社，2010：172.

② 程啸. 未来民法典侵权责任编中用人者责任制度的完善. 四川大学学报（哲学社会科学版），2018（5）：42.

③ 王利明. 侵权责任法. 2版. 北京：中国人民大学出版社，2021：171.

④ 孟强. 民法典侵权责任编释论：条文缕析、法条关联与案例评议. 北京：中国法制出版社，2020：252.

2018年修订的《社会保险法》第42条规定："由于第三人的原因造成工伤，第三人不支付工伤医疗费用或者无法确定第三人的，由工伤保险基金先行支付。工伤保险基金先行支付后，有权向第三人追偿。"有学者认为，该法已经明确，工作人员无权获得双份赔偿。[①] 有学者则认为，从受害人救济和损害预防的角度出发，目前我国社会保障水平较低，应当允许受害人就工伤保险不能保障部分向侵权人请求赔偿。[②] 有学者从工伤保险制度的目的出发，认为将受害人因工作任务遭受的风险与伤害纳入工伤保险保护范围是应有之义。工伤保险不能完全排除第三人责任。[③] 此外，有学者提出，虽然受害人不能获得重复赔偿，但是也不能出现赔偿不足的情形，应当保障受害人的选择权和获得完全赔偿的权利。[④]

本书认为，探讨受害人是否可以享受工伤保险和第三人侵权责任的双重救济，需要特别注意工伤保险救济范围的有限性，包括适用对象和救济内容的有限性。从救济内容来看，我国《社会保险法》第36条规定："职工因工作原因受到事故伤害或者患职业病，且经工伤认定的，享受工伤保险待遇；其中，经劳动能力鉴定丧失劳动能力的，享受伤残待遇。工伤认定和劳动能力鉴定应当简捷、方便。"再者，根据《工伤保险条例》的有关规定，工伤保险仅适用于劳动者人身损害的情况，排除了劳动者财产受损的情形，并且工伤认定时间和所用药品等具有严格的限制。这对劳动者主张权利都是不利的。另外，工伤保险并不包括精神损害赔偿，若不允许劳动者提起人身损害赔偿，那么其损害无法得到填补，其权利也就得不到足够的救济，有违侵权法损害填补的宗旨。而从救济对象来看，工伤保险制度仅适用于劳动者，但是如上文所述，"用人单位的工作人员"并不完全是享受工伤保险保障的劳动者，那么，其他未被工伤保险覆盖的工作人员仅享有对第三人的损害赔偿请求权，只能请求第三人承担侵权责任。

事实上，2003年《人身损害赔偿司法解释》第11条和第12条对该问题作了规定，可以享受工伤保险待遇的劳动者，在执行任务中遭受第三人侵害时，不仅可以获得工伤保险给付，还有权请求第三人承担侵权责任，二者可以并存。换言之，加害人不得以受害人已经享受工伤保险待遇，主张"损益相抵"。同时，雇主在承担责任后，可以向侵权的第三人追偿。但遗憾的是，《民法典》并未明确延续此规定。对此，有学者提出，应在侵权法损害填补和禁止获利原则的指导下，通过比较工伤保险赔偿项目和侵权赔偿项目的性质以及填补的是否为同一损害来确定受害人是否能够获得重复给付。医疗费、护理费、交通费、残疾器具补助费、伤残补助金、丧葬费等费用，均包含在工伤保险赔偿项目和侵权赔偿项目之中，劳动者按照"就高原则"择一主张，对于一次性工伤医疗补助金、营养费这种工伤保险和侵权赔偿中的

---

① 朱广新，谢鸿飞主编. 民法典评注：侵权责任编. 北京：中国法制出版社，2020：309.

② 王利明. 侵权责任法研究：下卷. 北京：中国人民大学出版社，2016：79.

③ 程啸. 未来民法典侵权责任编中用人者责任制度的完善. 四川大学学报（哲学社会科学版），2018（5）：39. 程啸. 侵权责任法. 3版. 北京：法律出版社，2021：472.

④ 贾小龙，王祎敏. 特殊侵权责任研究. 北京：中央编译出版社，2018：32.

独有项目，则不存在重复赔偿的问题。[①] 但该方案并未被最高人民法院采纳，2022年《人身损害赔偿司法解释》第3条延续了原司法解释的做法，即允许用人单位劳动者在遭受用人单位以外的第三人侵害时，获得工伤保险给付和第三人侵权损害赔偿的双重给付。本书认为，最高人民法院的规定可能更多还是从法政策学的角度和充分救济受害人的立场进行考虑。

需要思考的是，如果工作人员不是因为第三人而是因为用人单位的原因遭受损害，此时该如何承担责任？这种情形仍属于工作人员因执行工作任务而遭受损害的情形，会产生工伤保险与用人单位责任并存的情况。对此，有学者认为，无论用人单位是否存在过错，若其他工作人员是基于工作原因侵害受害人，均应适用工伤保险处理，反之则适用一般过错侵权原则处理。[②] 有的学者则认为，工伤保险并不能完全排除用人者责任的适用。[③] 本书认为，工伤保险的适用有局限性，从保护受害人的立场出发，应当赋予其一定的"双重请求权"。换言之，受害人原则上应当先获得工伤保险的给付，若损害不能获得完全填补，如工伤保险赔偿不包括精神损害赔偿，那么应当允许受害人依据法律规定另行起诉获得足额赔偿。例如，在案例二中，被告宝二十冶公司认为杨某伟已获得了工伤保险赔偿，杨某伟就人身损害赔偿再提起诉讼，法院不应予以支持。但是二审法院认为，虽然杨某伟工伤后得到了其单位宝二十冶公司一定的工伤赔偿，但并不因杨某伟获得了工伤赔偿，而减免宝二十冶公司的侵权损害赔偿责任。[④]

(四) 劳务派遣情形下用人者责任的承担

劳务派遣，是派遣机构与派遣员工签订合同，然后向用工单位派出该员工，使其在用工单位的工作场所内劳动，接受用工单位的指挥、监督，以完成劳动力与生产资料相结合的一种特殊用工方式。[⑤] 作为一种非典型的用工方式，劳务派遣实现了劳动者雇用与使用的分离，用人单位（派遣机构）负责劳动者的选任，用工单位（派入机构）负责劳动者的使用。这种复杂的三角结构关系，使劳务派遣区别于通常的劳动关系，也使得劳务派遣中雇主替代责任的认定异常困难。[⑥] 对此，《民法典》第1191条第2款规定："劳务派遣期间，被派遣的工作人员因执行工作任务造成他人损害的，由接受劳务派遣的用工单位承担侵权责任；劳务派遣单位有过错的，承担相应的责任。"据此，在劳务派遣期间，仍然应当依照客观说标准，由实际指令、控制的用工单位承担责任，劳务派遣单位并不对被派遣工作人员进行使用和具体管理，

---

① 程啸. 侵权责任法. 3版. 北京：法律出版社，2021：478-479.

② 贾小龙，王祎敏. 特殊侵权责任研究. 北京：中央编译出版社，2018：33. 王胜明. 中华人民共和国侵权责任法解读. 北京：中国法制出版社，2010：167.

③ 程啸. 未来民法典侵权责任编中用人者责任制度的完善. 四川大学学报（哲学社会科学版），2018（5）：37-38.

④ 中华人民共和国最高人民法院公报. 2006（8）.

⑤ 董保华. 论劳务派遣立法中的思维定势. 苏州大学学报，2013（3）：50.

⑥ 郑志峰. 劳务派遣中雇主替代责任之检讨：兼评"不真正补充责任". 法学，2015（9）：36-37.

只有在选任、培训等方面存在过错时，才承担相应的责任，即劳务派遣单位承担的是过错责任。据此，在案例三中，安保人员夏某造成原告郭某损害，理应由接受劳务派遣的用工单位承担侵权责任，劳务派遣单位有过错的，需要承担相应的责任。

值得探讨的是，《民法典》改变了《侵权责任法》第 34 条“相应的补充责任”的表述，但是关于具体责任形态为何至今仍充满争议。[①] 有学者认为，“相应的责任”是指法官应着眼于具体案件，根据劳务派遣单位的过错与原因力确定劳务派遣单位应当承担的是补充责任还是直接责任。[②] 有学者认为，本条直接将劳务派遣单位的责任定性为与其过错相对应的按份责任。[③] 有学者认为，用人单位承担的是相应的补充责任，即首先由用工单位承担责任，如果用工单位承担了全部的责任，用人单位无须承担责任。如果用工单位不能承担责任，那么由用人单位在过错范围内承担相应的补充责任。[④] 有学者进一步指出，用人单位承担的补充责任是一种不真正补充责任，与典型的补充责任不同，如果用工单位承担了全部的直接责任，或者承担的直接责任超过了其责任份额，可以向作为补充责任人的用人单位要求分摊。[⑤] 本书认为，从立法变迁角度来看，《侵权责任法》第 34 条第 2 款规定用人单位承担“相应的补充责任”，随后《民法典》将其改为“相应的责任”，这说明用人单位承担的不是补充责任。对此，应当交由法官根据案件情况来具体判断。

（五）共同诉讼类型的判断标准

我国以诉讼标的是同一的还是同种类的作为判断共同诉讼类型的标准，日本法上以判决的合一确定之必要作为必要共同诉讼的判断标准，判决合一确定的必要来源于共同的诉讼标的。[⑥] 可见在大陆法系中，诉讼标的是判断共同诉讼类型的重要因素。然而，对于诉讼标的的识别标准，不同学者莫衷一是。实践中用人者责任的相关纠纷，通常涉及受害人、被使用人、用人者三方主体，并引发诉讼形态、当事人适格等问题，如果掌握诉讼标的的识别标准，就可以在确定诉讼标的的基础上，解决司法实践中的诉讼形态难题。

学理上主要存在两种诉讼标的识别标准：一是旧实体法说，该学说采用实体法标准，即以实体法上的权利主张或法律关系为基准界定诉讼标的；二是诉讼法说，该学说强调纠纷一次性解决，认为应当从“以整个实体法秩序的视角来看，是肯定

---

① 关于《侵权责任法》第 34 条“相应的补充责任”的理解，请参见王竹，张恒. 劳务派遣工作人员的侵权责任：兼论“不真正补充责任”的确立与扩展适用. 法学，2013（2）：119－126；郑志峰. 劳务派遣中雇主替代责任之检讨：兼评“不真正补充责任”. 法学，2015（9）：36－47。

② 黄薇主编. 中华人民共和国民法典侵权责任编释义. 北京：法律出版社，2020：86. 程啸. 侵权责任法. 3 版. 北京：法律出版社，2021：458.

③ 石冠彬. 民法典用工责任规范的实践困境及破解之道. 江海学刊，2020（6）：167.

④ 王利明. 侵权责任法. 2 版. 北京：中国人民大学出版社，2021：173.

⑤ 王竹，张恒. 劳务派遣工作人员的侵权责任：兼论“不真正补充责任”的确立与扩展适用. 法学，2013（2）：124.

⑥ 任重. 重思多数人侵权纠纷的共同诉讼类型：与卢佩博士商榷. 法律科学（西北政法大学学报），2020（2）：196.

一次性给付还是肯定二次性给付”[1] 的考量中寻求诉讼标的。本书认为，应当以旧实体法说作是诉讼标的的识别标准，进而识别相关诉讼是必要共同诉讼还是普通共同诉讼。其原因在于，诉讼法说的目的是解决旧实体法说中可能出现的请求权竞合问题，以及请求权竞合下可能产生的重复诉讼、双重受偿问题。然而，从审判的角度来看，当事人就两种性质不同的请求权进行诉讼并无不妥，反而契合民事诉讼保护私权之属性。从执行的角度来看，即便当事人取得两份胜诉判决，在其中一份判决确定的义务获得履行后，请求权即为消灭，无权再就另一份文书获得清偿。即使当事人双倍受偿，相对方也可以通过不当得利请求权或损害赔偿请求权，请求返还超过的清偿部分。因此，宜采取旧实体法说，以实体请求权或法律关系作为诉讼标的识别标准。

（六）用人者责任的诉讼形态

《民法典》第1191条将用人者责任分为两种情形：一是用人者的工作人员因执行工作任务造成他人损害；二是劳务派遣期间，被派遣的工作人员因执行工作任务造成他人损害。前者法律关系较为简单，只有用人者这一单一的责任主体，对应案例一；后者则涵盖劳务派遣单位和接受劳务派遣的用工单位两种责任主体，实体法律关系更为复杂，对应案例三。

1. 不涉及劳务派遣的用人者责任诉讼形态

在案例一中，法院确认钟某浩搭载杨某华的行为，系履行职务的行为，杨某华受伤符合工作人员因执行工作任务造成他人损害的情形，适用用人者责任的相关规定，由用人单位，也即百事可乐饮料有限公司荆州营业所，对职务行为的后果承担责任。[2] 用人者责任中，责任主体只包括用人者，不包括被使用人，被使用人与用人者不承担连带责任。[3] 根据传统的诉讼标的识别标准，该侵权法律关系的主体为受害人与用人者，受害人只能请求用人者承担侵权责任，因此，仅存在一个能够得到法院支持的诉讼标的，且该诉讼标的与被使用人无关。原告杨某华请求武汉百事可乐饮料有限公司和钟某浩两名被告赔偿其损失，两名被告的诉讼标的并不相同，也就不属于必要共同诉讼，原告无须共同起诉用人者和被使用人，法院也不必对判决合一确定。至于原告杨某华同时起诉用人者和被使用人，能否构成普通共同诉讼，则需要视普通共同诉讼的要件而定。在诉讼标的方面，杨某华基于同一受伤之事实，请求武汉百事可乐饮料有限公司和钟某浩履行损害赔偿之债，可以认定其为基于同一事实主张同类诉讼标的，满足普通共同诉讼的要件之一。至于杨某华是否同意成立普通共同诉讼、法院是否认为有进行普通共同诉讼的必要，则需要根据案件的实际情况考虑，此处不作赘述。

2. 劳务派遣中的用人者责任诉讼形态

案例三为劳务派遣中的用人者责任纠纷。根据《民法典》第1191条第2款的规

---

① ［日］高桥宏志. 民事诉讼法：制度与理论的深层分析. 林剑锋，译. 北京：法律出版社，2003：22-23.

② 湖北省荆州市中级人民法院（2018）鄂10民终161号民事判决书。

③ 程啸. 侵权责任法. 3版. 北京：法律出版社，2021：470.

定，劳务派遣中，劳务派遣单位和接受劳务派遣的用工单位均可能承担侵权责任，若原告郭某同时起诉劳务派遣单位，以及接受劳务派遣的单位，需要根据实体法律关系探讨诉讼形态。然而，本案原告郭某起诉的主体为华盾保安服务公司与沈阳体育学院，华盾保安服务公司对于夏某因执行职务造成的损害，应当承担侵权责任。唯本案被告沈阳体育学院与夏某之间不存在劳动关系，该学院与华盾保安服务公司之间系服务合同关系，无须就保安公司接受的劳务派遣人员之行为承担侵权责任。因此，本案二被告华盾保安服务公司与沈阳体育学院并非基于同一实体法律关系被诉，不属于共同的诉讼标的，也即本案不能作为必要共同诉讼。案例三是否成立普通共同诉讼，与案例一考虑的因素相同，需要根据案件具体情况进行衡量。

案例三中，若原告郭某一同起诉华盾保安服务公司与人力资源服务公司，该案的诉讼形态如何确定，也是值得深思的问题。前文指出，劳务派遣单位承担“相应的责任”时，需要法官根据案件具体情况权衡劳务派遣单位的责任形态，派遣单位既可能与用工单位承担无过错连带责任，也可能承担第二顺位的补充责任，还可能承担第一顺位的按份责任。按份责任内部是各自独立的责任，债权人仅得请求按份责任人自身应承担的份额，债权人与各按份责任人实际上形成了数个相互独立的实体法律关系，成立多个诉讼标的，应作为普通共同诉讼处理。补充责任涉及较多实体法争议，在理清其实体法性质的基础上，可以结合按份责任与连带责任的诉讼形态法理，确定其诉讼形态，该部分主要解决诉讼法上的问题，本书对此种责任类型的诉讼形态问题暂且不表。

当争议出现在用人单位与用工单位是否承担连带责任时，对于诉讼形态的确定问题，部分学者认为，在连带责任中，数名连带责任人依照法律规定共同承担同一债务，其法律关系同一、诉讼标的共同，且没有一同起诉应诉的必要，属于类似的必要共同诉讼。① 亦有部分学者认为，连带责任的法律特征表现为责任人各自负担全部履行义务，在外部关系上均以全部给付为内容。② 各责任人均承担履行全部债务的义务，也就意味着债权人对每个责任人均有以全部履行为内容的请求权。在有数个请求权的情形下，存在数个同种类的诉讼标的，应当适用普通共同诉讼。③ 还有部分学者主张灵活理解诉讼标的识别标准、在侵权行为结合紧密时，适用共同纠纷事实的识别标准，连带责任人基于同一纠纷事实，有共同的诉讼标的，适用必要共同诉讼；在侵权行为结合松散时，适用法律关系的识别标准，责任人的法律关系不同，适用普通共同诉讼。④ 关于第一种观点，即连带债务构成类似必要共同诉讼，类似必要共同诉讼以既判力扩张为前提，但通说并不认为连带责任属于既判力扩张

---

① 张卫平. 民事诉讼法. 5 版. 北京：法律出版社，2019：152－153.

② 王洪亮. 债法总论. 北京：北京大学出版社，2016：493.

③ 任重. 重思多数人侵权纠纷的共同诉讼类型：与卢佩博士商榷. 法律科学（西北政法大学学报），2020（2）：199.

④ 卢佩. 多数人侵权纠纷之共同诉讼类型研究：兼论诉讼标的之“案件事实”范围的确定. 中外法学，2017（5）：1244. 王亚新，陈杭平，刘君博. 中国民事诉讼法重点讲义. 2 版. 北京：高等教育出版社，2021：170－171.

的范畴。关于第二种观点，在连带责任中适用类似必要共同诉讼将增加既判力范围扩张的适用情形，使没有参加诉讼的连带责任人受判决拘束，对未参诉责任人的程序保障不足，且容易发生诉讼当事人串通侵害案外人权益的情形，因此不宜认为连带责任构成类似必要共同诉讼。[①] 关于第三种观点，即根据侵权行为结合的紧密程度灵活适用诉讼标的识别标准的方法，该判断方法建立在案件事实查明的基础上，然而在未进入实质审理时，难以判断案件事实，容易造成对诉讼形态的误断。根据侵权行为结合的紧密程度灵活适用诉讼标的识别标准的方法，虽然可以根据实际情况判断哪种诉讼形态更合适，防止共同诉讼过于僵化，但该方法主观性较强，需要考虑的因素较多，应当谨慎对待。本书赞成将连带责任作为普通共同诉讼处理，该观点与《民法典》中连带责任的安排更为契合。对于学者忧虑的矛盾判决问题，首先，债权人通常会对全体连带责任人共同提起诉讼，分别提起诉讼的情形较为少见；其次，即便分别诉讼，法官可以根据前案中查明的事实形成自由心证，形成矛盾判决的概率较低。因此，当用人单位与用工单位承担连带责任时，各连带责任人与债权人分别构成独立的法律关系，各法律关系性质相同，属于诉讼标的同一种类的情形，可以构成普通共同诉讼。

四、类案练习

张甲和李乙是蓝天安保公司的正式员工，被派遣到××银行承担维护银行日常秩序的职责。某日，张甲和李乙在××银行执勤时，怀疑某男子盗窃顾客财物，于是将该男子拉入保安室中，脱掉其衣物，后发现其并无偷盗的事实，遂将男子“释放”。后××银行得知，二人并未经过蓝天安保公司的岗前培训即被派往××银行。

张甲下班回家途中，被从天而降的花瓶砸成重伤。经查，该花瓶系刘丙雇佣的保姆王丁打扫卫生时不慎触碰而掉落。李乙准备下班回家，走至××银行大厅时，前述男子冲进××银行，将李乙打伤。

（1）张甲和李乙脱掉该男子衣服的侵权行为，应当由谁承担侵权责任？

（2）张甲被花瓶砸伤的事实，应由谁承担侵权责任？

（3）李乙受伤的事实，责任该如何分担？

（4）张甲被花瓶砸伤后，一并起诉刘丙和王丁，诉讼形态如何确定？

五、知识拓展

1. 尹飞. 用人者责任研究. 法学杂志，2005（2）.

2. 曹险峰. 民法典. 中用人者责任与承揽人责任之二元模式论. 法学家，2023（1）.

3. 王竹，张恒. 劳务派遣工作人员的侵权责任：兼论“不真正补充责任”的确立与扩展适用. 法学，2013（2）.

4. 郑志峰. 劳务派遣中雇主替代责任之检讨：兼评“不真正补充责任”. 法学，

---

① 陈荣宗，林庆苗. 民事诉讼法：上. 修订 8 版. 台北：三民书局，2013：202.

2015 (9).

5. 郭砚. 派遣劳动者致人损害的用人单位责任：对《侵权责任法》第 34 条第 2 款的检讨. 法律适用，2014 (9).

6. 石冠彬. 民法典用工责任规范的实践困境及破解之道. 江海学刊，2020 (6).

7. 段文波. 德日必要共同诉讼“合一确定”概念的嬗变与启示. 现代法学，2016 (2).

8. 任重. 重思多数人侵权纠纷的共同诉讼类型：与卢佩博士商榷. 法律科学，2020 (2).

9. 卢佩. 多数人侵权纠纷之共同诉讼类型研究：兼论诉讼标的之“案件事实”范围的确定. 中外法学，2017 (5).

专题三　监护人

一、案例导入

(一) 案情介绍

案例一：饶某从事货物托运业务，托运的货物存放在其承租的位于银川市某小区停车场东南角的仓库内，库房面积约为 40 平方米，托运货物种类大部分为鞋类。王乙系王甲之子，刘某系王丙之子，两人均为限制民事行为能力人。2017 年 3 月 30 日 17 时 5 分许，王乙、刘某在案涉仓库附近玩耍，王乙使用打火机将堆放在仓库旁边的杂物点燃，王乙、刘某随即离开现场。后火势蔓延扩大，将案涉仓库及其室内存放的货物引燃，虽经消防人员灭火施救，但仍然造成案涉仓库及室内物品全部毁损。饶某当日向银川市公安局兴庆区分局中山南街派出所报警，经公安机关调取现场监控视频并对王乙、刘某（王甲、王丙均在场）进行讯问。王乙承认其用打火机点燃杂物，但认为打火机系刘某提供且其受到刘某的胁迫而实施点火行为，而刘某否认打火机由其提供且陈述未胁迫王乙点火。随后，饶某将王甲、王乙、刘某、王丙起诉至法院，要求赔偿损失。①

案例二：2016 年 9 月 6 日，刘某某来报警称自家水井被投机油。经调查发现为石角镇榕树小学四年级学生刘某所为。据刘某所说，是其叔公刘某某泉叫其将黑色的机油倒入刘某某来的水井中。刘某称刘某某泉曾于一个月前叫他将黑色油性液体倒进刘某某来的水井里，他不答应。半个月后刘某某泉又叫他拿东西倒入刘某某来的水井里，他也没有同意。随后，刘某某泉于 2016 年 9 月 14 日晚上再次叫他将一个胶油桶里面装满的黑色的水丢进刘某某来的水井并支付 100 元给他。刘某拿了钱后将黑色机油丢进刘某某来的水井，后又回到刘某某泉家将 100 元还给刘某某泉。

① 宁夏回族自治区银川市中级人民法院（2020）宁 01 民终 2741 号民事判决书。

随后，刘某某来将刘某、刘某监护人以及刘某某泉诉至法庭，要求赔偿损失。[①]

案例三：江苏省淮安市曙光双语学校是民办寄宿制小学，对在校学生实行封闭式管理。原告吴某（8 岁）与被告朱某（7 岁）的监护人分别与曙光双语学校签订入学协议书，吴某与朱某成为曙光双语学校一年级学生，在同一宿舍住宿。2004 年 12 月 17 日晚 10 时许，吴某与朱某在宿舍内各自床上休息时，朱某将一枚橘子扔到吴某右眼上，致吴某右眼受伤。吴某受伤后哭泣，老师发现后立即送吴某到校医务室治疗。但由于伤势较重，吴某虽经校医治疗十余天，未见明显好转。同年 12 月底，曙光双语学校将吴某受伤一事通知了吴某的父母。吴某的父母带吴某到多家医院住院治疗，后起诉要求曙光双语学校与朱某赔偿医疗费、护理费、住院伙食费以及精神抚慰金和误学费。[②]

（二）案例思考

案例一：本案涉及的实体法问题是：监护人的侵权责任，其究竟是无过错责任、过错责任还是过错推定责任？监护人承担侵权责任的要件及其法律效果是什么？如果监护人尽到监护责任，能否减轻其赔偿责任，依据是什么？本案涉及的诉讼法问题是：在被监护人侵权之诉中，诉讼的被告和诉讼形态如何确定？被监护人能否作为诉讼被告？监护人的诉讼地位究竟是独立的被告、与被监护人构成共同被告、无独立请求权第三人还是法定诉讼代理人？本案是否构成共同诉讼？

案例二：本案涉及的实体法问题是对第三人教唆、帮助无民事行为能力人、限制民事行为能力人的侵权责任该如何承担？教唆人、帮助人与监护人之间的责任形态是什么？本案涉及的诉讼法问题是：在被监护人侵权之诉中，教唆人、帮助人加入诉讼是否会影响诉讼被告和诉讼形态的确定？

案例三：本案涉及的实体法问题是：未成年学生在学校学习和生活期间，发生未成年人致他人损害的后果，由谁承担责任？学校和未成年学生之间的法律关系是什么？二者之间是否构成监护关系？监护人、学校按照何种规则分担责任以及学校承担侵权责任的依据是什么？本案涉及的诉讼法问题是：在被监护人侵权之诉中，学校加入诉讼是否会影响诉讼被告和诉讼形态的确定？

二、基本原理

（一）实体法问题精解

1. 监护人责任的概念与特征

监护人责任是一种特殊的侵权责任，是指无民事行为能力人或者限制民事行为能力人的行为造成他人损害时，其监护人承担的侵权责任。《民法典》第 1188 条规定："无民事行为能力人、限制民事行为能力人造成他人损害的，由监护人承担侵权

---

① 广东省湛江市中级人民法院（2017）粤 08 民终 943 号民事判决书。

② 吴某诉朱某、曙光双语学校人身损害赔偿纠纷案．最高人民法院公报，2006（12）．

责任。监护人尽到监护职责的，可以减轻其侵权责任。有财产的无民事行为能力、限制民事行为能力人造成他人损害的，从本人财产中支付赔偿费用；不足部分，由监护人赔偿。”本条规定的监护人责任的内涵与外延相较于《侵权责任法》第 32 条更为丰富，因为《民法典》总则编在监护制度中增加了成年人监护制度的规定，故本条规定中实施侵权行为的被监护人不限于未成年人和精神病人，丧失民事行为能力的老年人、植物人等成年人致人损害的，监护人也应当承担监护责任。①

通常认为，监护人责任具有以下特征：

第一，监护人责任是替代责任。监护人责任是一种替代责任，无民事行为能力人或者限制民事行为能力人实施的侵害行为导致被侵权人受到财产损害或者人身损害，侵害了被侵权人的权利，但是承担侵权责任的不是造成损害的行为人，而是其监护人，监护人替代实施加害行为的被监护人承担了侵权责任。②

第二，监护人责任受过错的影响。虽然我国对于监护人责任的归责原则存在不同看法，但《民法典》第 1188 条明确规定“监护人尽到监护职责的，可以减轻其侵权责任”。这意味着监护人的责任范围与其是否有过错存在直接关联，若监护人能够证明其尽到监护职责，可以减少赔偿数额。

第三，监护人责任的承担受被监护人财产状况的影响。监护人责任的承担，与无民事行为能力人或限制民事行为能力人有无财产有很大关系。被监护人自己有财产的，从被监护人自己的财产中先行支付赔偿金，不足部分由其监护人承担；被监护人没有财产的，由其监护人承担赔偿责任。该规定主要是为了解决以下问题：当监护人是由父母等近亲属以外的人或者单位担任时，很多人或者单位可能会因为要承担监护人责任而不愿意担任监护人。为了打消这种顾虑，考虑到父母等近亲属可能会给被监护人留有独立财产，在这种情况下，优先从被监护人的财产中支付赔偿费用更有制度安排上的意义。③

2. 监护人责任的归责原则

关于监护人责任的归责原则问题一直存在争议，起码存在以下四种说法：第一种是过错责任说。该说认为监护人责任是自己责任，监护人是对自己未尽到监护职责的行为承担责任。第二种是无过错责任说。该说认为监护人对被监护人造成的他人损害承担无过错责任，理由在于监护人与被监护人之间存在最密切的联系，其最有可能通过日常的教育和具体情形中的作为来减少或者避免损害的发生。④ 第三种是过错推定责任说。该说认为监护人是对自己未尽到监护职责的行为承担责任，但是监护人未尽到监护职责的过错无须由受害人证明而是由法律推定，因此监护人责

---

① 谭启平主编. 中国民法学. 3 版. 北京：法律出版社，2021：839.

② 最高人民法院民法典贯彻实施工作领导小组主编. 中华人民共和国民法典侵权责任编理解与适用. 北京：人民法院出版社，2020：249.

③ 石宏.《中华人民共和国民法典》释解与适用. 北京：人民法院出版社，2021：170.

④ 最高人民法院民法典贯彻实施工作领导小组主编. 中华人民共和国民法典侵权责任编理解与适用. 北京：人民法院出版社，2020：221. 张新宝. 侵权责任法. 5 版. 北京：中国人民大学出版社，2020：131. 邹海林，朱广新主编. 民法典评注：侵权责任编. 北京：中国法制出版社，2021：281.

任的性质是过错推定责任。[①] 第四种是混合责任模式。该说区分不同类型的被监护人分别确定监护人责任的归责原则。监护人对有些类型的被监护人造成的损害承担无过错责任，对有些类型的被监护人造成的损害仅承担过错推定责任。例如，《荷兰民法典》对于未满 14 周岁的儿童的监护人适用无过错责任，对于 14 岁至 16 岁的儿童的监护人采取过错推定责任。[②]

从我国《民法典》第 1188 条第 1 款的规定来看，我国监护人责任的性质应理解为无过错责任。根据该条的规定，监护人尽到了监护责任的，可以适当减轻其民事责任，而不是免除责任，这意味着监护人没有过错也需要承担侵权责任，故不是过错推定责任，而是无过错责任。法律如此规定，是一种公平分担责任的适用，是考虑到平衡双方当事人的经济利益而采取的措施。[③] 一方面，被监护人心智不成熟，好奇、冒险是其天性，对于世界的探索和认知活动，难免会引发损害，这是人类成长通常会经历的阶段；如果监护人责任过于严格，会间接促使监护人加大对被监护人的管束力度，进而导致被监护人的行为自由受到侵蚀，不利于被监护人的人格成长发育。另一方面，监护人除了基于血缘关系的近亲属，还有可能是其他个人或者单位，对于后者而言，监护更多的是一种职责或者负担，从鼓励他们履行监护职责的角度，也应当设置减轻责任的规则，否则，很多个人或者单位不愿意担任监护人。比较法上，德国、奥地利、希腊、意大利、葡萄牙、瑞士、比利时等立法例，均就此设有衡平责任。[④]

3. 监护人责任的构成要件

对于监护人责任的构成，通常认为需要具备如下几个要件：

第一，被监护人实施侵害他人人身、财产权益的侵害行为。首先，该被监护人须为无民事行为能力人或者限制民事行为能力人。侵害人是否为无民事行为能力人或限制民事行为能力人，需要根据法律规定的标准、方法来加以判断。其次，被监护人实施的侵害行为须是他自已独立实施的行为，如果被监护人是第三人实施侵害行为的工具，其侵害行为也应当被认定为第三人的侵害行为，而不是被监护人的侵害行为，监护人并不对此承担责任。最后，被监护人的行为须具有违法性，如果被监护人致他人损害但不具有违法性，比如被监护人因正当防卫而造成侵害人损害的，监护人无须对被监护人的行为承担民事责任。

第二，造成他人损害。这里的损害既包括财产损害，也包括人身损害和精神损害。损害是承担赔偿责任的前提条件。如果没有损害，则不必考虑承担损害赔偿责任，监护人自然不承担责任。[⑤] 而所谓的“他人”是指监护人与被监护人以外的第

---

① 谭启平主编. 中国民法学. 3 版. 北京：法律出版社，2021：840. 王泽鉴. 侵权行为. 3 版. 北京：北京大学出版社，2016：456. 于飞.《民法典》背景下监护人责任的解释论. 财经法学，2021 (2)：25. 李晓倩. 未成年人致人损害的规范逻辑与立法选择. 环球法律评论，2018 (4)：130.

② 程啸. 侵权责任法. 3 版. 北京：法律出版社，2021：431.

③ 王利明，等. 民法学. 6 版. 北京：法律出版社，2020：1122.

④ 于飞.《民法典》背景下监护人责任的解释论. 财经法学，2021 (2)：28.

⑤ 王利明主编. 民法. 8 版. 北京：中国人民大学出版社，2020：540.

三人。如果被监护人因为监护人的故意或者过失而遭受损害，如儿童的学习成绩不理想，监护人殴打或者限制其人身自由的，不适用监护人责任。[①]

第三，侵害行为与损害之间有因果关系。有观点认为，监护人责任构成中的因果关系具有双重性：一是侵权行为与损害之间须有因果关系，即损害事实是由被监护人的行为引起的，两者之间有引起和被引起的客观联系；二是监护人的疏于监护与损害事实之间也应有因果关系，这种因果关系在因果关系链上相距较远，不是直接的因果关系。[②] 本书认为，监护人责任的因果关系只需要被监护人的侵权行为与损害之间存在因果关系即可，至于监护人是否尽到监护职责并非责任成立的要件，而仅是减轻责任的要件。

4. 监护人责任的承担

第一，监护人承担无过错责任。被监护人造成他人损害的，由监护人承担侵权责任。这里实行的是无过错责任，只要被监护人的侵权责任成立，就应当由监护人承担赔偿责任。

第二，适用公平分担责任。监护人能够证明自己尽到监护职责的，适用公平分担责任规则，减轻其侵权责任。

第三，被监护人自己有财产的自己支付。有财产的无民事行为能力人、限制民事行为能力人造成他人损害的，从本人财产中支付赔偿费用。无论是未成年人还是精神病人，抑或丧失或者部分丧失民事行为能力的老年人、植物人等，自己有财产的，从财产中先行支付赔偿金。

第四，监护人承担剩余的赔偿责任。如果被监护人的财产不足以支付全部赔偿责任，则由监护人就剩余部分承担赔偿责任。需要注意的是，这一规定与《民法典》第 1198 条规定违反安全保障义务人等承担的“相应的补充责任”并不相同，监护人需要就被监护人未支付部分承担全部的赔偿责任。

5. 委托监护中的监护人责任

《民法典》第 1189 条规定：“无民事行为能力人、限制民事行为能力人造成他人损害，监护人将监护职责委托给他人的，监护人应当承担侵权责任；受托人有过错的，承担相应的责任。”委托监护是指监护人委托他人代行监护的职责，是一种双方民事法律行为，须监护人委托和受托人接受委托的意思表示一致方可成立。我国实践中，委托监护往往发生在监护人和其亲友之间，因此大部分的委托监护是口头的、无偿的。[③]

第一，适用范围。实务中该条款主要涉及两种情形：一是在留守儿童或者父母长期外出、重病、服刑等情形下对未成年人的委托监护，对此，《未成年人保护法》第 22 条第 1 款明确规定：“未成年人的父母或者其他监护人因外出务工等原因在一定期限内不能完全履行监护职责的，应当委托具有照护能力的完全民事行为能力人

① 程啸. 侵权责任法. 3 版. 北京：法律出版社，2021：435.

② 杨立新. 侵权责任法. 4 版. 北京：法律出版社，2021：171-172.

③ 石宏.《中华人民共和国民法典释解与适用》：人格权编侵权责任编. 北京：人民法院出版社，2021：171.

代为照护；无正当理由的，不得委托他人代为照护。”二是在被监护人入托、上学等情况下，监护人将监护职责委托给学校、幼儿园等教育机构行使。《学生伤害事故处理办法》第 7 条第 2 款规定：“学校对未成年学生不承担监护职责，但法律有规定的或者学校依法接受委托承担相应监护职责的情形除外。”①

第二，责任承担。最高人民法院《关于适用〈中华人民共和国民法典〉总则编若干问题的解释》第 13 条规定：“监护人因患病、外出务工等原因在一定期限内不能完全履行监护职责，将全部或者部分监护职责委托给他人，当事人主张受托人因此成为监护人的，人民法院不予支持。”据此，在委托监护情形下，被监护人造成他人损害的，仍应由监护人承担侵权责任，监护人与受托人之间的约定只能作为双方责任划分的依据，不能对抗受害人。当然，受托人对于损害的发生也有过错的，需要承担相应的责任。这里的过错主要指委托人没有尽到监护职责，当然，受托人没有尽到监护职责，对于损害发生也有过错的，需要与监护人共同承担按份责任。

（二）程序法疑难问题精讲

1. 无独立请求权第三人的概念和类型

我国《民事诉讼法》中的第三人分为两类：有独立请求权第三人和无独立请求权第三人，判断的标准是第三人对本诉中原告和被告争议的诉讼标的是否有独立的请求权。根据《民事诉讼法》第 59 条第 2 款的规定，结合我国民事诉讼的司法实践，无独立请求权第三人在我国实际上能够被区分为两种不同的类型：一种是能够辅助本诉一方当事人对抗另一方当事人的“辅助型第三人”，另一种是能够独立承担民事责任的“被告型第三人”。因此，我国的无独立请求权第三人是指对本诉原告与被告争议的诉讼标的没有独立的请求权，但是案件处理结果同他有法律上的利害关系或者可能在本诉中独立承担民事责任，经申请或法院通知参加诉讼的人。②

（1）辅助型无独立请求权第三人。

辅助型无独立请求权第三人是指在诉讼中，对本诉原告与被告所争议的诉讼标的没有独立的请求权，而辅助诉讼中的一方当事人对抗另一方当事人的第三人。在监护人责任纠纷中，对于《民法典》第 1188 条第 2 款的解释，部分学者在学理解释上提出“一般与例外关系说”和“内部与外部关系说”的观点。“一般与例外关系说”认为责任承担的主体仍然是监护人，法律只是允许在例外的情况下从被监护人的财产中偿付本应由监护人承担的赔偿费用。③“内部与外部关系说”认为受害人与监护人之间是外部关系，监护人与被监护人是内部关系。④ 如果以“一般与例外关系说”和“内部与外部关系说”的解释作为实体法基础，反映在被监护人侵权之诉的诉讼构造上就是将监护人作为独立被告。被监护人与监护人在诉讼利益方面具有

---

① 邹海林，朱广新主编．民法典评注：侵权责任编．北京：中国法制出版社，2021：289.

② 张卫平．民事诉讼法．5 版．北京：法律出版社，2019：163 - 164.

③ 薛军．走出监护人“补充责任”的误区：论《侵权责任法》第 32 条第 2 款的理解与适用．华东政法大学学报，2010（3）：114 - 122.

④ 陈帮锋．论监护人责任《侵权责任法》第 32 条的破解．中外法学，2011（1）：96 - 110.

一致性，可能的诉讼地位就是作为辅助型无独立请求权第三人参加诉讼，维护自己的合法权益，避免法院的判决对自己的权利义务产生消极的影响。

被监护人以辅助型无独立请求权第三人身份参与受害人和监护人之间的诉讼，需要满足以下法定条件：第一，与案件处理结果有法律上的利害关系。这种法律上的利害关系是基于被监护人与监护人在实体法上的监护关系而产生的。被监护人的权利义务将受到受害人和监护人间诉讼结果的影响。至于这种影响是来自判决主文中的判断，还是来自判决理由中的事实判断，我国《民事诉讼法》对此并没有进行规定，只要被监护人认为受害人和监护人间的诉讼对自己有不利影响，就可以申请参加诉讼。第二，参加的诉讼正在进行，即从监护人应诉起，到诉讼审理终止前，一般是在第一审程序期间。第三，参加的诉讼是他人之间的诉讼，即被监护人在受害人和监护人间的诉讼不能既是其中一方的当事人，又是第三人。根据《民法典》第 1188 条第 1 款的规定，被监护人的侵权责任由监护人承担，诉讼可能只在监护人与受害人之间进行，所以，被监护人不作为诉讼的另一方当事人参加诉讼，便可以作为第三人参加诉讼。第四，通常情况下，应当主动向法院提出参加诉讼的申请，并写明参加诉讼的目的和理由，申请参加的理由就是本诉与被监护人有法律上的利害关系。

被监护人作为辅助型无独立请求权第三人，自然不具有与当事人相同的诉讼地位，不能在诉讼中实施承认、放弃、变更诉讼请求或请求调解等诉讼行为。因为被监护人在诉讼中是辅助监护人对抗受害人，所以当被监护人的诉讼行为与监护人的诉讼行为发生冲突时，被监护人的诉讼行为无效。

（2）被告型无独立请求权第三人。

被告型无独立请求权第三人是指在诉讼中，对本诉原告与被告所争议的诉讼标的没有独立的请求权，但可能在本诉中承担民事责任的第三人。由于可能承担实体法上的责任，该第三人与他人之间的法律关系实际上已经成为法院审理和裁判的诉讼标的，但又与本诉原告与被告之间的诉讼标的具有异质性。被告型无独立请求权第三人承担的民事责任往往是本诉被告民事责任的转移，所以该第三人也享有上诉权。在被监护人侵权之诉中，关于监护人的诉讼地位在理论上存在法定代理人说、监护人单独被告说、共同被告说、双重身份说等理论争议。其中双重身份说认为，监护人在民事诉讼中的身份兼具法定代理人和无独立请求权的第三人。① 在司法实践中，最高人民法院曾经在最高人民法院民事审判庭《关于监护责任两个问题的电话答复》（1990 年 5 月 4 日）中指出：侵权时不满 18 周岁而诉讼时已满 18 周岁，但本人无赔偿能力的侵权人，其原监护人应当列为案件的无独立请求权的第三人。结合《民法典》第 1188 条的规定，上述的无独立请求权第三人指的都是可能承担民事责任的被告型第三人。

在被监护人侵权之诉中，法院通知监护人作为被告型无独立请求权第三人参加诉讼的目的在于试图从被监护人与监护人之中发现真正的纠纷主体，并使其承担相

---

① 徐永顺，等. 论被监护人侵权中监护人诉讼主体地位. 法制与社会，2015（12）：262-264.

应的责任，实现一次性解决纠纷，提高纠纷解决的效率。由于被告型无独立请求权第三人可能承担实体法上的责任，成为诉讼中实质上的被告，所以很难期待该第三人积极主动地参加诉讼。因此，根据《民诉法司法解释》第 222 条的规定，在被监护人侵权之诉中，受害人在起诉状中直接列明第三人，视为其申请法院追加该第三人参加诉讼，是否需要通知第三人参与诉讼，由法院审查后决定。即便监护人主动申请作为第三人参加诉讼，但是最后被判决承担民事责任，监护人的诉讼地位也会从主观意图上辅助型无独立请求权第三人转换为实际上的被告型无独立请求权第三人。另外，在司法实践中，法院的通知参加具有传唤的效力，监护人在收到法院的通知后拒不参加诉讼的，法院可以缺席判决。

2. 诉讼代理人的概念与类型

无论是未成年的被监护人，还是成年的被监护人，在民事实体法中都是无民事行为能力人或限制民事行为能力人，对应到民事程序法中都是无诉讼行为能力人，即是不能亲自实施诉讼行为，并且不能通过自己的行为，行使诉讼权利和承担诉讼义务的民事主体。因此，未成年人和成年被监护人参加民事诉讼活动，需要诉讼代理人代为进行相应的民事诉讼活动。

（1）诉讼代理人的概念。

在我国《民事诉讼法》中，诉讼代理人是指根据法律的规定或当事人的委托，代为进行民事诉讼活动的人。在具体的民事诉讼活动中，诉讼代理人以当事人本人的名义作出“作为当事人的代理人”之表示，并基于自己的意思代当事人实施或承受相应诉讼行为。诉讼上的代理人原则上是诉讼全程的代理人，但是在个别情况下也允许诉讼代理人单就某个诉讼行为进行代理。①

诉讼代理人的特征：

一是以被代理人的名义进行诉讼活动，由被代理人承担法律后果。诉讼代理的目的在于维护被代理人的合法权益，因此诉讼活动只能以被代理人的名义进行，诉讼活动的法律效力应当约束被代理人。这是诉讼代理人与辅助型无独立请求权第三人和诉讼担当人的主要区别。

二是在代理权限内实施诉讼活动。诉讼代理人的代理权限根据法律的规定或当事人的授权委托确定。诉讼代理人超出代理权限所为的诉讼行为，将被认定为无效的诉讼行为，不对被代理人发生法律效力。

三是诉讼代理人具有诉讼行为能力，以自己的意思进行诉讼活动。诉讼行为能力是诉讼代理人进行诉讼活动的资格，即诉讼活动的有效要件。代理人基于自己的意思代当事人实施或承受相应的诉讼行为，是代理人区别于传递当事人意思的使者的主要标志。

（2）诉讼代理人的类型。

我国《民事诉讼法》根据诉讼代理权的来源，将诉讼代理人分为法定诉讼代理人和委托诉讼代理人。法定诉讼代理人是指在当事人为无民事诉讼行为能力时，譬

---

① ［日］新堂幸司. 新民事诉讼法. 林剑锋，译. 北京：法律出版社，2008：114-115.

如被监护人侵权之诉中的被监护人，由于其不能自行实施相应的诉讼行为，法律规定由代理人代为实施相应的诉讼行为。委托诉讼代理人是指，当事人虽然具备民事诉讼行为能力，但是诉讼实施能力不充分，根据当事人或其法定代理人的委托由代理人代为实施相应的诉讼行为。[①]

在被监护人侵权之诉中，由于被监护人不具备实施诉讼行为的能力，根据《民事诉讼法》第60条的规定，由监护人作为法定代理人代被监护人实施相应的民事诉讼行为。法定诉讼代理人是指根据法律的规定，代理无诉讼行为能力的当事人进行民事活动的人。法定代理人的基本特征在于其代理权来自法律的直接规定。因为设置法定代理人的主要目的在于补充无民事行为能力人和限制民事行为能力人的民事诉讼行为能力，所以法定代理人的范围基本上与实体法规定的监护人范围一致并且表现为一种全权代理。

法定代理人的全权代理在诉讼中表现为法定代理人无须经过被代理人的授权即可自由处分被代理人的诉讼权利和实体权利。法定诉讼代理人可以根据自己的意志代理被代理人实施所有诉讼行为，既包括实施起诉、应诉、举证、质证等程序性行为，又包括实施放弃或变更诉讼请求、进行调解、认诺等实体性行为。同时，法定诉讼代理人也要履行当事人所承担的一切诉讼义务。为了防止出现法定诉讼代理人损害被代理人权益的情况，一方面，法院应该对法定诉讼代理人进行必要的监督；另一方面，法定诉讼代理人如果实施了侵害被代理人合法权益的行为，应当承担相应的民事责任。

法定诉讼代理权是基于民事实体法上的监护权而产生的。在诉讼中，法院应当对法定诉讼代理人是否具有监护权进行调查核实，必要时还应要求法定诉讼代理人对其拥有监护权进行证明。法定诉讼代理权随着监护权的消灭而消失。在诉讼中，法定诉讼代理人应当及时将监护权消灭的事实告知法院，并主动退出诉讼。

三、法官释法

（一）被监护人有财产时监护人的侵权责任

《民法典》第1188条第1款规定："无民事行为能力人、限制民事行为能力人造成他人损害的，由监护人承担侵权责任。监护人尽到监护职责的，可以减轻其侵权责任。"紧接着，第2款规定："有财产的无民事行为能力人、限制民事行为能力人造成他人损害的，从本人财产中支付赔偿费用；不足部分，由监护人赔偿。"对于两款的关系，学界存在不同认识。

第一，一般与例外关系说。该说认为，第1款为一般适用条款，第2款为例外情形下适用的条款，除有例外情形，一般应适用第1款的规定，要求监护人承担赔偿责任。而例外情形有两种：一是监护人承担责任不足，没有赔偿能力，被监护人拥有大量财产；二是监护人承担责任过量，即监护人有赔偿能力，但独自赔偿将导

① ［日］伊藤真. 民事诉讼法：第四版补订版. 曹云吉，译. 北京：北京大学出版社，2019：96.

致监护人生活陷入极大的窘迫，被监护人拥有大量财产，为平衡监护人与被监护人利益关系，特设置第 2 款。[①]

第二，一般与补充关系说。该说认为，第 2 款的规定是为济第 1 款的规定后半句“监护人责任减轻事由”之穷，目的在于全面救济被害人。按照第 1 款的规定，如果监护人尽到监护职责，需要减轻赔偿责任，此时被害人救济可能存在漏洞，就需要动用被监护人财产来进行救济，即“当监护人以尽到监护责任请求减轻责任时，受害人权益很可能得到周全保护。正是为了弥补此种救济漏洞，才设置了第 2 款规定”[②]。

第三，外部与内部关系说。该说认为，第 2 款规定为纯粹的内部条款，仅调整监护人与被监护人之间因财产支付产生的纠纷。“这种裁判功能常常是隐而不显的，只有在被监护人有财产而监护人用被监护人的财来支付赔偿费用，又产生了的争议情况下才出现。”受害人只能依据第 1 款要求监护人承担侵权责任，而不能依据第 2 款径直要求有财产的被监护人支付赔偿费用。第 2 款规定的适用，仅能用来解决监护人与被监护人内部的因财产支付产生的纠纷。[③]

本书认为，外部与内部关系说相对更具合理性。从《民法典》第 1188 条第 2 款的规定来看，有财产的被监护人造成他人损害的，“从本人财产中支付赔偿费用”，而不是承担赔偿责任，这与监护人承担的侵权责任是不同的，将其理解为内部关于赔偿费用的具体支付条款更加合理。根据这一观点，对于监护人责任的承担，可以按照如下规则进行：首先，监护人承担责任。被监护人造成他人损害的，由监护人承担侵权责任。这里实行的是无过错责任，只要被监护人的侵权责任成立，就应当由监护人承担赔偿责任。其次，减轻责任的情形。监护人尽到监护责任的，可以减轻其侵权责任。最后，赔偿费用的具体支付。在被监护人没有财产时，由监护人具体支付赔偿费用。在被监护人有财产时，由监护人自己决定是否动用被监护人的财产去具体支付赔偿费用。

（二）教唆人、帮助人责任与监护人责任

《民法典》第 1169 条第 2 款规定：“教唆、帮助无民事行为能力人、限制民事行为能力人实施侵权行为的，应当承担侵权责任；该无民事行为能力人、限制民事行为能力人的监护人未尽到监护职责的，应当承担相应的责任。”该条是对《侵权责任法》第 9 条第 2 款的延续。有学者认为：这样的规定具有很大的灵活性，完全体现了实事求是的要求。根据监护人有无监护过失确定教唆人、帮助人承担全部责任还是部分责任，根据监护人的过失程度承担相应的责任而确定教唆人或者帮助人应当承担责任份额的大小，就可以实事求是地确定教唆人、帮助人以及监护人的责任，合理分配赔偿责任，避免出现之前的司法解释统一规定无民事行为能力人和限制民

---

① 薛军．走出监护人“补充责任”的误区：论《侵权责任法》第 32 条第 2 款的理解与适用．华东政法大学学报，2010（3）：121.

② 朱广新．被监护人致人损害的侵权责任配置：《侵权责任法》第 32 条的体系解释．苏州大学学报（哲学社会科学版）．2011（6）：17.

③ 陈帮锋．论监护人责任《侵权责任法》第 32 条的破解．中外法学，2011（1）：108.

事行为能力人的固定化责任而导致的责任区分不准确、利益关系处理失衡的问题，纠正了司法解释存在的误差。[①] 但教唆人、帮助人与监护人究竟承担什么样的责任成了难题。对此存在不同的观点。

第一，连带责任说。有学者认为，在教唆、帮助不完全民事行为能力人实施侵权行为的情况下，应当由教唆人、帮助人与监护人承担连带责任，因为监护人责任不考虑监护人对被监护人的侵权行为是否存在过错，只要被监护人实施了侵权行为，监护人就要承担责任。[②] 例如，在案例二中，一审法院认为，刘某某泉应承担刘某致刘某某来水井污染的侵权责任，刘某的监护人未尽到监护责任，应承担连带赔偿责任。但二审法院认为刘某某来未能提供证据证明刘某的监护人未尽到监护职责，故刘某某来主张刘某的监护人承担侵权责任于法无据，予以纠正，判定由刘某某泉承担赔偿责任。[③]

第二，按份责任说。有观点认为，无民事行为能力人、限制民事行为能力人的监护人未尽到监护职责的，应当承担相应的责任。此处的“相应的责任”指的是基于过错的按份责任。也就是说，监护人在未尽到监护职责存在过错时，应当与教唆人、帮助人对受害人的全部损害各自按一定比例承担责任。[④]

第三，单向连带责任说。有学者认为，教唆人、帮助人与监护人的责任是单向连带责任。所谓的单向连带责任，是指在连带责任中，被侵权人有权向承担侵权责任的责任人主张承担全部赔偿责任并由其向其他责任人追偿，不能向只承担相应的责任的责任人主张承担全部责任并由其向其他连带责任人追偿的特殊连带责任形态。简言之，单向连带责任就是在连带责任人中，有的责任人承担连带责任，有的责任人只承担按份责任的特殊连带责任形式。在教唆人、帮助人与监护人之间体现为只允许教唆人、帮助人向监护人追偿，但是不准监护人向教唆人、帮助人追偿。[⑤]

第四，不真正补充责任说。有观点认为，此处应为不真正补充责任，即仅在教唆、帮助人不能完全弥补损害的前提下，监护人才承担侵权责任，并且也只承担与其过错程度相当的损害赔偿。同时，鉴于补充责任以教唆人、帮助人财产不足为前提，监护人也有相应的过错，所以不宜确立监护人对教唆人、帮助人的追偿权。[⑥]

综合上述学说，本书认为，单向连带责任说更具有合理性。首先，连带责任说过于严苛，也不符合法条“相应的责任”表述。其次，按份责任说对于帮助人、教唆人过于宽松，间接减轻他们的赔偿范围，与帮助人、教唆人的责难程度不相适应。再次，不真正补充责任说在对外层面为相应的补充责任，由帮助人、教唆人先承担责任，监护人仅承担补充责任；在对内层面属于按份责任，监护人没有向帮助人、

① 杨立新. 教唆人、帮助人责任与监护人责任. 法学论坛，2012（3）：50.

② 程啸. 侵权责任法. 3版. 北京：法律出版社，2021：394.

③ 广东省湛江市中级人民法院（2017）粤08民终943号民事判决书.

④ 邹海林，朱广新主编. 民法典评注：侵权责任编. 北京：中国法制出版社：2021：56.

⑤ 杨立新. 教唆人、帮助人责任与监护人责任. 法学论坛，2012（3）：51-52.

⑥ 王竹. 论数人侵权责任分担原则：对《侵权责任法》上“相应的”数人侵权责任立法技术的解读. 苏州大学学报（哲学社会科学版），2014（2）：75.

教唆人追偿的权利，反而需要与后者共同分担责任，这对于帮助人、教唆人过于宽容。最后，单向连带责任说具有合理性，恰好弥补了按份责任说的不足，其让教唆人、帮助人承担向监护人追偿不能的风险，又没有像连带责任说那样增加监护人追偿不能的风险负担，同时又对受害人损失之完全赔偿的实现给予了更多的机会。因此，这种理解和解决方案，合理允当，值得接受。①

(三) 监护人责任与教育机构责任的竞合

无民事行为能力人、限制民事行为能力人在学校、幼儿园等教育机构学习、生活期间致人损害的，会产生监护人责任与教育机构责任竞合的问题，此时监护人和教育机构应当按照下列规则分担责任。

首先，监护人应当承担监护责任。无论是无民事行为能力人还是限制民事行为能力人，未成年人在教育机构学习、生活期间，监护关系并未移转。根据我国《民法典》的规定，学校、幼儿园或者其他教育机构不是未成年人的监护人，它们对未成年人只是负有教育、管理职责。如果监护人想要将监护职责部分或者全部委托给教育机构，需要与教育机构进行明确的约定。如果没有明确的约定，不能推定教育机构接受了监护人的委托，对到教育机构学习的未成年学生承担部分或者全部的监护职责。因此，幼儿园、学校和其他教育机构仅对被监护人负有教育、管理、保护的义务，监护人依然需要承担监护人责任。②

其次，幼儿园、学校或者其他教育机构应当承担与其过错相应的责任。虽然幼儿园、学校等教育机构对在教育机构学习的未成年人不负有监护职责，但有教育、管理、保护的职责。如果学校未尽到应有的教育、管理、保护职责，致使未成年学生在教育机构学习和生活期间侵害了其他未成年学生，除了该加害人的监护人应当承担责任，学校也需要承担与其过错相适应的赔偿责任。③ 例如，在案例三中，法院认为，朱某在宿舍内扔橘子砸伤吴某的右眼，因为其系无民事行为能力人，朱某的监护人依法应当对吴某的损害后果承担赔偿责任。曙光双语学校系一所民办寄宿制小学，按照该学校的管理制度，学校里专门负责学生生活的老师应当对学生的就寝情况进行巡视。吴某、朱某等学生超过规定时间未入睡，曙光双语学校对此没有及时发现并进行管理；在伤害事故发生后，曙光双语学校不仅未给吴某提供及时有效的治疗措施，还滞后 10 多天才向监护人通知吴某受到伤害的情况，以致吴某伤情加重。曙光双语学校对学生没有充分履行教育、管理和保护的义务，具有过错，应当承担相应的赔偿责任。曙光双语学校实行封闭式管理，使朱某的监护人履行监护职责受到限制，故曙光双语学校对朱某、吴某未充分履行教育、管理和保护义务，是导致本案伤害事故发生的主要原因，曙光双语学校应当对伤害后果承担主要赔偿责任，朱某系加害人，其监护人应当承担次要责任。据此，法院依法判决朱某的法

---

① 刘保玉. 监护人责任若干争议问题探讨. 法学论坛，2012 (3)：44－45.

② 程啸. 侵权责任法. 3 版. 北京：法律出版社，2021：438.

③ 邹海林，朱广新主编. 民法典评注：侵权责任编. 北京：中国法制出版社，2021：56.

定代理人赔偿吴某30%的损失，曙光双语学校赔偿吴某70%的损失。[①]

在确定教育机构的责任时，是否需要对公立教育机构和私立教育机构区别对待值得思考。实践中，有的法院在学生伤害事故案件中，经常区分教育机构的公立或私立性质，公立学校和私立学校的赔偿标准以及赔偿范围也存在较大区别。私立学校与公立学校相比较，确实有其营利的一面，但是私立学校从事的教育事业仍然是公益性的，不属于营利性法人。我国为了满足未成年人的教育需求，保护未成年人的受教育权，积极鼓励社会力量以多种形式办学，努力形成以政府办学为主体、公办学校和民办学校共同发展的格局。对此，《民办教育促进法》第3条第1款、第2款明确规定："民办教育事业属于公益性事业，是社会主义教育事业的组成部分。国家对民办教育实行积极鼓励、大力支持、正确引导、依法管理的方针。"第5条规定："民办学校与公办学校具有同等的法律地位，国家保障民办学校的办学自主权。国家保障民办学校举办者、校长、教职工和受教育者的合法权益。"与此同时，《民法典》规定学校、幼儿园、医院等以公益为目的的事业单位、社会团体不得为保证人，以及学校、幼儿园、医院等以公益为目的的事业单位、社会团体的教育设施、医疗卫生设施和其他社会公益设施不得抵押。上述法律法规将学校视为绝对的公益单位，并未区分公立学校与私立学校，因此，在确定学校的权利和义务时，也不应对二者有所区分，但由于私立学校相对于公立学校，其费用往往更高，并且会给予学生家长更多的承诺，依据权利和义务相一致原则，私立学校应履行与该额外费用或承诺相对应的监护职责。如果在履行职责过程中有过错，导致学生受伤害，私立学校应承担相应的赔偿责任。[②]

最后，就承担赔偿责任的范围而言，实践中对于赔偿对象是否包括学生的精神损害抚慰金和误学费有所争议。关于精神损害赔偿，《民法典》第1183条规定："侵害自然人人身权益造成严重损害的，被侵权人有权请求精神损害赔偿。因故意或者重大过失侵害自然人具有人身意义的特定物造成严重精神损害的，被侵权人有权主张精神损害赔偿。"因此，校园伤害赔偿案件中赔偿责任的范围是否包括精神损害赔偿，要根据行为人是否对受害学生造成严重精神损害加以判断。关于误学费，受害学生因身体受到伤害不得不休学，在学业上确实会受到一定的损失，但是要支持赔偿误学费的请求，必须要存在相应的法律依据，而目前我国法律法规中并没有关于误学费的赔偿规定。考虑到法律已经将残疾赔偿金和精神损害赔偿金作为赔偿项目，为了平衡学校与未成年学生之间的利益，不支持误学费的赔偿请求是比较公平的做法。例如，在案例四中，曙光双语学校是一所民办寄宿制小学，与其他实行走读制的学校相比，寄宿制小学只是在学校内部的管理上有所扩展，并未改变其对学生承担教育、管理和保护义务的本质。而学校内部管理上的变化，并不必然导致未成年学生监护职责的转移，在曙光双语学校与学生家长签订的入学协议中，没有约定家

---

① 吴某诉朱某、曙光双语学校人身损害赔偿纠纷案．最高人民法院公报，2006（12）．

② 吴庆宝主编．最高人民法院专家法官阐释民商事裁判疑难问题．增订版．北京：中国法制出版社，2011：171．

长委托学校对未成年学生履行监护职责，因此，法院认定曙光双语学校和吴某之间不构成监护关系，是正确的，法院以无法律依据为由驳回吴某赔偿误学费的请求，也是妥当的。[①]

（四）被监护人在被监护人致人损害之诉中的诉讼地位

民事诉讼中的当事人，是指因为民事权利义务发生争议，以自己的名义进行诉讼，要求法院进行裁判或调解的人以及相对人。狭义上的当事人，仅指诉讼中的原告和被告。广义上的当事人包括原告、被告、共同诉讼人、第三人等。在被监护人致人损害之诉中，被监护人如果要参加诉讼，首先要具备当事人能力。这是实体判决的要件之一。当事人能力，又称诉讼权利能力或当事人诉讼权利能力，是指成为民事诉讼当事人，享有民事诉讼权利和承担民事诉讼义务所需的诉讼法上的资格。当事人能力与民事权利能力有着密切的关系，在通常情况下，有民事权利能力的人才具有当事人能力。被监护人虽然在民事行为能力上是限制民事行为能力人或无民事行为能力人，但依旧是具有民事权利能力的自然人，享有在民事诉讼中成为当事人的资格。

关于被监护人在被监护人致人损害之诉中的诉讼地位首先应该考虑其能否作为诉讼的适格被告。当事人能力只是参加诉讼的一般资格，而当事人适格属于针对特定案件的具体资格。判断当事人适格的标准在理论上主要有“利害对立说”“实体利益说”“争议法律关系说”。根据“利害对立说”，受害人与被监护人是侵权法律关系的对立双方；根据“实体利益说”，诉讼中具体实体利益的最终归属于受害人和被监护人；根据“争议法律关系说”，受害人和被监护人是争议侵权关系的主体。[②] 综上，在被监护人致人损害之诉中，具有侵权损害赔偿请求权的受害人以及被请求的被监护人就是适格的当事人。然而被监护人成为适格被告最大的障碍来自《民法典》第 1188 条第 1 款规定的“由监护人承担侵权责任”。《民法典》第 1188 条在第 1 款和第 2 款区分了侵权责任的承担和赔偿费用的承担。虽然侵权责任由监护人承担，但是监护人是否承担赔偿责任取决于被监护人是否有财产，进而区分赔偿费用为由被监护人或监护人单独承担和由监护人与被监护人共同承担。被监护人承担赔偿费用的原因在于侵权法律关系的成立，监护人承担赔偿费用的原因在于监护法律关系的存在。在被监护人致人损害之诉中，首先审理的诉讼标的应当是争议的侵权法律关系，所以，诉讼的原告与被告首先应当是受害人与被监护人。而如果被监护人作为诉讼的适格被告参与诉讼，便不能成为诉讼中的第三人。

（五）监护人在被监护人致人损害之诉中的诉讼地位

在被监护人致人损害之诉的司法审判实务中，可能存在单独的监护人责任、教

---

① 王松，张媛媛．校园伤害赔偿案件的裁判规则：兼议未成年学生损害风险的防范和化解．人民司法，2010（13）：20.

② ［日］伊藤真．民事诉讼法：第四版补订版．曹云吉，译．北京：北京大学出版社，2019：128－129.

唆人或帮助人责任与监护人责任的竞合、监护人责任与教育机构责任的竞合等多种情形。其中，关于受害人作为适格原告提起诉讼，教唆人或帮助人与教育机构列为适格被告，实践中的争议不大。但是对如何确定监护人在被监护人致人损害之诉中的诉讼地位，实践中具有颇多争议。

我国司法实践中关于如何确定监护人的诉讼地位，主要有以下四种做法：第一种做法是，监护人作为法定代理人参加诉讼。虽然被监护人可以成为诉讼中的适格被告，但是因为被监护人不具有诉讼行为能力，所以，根据《民事诉讼法》第 60 条的规定，需要监护人作为其法定代理人代为实施相应的诉讼行为。这种做法遗留的主要问题是当被监护人的财产不足以承担赔偿责任时，对不足的部分能否在执行程序中直接追加监护人作为被执行人进行赔偿。司法实践中，部分法院对于在执行程序中能否追加被执行人遵循法定主义原则，不允许直接追加监护人为被执行人，而是要求受害人对监护人另行起诉。[①] 第二种做法是，监护人单独为被告。首先，《民法典》第 1188 条明确规定了“由监护人承担侵权责任”和“不足部分，由监护人赔偿”，理应将监护人作为适格被告。其次，根据前文的介绍，《民法典》第 1188 条在理论解释上存在“财产区分说”“补充责任说”“一般与例外关系说”等观点，上述解释对民事诉讼的影响在于受害人如果要将被监护人作为适格被告，就需要在起诉时证明被监护人拥有独立的财产，这与民事诉讼立案登记制的初衷是相违背的。最后，根据“内部和外部关系说”的观点，监护人与被监护人之间如何分担侵权责任属于内部关系问题，不影响受害人与监护人之间就侵权法律关系产生的外部问题。受害人直接起诉监护人更有利于提高诉讼的效率。然而，这种做法也可能会面临以下难题：一是对被监护人的诉讼地位如何确定的问题，虽然被监护人可能作为无独立请求权第三人参加诉讼，但是这种做法在理论上和实践上都饱受争议；二是在被监护人有财产时，可否在执行程序中直接追加被监护人，并先对被监护人的财产进行执行。第三种做法是，监护人和被监护人作为共同被告。《民诉法司法解释》第 67 条规定，被监护人侵权的，被监护人与其监护人为共同被告。这种做法既有利于在审判程序中查清事实，分清责任，又能在执行程序中扩大被告的责任财产范围，有利于保护受害人的合法权益。但是这种做法的正当性在民事诉讼体制和理论上饱受质疑。第四种做法是，监护人为无独立请求权的第三人。这种做法的主要依据来自《最高人民法院民事审判庭关于监护责任两个问题的电话答复》，单纯出于在被监护人无力赔偿时，监护人能够赔偿受害人损失的实用性目的。这种做法目前基本上已经无人提及。

在被监护人致人损害之诉中，既要实现对受害人的有效救济，又要督促监护人履行监护职责，还要避免监护人对被监护人过于严苛的管教，因此，本书认为，诉讼中比较恰当的做法应当是将被监护人列为被告，监护人作为法定诉讼代理人参加诉讼。首先，通过法律的体系化解释，被监护人作为单独被告，监护人作为法定诉

---

① 广东省韶关市武江区人民法院（2021）粤 0203 执异 64 号执行裁定书、广西壮族自治区北海市中级人民法院（2020）桂 05 执复 9 号执行裁定书。

讼代理人参加诉讼，符合法律的规定。《民事诉讼法》第60条规定，被监护人由其监护人作为法定代理人代为进行诉讼。在刑事附带民事诉讼中，主流观点认为被告人丧失民事行为能力，诉讼的被告依旧是被告人，其监护人以法定诉讼代理人的身份参加诉讼。[①] 因此，通过体系化的解释，《民诉法司法解释》第67条关于“无民事行为能力人、限制民事行为能力人和其监护人为共同被告”的规定与《民事诉讼法》第60条和《刑事诉讼法》及其司法解释的规定相冲突，应当予以废止。[②] 其次，监护人作为法定代理人参加诉讼仍可以追究其监护人责任。一方面，从构成要件和法律效果上看，《民法典》第1188条第2款并没有提供独立的请求权基础，只是提供了在侵权责任成立前提下，如何对赔偿费用进行分配的方案，属于广义上的民事诉讼强制执行规范，同时也为判决的执行力向监护人扩张提供了法律依据。[③] 另一方面，在绝大多数情况下，监护人和被监护人在诉讼中的利益是一致的，监护人作为法定诉讼代理人参加诉讼实际上是在维护监护人和被监护人的共同利益，同时监护人在诉讼中能够根据自己的意志进行相应的诉讼行为，获得了较为充分的程序保障，因此判决的执行力向监护人扩张并无不当。最后，以被监护人为被告，监护人为法定代理人，能够在执行程序中实现《民法典》第1188条第2款“不足部分，由监护人赔偿”的规范要求。如果被监护人有财产可供执行，法院在执行程序可以直接根据裁判文书的主文对被监护人进行强制执行。如果被监护人没有财产或者被监护人的财产不足以支付全部的赔偿费用，法官在作出判决时可以在裁判文书的主文中直接载明“被监护人的财产不足以支出赔偿时，不足部分由监护人承担”，这样便可以在监护人与被监护人之间确定执行的先后顺序。

（六）被监护人致人损害之诉的诉讼形态

诉讼程序中应当存在相互对立的双方当事人，原告与被告的对立是民事诉讼得以存在和继续的前提。诉讼程序中的原告是指为了维护自己或自己所管理的他人的民事权益，而以自己的名义向法院起诉，从而引发民事诉讼程序的人。在被监护人致人损害之诉中，受害人为了维护自己的民事权益，可以以自己的名义起诉。若受害人在起诉时为无民事行为能力人，起诉时还需要将其监护人列为法定诉讼代理人代其行使相应的诉讼行为。若受害人因侵权行为而死亡，其继承人可以以自己的名义向法院起诉。

诉讼程序中的被告是指被原告诉称侵犯其民事权益或者与其发生民事争议，由法院通知应诉的人。在被监护人致人损害之诉中，根据《民诉法司法解释》第67条，原告诉请法院审理被监护人致人损害之诉应当将监护人与被监护人列为共同被告，其目的在于通过诉的主观（主体）合并简化诉讼程序，避免法院在同一事件的处理上作出互相矛盾的判决。然而，监护人与被监护人作为共同被告的正当性在民

---

① 陈立斌主编．刑事附带民事诉讼案件审理精要．北京：人民出版社，2018：168-169.

② 王杏飞．论监护人的侵权责任与诉讼地位：以《民法典》第1188条的适用为中心．法学评论，2021（2）：121-129.

③ 祝颖．我国监护人责任诉讼形态的反思与厘定．河北法学，2020（8）：132-135.

事诉讼体制和理论上饱受争议。

首先，在被监护人侵权之诉中采用共同诉讼与我国法律中共同诉讼的判断标准难以形成逻辑自洽。根据《民事诉讼法》第 55 条的规定，共同诉讼根据共同诉讼人之间对诉讼标的的关系分为两类：一类是诉讼标的共同的“必要共同诉讼”；另一类是诉讼标的同种类的“普通共同诉讼”。监护人责任本质上是一种由监护人替代被监护人承担侵权责任的替代责任，是基于监护人与被监护人之间的监护关系而产生的。而受害人与被监护人是侵权法律关系的主体，产生的基础是被监护人的侵权行为。显然，监护人、被害人、被监护人三者之间的法律关系，既不属于同种类的民事法律关系，也不可能是同一民事法律关系。其次，在被监护人侵权之诉中采用共同诉讼可能会违背诉讼当事人平等原则。当事人平等原则的含义之一就是当事人诉讼地位平等，无论当事人一方的诉讼地位如何，都能平等地享有诉讼权利，承担诉讼义务。在侵权之诉中，被监护人能够作为独立的原告起诉，却不能作为独立的被告应诉。在同一诉讼中，被监护人诉讼地位的变化导致了诉讼形态的差异，很难不让人质疑《民诉法司法解释》第 67 条的规定违背了诉讼当事人平等原则。最后，在被监护人侵权之诉中采用共同诉讼，监护人的被告身份与法定诉讼代理人身份存在利益上的冲突。监护人作为法定诉讼代理人，是为了维护被监护人的利益而参加诉讼的。虽然在绝大多数情况下监护人与被监护人之间的利益是一致的，但是仍然需要考虑被监护人有独立财产并且监护人与被监护人之间利益存在差异的小概率情况。在这种小概率情况中，根据《民法典》第 1188 条第 1 款的规定，监护人作为被告参加被监护人侵权之诉时应当尽力证明自己尽到了监护职责，进而减轻其所应当承担的侵权责任。为了实现对受害人的充分救济，监护人责任的减轻，是否意味着被监护人要以自己独立财产承担更多的赔偿费用，最终造成在客观上出现监护人损害被监护人利益的情形。[①]

因此，《民诉法司法解释》第 67 条规定的诉讼形态，更多是出于有利于在审理环节查清案件事实，分清责任承担和在执行环节保护受害人的司法实践目的。本书认为，在被监护人侵权之诉中，更为契合民事诉讼体制和理论的诉讼形态应当是以受害人为原告，被监护人为独立被告，监护人作为法定诉讼代理人参加诉讼。

综上，在被监护人致人损害之诉中，原告诉请法院审理监护人责任时，应当将被监护人列为被告，将监护人列为其法定诉讼代理人。如果存在监护人责任与教唆人或帮助人责任或者教育机构责任的竞合情况，原告应当将监护人与教唆人、帮助人或教育机构列为共同被告，监护人作为被监护人的法定诉讼代理人参加诉讼。

四、类案练习

张三与李四是阳光小学五年级的学生（均为 10 周岁），在课间活动时，二人打闹，张三把李四推倒在地上，李四头部流血，花去医药费 3 000 元。张三因此受到李四家长责骂，称其没有家教。其舅舅知道此事后教唆张三用足球砸破李四家的窗

---

① 祝颖. 我国监护人责任诉讼形态的反思与厘定. 河北法学，2020 (8)：129 - 132.

户以泄愤，张三照做，将李四家的玻璃砸碎。后小区保安调取监控发现是张三所为。

问题：

1. 张三把李四推倒在地上，李四头部流血，花去医药费 3 000 元，该责任应当由谁承担？本案适格的原告与被告应当是谁？

2. 假如张三存有压岁钱 1 000 元，对 3 000 元医药费该如何赔偿？法院如何通过判决实现赔偿顺序和数额的分配？

3. 张三用足球砸破李四家窗户，该责任应当由谁承担？本案适格的被告应当是谁？

五、知识拓展

1. 于飞.《民法典》背景下监护人责任的解释论. 财经法学，2021（2）.

2. 朱广新. 被监护人致人损害的侵权责任配置：《侵权责任法》第 32 条的体系解释. 苏州大学学报（哲学社会科学版），2011（6）.

3. 杨立新. 教唆人、帮助人责任与监护人责任. 法学论坛，2012（3）.

4. 张力，郑志峰. 功能论视角下我国监护人责任的反思与重构. 西南政法大学学报，2014（2）.

5. 薛军. 走出监护人“补充责任”的误区：论《侵权责任法》第 32 条第 2 款的理解与适用. 华东政法大学学报，2010（3）.

6. 陈帮锋. 论监护人责任《侵权责任法》第 32 条的破解. 中外法学，2011（1）.

7. 王杏飞. 论监护人的侵权责任与诉讼地位：以《民法典》第 1188 条的适用为中心. 法学评论，2021（2）.

8. 李晓倩. 未成年人致人损害的规范逻辑与立法选择. 环球法律评论，2018（4）.

专题四　多数人之债

一、案例导入

（一）案情简介

案例一：2005 年，商贸公司依约为物业中心供煤，事后物业中心、汽修厂分别向商贸公司出具拖欠货款 91 万余元的欠条。2008 年，商贸公司起诉物业中心，法院生效判决判令物业中心向商贸公司支付所拖欠的货款 91 万余万。商贸公司申请人民法院强制执行但未能从物业中心获得清偿。2010 年，汽修厂申请破产清算并被法院裁定受理，商贸公司申报债权 91 万余元及迟延履行生效判决的利息，被拒绝后向人民法院提起诉讼。

案例二：2017 年 4 月 25 日，甲方（出借方）张某、乙方（借款方）文化公司和丙方（担保方）李某、陈某勇、陈某签订“借款协议”，约定：甲方借款给乙方 470 万元，借期内利率为每月 2%，逾期利率为每月 5%；利息金额以实际出借日至实际收回日为收益计算期间；按协议还款计划计算，借款本息合计 4 794 000 元，其中本金 470 万元，利息 94 000 元；所有借款本息由丙方的李某、陈某勇和陈某承担无限责任连带担保。签订“借款协议”后张某于 2017 年 4 月 27 日、5 月 2 日、5 月 3 日向文化公司账户转账支付 80 万元、200 万元、100 万元。

2018 年 9 月 13 日，张某与陈某勇、陈某签订“还款协议”，约定：对于 2017 年 4 月 25 日签订的“借款协议”，现文化公司无力偿还，经双方友好协商，上述欠款中共计 160 万元的欠款，由陈某勇、陈某共同承担还款责任，陈某勇、陈某承担的这 160 万元，将分 3 次偿还给张某，且不再计算利息。自本协议签署之日起，张某承诺“借款协议”作废，张某不再追究陈某勇、陈某除“还款协议”以外的任何责任。张某在“借款协议”中手写以下内容：依照 2018 年 9 月 13 日签订的“还款协议”，债务人陈某、陈某勇承担债务 160 万元，于 2018 年 11 月 14 日之前还清后，张某将不再追究“借款协议”中陈某勇和陈某的无限连带责任担保，此协议终止。

2018 年 11 月 14 日，张某出具收款证明确认“还款协议”中载明的还款责任已全部履行完毕。张某确认 2017 年 6 月 2 日至 2018 年 11 月 14 日文化公司、李某、陈某勇、陈某共还款 353 万元。

（二）案例思考

在多数人之债诉讼中，连带之债、按份之债是如何产生的？多数人之债诉讼的原告与被告如何确定？连带之债的构成要件如何确定？不真正连带之债与连带之债的区别是什么？连带之债内部如何追偿？连带债权与连带债务各有什么法律效力？债权人放弃对部分连带债务人的债权，是否及于其他连带债务人？

二、基本原理

（一）实体法疑难问题精讲

1. 多数人之债概述

所谓多数人之债，亦称多数主体之债，是指债的双方主体均为二人以上或其中一方为二人以上的债，与单一主体之债相对。[①] 其表现为三种形态：债务人为一人，债权人为二人以上；债务人为二人以上，债权人为一人；债务人为二人以上，债权人为二人以上。关于多数人之债的类型化，现代民法主要有两种方式：一是以债的标的即给付是否可分作为类型化的根据，将多数人之债区分为可分之债与不可分之债；二是以多数人之债复数主体相互之间牵连程度的强弱作为类型化的根据，将多数人之债区分为按份之债、连带之债。《民法典》采取的是第二种方式。

《民法典》不仅在第 517 条至第 521 条对按份债权、按份债务、连带债权、连带债务进行了通则性规定，还在第 177 条规定了按份债务的一种特殊形态——按份责

---

① 崔建远，陈进. 债法总论. 北京：法律出版社，2021：41.

任，在第178条规定了连带债务的一种特殊形态——连带责任。此外，《民法典》合同编以及侵权责任编还对多数人之债，尤其是法定连带责任的特殊构成要件进行了规范。

多数人之债既可以基于当事人约定也可以基于法律规定而产生，《民法典》中就规定了许多法定多数人之债。关于多数人之债的法律效力，通说认为应从三个方面理解：其一，对外效力，即作为多数主体一方的债权人与其债务人，或作为多数主体一方的债务人与其债权人之间，就如何实现债权或履行债务而产生的权利义务关系；其二，对内效力，即作为多数主体的一方内部之间就如何分配债权或分担债务而产生的权利义务关系；其三，就当事人一人所生事项产生的效力，即针对当事人一人所生的事项，是否对其他当事人产生效力。[①] 但对于第三个方面的效力，人们一般将其纳入对外效力之中进行讨论。

2. 按份之债

按份之债系指以同一可分给付为标的，债的多数主体各自按照确定的份额分享债权或者负担债务的债之类型。其中，债权人一方为多数，且彼此间按确定份额享有债权的为按份债权；债务人一方为多数，且彼此间按确定份额负担债务的为按份债务。根据《民法典》第517条的规定，按份之债的构成要件为：其一，债之标的可分是前提，正因如此，按份之债是可分之债的一种，至于按份之债是否等同于可分之债，尚有讨论的余地；其二，债务人或者债权人一方或者双方为二人以上；其三，二人以上的债务人对债权人负担基于同一债之关系所产生的给付义务；其四，二人以上的债权人对其债务人按份额享有债权，或者二人以上的债务人对其债权人按份额负担债务。

按份之债主要基于当事人约定产生，例外情况下才基于法律直接规定产生，因此，按份之债可以分为三种类型：其一，约定按份之债，即基于当事人的约定而产生的按份之债。该约定既可以是当事人之间明确的约定，也可以是通过对当事人意思表示进行解释而得出的约定。例如，在债务总额明确的情况下，债权人接受债务人一方欠条，该欠条载明该债务人欠款金额，若另一债务人欠款金额也明确，该债务即为按份债务[②]；民间借贷纠纷中，借据能够明确各债务人债务金额的，应按照份额各自负担债务，各债务人相互之间不构成连带债务关系。[③] 其二，法定按份之债，即基于法律直接规定——如《民法典》第1172条——而产生的按份之债。再如根据《民法典》第178条有关“实际承担责任超过自己责任份额的连带责任人，有权向其他连带责任人追偿”之规定，该连带责任人向其他连带责任人的追偿，本质上为法定的按份之债，因此，部分共同借款人偿还全部债务后，可按照内部份额约定，向其他借款人追偿其应承担的份额。[④] 其三，推定的按份之债，即在标的可分

---

① 郑玉波. 民法债编总论. 修订2版. 北京：中国政法大学出版社，2004：381.

② 辽宁省抚顺市中级人民法院（2014）抚中民三终字第00185号民事判决书。

③ 山东省枣庄市中级人民法院（2021）鲁04民终3017号民事判决书。

④ 湖北省宜昌市中级人民法院（2018）鄂05民再38号民事判决书。

的前提下，既没有当事人约定其为按份之债，也没有法律规定其是按份之债还是连带之债的，应根据《民法典》第 517 条的规定，认定其为按份之债[①]，因为给付可分的多数人之债以按份之债为原则，连带之债为例外[②]，这是民法上自己责任原则的体现。如在某建设工程施工合同纠纷中，当事人双方达成的“支付协议”未约定各付款方承担连带责任，也不存在法律规定各付款方承担连带责任的情形，人民法院即认定其为按份债务。[③]

按份之债的法律效力，主要包括两个方面的内容：其一，内部效力，即按份债权在各债权人之间的效力，以及按份债务在各债务人之间的效力。对于按份债权，各债权人按照份额各自享有和行使债权，债务人向其中一个债权人超额履行债务，并不构成向其他债权人的适格履行，其他债权人仍有权请求债务人履行。对于按份债务，各债务人按照份额各自负担债务，某一按份债务人超额履行债务的行为，不构成对其他债务人的债务履行，不能向其他债务人追偿。除非债务人超额履行构成第三人代为清偿，此时该债务人得依《民法典》第 524 条主张第三人代为清偿所产生的法定债权让与的效力。其二，外部效力，即按份债权在各债权人与债务人之间的效力，以及按份债务在各债务人与债权人之间的效力。在按份债权中，各债权人只能按照自己享有的债权份额请求债务人履行债务，无权请求债务人向自己清偿全部债务。在按份债务中，各债务人仅有义务在自己的债务份额内向债权人清偿债务，对其他债务人应负的债务份额无清偿义务。对于基于合同而生的按份债权和按份债务，在某一债务人违约的情形下，债权人是否有权解除合同、是向该违约的债务人主张解除还是向全体债务人主张解除、解除的效果是否及于全体债务人等问题，颇有讨论的空间。

3. 连带之债

连带之债是连带债权与连带债务的统称。根据《民法典》第 518 条的规定，连带债权是指债权人为二人以上，各债权人及全体债权人均有权请求债务人为全部给付，且全部给付完成后债权债务即全部归于消灭。连带债务是指债务人为二人以上，各债务人及全体债务人均对债权人负有全部之给付义务，且全部给付完成后债权债务即全部归于消灭。连带债权的各债权人之间为连带关系，在对外关系上各连带债权人为一个整体，在对内关系上为按份债权，各债权人之间的份额难以确定的，视为份额相同；连带债务的各债务人之间为连带关系，在对外关系上各连带债务人为一个整体，在对内关系上为按份债务，各债务人之间的份额难以确定的，视为份额相同。

关于连带之债的发生原因，《民法典》第 518 条第 2 款明确规定：“连带债权或者连带债务，由法律规定或者当事人约定。”在解释上，对法定连带之债所依之法

① 王利明. 债法总则研究. 2 版. 北京：中国人民大学出版社，2018：177.

② 如借条及合同未约定欠款为连带债务，则案涉欠款应推定为按份债务。黑龙江省哈尔滨市香坊区人民法院（2022）黑 0110 民初 1523 号民事判决书。

③ 最高人民法院（2018）最高法民再 189 号民事判决书。

律，应作广义解释，除全国人大及其常委会颁布的法律外，还包括行政法规及司法解释[①]，但不包括地方性法规、部门规章和地方政府规章。由于连带债权通常不利于各债权人债权的实现，因此，相较于连带债务，连带债权在实践中数量较少。除当事人约定连带债权之外，《民法典》中有关法定连带债权产生的依据主要有第67条、第75条和第307条。与连带债权不同，无论是约定的还是法定的，连带债务都较为常见。《民法典》规定的法定连带债务尤其是连带债务特殊表现形式的连带责任[②]，总则编主要有第67条、第75条、第83条、第164条、第167条等，物权编与合同编主要有第307条、第552条、第688条、第786条、第834条、第973条等，侵权责任编主要有第1168条、第1169条、第1170条、第1171条、第1195条、第1197条、第1211条、第1214条、第1241条、第1242条等。值得探讨的是，人民法院可否通过法律解释以及类推适用等方法认定当事人之间成立连带之债，虽然有观点持肯定态度[③]，但主流观点大多认为应以法律、行政法规和司法解释的明确规定为限。[④] 关于约定的连带债务，理论上有争议的是，该约定是否一定要限于明示。《民法典》第518条第2款仅规定“当事人约定”，并未说明该约定为明示或者默示，我国学者多认为依法律行为成立的连带债务需有当事人明确的意思表示[⑤]，但在司法实践中，债务人一方为多人且未明确约定按份之债的合同，如股权共同受让合同、共同借贷合同、共同承包合同、共同施工合同等，即使当事人没有明确约定，人民法院也通过意思表示解释、法律解释或者类推适用等方法认定当事人之间构成连带之债。[⑥]

连带债务的法律效力，主要包括外部效力与内部效力两个方面。

其一，外部效力，即连带债务在债务人与债权人之间的效力。根据《民法典》第518条第1款的规定，连带债务的债权人可以请求部分或者全部债务人履行全部债务，若全部或者部分债务人履行全部债务，则整个债权债务关系归于消灭。连带债务的债权人有权选择要求部分或者全部债务人履行全部债务，连带债务人有清偿

---

① 例如，最高人民法院《关于审理旅游纠纷案件适用法律若干问题的规定》第10条第2款规定：“旅游经营者擅自将其旅游业务转让给其他旅游经营者，旅游者在旅游过程中遭受损害，请求与其签订旅游合同的旅游经营者和实际提供旅游服务的旅游经营者承担连带责任的，人民法院应予支持。”

② 关于连带债务与连带责任之区别，参见崔建远.《民法典》所设连带债务规则的解释论. 当代法学，2022（2）：3-4.

③ 朱广新，谢鸿飞主编. 民法典评注：合同编通则. 北京：中国法制出版社，2020：409. 崔建远.《民法典》所设连带债务规则的解释. 当代法学，2022（2）：3，10.

④ 王利明. 债法总则研究. 2版. 北京：中国人民大学出版社，2018：183. 张广兴. 债法总论. 北京：法律出版社，1997：145-147. 王家福主编. 民法债权. 北京：中国社会科学出版社，2015：59. 梁慧星主编. 中国民法典草案建议稿附理由：债权总则编. 北京：法律出版社，2006：65-66.

⑤ 王家福主编. 民法债权. 北京：中国社会科学出版社，2015：61. 张广兴. 债法总论. 北京：法律出版社，1997：147. 王利明. 债法总则研究. 2版. 北京：中国人民大学出版社，2018：185.

⑥ 最高人民法院（2016）最高法民终51号民事判决书、浙江省绍兴市中级人民法院（2010）浙绍商终字第593号民事判决书、上海市第一中级人民法院（2010）沪一中民一（民）终字第604号民事判决书、河南省高级人民法院（2010）豫法民申字第01242号民事裁定书、广西壮族自治区桂林市中级人民法院（2018）桂03民终2255号民事判决书、河北省保定市中级人民法院（2020）冀06民终4073号民事判决书。

全部债务的义务，这是连带债务与按份债务的根本区别。连带债务的各债务人之间的债务具有独立性，就部分债务人所生的事项，原则上不对其他债务人发生效力，只有当部分债务人的行为导致债务全部或者部分消灭，或者债权人对部分债务人违约（受领迟延），该部分债务人的行为才对其他债务人发生效力。对此，《民法典》第520条明确规定，如下情形部分连带债务人的行为对其他债务人在相应范围内发生效力：部分连带债务人履行、抵销债务或者提存标的物的，部分连带债务人的债务被债权人免除的，部分连带债务人的债务与债权人的债权同归于一人的，对部分连带债务人的给付债权人受领迟延的。必须指出的是，部分连带债务人主张与债权人抵销债务，或者债权人主张与部分债务人抵销债务，其他连带债务人对债权人的债务自然在相应范围内消灭，但其他连带债务人是否有权以某连带债务人对债权人的债权，主张与债权人之债权进行抵销？对此《民法典》并未明确规定。《德国民法典》持否定说，其第422条第2款明确规定："连带债务人中之一人所享有的债权，其他债务人不得以之抵销。"[①] 而《日本民法典》则持肯定说，其第439条第2款规定："享有前款债权的连带债务人不援用抵销期间，其他连带债务人可以在该连带债务人负担部分的限度内，拒绝向债权人履行债务。"[②] 我国学者多持否定立场，一是因为抵销须以主张抵销的债务人与债权人相互负有债务为前提，债务人以其他连带债务人的债权主张抵销，与债权人之间缺乏相互性，不能发生抵销效果[③]；二是基于意思自治原则，连带债务人不能未经授权即处分其他连带债务人的权利。

其二，内部效力，即连带债务在各债务人之间的效力，其主要表现为连带债务人相互之间的追偿权。《民法典》第178条规定了实际承担责任超过自己责任份额的连带责任人的追偿权，第519条第2款规定了实际承担债务超过自己份额的连带债务人的追偿权，第520条第1款规定了部分连带债务人履行、抵销债务或者提存标的物消灭连带债务情况下的追偿权。根据《民法典》第520条第1款、第178条以及第519条第2款的规定，在部分连带债务人履行债务、抵销债务和提存标的物而导致整个债务全部或部分消灭后，该部分连带债务人实际承担的债务如果超过了自己应当承担的份额，那么该部分连带债务人有权就超出部分在其他连带债务人未履行的份额范围内向其追偿。从这一规定可以看出，连带债务人的追偿权具有法定性，其构成要件有三：一是部分连带债务人实施了履行债务、抵销债务或提存标的物的行为，即部分连带债务人实施的此等行为是有偿行为，导致了其责任财产的减少。若连带债务人因主张时效抗辩而免除债务履行之责，因其并未导致自身财产的实际减少，故不享有对其他连带债务人的追偿权。二是"有共同之免责"，即整个债务因部分连带债务人的履行、抵销或提存而被全部或部分消灭，其他连带债务人因此而免于履行部分或全部债务。[④] 三是部分连带债务人实际承担的债务超过了自己应当

---

① 德国民法典．5版，陈卫佐，译．北京：法律出版社，2020：167.

② 日本民法典．刘士国、牟宪魁、杨瑞贺，译．北京：中国法制出版社，2018：99.

③ 王洪亮．债法总论．北京：北京大学出版社，2016：496.

④ 史尚宽．债法总论．北京：中国政法大学出版社，2000：666.

承担的份额。连带债务人的份额难以确定的，视为份额相同。必须指出的是，根据《民法典》第 520 条第 2 款、第 3 款的规定，在债权人免除部分连带债务人的债务以及部分连带债务人的债务与债权人的债权同归于一人的情况下，并不会产生追偿权，因为此时消灭的债务范围仅限于该部分债务人应当承担的份额，不会出现该部分连带债务人超额承担债务的问题。

连带债务人承担超过自己份额的债务，本质上是该连带债务人代其他连带债务人向债权人清偿，构成第三人代为清偿，因此根据《民法典》第 524 条第 2 款的规定，债权人对其他连带债务人的债权转让给该连带债务人，《民法典》第 519 条第 2 款有关“相应地享有债权人的权利，但是不得损害债权人的利益”的规定即确认了这一点。此处所谓债权人的权利，包括债权人的求偿权和担保权。关于求偿权，债权人的求偿权在由连带债务人享有后，即转变成了该连带债务人对其他连带债务人的追偿权，又由于该连带债务人就承担债务超额的部分承继了债权人的法律地位——学者通常称其为超额承担债务之连带债务人的代位权[①]，因此，《民法典》第 519 条第 3 款明确规定，被追偿的连带债务人不能履行其应分担份额的，其他连带债务人应当在相应范围内按比例分担。该规定本质上是为确保超额承担债务的连带债务人追偿权的实现，而规定被追偿的连带债务人之间对追偿权人承担连带债务，该连带债务限于追偿权人实际承担债务超额的部分。关于担保权，只有在其他连带债务人向债权人提供了物的担保后[②]，该连带债务人就债务超额部分才能向其他连带债务人主张担保权，而无论该连带债务人自己有无向债权人提供物的担保。如果只有该连带债务人向债权人提供了物的担保，其他连带债务人未向债权人提供物的担保，则该连带债务人不能就其承担债务超额的部分向其他连带债务人主张担保权。另外，既然连带债务人的追偿权以债权人的债权为基础，那么该连带债务人向其他连带债务人追偿时当然不得损害债权人的利益，且其他连带债务人对债权人的抗辩可以向追偿权人主张。[③]

4. 不真正连带责任

在事实上承担了债法总则功能的《民法典》合同编中，关于多数人之债仅规定了按份之债与连带之债，但在《民法典》侵权责任编中，除了规定作为连带债务之特殊形态的连带责任，以及按份债务之特殊形态的按份责任，还规定了不真正连带责任、补充责任等责任形态。由于民事责任本质上亦是债务之特殊形态，因此理论上多将不真正连带责任、补充责任纳入《民法典》多数人之债的类型中，至于部分学者提出的不可分之债，尤其是不可分之债中的协同之债[④]，并未被规定在《民法典》中。

---

① 谢鸿飞. 连带债务人追偿权与法定代位权的适用关系：以民法典第 519 条为分析对象. 东方法学，2020（4）.

② 一是因为连带债务人向债权人提供人的担保并无意义，二是因为其他连带债务人本就应对该连带债务承担连带责任，其他连带债务提供人的担保，并无必要。

③ 湖南省邵阳市中级人民法院（2021）湘 05 民终 3396 号民事判决书。

④ 李中原. 多数人之债的类型建构. 法学研究，2019（2）. 齐云. 论协同之债. 法商研究，2020（1）.

对于不真正连带责任的概念，理论上多有争议，多数观点认为其是指数个债务人基于不同的发生原因而对债权人负有全部清偿的责任，债权人有权请求其中全部或者部分债务人承担全部责任，全部或者部分债务人承担全部责任后整个责任消灭。《民法典》第1203条有关“因产品存在缺陷造成损害的，被侵权人可以向产品的生产者或产品的销售者请求赔偿”的规定即适其例。至于给付是否具有同一性，并不是不真正连带责任之必备要件，如由于保管疏忽致保管物被小偷偷走，此时保管人与小偷即对保管物之委托人构成不真正连带责任，保管物之委托人有权请求小偷返还原物或者承担侵权损害赔偿责任，亦有权请求保管人承担违约责任。在不真正连带责任中，往往存在最终承担责任的债务人，若由非最终责任承担者履行债务，其可以向最终责任承担者全额追偿①，所以，不存在按份额追偿的问题。但若由最终责任承担者先行履行债务，则不存在追偿问题。

5. 补充责任

关于补充责任的界定，理论界亦存在分歧。理论上的基本共识是，补充责任本质上是对债权人的限制，即债权人必须先请求在先责任人承担责任，只有在先责任人不能承担责任或者承担责任不足时，债权人才能请求补充责任人承担“相应”责任。补充责任人承担“相应”责任，一般是指确定补充责任人责任大小时，应综合考虑补充责任人的过错程度、原因力大小等因素。② 补充责任人承担责任后一般可以向在先责任人进行追偿，但在先责任人承担责任后不得向补充责任人追偿。《民法典》第1198条第2款有关“因第三人的行为造成他人损害的，由第三人承担侵权责任；经营者、管理者或者组织者未尽到安全保障义务的，承担相应的补充责任。经营者、管理者或者组织者承担补充责任后，可以向第三人追偿”的规定即适其例。

（二）程序法疑难问题精讲

多数人之债的诉讼构造极其复杂，其不仅涉及诉讼类型的确定问题，即多数人之债究竟属于普通共同诉讼、固有必要共同诉讼还是类似必要共同诉讼，还涉及诉讼第三人、既判力、单一诉讼或者先后诉讼等问题。

1. 多数人之债诉讼的类型

对于多数人之债的诉讼类型，通说认为其属于共同诉讼。关于共同诉讼，我国《民事诉讼法》第55条第1款明确规定：“当事人一方或者双方为二人以上，其诉讼标的是共同的，或者诉讼标的是同一种类、人民法院认为可以合并审理并经当事人同意的，为共同诉讼。”由此，我国以诉讼标的的形态为分类标准，将共同诉讼区分为必要共同诉讼与普通共同诉讼，必要共同诉讼以“诉讼标的是共同的”为前提，普通共同诉讼以“诉讼标的同一种类、人民法院认为可以合并审理并经当事人同意”为前提。学理上又以当事人是否适格为标准将必要共同诉讼进一步分为固有必要共同诉讼与类似必要共同诉讼。但对于多数人之债诉讼究竟是属于必要共同诉讼、普

---

① 税兵．不真正连带之债的实定法塑造．清华法学，2015（5）：142．

② 张新宝．我国侵权责任法中的补充责任．法学杂志，2010（6）．

通共同诉讼还是属于类似必要共同诉讼，理论上颇有争议。

从司法实践看，多数人之债诉讼主要存在三种情形：其一，债权人为复数而债务人为单一的情形，即在连带债权与按份债权中，多个债权人共同或者分别起诉债务人；其二，债权人为单一而债务人为复数的情形，即在连带债务、按份债务、不真正连带责任、补充责任中，债权人起诉全部或部分债务人；其三，债权人为复数，债务人亦为复数，债权人共同或者分别起诉全部或者部分债务人。由于人民法院在案件审理前，根本无法知晓债权债务的类型，因此一些学者主张人民法院应按类似必要共同诉讼来处理按份之债、连带之债、补充责任和不真正连带责任诉讼，也有学者主张进行动态调整①，还有学者主张按诉的合并处理②，以避免出现“先定后审”的问题。③

关于多数人之债诉讼中各共同诉讼人之间的关系，《民事诉讼法》第 55 条第 2 款明确规定：“共同诉讼的一方当事人对诉讼标的有共同权利义务的，其中一人的诉讼行为经其他共同诉讼人承认，对其他共同诉讼人发生效力；对诉讼标的没有共同权利义务的，其中一人的诉讼行为对其他共同诉讼人不发生效力。”

2. 几种多数人之债诉讼的现行规定

其一，连带债务诉讼中，债权人有权起诉全部或者部分连带债务人。

《民法典》及相关法律和司法解释明确规定了如下连带债务的共同诉讼方式。

（1）挂靠。根据我国现行法的规定，挂靠人与被挂靠人对外应承担连带责任，例如，《民法典》第 1211 条规定，以挂靠形式从事道路运输经营活动的机动车，发生交通事故造成损害，属于该机动车一方责任的，由挂靠人和被挂靠人对受害人承担连带责任。再如，《建筑法》第 66 条以及最高人民法院《关于审理建设工程施工合同纠纷案件适用法律问题的解释（一）》第 7 条规定，借用资质（挂靠）进行的工程建设，出借方与借用方对建设工程质量不合格的损失承担连带赔偿责任。又如，最高人民法院《关于审理旅游纠纷案件适用法律若干问题的规定》第 14 条规定，旅游经营者准许他人挂靠其名下从事旅游业务，遭受人身损害、财产损失的旅游者，有权请求旅游经营者与挂靠人承担连带责任。根据《民诉法司法解释》第 54 条以及最高人民法院《关于审理劳动争议案件适用法律问题的解释（一）》第 30 条的规定，当事人请求由挂靠人和被挂靠人依法承担民事责任的，该挂靠人和被挂靠人为共同诉讼人。

（2）合伙债务。根据《民法典》第 973 条以及《民诉法司法解释》第 60 条的规定，契约型合伙④的全体合伙人对合伙债务承担连带责任，合伙债务的债权人既可以起诉全体合伙人又可以起诉部分合伙人，清偿合伙债务超过自己应当承担份额的

---

① “民法与民事诉讼法的对话”主题二：“多数人之债的诉讼构造”（主旨发言）. 中国法学会民事诉讼法学研究会. [2020-11-09]. http://msf.chinalaw.org.cn/portal/article/index/id/150.html.

② 袁琳. 多数人之债的诉讼构造与程序规则. 中外法学，2021（6）.

③ 任重. 重思多数人侵权纠纷的共同诉讼类型：与卢佩博士商榷. 法律科学（西北政法大学学报），2020（3）.

④ 必须指出的是，契约型合伙的合伙人并不局限于自然人，因此，《民诉法司法解释》第 60 条所有关于“未依法登记领取营业执照的个人合伙”的表述并不准确。

合伙人，可以另案起诉其他合伙人进行追偿。

(3) 分立后的法人对分立前的债务。根据《民法典》第67条第2款的规定，除债权人和债务人另有约定外，法人分立的，其义务由分立后的法人承担连带债务。再根据《民诉法司法解释》第63条有关“企业法人分立的，因分立前的民事活动发生的纠纷，以分立后的企业为共同诉讼人”的规定，债权人可以起诉分立后的全部或者部分企业。

(4) 连带责任保证。关于连带责任保证的诉讼当事人，《民诉法司法解释》第66条和《民法典担保制度司法解释》第26条的规定存在冲突，解释上应理解为，《民诉法司法解释》第66条只适用于连带责任保证，而不适用于一般保证，一般保证只适用《民法典担保制度司法解释》第26条的规定。根据《民法典》第688条和《民诉法司法解释》第66条的规定，债权人有权单独起诉债务人或者连带责任保证人，也有权共同起诉债务人和连带责任保证人。

(5) 违法代理以及违反代理职责时的连带责任。根据《民法典》第164条、第167条和《民诉法司法解释》第71条的规定，违法代理之被代理人与代理人应承担连带责任，在代理人与相对人恶意串通损害被代理人合法权益时，代理人与相对人应承担连带责任的，受害人既可以将连带责任人作为共同被告一并起诉，也可以单独起诉部分连带责任人。

可见，在连带债务诉讼中，债权人既可以起诉全体连带债务人，也可以只起诉部分连带债务人。这一结论同样适用于部分连带责任诉讼。根据《民法典》第1191条的规定，劳务派遣期间，被派遣的工作人员因执行工作任务造成他人损害的，由接受劳务派遣的用工单位承担侵权责任，有过错的劳务派遣单位承担相应的责任。虽然有学者认为，用工单位与有过错的劳务派遣单位之间对受害人承担的是按份责任①，但是另一种观点更值得赞同，其认为劳动派遣单位按照其过错程度和原因力，就相应的损害与用工单位一起向受害人承担连带责任②，即劳务派遣单位与用工单位承担部分连带责任。而根据《民诉法司法解释》第58条的规定，在劳务派遣期间，被派遣的工作人员因执行工作任务造成他人损害的，受害人有权仅起诉用工单位，也有权以用工单位和劳务派遣单位为共同被告起诉，但不得仅起诉劳务派遣单位。受害人仅起诉用工单位，用工单位可请求人民法院追加有过错的劳务派遣单位作为共同被告，如果用工单位不申请追加劳务派遣单位，用工单位对受害人承担全部责任后，可以对有过错的劳务派遣单位另行提起诉讼。

其二，连带债权诉讼中，连带债权人之全部或者部分有权作为原告起诉。

根据《民法典》第67条第2款的规定，除债权人和债务人另有约定外，法人分立的，分立后的法人享有连带债权，又根据《民法典》第518条第1款和《民诉法司法解释》第63条的规定，分立后的法人作为连带债权人，可以作为共同原告起诉企业分立前之债务人，也可以由分立后的部分法人单独起诉债务人。

---

① 杨代雄主编. 袖珍民法典评注. 北京：中国民主法制出版社，2022：1050.

② 邹海林，朱广兴主编. 民法典评论：侵权责任编. 北京：中国法制出版社，2022：307.

需要指出的是，根据《民法典》第994条的规定，死者的姓名、肖像、名誉、荣誉、隐私、遗体等受到侵害的，死者的近亲属有权对加害人提起侵权责任诉讼，但该条将死者近亲属分为两个顺位：死者的配偶、子女、父母是第一顺位的连带债权人，其他近亲属是第二顺位的连带债权人，两个顺位内部的近亲属是连带债权人，但第一顺位内的近亲属与第二顺位内的近亲属无连带关系，而是排斥关系。再结合《民诉法司法解释》第69条的规定可知，死者的配偶、子女、父母可以共同或者单独起诉加害人。只有在死者没有配偶、子女且父母已经死亡的情况下，死者的其他近亲属才可以共同或者单独起诉加害人。

其三，补充责任诉讼中，原告既可将全部责任人作为共同被告起诉，也可只起诉直接责任人。

根据《民法典》第687条以及《民法典担保制度司法解释》第26条的规定，一般保证中，债权人可以仅起诉债务人，也可以一并起诉债务人和保证人，除非一般保证人的先诉抗辩权消灭，否则不得仅起诉一般保证人。在债权人一并起诉一般保证人和债务人时，人民法院应当在判决书主文中明确，保证人仅对债务人财产依法强制执行后仍不能履行的部分承担保证责任。《民法典担保制度司法解释》第26条的规定值得所有补充责任诉讼借鉴。

三、法官释法

在商贸公司与汽修厂破产债权确认纠纷案中，法院认为：(1) 汽修厂为商贸公司出具的欠条有效。连带债务系以同一给付为标的，依约定或法律规定，各债务人对债权人负全部给付责任的多数人之债。本案中，由于汽修厂与物业中心系母子公司关系，且物业中心与汽修厂就同一供煤事实欠款，分别向商贸公司出具了欠条，作出了承担全部给付责任的意思表示，故物业中心与汽修厂系以欠条形式约定就同一给付承担连带责任，物业中心与汽修厂构成连带债务。(2) 生效判决判令物业中心给付商贸公司煤款，物业中心并未实际履行该判决。依《民法通则》第87条的规定，债权人或者债务人一方为二人以上的，依照法律的规定或者当事人的约定，享有连带权利的每个债权人，都有权要求债务人履行义务，负有连带义务的每个债务人都负有清偿全部债务的义务，履行了义务的人，有权要求其他负有连带义务的人偿付他应当承担的份额，故在物业中心未清偿债务的情况下，商贸公司有权要求连带债务人汽修厂清偿全部债务。汽修厂在清偿全部债务或清偿超出其应承担的份额后，可向物业中心追偿。汽修厂未清偿债务，商贸公司可就未清偿部分债务继续申请执行物业中心的财产，但执行金额应以未清偿部分债务为限。(3) 汽修厂出具的欠条中并无关于利息的约定，故汽修厂仅应就欠款本金承担连带责任。由于商贸公司主张利息系基于物业中心迟延履行生效判决产生，且商贸公司在向汽修厂申报债权前，并未向汽修厂主张过归还欠款，故商贸公司主张的利息不应由汽修厂承担。(4) 最高人民法院《关于审理民事案件适用诉讼时效制度若干问题的规定》第15条第2款规定："对于连带债务人中的一人发生诉讼时效中断效力的事由，应当认定对其他连带债务人也发生诉讼时效中断的效力。"本案中，由于商贸公司对物业中心提起诉讼并申请强制执行，商贸公司对物业中心的债权发生诉讼时效中断效力，因此，汽修厂作为连带债务人，商贸公司对其债权亦发生诉讼时效中断效力。判决确认商贸公司对汽修厂享有破产债权 91 万余元。①

在张某诉文化公司、李某民间借贷案中，法院认为：（1）张某与文化公司、李某、陈某勇、陈某签订的“借款协议”，张某与陈某勇、陈某签订的“还款协议”，张某在“借款协议”中手写的内容，均是各方真实意思表示。张某向文化公司出借本金 380 万元后，文化公司、李某、陈某勇、陈某陆续偿还了本金 353 万元，各方对此均无异议。依据张某与陈某勇、陈某签订的“还款协议”，结合张某在“借款协议”中手写的内容，若陈某、陈某勇在 2018 年 11 月 14 日前还清 160 万元，张某将不再追究“借款协议”中陈某勇和陈某的无限连带责任担保，此协议终止，上述约定应当被认定为附条件的债务免除。（2）关于陈某勇是否代表文化公司在“还款协议”上签字。陈某勇既是案涉债务的保证人，又是文化公司的法定代表人，但并非文化公司的唯一股东。“还款协议”中并未注明陈某勇以文化公司法定代表人的身份签字，且并未加盖文化公司的公章，因此“还款协议”中陈某勇与陈某的签字应被视为二人作为案涉债务的保证人签字，李某抗辩“还款协议”中张某与文化公司达成合意终止“借款协议”的意见不予采纳。张某并未明确表示免除借款人文化公司的债务，张某要求文化公司偿还剩余本金并依约支付借款期内利息的诉讼请求于法有据，予以支持。因借款人及保证人陆续偿还了部分借款本金，故逾期利息应以实际所欠本金为基数分段计算，对张某主张的逾期利息的起算时间依法予以调整。（3）关于“还款协议”是否免除了李某的还款义务。债务免除系债权人的权利，债权人免除债务人部分或者全部债务的，合同的权利义务部分或者全部终止。本案中，李某、陈某勇、陈某作为保证人并未约定保证份额，为共同保证，三人之间并非按份之债，而系连带债务关系，债权人免除其中部分债务人的债务相当于免除其他连带债务人的共同债务。部分连带债务人的债务被债权人免除的，在该连带债务人所应承担份额范围内，其他债务人对债权人的债务消灭。因陈某勇及陈某还款 160 万元，张某作为债权人免除了连带保证人陈某勇、陈某的剩余债务，债务免除的效力及于李某。现张某要求李某就剩余本金及利息继续承担连带保证责任的诉讼请求于法无据，不予支持。故判令文化公司偿还张某借款 27 万元，借款期内利息 76 000 元及逾期利息。②

---

① 北京市第一中级人民法院（2011）一中民终字第 11559 号民事判决书。卫鑫. 金燕都商贸有限公司诉房山区房山汽车修理厂破产债权确认案（约定连带责任）// 国家法官学院，中国人民大学法学院编. 中国审判案例要览：2012 年商事审判案例卷. 北京：中国人民大学出版社，2014：220.

② 北京市第二中级人民法院（2021）京 02 民终 15431 号民事判决书。院郝笛，刘宇佳. 附条件免除部分连带共同保证人保证责任的法律效力//国家法官学院，最高人民法院司法案例研究院编. 中国法院 2022 年度案例：借款担保纠纷. 北京：中国法制出版社，2022：99－100.

四、类案练习

练习一：2004年4月26日，国威公司为粤S＊＊＊＊金龙客车向某保险公司投保机动车辆综合险。其中车辆损失险保险金额为33万元，保险期限自2004年4月27日零时起至2005年4月26日24时止，每次事故赔偿，被保险人自己负担金额为800元。保险条款第31条规定："保险人依据保险车辆驾驶员在事故中所负责任比例，相应承担赔偿责任。"2005年1月14日，黄某驾驶皖＊＊＊＊号微型普通客车与戚某驾驶的粤Y＊＊＊＊号小型普通客车碰撞，皖＊＊＊＊号车失控撞向国威公司驾驶员驾驶的粤S＊＊＊＊车，造成两人死亡、三车不同程度损坏的交通事故。交警事故责任认定书认定黄某负事故主要责任，戚某负事故次要责任，国威公司不负责任。之后，某价格事务有限公司为国威公司受损车辆进行损失价格鉴定，认定损失价值如下：车辆换件项目价值为7 890元，车辆修理项目价值为2 450元。后国威公司为受损车辆实际先后支付修理费9 999元和340元，车辆技术鉴定费50元。因双方对是否应支付上述款项未能达成一致，国威公司将其诉至法院。某保险公司要求追加黄某及其肇事车辆皖＊＊＊＊号微型普通客车的车主某公司为本案第三人。①

练习二：2020年12月30日，某公司、应某在何某的住处招聘何某及周边居民参与"迎宾大道及周边景观改造工程"的工作。2020年12月31日20时10分许，郑某驾驶小型轿车与正在该路段工作的何某发生碰撞，造成何某当场死亡。2021年1月27日，某公安局作出道路交通事故认定书：确定郑某和何某各自承担本次事故的同等责任。2021年2月23日，何某配偶李某与案外人郑某和某保险公司达成了"赔偿协议书"，确定了总损失金额为人民币490 034.50元，共计赔偿何某配偶李某366 020.70元。李某认为，何某按照某公司、应某的要求在案发路段进行劳务工作，但某公司、应某作为道路施工方，未按照法律规定在作业道路设置相关警示标志，也未安排人员指挥交通，对该交通事故的发生存在过错，造成受害人何某死亡的结果。因此，李某向法院提起诉讼，请求判令某公司、应某承担交通事故的补充赔偿责任。②

结合上述两个案例，分析多数人之债的构成及其内外部效力，并从债权人代理律师的角度，分析应当选择何种诉讼构造更有利保护债权人利益，以及不同诉讼构造下债权人所需证明之何种要件事实。

五、知识拓展

1. 王利明. 债法总则研究. 2版. 北京：中国人民大学出版社，2018.

2. 谢鸿飞. 债法总则：历史、体系与功能. 北京：社会科学文献出版社，2021.

---

① 广东省东莞市中级人民法院（2006）东中法民二终字第392号民事判决书。

② 四川省成都高新技术产业开发区人民法院（2021）川0191民初5888号民事判决书。

3. 崔建远，陈进. 债法总论. 北京：法律出版社，2021.

4. 王洪亮. 债法总论. 北京：北京大学出版社，2016.

5. 王家福主编. 民法债权. 北京：中国社会科学出版社，2015.

6. 张定军. 连带债务研究：以德国法为主要考察对象. 北京：中国社会科学出版社，2010.

7. 朱广新，谢鸿飞主编. 民法典评注：合同编通则（1）. 北京：中国法制出版社，2020.

8. 张定军. 连带债务发生明定主义之反思. 法学研究，2023（2）.

9. 齐云. 论协同之债. 法商研究，2020（1）.

10. 崔建远.《民法典》所设连带债务规则的解释论. 当代法学，2022（2）.

11. 张淞纶. 再论《民法典》中的连带债权. 甘肃政法大学学报，2021（1）.

12. 税兵. 不真正连带之债的实定法塑造. 清华法学，2015（5）.

13. 谢鸿飞. 连带债务人追偿权与法定代位权的适用关系：以民法典第519条为分析对象. 东方法学，2020（4）.

14. 袁琳. 多数人之债的诉讼构造与程序规则. 中外法学，2021（6）.

15. 蔡睿. 民法典中连带债务人之一人事项所生效力的制度设计. 河北法学，2018（12）.

16. 任重. 重思多数人侵权纠纷的共同诉讼类型：与卢佩博士商榷. 法律科学（西北政法大学学报），2020（3）.

第四编　要件事实与证明

专题一　要件事实与证明责任分配

一、案例导入

（一）案情介绍

案例一：四川省成都市居民夏某于 2015 年从王某处借得 10 万元，并向王某出具借条，约定 1 年内归还。半年后，夏某向王某归还 7 万元，因尚有余款，故借条仍由王某持有。1 年后，王某以夏某未按时还清余款为由，向法院提起诉讼，要求夏某归还欠款 3 万元。王某举示的借条上，有夏某手写注明的“还欠款3 万元”字样。王某称，因夏某之前已归还 7 万元，故在借条上注明的为“还（hai）欠款 3 万元”。夏某辩称，自己从王某处借了 10 万元，先归还了 7 万元，后在归还尚欠的 3 万元时，因为之前已经归还 7 万元，故在借条上注明“还（huan）欠款 3 万元”。诉讼中双方都认可因为金额较小，采取现金给付的方式，且除了借条，没有其他证据证明借款与还款关系。[①]

案例二：2020 年李某从张某处借得 3 万元，约定 2 年以后归还，借款合同签订后张某以现金向李某交付了款项。2 年后双方因借款返还问题发生争议。张某向 A 省 B 市人民法院起诉要求李某返还 3 万元借款。在开庭审理过程中，张某向法院提交了李某借款时书写的借条，但该借条有明显的撕毁粘贴痕迹。李某对借款以及书写借条之事予以肯定，但提出抗辩指出所有借款已经归还，现张某出具的借条的毁损痕迹即因其归还借款后已经将借条撕毁，但张某在其离开后又偷偷将借条

① 收条上的还（huan）借款和还（hai）借款，淮阳法院公众号，2021－08－16.

从垃圾筒中找出并进行粘贴。经法院审理，该借条确系撕毁后又粘贴。对此张某的解释是其不小心将该借条和其他资料放置在一起，无意中撕毁，发现后又粘贴好。[①]

（二）案例思考

上述两起案件中当事人无其他证据支持各自主张时，法官根据现有证据该如何认定原、被告各自主张的事实？法官应当如何作出判决？其裁判依据是什么？

二、基本原理

（一）实体法疑难问题精讲

大陆法系国家在民事诉讼裁判中，采用的是三段论式演绎逻辑程序，即法院在案件审判中，以法律规范为大前提，以案件事实为小前提，然后通过推论得出裁判的结论。[②] 适用三段论式演绎逻辑程序时，要件事实与法律之间具有涵摄关系，即“将外延较窄的概念（事实）归属到外延较宽的概念（法律）之下，也即是说将前者涵摄于后者之下”[③]。从民事法律规范效果的发生来看，民法规范的逻辑构成，一般包含“假定”和“处理”两个部分，其中，假定是对民事权利义务关系产生条件的预设，它相当于条件；而处理是对特定预设情况下的民事权利义务关系的具体规定，它既可能是行为模式，又可能为法律后果。[④] 民法规范法律效果的发生，取决于其作为假设的法律条件的成立，而这些法律条件又通常由一定的事实组成。因此，在此关系下，当事人为了胜诉而必须主张的事实即属于要件事实。具体而言，与能够直接导致法律效果发生、消灭等的根据要件相一致的具体事实，即是要件事实。[⑤]

1. 原告请求权所依托的要件事实

三段论式演绎逻辑程序所要求的大前提，即所谓的请求权基础，是原告向被告主张案涉权利所依据的法律规范。原告的请求权基础，必须兼备构成要件与法律效果两个要素。如前述案例所讨论的逾期还款问题，《民法典》第 676 条规定：“借款人未按照约定的期限返还借款的，应当按照约定或者国家有关规定支付逾期利息。”其中，“借款人未按照约定的期限返还借款”为构成要件，“按照约定或者国家有关规定支付逾期利息”为满足该构成要件的法律效果。

三段论式演绎逻辑程序所要求的小前提，是原告据以起诉的具体案件事实。只有原告据以起诉的具体案件事实满足大前提所设定的构成要件，即能够为大前提所涵摄，才满足三段论式演绎逻辑的程序要求，原告才能达成起诉所依据的请求权基

---

① 陕西省神木市人民法院（2019）陕 0881 民初 5359 号民事判决书。

② 黄茂荣. 法学方法与现代民法. 北京：法律出版社，2007：222.

③ ［德］卡尔·拉伦茨. 法学方法论. 黄家镇，译. 6 版. 北京：商务印书馆，2020：347. 括号内的内容为作者所加。

④ 孙文桢. 论民法规范的界定和逻辑结构：以民法法典化为背景. 云南大学学报（法学版），2010（4）：65.

⑤ ［日］伊藤滋夫编著. 要件事实小辞典. 东京：青林書院，2011：259.

础设定的法律效果。在此意义上，满足大前提所设定的构成要件的具体案件事实，构成原告的要件事实。

2. 被告抗辩所依托的要件事实

原告行使请求权，被告在拒绝给付的同时，往往提出各种抗辩：

一是权利障碍的抗辩，即主张原告的请求权因一定事由自始不成立。如针对原告（购房人）要求履行商品房预售合同的请求，被告（开发商）主张，商品房预售合同因未取得商品房预售许可证明而无效[①]，无效合同不具有法律约束力，不得要求履行。

二是权利消灭的抗辩，即主张原告的请求权虽曾发生，但因一定事由已归于消灭。如原告确实出借款项给被告，对被告享有返还请求权，但嗣后被告已经按约归还借款，故原告的返还请求权已经归于消灭。

三是抗辩权，即对原告所主张的权利，被告有拒绝给付的权利。抗辩权可以进一步分为永久性抗辩权与暂时性抗辩权（也称一时性抗辩权、延期抗辩权）。永久性抗辩权，顾名思义，是指对原告的请求权，被告可以凭借该抗辩权永久性地拒绝履行。诉讼时效抗辩权就是典型的永久性抗辩权。暂时性抗辩权，是指对原告的请求权，被告可以凭借一定事由"暂时"进行抗辩，该事由一旦消除，被告就不能再行使该抗辩权。[②]《民法典》第525条规定的同时履行抗辩权、第526条规定的先履行抗辩权、第527条规定的不安抗辩权、第687条第2款规定的一般保证人的检索抗辩权等，均属于暂时性抗辩权。

这三种类型的抗辩中，前两者属于诉讼上的抗辩，后者属于实体法上的抗辩权。其中，权利障碍的抗辩常涉及法律行为的成立或效力问题，属于裁判机关依职权主动审查的范畴。关于权利消灭的抗辩有观点认为，其也属于裁判机关依职权审查的范畴。[③] 但在实务中，对清偿、提存、抵销、免除等权利毁灭的事由，若非被告主张，裁判者根本无从得知，也就不可能依职权主动审查。至于抗辩权，基于权利自由行使的原则，只有在被告提出主张的前提下，裁判机关才应进行审查。据此，被告针对原告请求权所提出的权利毁灭的抗辩、抗辩权，构成被告对抗原告请求权的要件事实。

3. 意思表示的解释

案例一的争议在于应当如何理解借条所载的"还欠款3万元"。原告王某认为，应理解为还（hái）欠款3万元；被告夏某认为，应理解为还（huán）欠款3万元，即所有借款都已还清。这就涉及法律行为的意思表示解释问题。

对法律行为的民商事案件通常都要进行意思表示解释。首先须指出的是，对意

---

① 最高人民法院《关于审理商品房买卖合同纠纷案件适用法律若干问题的解释》第2条规定："出卖人未取得商品房预售许可证明，与买受人订立的商品房预售合同，应当认定无效，但是在起诉前取得商品房预售许可证明的，可以认定有效。"

② 王泽鉴. 民法思维：请求权基础理论体系. 北京：北京大学出版社，2009：135-137.

③ 王泽鉴. 民法思维：请求权基础理论体系. 北京：北京大学出版社，2009：136.

思表示的解释与对法律的解释判然有别。法律解释的对象是法律文本，目的在于确定制定法的规范性意义[①]，也即解释者通过对法律条文、立法文献及其附随情况进行解释，所欲探究和阐明的法律规范之法律意旨。[②] 解释的方法包括文义解释、体系解释、扩张解释、限缩解释、目的解释等。广义的法律解释还包括漏洞填补、不确定概念的价值补充等。而对意思表示的解释，以当事人意思表示所用的言语、行为为对象，目的在于探寻意思表示的正确含义。[③]

针对意思表示有无相对人，《民法典》第 142 条规定了不同的解释方法。其第 1 款规定："有相对人的意思表示的解释，应当按照所使用的词句，结合相关条款、行为的性质和目的、习惯以及诚信原则，确定意思表示的含义。"第 2 款规定："无相对人的意思表示的解释，不能完全拘泥于所使用的词句，而应当结合相关条款、行为的性质和目的、习惯以及诚信原则，确定行为人的真实意思。"在无相对人的意思表示的场合，不涉及相对人信赖保护的问题，故解释的目标在于探寻表意人的主观真实意思；在有相对人的意思表示的场合，因存在相对人的信赖保护问题，故原则上应站在理性人的角度确定该意思表示的客观含义。[④]

案例一中，借条所载"还欠款 3 万元"，因系有相对人的意思表示，故在解释时应站在理性人的角度确定该意思表示的客观含义，而不能以表意人单方所称的意思——还（huan）欠款 3 万元——为准。站在理性人的角度，因"还"是多音字，既可解释为还（hai），又可解释为还（huan），因此，意思表示的解释方法无法解决案例一所涉争议。

（二）程序法疑难问题精讲

上述两个案例中涉及的诉讼法问题是民事诉讼中的证明问题，包括证明对象、证明责任、证明责任分配等问题。虽然看起来这两个案件可能觉得无从解决，但是如果熟悉证明责任及证明责任分配理论，运用该理论来解决并非难事。"谁主张、谁举证"的观念作为我国民事诉讼举证证明的基本要求深入人心，我国将其视为证明责任的内容。但是从理论上来看，"谁主张、谁举证"仅仅是证明责任一个方面的内容，而非该问题的全部。理论上的证明责任通常是指客观证明责任，而"谁主张、谁举证"仅仅是主观证明责任的表现。

1. 证明对象

证明对象，也称为待证事实，是指证明主体运用证据予以证明的与案件有关的对象。通常认为，证明对象应当符合以下构成要件：（1）双方当事人对案件事实存在争议；（2）对该案件事实的证明具有法律上的意义；（3）该案件事实是当事人在诉讼中主张的事实。证明对象的范围包括：第一，实体法事实，即引起当事人之间

---

① ［德］卡尔·拉伦茨．法学方法论．黄家镇，译．6 版．北京：商务印书馆，2020：402.

② 梁慧星．民法解释学．北京：中国政法大学出版社，1995：206.

③ 杨仁寿．法学方法论．北京：中国政法大学出版社，1999：233.

④ 杨代雄．意思表示解释的原则．法学，2020（7）：56.

实体权利义务关系发生、变化、消灭以及妨害当事人权利实现的实体法事实；第二，程序法事实，即引起民事诉讼法律关系发生、变更或者消灭的事实，如回避的事实、主管和管辖的事实等；第三，与证据能力和证明力有关的辅助事实，如证人证言与当事人之间的利害关系；第四，外国法律和地方性法规、习惯，国内法律不是证明对象，它是法官适法的内容，但是当外国实体法成为判断当事人民事法律关系的依据时，当事人就需要对该外国法加以证明；第五，特别经验法则，一般经验法则为众人所知晓，不需要证明，但特别经验法则基于特别经验或知识而取得，需要予以证明。

与待证事实相对应的是免证的事实，这些事实在诉讼中虽然由当事人主张，但是当事人无须举证对其加以证明，故它们又被称为无须证明的事实。根据民事诉讼法及其司法解释的规定，无须证明的事实包括：第一，自然规律及定理。第二，众所周知的事实。第三，法律上的推定。法律上的推定是指根据法律规定在某事实被证据证实时，直接推出另一案件事实的真伪状态。法律上的推定又可分为法律上的事实推定和法律上的权利推定。通常认为，法律上的推定能够起到证明责任转移的效果。第四，事实上的推定。它是指裁判主体根据其生活经验和常识及事物之间的逻辑联系，在某一案件事实为证据证实的前提下，直接推出另一项案件事实的真伪状态。第五，已为仲裁机构的生效裁决所确定的事实。第六，已为人民法院发生法律效力的裁判所确认的事实。第七，已为有效公证文书证明的事实。特别需要注意的是，上述免证的事实并非绝对免证，根据《证据规定》，上述第 2 项、第 5 项规定的事实，当事人有相反证据足以反驳的除外；第 6 项、第 7 项规定的事实，当事人有相反证据足以推翻的除外。因此，面对当事人提出的上列事实，如果对方当事人能够提出证据对其“反驳”或将其“推翻”，就能起到动摇法官心证的效果，从而使该事实从免证事实变为待证事实。此时，主张这些事实的当事人则需要举证对其加以证明。

2. 证明责任的概念

大陆法系民事诉讼理论中的证明责任有两层含义。第一个层面的含义是指当事人向法院提出了主张，为了获得法院对自己主张的支持而有向法院提供证明的必要性。这种证明责任通常被称为主观的或行为意义上的证明责任，也称为举证责任。证明责任第二个层面的含义是当法庭辩论结束时，因案件争议的要件事实处于“真伪不明”的状态，法院因无法认可以该要件事实为要件的法律效力，从而由提出事实主张的当事人承担不利后果的责任。它也被称为客观的或者结果意义上的证明责任。

(1) 行为意义上的证明责任。

行为意义上的证明责任是指提出主张的一方当事人应当承担向人民法院提供证据的责任。在我国《民事诉讼法》中体现在第 67 条第 1 款：“当事人对自己提出的主张，有责任提供证据。”无论作为当事人的是原告、被告还是第三人，都需要对自己提出的主张，提供证据加以证明，否则会承担相应的不利后果。当事人之所以需要承担这种行为意义上的证明责任，是因为他们向法院提出了主张，继而需要用证据使法院支持其主张，否则将承担不利的后果。因此，它是因当事人主张而产生的一种积极行为责任。

（2）结果意义上的证明责任。

结果意义上的证明责任的来源与行为意义上的证明责任有较大差异。当事人承担行为意义上的证明责任，向法院提交证据以后，法官对当事人提交的证据运用心证进行认定，除了得到当事人所主张的事实为“真”或为“假”的结果，还会产生一种情况，即“真伪不明”，这时法院不得以无法形成心证为由拒绝进行裁判，而必须将不利的后果归于一方当事人承担。通常认为，构成真伪不明的条件有以下几点：第一，原告已经提出有说服力的主张；第二，被告提出实质性的对立主张；第三，对争议事实主张需要证明；第四，所有程序上许可的证明手段已经穷尽，法院仍不能获得心证；第五，口头辩论程序已经结束，而上述第三点状况仍没有改变。①

结果意义上的证明责任是指作为实体法律关系构成要件的案件事实，在诉讼终结时仍真伪不明，一方当事人对因法官不适用以该事实的存在为构成要件的实体法律规范而产生的不利裁判后果的负担。作为结果意义上的证明责任，当事人承担责任的来源是在作为裁判基础的某个事实真伪不明时，法院不得拒绝裁判，必须依照预先规定的裁判规范由当事人承担不利后果。需要注意的是，结果意义上的证明责任不是因为当事人没有提出证据而要承担的一种责任，也不是一种应进行证明活动而附带的责任。即使当事人不举证，如果事实真伪是明确的，那么当事人也不会因此承担败诉的后果。

（3）二者的区别。

第一，承担责任的原因不同。承担结果意义上的证明责任的原因在于，诉讼中客观存在着法律要件事实真伪不明的现象，法官不能以事实真伪不明为由拒绝裁判，于是法官只能将真伪不明的事实认定为不存在，由主张该事实存在的一方当事人承担不利后果。承担行为意义上的证明责任的制度目的在于当事人说服法官的必要性。如果当事人不提供证据证明自己主张的事实，就可能承担不利的后果。第二，能否由双方当事人承担不同。行为意义上的证明责任由双方承担。在诉讼中任何一方当事人都有可能提出诉讼主张，只要提出诉讼主张就须承担“提供证据责任”。结果意义上的证明责任不能由双方当事人承担。结果意义上的证明责任在诉讼终结时才会现实化，并表现为不利裁判，而不利裁判只能由一方当事人承担。第三，责任能否在当事人之间发生转移不同。结果意义上的证明责任依某种标准确定由某一当事人负担后，始终由其负担，不会发生转移。而行为意义上的证明责任会随着当事人主张的不断提出，在当事人之间发生转移。第四，责任能否预先分配不同。结果意义上的证明责任在诉讼开始前，就由法律分配完毕。行为意义上的证明责任只能在诉讼程序进程中视诉讼主张的状态而定。第五，责任的法律依据不同。行为意义上的证明责任一般依据的是程序法律规范的规定，结果意义上的证明责任一般依据的是实体法律规范的规定。

---

① ［德］汉斯·普维庭. 现代证明责任问题. 吴越，译. 北京：法律出版社，2000：22.

3. 证明责任分配的一般原理

（1）证明责任分配的含义。

证明责任的分配指的是“结果层面含义”的分配。它是指按照一定的标准，将事实真伪不明的风险，在双方当事人之间进行分配。

证明责任的分配直接关系到双方当事人举证义务的负担，因此必须在双方当事人之间进行公平的分配，才能使正义在诉讼中得以真正体现。证明责任分配通常要考虑司法政策、经验法则、当事人与证据距离远近等因素，但是，若由法官在每一个个案中按照上述因素来决定证明责任分配，可能出现标准不统一的情况。特别是像大陆法系这样“规范出发型”的国家，在具体个案中进行证明责任分配是不恰当的，因此有必要设定一定的、具有可操作性的原则来作为证明责任的分配标准。

证明责任如何进行分配，在民事诉讼法的发展长河中有不同的学说或规定。古罗马时期证明责任的分配原则通常为：第一，原告有举证之义务；第二，提出主张的人有证明的义务，否定的人没有证明的义务。到近代德国普通法时期，形成了多种学说，其中较为有影响力的是待证事实分类说、法律要件说和法规分类说。待证事实分类说是根据待证事实的性质来区分主张者证明责任的承担。法律要件说是将实体法条文划分为原则规定与例外规定来在当事人之间分配证明责任。该说认为，任何实体法的条文都由两个部分构成，一部分是原则规定，另一部分是例外规定。凡主张适用原则规定的当事人，仅应就原则规定的要件事实的存在负证明责任；对于例外规定的要件事实不存在，则不负证明责任。凡主张适用例外规定的当事人，则应就例外规定的要件事实存在负证明责任。[①] 如今大陆法系证明责任分配的通说是法律要件分类说。法律要件分类说有若干分支学说，其中影响最为深远的是罗森贝克所提出的法规范说。

（2）法律要件分类说下证明责任的分配规则。

当今大陆法系国家和地区几乎都将规范说作为证明责任分配的基础学说。按照罗森贝克之观点，证明责任分配在原则上只有一个原理，即：不适用特定的法规范其诉讼请求就不可能有结果的当事人，必须对法规范要素在真实的事实中得到实现承担主张责任和证明责任。具体而言：第一，在出现要件事实真伪不明的场合，需要根据该要件事实属于哪种规范的要件来确定证明责任。如果属于权利发生规范的要件事实，则由主张权利发生方承担证明责任；如果属于权利妨害或消灭规范的要件事实，则由主张妨害或消灭规范方承担证明责任。第二，区分诉讼中的否认和抗辩。否认仅仅为事实的消极否定。否定和主张为同一事实的不同层面，因此通常由主张权利存在方承担证明责任，否定方不负证明责任。但如果反对方提出的为抗辩事实，抗辩事实是与主张事实并存的新的事实，则反对方需要对抗辩事实承担证明责任。因此在判断证明责任之承担时，需根据当事人所主张的请求发生规范或对立规范，对规范的构成要件，即要件事实进行逻辑分析，最终将要件事实分配给主张相应规范的当事人承担。在此证明责任分配的规则之下，法院在进行案件审理时，

---

① 王国征．民事证据法学．湘潭：湘潭大学出版社，2015：127.

也应将要件事实作为审判的基本元素，其原因在于在诉讼案件中，涉及的事实包括基础规范相关的要件事实、支持要件事实成立的支持性事实、证明支持性事实的延伸性事实，尤其是延伸性事实，可能会形成一个非常长的事实链条。从理论上讲，这种证明链条可能是无穷无尽的。为了避免诉讼上的多种行为自始漫无目的，必须建立起要件事实作为审理元素的规则。①

罗森贝克将实体法规范分为权利发生规范与权利对立规范，权利对立规范又分为权利妨碍规范、权利消灭规范和权利受制规范。权利发生规范是指能够产生一定权利的规范，如《民法典》第312条规定："所有权人或者其他权利人有权追回遗失物。该遗失物通过转让被他人占有的，权利人有权向无处分权人请求损害赔偿……"根据该条的规定，当遗失物通过无处分权人的转让被他人占有时，所有权人可以向无处分权人请求损害赔偿。权利妨碍规范是指权利发生规范的构成要件已经部分实现，但因该权利的效果受到妨碍而使该权利自始不得发生所涉及的规范，如《民法典》第144条规定："无民事行为能力人实施的民事法律行为无效。"一方当事人主张双方民事法律行为有效，民事法律关系成立，继而要求对方履行相应义务时，对方当事人若能证明当事人一方或双方不具有民事行为能力，则主张民事法律行为有效的当事人主张的权利无法成立。权利消灭规范是指在权利成立时，能够将已经存在的权利消灭所涉及的规范，如《民法典》第557条规定："有下列情形之一的，债权债务终止：（一）债务已经履行；（二）债务相互抵销；（三）债务人依法将标的物提存；（四）债权人免除债务；（五）债权债务同归于一人；（六）法律规定或者当事人约定终止的其他情形。合同解除的，该合同的权利义务关系终止。"权利妨碍规范与权利消灭规范的区别在于，当权利妨碍规范得到证明时，对方当事人主张的权利不成立或不生效；但是，当权利消灭规范得到证明时，对方当事人所主张的权利是有效或成立的，只是义务人此时无须再向权利人履行义务。权利受制规范是指权利发生之后，在权利人行使权利之时发生对抗作用，而将该权利排除的规范，例如诉讼时效等。《民法典》第526条规定："当事人互负债务，有先后履行顺序，应当先履行债务一方未履行的，后履行一方有权拒绝其履行请求。先履行一方履行债务不符合约定的，后履行一方有权拒绝其相应的履行请求。"该条所规定的先履行抗辩权也属于权利受制规范。与这些规范相联系的、抽象意义上的、类型化的能够导致民事法律关系发生、变化或消灭的事实，即我们所说的要件事实。② 与此相关的证明责任分配原则是，当出现要件事实真伪不明时，如果该要件事实为权利发生的要件事由，则应由主张权利发生的当事人承担证明责任。如果该要件事实属于权利妨碍或消灭事实，则由主张权利发生妨碍效果的一方当事人负证明责任。

4. 在我国证明责任的分配

我国民事诉讼中证明责任分配制度经历从无到有，从粗糙到完善的过程。如前所述，1991年《民事诉讼法》中规定的"当事人对自己提出的主张，有责任提供证

---

① 邹碧华. 要件审判九步法. 北京：法律出版社，2010：27.

② 常怡主编. 民事诉讼法. 5版. 北京：中国政法大学出版社，2021：185.

据”在我国首次建立了行为意义上的证明责任，并未涉及结果意义上的证明责任，故证明责任分配也无从谈起。我国首次立法上开始建立结果意义上的证明责任是 2002 年《证据规定》，其中第 2 条规定：“当事人对自己提出的诉讼请求所依据的事实或者反驳对方诉讼请求所依据的事实有责任提供证据加以证明。没有证据，或证据不足以证明当事人的事实主张的，由负有举证责任的当事人承担不利后果。”同时第 4 条至第 6 条也对合同纠纷、劳动纠纷、特殊侵权纠纷证明责任的分配作出相应规定，由此可视作我国初步建立起结果意义上的证明责任及证明责任分配规则。但该规定对证明责任分配的尝试仍然停留在个案或具体纠纷的层面，并未建立具有普遍适用性的、原则性的证明责任分配规则，故第 7 条规定：“在法律没有具体规定，依本规定及其他司法解释无法确定举证责任承担时，人民法院可以根据公平原则和诚实信用原则，综合当事人举证能力等因素确定举证责任的承担。”其给予了法官一定的自由裁量权。我国首次对证明责任分配作出原则性的规定是 2015 年《民诉法司法解释》，该解释第 91 条建立起了我国关于证明责任分担的一般规则：“人民法院应当依照下列原则确定举证证明责任的承担，但法律另有规定的除外：（一）主张法律关系存在的当事人，应当对产生该法律关系的基本事实承担举证证明责任；（二）主张法律关系变更、消灭或者权利受到妨害的当事人，应当对该法律关系变更、消灭或者权利受到妨害的基本事实承担举证证明责任。”该条司法解释的理论依据即法律要件分类说中的规范说理论。根据最高人民法院的观点，法律要件分类说相对于其他学说，规则上更为清晰、简单，也具有较强的可操作性。而法律要件分类说的一些缺点，如不能很好地兼顾个人公平等，可以通过实体法律和司法解释的特别规定予以矫正。

《证据规定》自 2002 年 4 月 1 日起经过 20 余年的实施，在我国民事审判工作中发挥了巨大作用，审判实践中有关民事诉讼证据规则的适用积累了十分丰富的经验。其间，随着《民事诉讼法》多次修订和 2015 年《民诉法司法解释》公布实施，社会生活、法律制度和民事诉讼实践都发生了很大变化。特别是《民法典》的颁布实施，对人民法院审判工作提出了新的、更高的要求。最高人民法院顺应时代发展，在 2015 年启动了《证据规定》的修改工作。历时 4 年，在广泛征求意见和充分论证的基础上，完成对《证据规定》的修改，并于 2019 年年底经最高人民法院审判委员会第 1777 次会议讨论通过。通过《证据规定》的修改，完善民事诉讼证据规则，能够更好地促进民事诉讼证据采信的准确性和规范化，更有利于实现司法审判工作“事实认定符合客观真相，办案结果符合实体公正、办案过程符合程序公正”的目标；更好地落实《民事诉讼法》的立法精神，更好地促进民事审判证据调查、审核、采信乃至民事诉讼程序操作的规范化；也进一步完善民事诉讼证据规则及相关的程序规则，能够更好地保障当事人的诉讼权利，促进司法公开，统一裁判尺度，提升司法公信力。①

修订后的《证据规定》在证明责任的分配上删除了原第 4 条至第 6 条关于合同

① 推动民事审判程序规范化 更好保障当事人诉讼权利：最高人民法院发布《关于修改〈关于民事诉讼证据的若干规定〉的规定》. [2019-12-26]. http//www.court.gov.cn/zixun/xiongqing/212891.html.

纠纷、劳动纠纷、特殊侵权纠纷证明责任分配的规定，其原因在于《民诉法司法解释》第 91 条已经建立起关于证明责任分配的一般原则，因此按照规范说的观点，具体纠纷证明责任的分配需要借助实体法所设置的要件事实来完成。法官分配证明责任的过程是适用法律的过程，是通过对实体法规范的分析发现法律确定的证明责任分配规则的过程，而非创造证明责任分配规则的过程。我国《民法典》已经颁布实施，因此有关证明责任具体分配的规则应当在《民法典》及相应民事实体法的法律规范要件中寻找，而非由诉讼法加以规定。另外，修订后的《证据规定》还将原第 7 条关于法官可以根据公平原则和诚实信用原则分配证明责任的条款删除。其原因在于证明责任分配具有法定性，实体法律规范本身包含了法律对举证责任分配的内容，原则上，证明责任由法律分配而非由法官分配；法官分配证明责任在实践中存在滥用和不用的情形，最高人民法院从该规定实施情况的调研中发现审判实践中随意适用第 7 条的情况比较普遍。该条规定适用的前提为“在法律没有具体规定，依本规定及其他司法解释无法确定举证责任承担时”，但有些法院在适用时突破了这个前提，即使法律对证明责任已经有明确的规定，其也基于某些原因任意改变证明责任的承担。最重要的是，如今《民诉法司法解释》第 91 条已经规定了证明责任分配的基本原则，在法律没有明确规定的情况下，都应当按此原则对案件证明责任进行分配，故《证据规定》原第 7 条已经丧失了继续存在的空间。

根据《民诉法司法解释》第 91 条以及《民法典》的规定，就合同纠纷案件，一般而言，主张合同关系成立并生效的一方当事人对合同订立和生效的事实承担举证责任；主张合同关系变更、解除、终止、撤销的一方当事人对引起合同关系变动的事实承担举证责任。在侵权纠纷中，《民法典》第 1165 条规定：“行为人因过错侵害他人民事权益造成损害的，应当承担侵权责任。依照法律规定推定行为人有过错，其不能证明自己没有过错的，应当承担侵权责任。”第 1166 条规定：“行为人造成他人民事权益损害，不论行为人有无过错，法律规定应当承担侵权责任的，依照其规定。”据此，在过错责任的情况下，主张侵权法律关系成立的当事人应当就侵权法律关系成立的四个要件，即侵权行为、损害结果、因果关系及过错承担证明责任；在无过错责任的情况下，主张侵权法律关系成立的当事人仅需就侵权行为、损害结果、因果关系三个要件承担证明责任。对于侵权人而言，其可以根据《民法典》的规定主张相应的规范以减轻或免除自己的责任，如《民法典》第 1174 条规定：“损害是因受害人故意造成的，行为人不承担责任。”在权利人主张的请求权规范得以证明时，若侵权人能够证明对方是故意造成的损害，则可以免除其责任的承担。

三、法官释法

(一) 借条载明的是“还 (huán) ”还是“还 (hái) ”?

案例导入中的两个案例都是现实生活中实际发生的案件。在民间借贷或其他金钱纠纷中，当事人偿还欠款后，在借条或其他凭证上书写“还欠款××元”，由于

"还"为多音字，读不同音将导致其含义截然不同，对当事人的权利义务会产生根本性的影响，当事人就该字读音发生争议时，法官该如何作出认定，成为实务中的疑难问题。在审判实践中，当事人之间若还存在其他证据，法官可以结合其他证据的性质、内容，以及日常生活经验和交易习惯作出判断。如在"陈某容、陈某霞与郑某环买卖合同纠纷"一案中，该案的争议焦点主要在于双方对被告陈某容于2017年1月21日出具的结算单上关于"今还欠款"的字面意思产生分歧，即到底是还(huán)货款215 000元还是还(hái)欠货款215 000元。法院认为：首先，陈某容书写的凭证抬头名称为"结算单"，就其本意与性质，皆有债权凭证的属性，并不当然地含有还款的意思表示。其次，倘若"结算单"确认的是还款事实，那么按照日常生活经验和交易习惯，也应由郑某环方向陈某容、陈某霞方出具相应的收款凭证，而不应由陈某容、陈某霞方向郑某环方反向出具"结算单"。最后，既然陈某容已还清全部货款，并将陈某霞出具的结算单收回，那么此时郑某环方已无正当理由再行要求陈某容、陈某霞方与其作任何形式上的结算。而陈某容作为完全民事行为能力人，明知双方之间的债权债务关系已归于消灭，亦无可能与郑某环方（收款方）进行单向"结算"，反将自己置于新的纠纷之中。综上，陈某容、陈某霞辩称结算单系陈某容对还款215 000元的确认，明显有违常理和交易习惯，不予采信。相反，结算单关于"今还欠款"的字面意思，按照结算单的本意与性质、出具的对象、交易习惯以及诚实信用原则，应当认定为尚欠货款215 000元。①

再如"赵某昌与赵某建设工程合同纠纷"案中，原告提供被告书写欠条一张，主张被告尚有4万元未付；被告辩称已经偿还所有款项，不欠原告钱，在欠条中载明今还(huán)款肆万元整。法院经审理认为，因原、被告对结算工程款及还款时间无争议，被告赵某在2017年5月5日出具的欠条中写明"今还欠款肆万元整"，结合离场协议及欠条，被告赵某同时注明"所有欠款于2017年5月15日前结清"，应理解为被告赵某尚欠原告四万元。② 司法实践中，还有法院面对该问题，采用了测谎鉴定的方式，如"邵某与余某彬、梅某萍民间借贷纠纷"一案中，原、被告之间的借款事实发生经双方确认，被告余某彬主张其已按还款协议的约定归还了全部借款本息，但原告邵某仅认可其归还了30 000元利息。被告余某彬抗辩原告已经出具收条确认收到还款，但该份收条中"4.11日还剩余款贰拾柒万元整"的文义理解为"已还"还是"还剩"具有歧义。法院委托华东政法大学刑事司法学院心理测试室进行测谎，测试结果的分析意见为，邵某对其与余某彬等借贷纠纷陈述的可信度较高，余某彬对其与邵某借贷纠纷陈述的可信度较低。③

对于此类案件，如果还存有其他证据，法官自然可以结合其他证据来推定当事人所书写内容表达的含义，但是若没有其他证据，当事人仅有书写"还欠款××元"的书证，且借款金额不高，当事人都承认为现金借款还款时，法官又该如何认定借

---

① 浙江省瑞安市人民法院(2017)浙0381民初4668号民事判决书。

② 江苏省灌南县人民法院(2017)苏0724民初3167号民事判决书。

③ 浙江省建德市人民法院(2017)浙0182民初1903号民事判决书。

还款事实？2020年最高人民法院《关于人民法院民事诉讼中委托鉴定审查工作若干问题的规定》已经明确规定，严格审查拟鉴定事项是否属于查明案件事实的专门性问题，在九种情况下人民法院不予委托鉴定，其中就包括测谎。故上述建德市人民法院的做法因不符合现有法律规定，不能再参照使用。通过前文理论分析，解决此类案件的正确做法应当是借助证明责任理论，根据当事人所主张的权利规范，来正确分配证明责任以及判断不利后果的承担。对案例一进行分析的基本思路可以分为三步。

第一，确定本案涉及的法律事实问题。在本案中涉及两个基本的法律事实：(1) 借款法律关系是否成立；(2) 还款法律关系是否成立。

第二，结合当事人主张的请求权规范，判断相应法律事实证明责任的承担：(1) 王某是主张借款法律关系成立，主张请求权规范的一方当事人，应该就该法律规范成立的要件事实承担证明责任，即王某需要就夏某向其借款的事实承担证明责任；(2) 夏某是主张权利消灭规范的一方当事人，必须就权利消灭规范需要的要件事实，即是否向王某还款的事实承担证明责任。

第三，当事人所主张的权利规范包含的要件事实是否有证据予以证明。(1) 王某是否证明夏某向其借款的事实。该事实因“夏某辩称自己从王某处借了10万元”，即夏某对该事实进行了自认，故应免除王某的证明责任。(2) 夏某向王某还款的事实是否得以证明。在本案中，书写了还欠款的借条是唯一的证据，夏某以该借条上载明的内容来证明其已经还款的事实，但是因为对该借条上“还”字的读音是读“huán”还是“hái”双方当事人各持己见，且没有其他证据帮助法官进行推定，此时法官的心证处于“真伪不明”的状态，结果意义上的证明责任发挥作用。由于此时导致法官心证“真伪不明”的借条是用以证明夏某所主张的事实，即夏某所主张的权利消灭规范处于真伪不明，根据结果意义上的证明责任分配的原理，不利的后果应当由夏某承担。

综上，本案法官应当将不利的后果交由被告夏某承担，判令借条上的还欠款应该读成还“hai”欠款，故夏某还应当偿还王某7万元。

（二）撕毁的借条粘贴后起诉能否得到法院支持

对案例二通常也会产生一定的争议。一种观点认为，从案件描述的情况来看，根据交易习惯，借款人归还借款后，若不要求出借人书写还款证明，较为常见的做法是将借款证明，即借条撕毁，从而使出借人无法再次主张权利。本案中既然借条有明显被撕毁的痕迹，那么就应当根据交易规定，认定借款已经归还，从而驳回原告的诉讼请求。而另一种观点认为，借条有撕毁痕迹，并不能影响其对借款事实的证明。如果借条持有人能对撕毁的原因进行合理解释，就应当认定借款成立，从而必须由借款人证明已还款的事实。

结合结果意义上的证明责任分配的原理，可能会有观点认为，民事诉讼中的证据应当具备“合法性”的要求，案件中的借条已经被撕毁过，且当事人对于该借款是否已经偿还有争议，故该借条所证明的“借款事实”处于真伪不明的状态，因此不利后果应由主张请求权规范的李某承担，法院应当驳回李某的诉讼请求。但是就案例二而言，存在一处关键性的事实，即“李某对借款一事并不否认”，和案例一相同，被告都就原告所主张的、对被告自己不利的事实进行了自认，而自认的后果是免除了原告的证明责任，相应地，需要被告就还款的事实加以证明。因此，李某承认向张某借款的事实后，就必须用该撕毁的借条证明自己已经向张某还款，在没有其他证据佐证的情况下，完全有可能使法官就是否还款的事实形成“真伪不明”的心证，从而判决李某败诉。当然，在本案中存在一种可能，即法官根据自由心证，认为债务人将债务清偿后，必定会将借条收回并撕毁，从而形成借款已经偿还的心证，从而判决李某胜诉。但是这种心证的形成必须有相应的基础，如通常的习俗习惯、行业惯例等的支持，否则，很难使法官对还款事实的认定达到“高度可能性”的民事诉讼证明标准。

总之，对于上述两个案例，其关键都在于被告对原告主张的事实进行了自认，从而免除了原告的证明责任，并且将证明责任的承担转移给自己，使自己处于不利的境地。这两个案例也警示作为借款人的一方，在借款返还后，应当要求出借人一方出具还款证明，或者将借款凭证收回、彻底销毁，这样即便双方将来出现纠纷诉至法院，也不会出现自己不能证明还款事实的情形。

四、类案练习

练习一：居民赵某因与吴某的借款纠纷向法院提起诉讼，诉请法院判令吴某归还借款 2 万元及利息。赵某主张，一年前吴某因经营缺乏资金，向其借款 2 万元用以周转，恰好自己有 2 万元现金，故借给吴某 2 万元，并约定一年后归还本金及利息。诉讼中，赵某未能向法院提交借条原条，称借条因自己保管不善已丢失，但在此之前自己为避免出现此情况预先复印了一份。被告吴某在诉讼中称确实因经营所需向赵某借款，但是在半年前已经归还了该款项，在归还当日自己已将借条原件带走并销毁，这才是原告不能提交借条原件的真实原因。

问题：对于本案，应当如何认定赵某与吴某之间的权利义务关系？

练习二：甲乙双方就货款纠纷诉至法院，甲向法院提出其向乙提供货物一批，但乙一直未向其支付货款，为证明其主张，甲向法院提交了一份“收条”，该“收条”上载明下列内容：“今收到甲提供的货物××共××件，每件按××价格计算。”该句话下附有乙的签名。同时，在该收条下方的空白处，还书写了“货款暂未支付”字样。乙对该“收条”所记载的内容，承认签名以上的内容的确为其书写，但拒不承认“货款暂未支付”由其书写，主张货款已经如数支付给甲。法官对“货款暂未支付”的字迹无法辨认是否为乙书写，故只能进行鉴定。但是乙提出货款其已经支付，不愿预缴鉴定费，故不提出鉴定申请；甲提出是乙的原因导致本案需要鉴定，故也不提出鉴定。

问题：《证据规定》第 30 条第 1 款规定：“人民法院在审理案件过程中认为待证事实需要通过鉴定意见证明的，应当向当事人释明，并指定提出鉴定申请的期间。”第 31 条第 2 款规定：“对需要鉴定的待证事实负有举证责任的当事人，在人民法院指定期间内无正当理由不提出鉴定申请或者不预交鉴定费用，或者拒不提供相关材料，致使待证事实无法查明的，应当承担举证不能的法律后果。”本案应由哪方当事人提出鉴定申请?

五、知识拓展

1. ［德］莱奥·罗森贝克. 证明责任论. 左敬华，译. 北京：中国法制出版社，2002.

2. ［德］汉斯·普维庭. 现代证明责任问题. 吴越，译. 北京：法律出版社，2000.

3. 姜世明. 举证责任与真实义务. 厦门：厦门大学出版社，2017.

4. 姜世明. 举证责任与证明度. 厦门：厦门大学出版社，2017.

5. 袁中华. 规范说之本质缺陷及其克服：以侵权责任法第 79 条为线索. 法学研究，2014 (6).

6. 段文波. 民事证明责任分配规范的法教义学新释. 政法论坛，2020 (3).

7. 吴泽勇. 民间借贷诉讼中的证明责任问题. 中国法学，2017 (5).

8. 袁琳. 证明责任视角下的抗辩与否认界别. 现代法学，2016 (6).

9. 徐涤宇. 民事证明责任分配之解释基准：以物权法第 106 条为分析文本. 法学研究，2016 (2).

10. ［德］卡尔·拉伦茨. 法学方法论. 黄家镇，译. 6 版. 北京：商务印书馆，2020.

11. 黄茂荣. 法学方法与现代民法. 北京：法律出版社，2007.

12. 王泽鉴. 民法思维：请求权基础理论体系. 北京：北京大学出版社，2009.

13. 杨代雄. 意思表示解释的原则. 法学，2020 (7).

专题二　不当得利请求权的证明

一、案例导入

(一) 案情介绍

案例一：原告江 a 诉称，原告系生意人，在商业活动过程中，因经常有钱款进出，故办理了手机银行，通过该种方式进行资金划转。2012 年，受案外人陈 b（原告的生意伙伴）的指示，原告通过手机银行向被告汇款，手机银行即自动将被告的姓名及账号进行了储存。2013 年 4 月 26 日晚 19 时 10 分左右，原告本想通过手机银行向案外人陈 c 汇款 31 956 元，由于被告与陈 c 的姓名及账号在原告手机中都有储存，而且被告与陈 c 姓名的三个字完全一样，只是第二与第三个字顺序不同，故原告一时疏忽把本来应当汇给案外人陈 c 的钱汇给了被告。事发后，原告曾与被告联系，但电话中被告不作任何回答。原告也曾向公安机关报案，但公安机关认为本案系民事纠纷不予立案。原告认为，被告得到原告误汇给他的上述 31 956 元钱款没有任何约定或法定的理由，构成不当得利，应当依法返还原告，被告拒绝返还的行为已严重损害了原告的利益，在协商无果的情况下，原告诉至法院，请求判令被告立即向原告返还不当得利 31 956 元。①

案例二：被告高某用原告大连江河船舶设计咨询有限公司（以下简称江河公司）的名义从第三方承揽工程，被告为原告的项目经理。原告将 28 000 元押金给被告，由被告交给烟台市大学生创业园，并由被告保留公寓押金票。2014 年 3 月 21 日，被告利用其手中掌握的公寓押金票取走了房屋租赁押金 28 000 元。现原告请求法院判令被告返还不当得利。②

案例三：大连某有限公司向法院提起诉讼，主张因其工作人员失误，于 2014 年 12 月 17 日通过天津某支付网络有限公司支付通道将款项 39 990 元支付至陈某在中国建设银行广州西华路支行开立的卡号为 62×××81 的银行账户，而双方并无业务往来，故请求判令陈某、天津某支付网络有限公司共同返还 39 990 元，以及该款自起诉之日起至判决确定还款之日止按中国人民银行同期同类贷款利率计算的利息损失，并承担案件受理费。③

（二）案例思考

（1）上述三个案例都是原告向法院主张不当得利请求权，要求被告返还不当得利，请问：原告向法院主张不当得利请求权，应当就哪些要件事实承担证明责任？

（2）在主张不当得利返还或者无因管理费用支付的案件中，应当由请求方证明其损失“无法律规定或当事人约定”，还是应当由被请求方证明其获利“有法律规定或当事人约定”？

二、基本原理

（一）实体法疑难问题精讲

1. 不当得利概述

不当得利，是指没有合法依据，有损于他人而取得利益，此时受益人与受损害人之间产生一种权利义务关系，受损害人有权要求受益人返还相应的利益。在民法上，合同、侵权行为、不当得利与无因管理构成了四种重要的债的发生原因。其中，不当得利建立在给付型不当得利及权益侵害型不当得利两个类型之上，调整无法律上原因的财产变动法律关系。

不当得利制度的功能在于认定财产变动过程中受益者保有其所得利益的正当性，利用是否具有法律上原因的这一要件，实现调整财产变动秩序的目的，如当合同关系被撤销、宣告无效时，使一方当事人可向对方请求返还所为的给付。除此以外，

① 上海市闵行区人民法院（2013）闵民一（民）初字第 10397 号民事判决书。
② 辽宁省大连市中级人民法院（2016）辽 02 民终 4536 号民事判决书。
③ 广东省潮州市中级人民法院（2018）粤 51 民终 9 号民事判决书。

不当得利制度还允许权利人在权利受到侵害时，向加害人请求返还侵害其权益归属内容而取得的利益，实现权利保护。但是必须注意的是，与侵权行为的构成不同，不当得利法的规范目的在于去除"受益人"没有法律上原因而受到的利益，而非在于赔偿"受损人"所受的损害，受益人是否故意或过失，其行为是否具有可资非难的违法性，均在所不问。①

不当得利制度历史悠久，在私法领域具有重要地位。早在古罗马时期，不当得利就从"任何人都不应从他人的损失中获得利益"这一公平理念中产生，但是古罗马法并未就不当得利请求权形成一般化规则，只是就一些具体情形规定了不当得利返还规则。此后《法国民法典》继受了古罗马法，但在法国法中，不当得利属于与约定之债对应的法定之债，属于准契约的范畴。② 最终，《德国民法典》将不当得利制度作为一种独立的债的发生原因加以规定，构建了系统、完整的不当得利制度，确立了不当得利制度的一般规则。

通常认为，不当得利请求权的构成要件有三个。一是一方受有利益，如取得权利，占有财产，免除债务，等等。不当得利制度旨在使受领人返还其无法律上原因所受的利益，故利益是不当得利的核心概念，在具体案件中，对所受的利益为何，应详细说明。如甲出让其私家车给乙，倘若双方签订的买卖合同不成立，则乙无法律上的原因所受的利益，不是作为标的物的车本身，而是车的所有权。③ 二是受有利益方因受有利益而导致对方受到损害，即受有利益和受到损害之间存在因果关系。三是受利益方所受利益无法律上的或合同上的原因。

不当得利在我国很早就受到理论和立法的关注。早在《民法通则》，就将不当得利作为债权产生的原因写入了法律文本，《民法通则》第 92 条规定："没有合法根据，取得不当利益，造成他人损失的，应当将取得的不当利益返还受损失的人。"这是对不当得利制度的最早规定。此后，《民通意见》第 131 条进一步将不当得利可要求返还的利益限定为原物和原物所生的孳息。2017 年制定的《民法总则》，第 122 条沿用了《民法通则》的内容，规定："因他人没有法律根据，取得不当利益，受损失的人有权请求其返还不当利益。"《民法典》对上述规定并未作出根本性的改变，仅对其阻却情况予以完善，《民法典》第 985 条规定："不当得利人没有法律根据取得不当利益的，受损失的人可以请求得利人返还取得的利益，但是有下列情形之一的除外：（一）为履行道德义务进行的给付；（二）债务到期之前的清偿；（三）明知无给付义务而进行的债务清偿。"

2. 不当得利的主要类型

关于不当得利中无法律上原因如何判断，是否存在统一的、对任何不当得利都准用的标准，有统一说和非统一说两种对立的观点。在统一说内部，又有"公平""债权""正义""权利"等不同见解，众说纷纭。非统一说认为，各种不当得利各有

① 王泽鉴. 不当得利. 2 版. 北京：北京大学出版社，2015：4.

② 王利明主编. 中华人民共和国民法总则详解：上册. 北京：中国法制出版社，2017：521.

③ 王泽鉴. 法律思维与民法实例：请求权基础理论体系. 北京：中国政法大学出版社，2001：138.

其基础，并无统一的判断标准，需要就各种不当得利分别判断。后来，非统一说逐渐占据主导地位，形成了“给付型不当得利”及“非给付型不当得利”两种基本类型。其中，“非给付型不当得利”又可分为“权益侵害型不当得利”，“支出费用型不当得利”以及“求偿型不当得利”。在司法实践中，“支出费用型不当得利”的适用范围非常狭窄，而“求偿型不当得利”的案例也极为罕见，故有学者不无幽默地说：“要想证明求偿不当得利有用武之地，我们可得瞪大眼睛，再戴上放大镜才行。”[①]因此，“权益侵害型不当得利”就成为非给付型不当得利的重要类型。对于给付型不当得利与非给付型不当得利，不但作为构成要件的无法律上原因的要件以完全不同的样态呈现，而且两者规范功能亦有所不同。给付型不当得利的功能在于恢复通过自愿性之给付而发生的财产利益的不当移动，而非给付型不当得利的功能则在于返还非因权利人的自愿性给付而移动的财产利益。[②]

（1）给付型不当得利。

基于给付行为而产生的不当得利请求权，即为给付型不当得利请求权。给付型不当得利中，其财产利益发生变动系根据当事人有意图的给付行为，但是权益受损人的给付没有法律上的原因，或者其法律上的原因嗣后不复存在，从而要求受益人予以返还，因此，在给付型不当得利之下，其不当得利的债权债务关系只存在于受益人与受损人之间，基于债的相对性，给付者只能针对受领给付者请求返还利益。给付型不当得利可以分为两种类型：一类为自始给付不能的不当得利，即当事人之间的给付行为自始不存在法律上的原因；另一类为嗣后给付不能的不当得利，在此种情形下，给付人在为给付时乃基于一定法律上的原因而为给付行为，但此后给付的原因无效或被撤销，从而使其给付失去法律上的依据。

（2）权益侵害型不当得利。

权益侵害型不当得利，即侵权型不当得利，最早在20世纪中叶由德国民法学者提倡，后被《德国民法典》承认，再后被其他大陆法系国家或地区的学习和借鉴。“侵权型不当得利”的创设，拓展了不当得利请求权的外延及规范功能，强化了对当事人权益的保护，是不当得利制度的一次质的飞跃。

虽然侵权型不当得利返还请求权与侵权赔偿请求权有时会发生竞合，但是二者在目的、构成要件、责任形式等方面都有较大的区别。侵权赔偿请求权是指因侵权人的侵权行为，权利主体的财产权利或人身权利受到损害时，权利人要求侵权人予以赔偿，以弥补损失的权利。在因侵权而发生的不当得利返还请求权的情况下，受益人取得的利益不是源于他人有目的的给予，而是通过侵权行为得到本应归属于他人的利益。这种侵犯他人利益的行为同时构成了侵权行为，即发生了侵权赔偿请求权与侵权型不当得利返还请求权的竞合。二者的差别主要表现在四个方面。

首先，对于侵权人是否有过错要求不同。从过错要件来看，由于不当得利返还请求权的成立不以受益人主观上有过错为要件，因此，受损人主张不当得利返还请

---

① 霍政欣. 中国不当得利制度的构建与完善：以比较法为视角. 求是学刊，2006（3）：84.

② 黄茂荣. 无因管理与不当得利. 厦门：厦门大学出版社，2014：44.

求权时，不必对获利人的故意或者过失负举证责任。就侵权损害赔偿请求权而言，一般情形下，侵权责任的成立以行为人主观上具有过错为要件，受害人请求行为人承担侵权责任时，需要举证证明行为人存在过错。值得注意的是，虽然不当得利的成立不以受益人具有过错为要件，但是受益人主观上是否具有过错，可能会对其返还范围产生影响：如果受损人难以证明受益人主观上存在恶意，则只能请求受益人返还现存利益。因此，在不当得利返还请求权与侵权损害赔偿请求权竞合的情况下，当事人应综合考虑案件的具体情况、自身的举证能力以及两种请求权对赔偿范围的影响等因素，选择对自己最为有利的一种请求权。

其次，责任范围不同。在侵权责任领域，责任类型有二：一类是惩罚性责任，要求侵权人不仅要对被害人的损害进行补偿，还要在被害人损失之外承担高额的费用作为对其侵权行为的惩罚；另一类为补偿性责任，即侵权人承担责任的范围以受害人受到的损失为限，使受害人受到的损失得到弥补。我国法以补偿责任为主，因此受害人主张侵权损害赔偿的范围应以其受到的损失为限，即侵权损害赔偿应以受害人实际发生损害为成立要件，尤其是在决定责任范围时，实际的损害程度直接影响行为人的赔偿范围，至于加害人是否因为加害行为受益、受益的程度等，并不影响侵权责任的构成和责任范围的确定。[①] 不当得利制度的目的并非在于填补损害，而是在消除无法律上原因所取得的利益，旨在剥夺受益人的不当获利，使受益人将其所获得的利益返还给受损人，所以，此种责任应以受益人直接受益为条件，责任范围也应限定为受益人的获益。

再次，诉讼时效不同。虽然不当得利返还请求权和侵权损害赔偿请求权都适用普通的诉讼时效，但是，侵权损害赔偿请求权有可能存在特殊的时效期间。另外，在时效的计算方面，最高人民法院《关于审理民事案件适用诉讼时效制度若干问题的规定》（下文简称《诉讼时效规定》）对于两种时效的起算点也作出了不同的规定。

最后，抵销上的区别。对故意的侵权行为所产生的债权，在民法上禁止其作为被动债权进行抵销，否则，将有违公共秩序和社会公德。而因不当得利所产生的债务，在抵销方面则不存在此种限制，其可以作为被动债权进行抵销。

（二）程序法疑难问题精讲

1. 不当得利中的要件事实与证明责任分配

依规范说，诉讼中主张不当得利请求权的当事人应当就不当得利请求权之成立要件承担证明责任。通常认为不当得利请求权的构成要件包括：（1）无法律上之原因；（2）一方受有利益；（3）另一方受有损害。也有学者认为，除上述要件外，不当得利的要件还应包括获益与受损之间存在因果关系。其认为，这里的因果关系不同于侵权责任中行为与损害结果之间的直接因果关系，属于非直接的因果关系，即牵连关系。两者的区别在于，直接因果关系要求一方获益与他人受损必须基于同一

① 王利明主编．中华人民共和国民法总则详解：上册．北京：中国法制出版社，2017：522．

事实；对牵连关系则应理解为“取得利益与他人受损二者发生的原因事实之间的关联”[①]。对不当得利构成要件中的一方获得利益、一方受到损害应当由主张不当得利请求权者承担证明责任，此为无争议之事实。但是对无法律上之原因要件的证明责任应由何人承担，则存在明显分歧。

2. 无法律上原因之证明

无法律上原因即指行为人的给付欠缺给付目的，其既可以是自始无给付目的的给付，又可以是嗣后因给付目的被撤销或无效而为的给付。给付型不当得利制度旨在通过对失败交易的保护最终实现对交易安全的保障。对交易安全的保障和重视，要求在给付型不当得利无法律上原因的举证责任分配中更加注意保护确定的状态以及基于此而形成的最广义的占有状态（现有利益归属状态），给付型不当得利请求权人应当对无法律上原因进行举证。主张无给付目的、给付目的不达均是损害交易安全之行为，从保护交易安全（保护现有的占有状态）来分析，当上述事实处于真伪不明的状态时，应当视为“得利人受益有法律上原因”。换言之，给付型不当得利请求权人基于自身的意思表示和行为将财产转移给被请求权人，而后主张该给付无法律上原因，损害了交易安全，故无法律上原因的举证责任应由其承担。[②]

（1）给付型不当得利“无法律上原因”的证明责任。

对于给付有无法律上原因，学界有两种判断标准：一是以当事人之间有无客观债的关系为判断标准，二是以是否欠缺给付目的为判断标准。无客观债的关系是指当事人之间根本未形成债权债务关系，如未签订合同。而欠缺给付目的是指给予他人财产时必须持有某种目的，该目的可能是消灭债务，如返还借款，也可能是债权的发生，如借款给他人，还可能是赠与。给付方希望实现的目的是否达到，是确定受领给付有无法律上原因的标准。欠缺目的的给付通常发生在两种情形：一种是非债清偿，即受损人与得利人之间本身不存在债权债务，但是受损方单方主观误认为存在法律上的债务而进行清偿，包括清偿根本不存在的债务、清偿已经受清偿的债务等，如给付对象错误、误偿他人之债等。但其不包括履行不成立、无效及嗣后被撤销或解除的债。在上述情况下，应当由主张不当得利请求权人就误认存在债务之间接事实负担举证责任。虽然误认存在给付原因系消极事实，但不当得利请求权人举证并不如想象的困难。如不当得利请求权人可以通过举证证明拟给付对象与得利人的姓名的相似性，拟给付对象交易的真实存在、交易金额的一致，以及得利人与其无交易或交易业已结清等事实间接证明得利人无保有受益的法律上原因。二是给付的原因不成立。在此情况下，主张不当得利请求权人应当证明给付基础不成立，即可证明对方得利“无法律上的原因”。

对给付型不当得利请求权中“无法律上的原因”的证明责任承担存在分歧的根本点，在于无法律上原因属于消极事实。自古罗马法以降，至德国普通法时期产生的“待证事实分类说”都认为，因为没有发生消极事实，或者在世界上并不存在消

---

① 梁慧星. 中国民法典草案建议稿附理由：债权总则编. 北京：法律出版社，2006：15.

② 索宏钢主编. 类型化案件审判指引：民事卷. 北京：人民法院出版社，2019：576.

极事实，所以无法对其举证，从而对此不应负举证责任，即“主张积极事实的人，应当举证；主张否定事实的人，即消极的事实上陈述的人，不负举证责任”。此观念影响至深，至今仍在我国司法审判中占有较大空间。如在浙江省余姚市人民法院审理的原告郭某与被告胡某不当得利纠纷一案中，法院就将被告从原告处获得 4 万元款项的“无合法根据”要件的证明责任分配给了被告。法院认为：“被告胡某答辩称，该款项系原告郭某支付给被告胡某的装饰工程施工过程中增加的工程及变更材料的费用的主张，因未向本院提供相关证据予以证明，本院不予采纳。”① 从而法院支持了原告返还不当得利的主张。此观点甚至得到了我国最高人民法院编写的权威书籍的支持。

最高人民法院编写的《〈中华人民共和国民法总则〉条文理解与适用》一书中提出，“我们倾向于认为，原则上由被告承担‘没有法律依据’的举证证明责任更为妥当。首先，不当得利中‘没有法律依据’不是一般诉讼中特定的待证事实，而是一系列不特定的民事法律行为、事实行为乃至事件的集合。对于原告而言，让其证明‘没有法律依据’是一项不可能完成的任务。其次，按照《民诉法司法解释》第 91 条规定，主张法律关系存在的当事人，应当对产生该法律关系的基本事实承担举证证明责任，此亦为谁主张谁举证的例外情形。故被告如主张存在一定法律关系构成‘法律依据’的，应由被告承担举证证明责任。具体而言，被告的举证证明过程应当分两步走。第一步要证明存在‘法律依据’的相关事实。第二步则需要证明该相关事实构成‘法律依据’，从而阻却不当得利的成立。”仔细分析该观点，其明显与证明责任分配理论相冲突，属于对《民诉法司法解释》第 91 条的误读。此处涉及对消极事实的证明问题，虽说消极事实难以证明，但并不意味着消极事实完全不能证明，因此不能简单地认为主张消极事实者就不需要承担证明责任。

消极事实的证明应该从两个层面加以考虑。第一个层面即消极事实的证明责任应由哪方当事人承担。此问题取决于两个因素：其一，该消极事实是否构成某一请求权规范的要件事实；其二，该请求权规范由哪方当事人主张。即若消极事实本身就是构成民事实体法律规范的要件事实，那么主张此请求权者就必须对该消极事实承担证明责任，而不能一味地将消极事实的证明责任交由对方当事人承担。第二个层面即对消极事实如何证明的问题，这涉及消极事实的证明方法。消极事实为未发生或者并不存在之事实，对此类事实的证明的确存在较大的难度，但是并不意味着一定不能证明，其证明方法通常有：（1）直接证据证明，如对当事人是否属于年龄上的无民事行为能力人，可以通过其户口登记信息等予以证明；（2）通过积极事实证明的反证，如对于当事人不属于善意第三人的证明，可以考虑立法上善意的类型，通过证明当事人不存在这些善意情形从而逆向推导出其非善意的结论；（3）因果关系的推定，此方法系通过事件之间的因果联系，当消极事实为因果关系链上的因或果时，通过证明因或果来从逻辑上得出果或因的结论。除此以外，为了缓解对消极事实证明的困难，各国立法还规定了消极事实证明责任减轻的一些方法，以实现当

① 浙江省余姚市人民法院（2016）浙 0281 民初 6727 号民事判决书。

事人之间举证武器平等以及权利义务平衡。这些方法大致包括证明责任的转换、表见证明、降低证明标准、证明妨碍之推定，等等。

因此，作为消极事实的无法律上原因，因其构成不当得利请求权的重要要件，故对此事实的证明责任由主张不当得利返还请求权的当事人承担应无异议。也有观点认为，鉴于无法律上的原因系一种消极事实，如不先界定一定内容及范围，其举证难以穷尽，所以不当得利返还请求权之债务人应先就其受利益之法律上原因，提出支持该法律上原因之具体事实或法律关系的主张，而后由不当得利返还请求权之债权人负举证责任，证明该事实或法律关系不存在。[①] 此主张与上述认为无法律上原因的要件事实应由主张不当得利请求权的当事人承担并无不同，该观点实为不当得利证明中被告方的义务具体化的问题。

（2）权益侵害型不当得利“无法律上原因”的证明责任。

相较于给付型不当得利中“无法律上原因”证明责任的承担，对权益侵害型不当得利“无法律上原因”的证明责任的争议较大，且各存在一定的理论基础。

一种观点认为，权益侵害型不当得利“无法律上原因”的证明责任应由得利人承担。其理由在于：

对于“权益侵害型不当得利”，通常认为其构成要件包括一方受有利益，另一方非因给付致他人受到损害，以及此受益及损害之间无法律上原因、无保有利益的契约关系或法律依据三个要件。其中受有利益的判断等同于“给付型不当得利”，应作个别具体判断，不当得利人受有利益可能表现出不同形态，应就具体的客体究竟为权利、占有、劳务抑或债务等对利益本身进行认定。侵权行为首先存在于无权利的消费、让与和设定负担中。反之，毁坏和损伤则几乎不予考虑，因为他们虽引起损害，但极少使行为人得利。[②] 致他人损害的要件在给付型不当得利中，如前文所述，对他人损害的判断以给付行为的发生为依据即可，在侵权型不当得利中，受益人的受益直接来源于受损者，此受损应具有直接性而非“反射利益”（如灯塔案中借用他人灯塔之利捕鱼）。需要注意的是，在此类不当得利中，只要侵犯他人权益而受有利益，即可认定为致他人受有损害，而不像给付型不当得利，须以转移财产、受到实际损害为必要。至于最后一点——无法律上原因要件，虽然给付型不当得利与非给付型不当得利都属于不当得利，二者产生的原因皆为无法律上原因导致财产利益的变动，致使一方受益而另一方遭受损害，但是二者的构成要件是完全不同的。其主要之区别就在于如何界定“无法律上原因”。对于给付型不当得利，无法律上原因针对的是“给付行为”。侵权型不当得利中，由于侵害他人利益而受益，致他人损害，并欠缺保有利益的正当性，故而不当得利人构成无法律上原因。在此情况下，权益归属内容为侵权型不当得利的核心。

与给付型不当得利制度的目的在于交易安全之保护不同，非给付型不当得利中，判断构成要件的举证责任分配，应当考虑非给付型不当得利制度的价值和宗旨，即

---

① 黄茂荣．无因管理与不当得利．厦门：厦门大学出版社，2014：258.

② ［德］迪特尔．梅迪库斯．请求权基础．陈卫佐，等译．北京：法律出版社，2012：203.

保护权益的归属问题。对权益归属的保护必然要求在非给付型不当得利中更为偏重对原有利益归属状态的保护，是故，非给付型不当得利中无法律上原因之举证责任应当由得利人承担。无论是法律要件分类说还是利益考量说，给付型不当得利请求权人承担无法律上原因之举证责任的依据，均在于其通过自己之行为造成财产利益的变动，故变动是否有法律上的原因陷于真伪不明之危险，自应由请求人自己承担。[①] 与之相反，非给付型不当得利请求权人对于财货的移转并无“给付”的意思表示，若仍同给付型不当得利一样，由其承担举证责任，有所不妥，因此，在非给付型不当得利中，应当由得利人承担保有利益具有法律上原因的举证责任。

因权益侵害型不当得利之受益非来源于给付行为，因此一般认为只要有侵害事实存在，受益人的侵权行为即构成无法律上原因。基于对权利归属的保护，亦即对原有利益归属状态的保护，无法律上原因的举证责任应当由得利人承担，但这并不意味着不当得利请求权人无须举证。请求权人仍应当对得利人就请求之财产取得利益承担举证责任，如在无权处分第三人善意取得的情况下，请求权人应当对其系标的物的所有权人、得利人获利、其权益受损、得利人无权处分承担举证责任，上述事实之证明，实际上也实现了部分学者提出的“原告应先提出证据说明当初发生财产利益移动之原因”。对于得利人而言，此时须对获得利益的权利依据举证加以证明，否则对方主张的不当得利请求权应被视为成立。

另一种观点认为，权益侵害型不当得利“无法律上原因”的证明责任应由权益受损人，即主张不当得利请求权的当事人承担，理由有两点。[②]

第一，“消极事实不易举证”是伪命题。由受益人承担证明责任的理由在于，受益人之受益非由受损人之给付行为而来，受益人系因其之侵害事实受有利益，受损人自不必就不当得利无法律上原因负举证责任。该观点忽视了权益侵害型不当得利在构成要件上的特殊性——“因侵害他人权益而受有利益”[③]。基于该要件的要求，对“没有合法根据”的证明，理应转化为对侵害他人权益行为的证明，如受益人有犯罪行为或侵权行为。[④] “例如甲从不当得利债权人乙名下的存折里提款，而该存折是乙存入的。那么，在这种情况下的不当得利债务人甲就应该提出证据，证明他的提款具有法律上的原因。”[⑤] 在该事例中，甲占有该笔款项构成受益，乙丧失该笔款项构成受损，现被甲占有的款项原属乙所有构成因果关系，而甲在乙名下取款这一行为本身，符合“侵害他人权益”的要求，只要证明该事实，即足以得出“没有合法根据”的评价，然而该事实是确定无疑的积极事实，是应由乙承担证明责任的事实，而非所谓的消极事实。

第二，受损人举证困难不构成要求受益人举证的正当理由。非受损人行为导致

---

① 黄国昌. 民事诉讼理论之新开展. 北京：北京大学出版社，2008：163.

② 邬砚. 不当得利“没有合法根据”证明责任的分配. 国家检察官学院学报，2015 (2)：133 - 137.

③ 王泽鉴. 债法原理：不当得利. 北京：中国政法大学出版社，2002：143.

④ 张江莉. 不当得利中“无法律上原因”之证明. 政法论坛，2010 (2).

⑤ 周冬冬. 不当得利诉讼的证明责任分配. 人民司法，2010 (6).

的非给付型不当得利中，“由于财产权益的变动不是由受损人行为引起的，受损人不能基于给付的意思所形成的具体情形或者其导致资财变动的行为，而将‘无法律上原因’变为对特定积极事实的主张，这时的‘无法律上原因’，就接近于一种实质上的消极事实，从而给受损人的证明带来困难”[①]。不可否认，在非给付型不当得利中，“没有合法根据”对应的事实可能是消极事实，但是，“使权利主张为正当之事实，不论其为积极的事实或消极的事实，均须立证之。至于主张消极的事实者，乃系援用不能证明即勿需证明之原则；却为德法日三国及其他近世诸国之民事诉讼法所否认，此种原则，系对罗马法之误解，毫无何等正当之根据，原为学者所批评”[②]。而且“根据直接证据对于消极事实的证明固然有困难，但由间接证据来证明绝不是不可能的”。因此，受损人的证明困难并不构成否定其证明责任的理据。

三、法官释法

第一部分中的三个案例，都属于不当得利纠纷，原告向法院提起了不当得利请求权之诉。针对“没有法律上的依据”要件的证明责任的承担，法院的做法不尽相同。在案例一中，法院认为：“所谓不当得利是指没有合法根据而取得的不当利益。没有合法根据，取得不当利益，造成他人损失的，应当将取得的不当利益返还受损失的人。根据法律关于不当得利返还请求权的规定，构成不当得利的要件事实有四个：一方获得利益，他方受到损失，获利与受损之间存在因果关系，获利无法律上的原因。行使不当得利返还请求权的权利人应当对该四个要件事实负证明责任。就本案而言，从原告提供的汇款明细以及本院调取的被告名下信用卡明细来看，原告汇款至被告名下信用卡钱款属实；被告答辩称该卡并非其本人申请，现经本院核对，信用卡申请表申请人处的签名与被告当场书写的姓名笔迹相同，故本院认定该信用卡为被告本人申请办理，本院对于被告所称该卡非其申请的意见不予采纳。被告在取得信用卡后，应当对信用卡的使用负有保管的责任，虽然原告汇款的期间被告已被羁押，但该事实并不妨碍信用卡的正常使用，在被告无法举证其获利有法律上的原因的情况下，该笔汇款构成不当得利，原告的主张于法有据，本院予以支持，被告应当将 31 956 元钱款返还原告。若被告认为信用卡实际使用人并非其本人，可另行向他人主张该笔钱款。”可以看到，法院虽称“行使不当得利返还请求权的权利人应当对该四个要件事实负证明责任”，但事实上是将“没有法律上的依据”要件的证明责任交给被告承担，因为被告不能证明其获利有法律上的原因，故判决被告败诉。

对于案例二，法院的做法又有不同。法院在判决书中认为，“没有合法根据，取得不当利益，造成他人损失的，应当将取得的不当利益返还受损失的人。当事人对自己提出的诉讼请求所依据的事实或者反驳对方诉讼请求所依据的事实有责任提供

---

① 张江莉，亓培冰. 非给付型不当得利证明责任辨析. 法学杂志，2010 (4).
② ［日］松冈义正. 民事证据论. 张知本，译. 北京：中国政法大学出版社，2004：48－49.

证据加以证明。没有证据或者证据不足以证明当事人的事实主张的，由负有举证责任的当事人承担不利后果。本案中，上诉人江河公司提供的会议记录、大连海事法院庭审笔录、录音等证据能够证明租赁公寓预交的押金为28 000元，押金票在上诉人高某处未返还，上诉人高某对公寓押金为28 000元的事实亦予以认可，此外，上诉人高某在大连海事法院的庭审笔录中确认其取走了2万元押金，故上诉人高某取走2万元押金没有合法依据，一审法院据此判决上诉人高某返还上诉人江河公司2万元押金符合法律规定，本院予以维持。上诉人江河公司提供的证据不足以证明剩余8 000元房屋押金已由上诉人高某取走，应承担举证不能的不利后果，对上诉人江河公司提出的上诉人高某应返还其剩余8 000元押金的上诉主张，本院不予支持。上诉人高某并未提供证据证明28 000元押金系其以个人资金支付，且其在大连海事法院的庭审笔录中明确确认其取走押金是为了垫付工人工资和抵扣质量保证金，故其提出28 000元系由其个人资金支付的上诉主张，于法无据，本院不予支持。”一审法院和二审法院都将“没有法律上的依据”要件的证明责任交给主张不当得利请求权的原告承担，并且都认为原告已经通过相应证据证明了该要件，故判决原告胜诉。

在上述两个案例中，法院的认定并没有涉及不当得利的类型，没有区分“给付型不当得利”与“权益侵害型不当得利”的要件与证明责任，但在案例三中，法院认定，“本案为不当得利纠纷。根据《中华人民共和国民法总则》第一百二十二条‘因他人没有法律根据，取得不当利益，受损失的人有权请求其返还不当利益’的规定，不当得利是否成立应具备四个要素，即一方受损、另一方得利、受损与得利之间存在因果关系、得利没有法律根据。而对于上述问题的举证责任，则应根据不当得利的类型进行划分。不当得利这一法律后果的发生，对受损一方当事人而言，可以分为两种情形：一种是被动发生的，即他人的行为导致其利益受损；另一种则是因受损一方当事人主动向他人为给付、支付的行为而发生的。如果不当得利的发生是由受损一方当事人的主动行为引起的，则应当由受损一方当事人举证证明自己为给付或支付行为的缘由，也即应当对欠缺给付原因的具体情形负举证责任。本案中，上诉人大连某有限公司主张，通过天津某支付网络有限公司支付通道向陈某支付了款项39 990元，但首先上诉人大连某有限公司未能提供充分证据证明2014年12月17日与陈某银行账户发生资金交易的对方账号和户名与上诉人之间存在的法律关系，其次，大连某有限公司亦未能举证证明该公司主张的向陈某支付上述款项的缺失给付原因，故该公司在本案中应当承担举证不能的法律后果，一审判决就不当得利的分析及本案中举证责任的分配并无不妥。”从法院的判决可以看到，法院认定本案属于不当得利中的“权益侵害型不当得利”，并认为在这种情况下，应当由“受损一方当事人举证证明自己为给付或支付行为的缘由，也即应当对欠缺给付原因的具体情形负举证责任”，将“没有法律根据”的证明责任分配给了受损人。但应当看到，即便是法院对不当得利进行了区分，对“没有法律根据”的证明责任分配也并非完全一致，与上述案件不同，有的法院认为对于权益侵害型不当得利，应当由受益人承担“有法律根据”的证明责任。①

对于不当得利请求权中“没有法律根据”要件的证明责任，本书认为，应当按照《民诉法司法解释》第 91 条的规定，坚持“规范说”下的证明责任分配原则，否则会导致司法审判中的混乱。按照法律要件分类说，在不当得利纠纷中，“没有合法根据”是不当得利返还请求权的构成要件之一，属于权利发生要件，故应由受损人（请求人）承担证明责任。另外，由利益受损人证明“没有法律上的依据”符合实体法的逻辑。证明责任的分配，必须满足实体法的旨趣。站在实体法的角度，要求受损人就“没有合法根据”承担证明责任，符合物权法上“权利正确性推定”原则。“所谓权利正确性推定，即将纳入公示的物权作为正确权利的假定。”② 不动产因登记而发生正确性推定，动产因占有而发生正确性推定。在不当得利诉讼中，受益人无论是基于占有还是基于登记，均构成诉争利益的公示权利人，应受“权利正确性推定”原则的保护，即假定受益人系该财产的正确权利人。在实体法已经假定其系正确权利人的情况下，再要求其举证证明“有合法根据”，显然存在逻辑冲突。因此，有学者指出：“就现在之权利所有人（利益所得者），于变动原因合理性被推翻前，对现在权利人之利益，应有照顾之必要（静的安全保障）。综合此等考量，应认为不当得利之无法律上原因要件，乃不当得利请求权之权利发生要件，依一般举证责任分配法则（规范理论或称特别要件说），应由不当得利之请求权人就之负举证责任。”③ 从反面推论，如果要求受益人举证，其实质是“不法推定”，即推定公示权利没有合法根据，不但在法律逻辑上构成对“权利正确性推定”原则的反对，而且就社会生活秩序而言，“如果财产占有人随时都会遭到他人对其财产是否存在法律上的原因的质疑，无疑会给财产权的安定性造成威胁。”现有的类型归纳并未穷尽不当得利的所有类型，如此推论，随着不当得利类型的进一步扩展，证明责任的分配法则在不当得利诉讼中无疑会支离破碎，最终必将损害到法的安定性和可预见性。

不可否认，相对于一般事实而言，“没有合法根据”所要求的事实确实更难证明，尤其是在非给付型不当得利中。“举证之所在、败诉之所在”，受损人往往因难以完成证明责任，遭受诉讼上的不利益。因此，可以通过合理的方式缓和受损人的证明困难，以平衡当事人之间的利益，如要求受益人尽“具体化说明”义务，在利益受损人就“没有合法根据”要件进行主张后，由受益人就得利的根据进行具体化说明，如此，受损人即可明了争议所在，并围绕受益人主张存在的合法根据进行反驳、证明，无须对其他可能存在但受益人未主张的合法根据进行漫无目的的反驳与证明。④

---

① 重庆市第五中级人民法院（2015）渝五中法民再终字第 00001 号民事判决书、浙江省杭州市中级人民法院（2019）浙 01 民终 8618 号民事判决书、重庆市荣昌区人民法院（2011）荣法民初字第 474 号民事判决书、重庆市荣昌区人民法院（2011）荣法民初字第 475 号民事判决书。

② 孙宪忠．中国物权法总论．2 版．北京：法律出版社，2009：285．

③ 姜世明．新民事证据法论．台北．学林文化事业有限公司，2004．转引自祝芹．给付型不当得利的证明责任分配．长沙大学学报，2012（3）。

④ 邬砚．不当得利“没有合法根据”证明责任的分配．国家检察官学院学报，2015（2）：136－137．

四、类案练习

练习一：李某在中国建设银行荣昌支行申请了一张信用卡，并开通了网上银行和手机银行的业务。2010 年 1 月 19 日，李某所持信用卡中的 2 万元存款被他人通过手机银行转账的方式转到两张不同的信用卡中，两张信用卡的持有人分别为刘某、王某。2010 年 9 月 8 日，李某以不当得利为由将刘某、王某二人分别告上法庭，请求二人各向李某返还 1 万元的不当得利，中国建设银行荣昌支行与上述二被告承担连带赔偿责任。本案中，应由谁承担“无法律上原因”的证明责任？①

练习二：2014 年 6 月 12 日，原告与杭州新动力装饰工程有限公司签订“专柜制作合同”一份，约定由杭州新动力装饰工程有限公司承揽制作原告位于萧山区江寺路 17－19 号休斯顿名店服装专柜，合同价款为包干价。后杭州新动力装饰工程有限公司安排被告胡某为原告进行装修施工，鉴于被告胡某一直作为杭州新动力装饰工程有限公司派驻装修现场的代表，原告基于信任应其要求于 2014 年 8 月9 日向其支付工程款 40 000 元。后杭州新动力装饰工程有限公司与原告因“专柜制作合同”纠纷诉至杭州市西湖区人民法院，案件审理中，杭州新动力装饰工程有限公司对被告胡某收取的 40 000 元工程款不予认可，杭州市西湖区法院也支持了该主张。该案判决生效后，原告按判决书确定内容履行，已支付包括上述 40 000 元在内的全部工程款。此后，原告多次要求被告胡某返还所得利益 40 000 元，被告胡某至今未予以返还，故向法院提起诉讼。本案中，应由谁承担“无法律上原因”的证明责任？②

五、知识拓展

1. 王泽鉴. 不当得利. 2 版. 北京：北京大学出版社，2015.

2. ［日］高桥宏志. 重点讲义民事诉讼法. 张卫平，许可，译. 北京：法律出版社，2007.

3. 张心恬，王文军，陈蔚如. 不当得利“没有合法根据”要件的证明责任分配. 政治与法律，2011（6）.

4. 张江莉，亓培冰. 非给付型不当得利证明责任辨析. 法学杂志，2010（4）.

5. 杨剑，窦玉梅. 论消极要件事实的证明：以法律要件分类说为基础. 法律适用，2007（7）.

6. 崔建远. 不当得利规则的细化及其解释. 现代法学，2020（3）.

7. 娄爱华. 不当得利“没有合法根据”之概念澄清：基于“给付”概念的中国法重释. 法律科学（西北政法大学学报），2012（6）.

8. 王栋. 英美法上不当得利返还责任的独立性探析. 环球法律评论，2015（3）.

① 甘肃省东乡族自治县人民法院（2022）甘 2926 民初 1320 号民事判决书。

② 浙江省余姚市人民法院（2016）浙 0281 民初 6727 民事判决书。

9. 邬砚. 不当得利“没有合法根据”证明责任的分配. 国家检察官学院学报, 2015 (2).

10. 郑金玉. 论否定事实的诉讼证明：以不当得利“没有法律根据”的要件事实为例. 法学, 2018 (5).

11. 袁琳. 不当得利“没有法律根据”要件的证明. 国家检察官学院学报, 2020 (3).

专题三　违约金过高的证明

一、案例导入

(一) 案情介绍

案例一：2014 年 4 月 26 日，葛某与元一公司签订房屋买卖合同，合同约定：葛某购买元一公司开发的位于亳州经济开发区杜仲路南侧、汤王大道西侧汇景花园第 1 幢 1 单元 2 层 201 室的房屋，房屋建筑面积为 104.21 平方米，购房金额为 440 356 元；元一公司应于 2015 年 12 月 31 日前将经验收合格的商品房交付给葛某；如逾期交房，违约金以购房款为基数，按照每日万分之四计算至房屋实际交付之日止。合同签订时，葛某按合同的约定支付首付款 140 356 元，办理商品房按揭贷款 300 000 元，但元一公司未按合同约定的时间交付房屋。此后葛某向法院提起诉讼，要求元一公司交付房屋，并且承担合同约定的逾期交房违约金。元一公司辩称，合同约定的违约金过高，但在诉讼中，元一公司就违约金过高未提供证据加以证明。①

案例二：华厦公司与许某于 2012 年 11 月 9 日签订了一份“预拌混凝土购销合同”，约定由华厦公司向许某承建的丁场四组拆迁安置房工程供应商品混凝土，货款应于工程主体结束后三个月内全部付清，若迟延付款，每日按应付款额的 3‰计收滞纳金。合同签订后，华厦公司依约履行供应义务，但许某一直没有按照合同约定向华厦公司支付货款，至诉讼时尚欠华厦公司货款 187 788.15 元。华厦公司多次催要，许某均以各种理由推托。华厦公司向法院提起诉讼，请求判令许某立即支付货款 187 788.15 元及违约金（按年利率 24%计算至实际付款之日）。诉讼中，华厦公司仅对未付款金额发表意见，未针对违约金标准发表辩论意见。②

(二) 案例思考

当事人约定违约金的目的之一在于避免证明损害的麻烦，即免去受害人一方在另一方违约以后就实际损失所负的举证责任，但是，在违约方提出违约金过高，而双方均未提供证据证明违约方造成的实际损失时，法院应当如何处理？

---

① 安徽省亳州市谯城区人民法院（2016）皖 1602 民初 6709 号民事判决书。

② 江苏省徐州市鼓楼区人民法院（2017）苏 0302 民初 2683 号民事判决书。

二、基本原理

（一）实体法疑难问题精讲

《民法典》第 585 条构建起了我国违约金制度的具体框架。[①] 其中，第 2 款第一分句规定了司法酌增，第二分句规定了司法酌减。实践中，围绕司法酌减规则的适用，较易产生争议。

1. 违约金的制度功能

从违约金的功能看，其作为合同当事人对违约行为可能造成的损害赔偿额的预先约定，目的有三：一是履行担保功能，即通过预定的违约赔偿责任督促当事人全面履行合同；二是违约损害赔偿功能，即对可能发生的违约行为通过违约金预先确定救济范围，免除守约方所面临的对违约行为造成的损害的证明困难；三是对违约行为的惩罚功能。由于违约金酌减以“过分高于造成的损失”为前提，因此，高于但不过分高于的部分，即构成对违约方的惩罚。

站在违约金的制度功能的角度，在合同约定了违约金的情况下，由于违约损害赔偿已经预先确定，违约行为一旦发生，就满足违约金的支付条件，因此，守约方对违约行为造成的损害无须承担证明责任。也就是说，由于“当事人约定违约金的目的之一即在于避免证明损害的麻烦”[②]，“免去了受害人一方在另一方违约以后就实际损失所负的举证责任”[③]，因此，“债权人只要证明有债务不履行之事实，则不必证明损害之发生及损害额之多寡，即可请求”[④]。“过高之事实，应由债务人主张及证明。”[⑤] 若在约定了违约金时仍要求守约方对违约行为造成的损害举证证明，则约定违约金与未约定违约金没有任何区别，违约金对损害赔偿额的预先确定功能就无法发挥。但是，如后所述，从证据持有的情况来看，违约行为对守约方造成损失的，有关损失的证据都由守约方掌握，违约方一般并不掌控有关证据，在此背景下，一味要求违约方举证证明违约金过分高于实际损失也不合理。[⑥] 这就导致实务界对违约金是否过分高于实际损失的证明责任的分配左右摇摆、莫衷一是。

2. 违约金过高的判断标准

违约方主张约定的违约金过高，请求予以适当减少的，涉及两个方面的判断问题。

---

① 《民法典》第 585 条第 1 款规定：“当事人可以约定一方违约时应当根据违约情况向对方支付一定数额的违约金，也可以约定因违约产生的损失赔偿额的计算方法。”第 2 款规定：“约定的违约金低于造成的损失的，人民法院或者仲裁机构可以根据当事人的请求予以增加；约定的违约金过分高于造成的损失的，人民法院或者仲裁机构可以根据当事人的请求予以适当减少。”第 3 款规定：“当事人就迟延履行约定违约金的，违约方支付违约金后，还应当履行债务。”

② 崔建远主编. 合同法. 4 版. 北京：法律出版社，2007：335.

③ 王利明. 违约责任论. 北京：中国政法大学出版社，1996：614.

④ 郑玉波. 民法债编总论. 修订 2 版. 北京：中国政法大学出版社，2004：317.

⑤ 史尚宽. 债法总论. 北京：中国政法大学出版社，2000：522.

⑥ 吴玉萍. 当事人双方均不能证明实际损失时违约金的调整. 人民法院报，2013－10－31（6）.

一是以什么作为判断是否过高的基数?《民法典》第584条(《合同法》第113条第1款)规定，违约损失赔偿应坚持完全赔偿原则，赔偿额应相当于违约造成的损失，包括对实际损失和可得利益的赔偿。此外，针对违约金是否过高的判断标准，最高人民法院《关于适用〈中华人民共和国合同法〉若干问题的解释(二)》(法释〔2009〕5号)(以下简称《合同法解释二》)第29条第1款，采取的是以实际损失为基础，兼顾预期利益的方法。[①]《全国法院民商事审判工作会议纪要》(法〔2019〕254号)坚持了此观点，其第50条第一句规定:"认定约定违约金是否过高，一般应当以《合同法》第113条规定的损失为基础进行判断，这里的损失包括合同履行后可以获得的利益。"《全国法院贯彻实施民法典工作会议纪要》(法〔2021〕94号)第11条第1款进一步规定:"民法典第五百八十五条第二款规定的损失范围应当按照民法典第五百八十四条规定确定，包括合同履行后可以获得的利益，但不得超过违约一方订立合同时预见到或者应当预见到的因违约可能造成的损失。"据此，作为判断违约金是否过高的基数的"损失"，包括实际损失和可得利益。[②]

二是达到什么程度才应被认定为"过分高于"?《合同法解释二》第29条第2款将该标准设定在损失的30%。[③] 司法实务中，一般按照这一标准——损失的130%——判断违约金是否过高。但为避免导致实质上的不公平，对这一标准不应机械适用，而应根据合同履行情况、当事人过错程度、预期利益实现的可能性、当事人的主体身份等因素，决定是否酌减、酌减多少。[④]

3. 违约金酌减的发起主体

根据自愿原则，当事人有权约定违约金，但是，如果任由当事人约定过高的违约金，在有些情况下，无异于鼓励当事人获得不公平的暴利，也可能促使一方为获得高额违约金而故意引诱对方违约，因此，《民法典》第585条规定了司法酌减规则，以在意思自治、形式自由的基础上协调实质公平、个案公平，平衡自愿原则和公平、诚信原则之间的关系。[⑤] 该规则表明，违约金应依当事人申请并由法官予以调整。[⑥]

基于前述实质公平、诚信原则等理由，有学者提出:"约定的违约金过高或过低，不仅关乎当事人意思自治，还会对司法的公共价值构成挑战，因此法院有权依职权调整违约金"[⑦]；或在债务人缺席的情况下，法院可依公平原则和诚信原则直接

---

① 《合同法解释二》第29条第1款规定:"当事人主张约定的违约金过高请求予以适当减少的，人民法院应当以实际损失为基础，兼顾合同的履行情况、当事人的过错程度以及预期利益等综合因素，根据公平原则和诚实信用原则予以衡量，并作出裁决。"

② 黄薇主编. 中华人民共和国民法典合同编释义. 北京：法律出版社，2020：290.

③ 《合同法解释二》第29条第2款规定:"当事人约定的违约金超过造成损失的百分之三十的，一般可以认定为合同法第一百一十四条第二款规定的'过分高于造成的损失'。"

④ 《全国法院民商事审判工作会议纪要》第50条第二句。黄薇主编. 中华人民共和国民法典合同编释义. 北京：法律出版社，2020：291-292.

⑤ 黄薇主编. 中华人民共和国民法典合同编释义. 北京：法律出版社，2020：290.

⑥ 宋宗宇，谭铮. 法院依职权调整违约金之质疑. 甘肃社会科学，2022(2)：154.

⑦ 孙良国. 论法院依职权调整违约金：《民法典》第585条第2款之评判. 北方法学，2020(5)：55.

对违约金进行酌减调整。[①] 司法实践中，也不乏法院依职权主动进行酌减的实例。但通说认为，法院必须依据当事人的请求方可调整违约金，不应采职权主义。[②] 一方面，基于意思自治原则，违约金是否过高，首先应由当事人基于自身利益作出判断，法院仅拥有最终裁断权；另一方面，“人民法院依职权主动提起违约金调减程序，将会打破诉讼双方的平等地位，进而对程序公正与司法权威造成不利影响”[③]。据此，只有在当事人提出酌减申请的情况下，法院才可调整违约金，而不得依职权主动进行酌减。

(二) 程序法疑难问题精讲

1. 违约金过高的证明责任问题

司法实务中关于违约金过高时的证明责任问题，在理论界和司法实务界争议都比较大。一种观点认为，违约方对于守约方违约造成的实际损失，往往很难掌握，所以不能刻意要求违约方对守约方的实际损失承担举证责任。违约方一般应当承担非违约方没有采取合理减损措施而导致损失扩大、守约方因违约而获得利益以及守约方亦有过失的举证责任；而守约方首要的举证责任是证明违约方存在违约行为以及过错程度，如果不能证明对方的行为违约，其主张违约金的请求将得不到支持。此外，守约方还需要证明约定违约金的合理性，即守约方因违约方的违约行为遭受的实际损失和可得利益损失总额，以及必要的交易成本。[④] 另一种观点则认为应当由请求减少的违约方承担证明责任，即在违约金调减程序中，应当由请求减额的债务人负举证责任。其理由在于：一方面，在程序法上，这种证明责任分配方式符合我国证明责任分配的一般标准。如前所述，根据法律要件分类说，主张权利存在的人应就权利发生的要件事实负证明责任。在违约金调减程序中，“违约金过分高于违约造成的损失”即是违约金调减权的发生要件。另一方面，从实体法角度看，该规则有利于实现违约金的制度功能。违约金在本质上属于损害赔偿的范畴，是当事人对违约可能导致的损害赔偿数额作出的事先约定。当事人约定违约金的目的，不仅在于促使当事人履行合同，更重要的是避免主张违约损害赔偿时的计算与证明。在当事人明确约定违约金的情况下，如果仍然要求守约方对违约行为造成的损失举证证明，则约定违约金与未约定违约金没有任何区别。如果违约金失去免除损失的计算与证明这一制度优势，则会与违约金的制度初衷发生背离。尤其是在实际损失难以计算与证明的情形下，如果强行要求守约方举证证明其实际损失，无异于是对违约方违约责任的变相免除。[⑤] 还有一种观点认为，在违约方主张违约金酌减请求之

---

① 姚明斌. 违约金论. 北京：中国法制出版社，2018：313.

② 黄薇主编. 中华人民共和国民法典合同编释义. 北京：法律出版社，2020：290－291. 朱广新，谢鸿飞主编. 民法典评注：合同编通则. 北京：中国法制出版社，2020：415. 韩世远. 合同法学. 4版. 北京：法律出版社，2018：828. 王洪亮. 债法总论. 北京：北京大学出版社，2016：443.

③ 谭启平，张海鹏. 违约金调减权及其行使与证明. 现代法学，2016（3）：41.

④ 李张平. 不能证明实际损失时约定违约金的认定. 人民法院报，2013－10－16（7）.

⑤ 谭启平，张海鹏. 违约金调减权及其行使与证明. 现代法学，2016（3）：48.

后，法院可直接依据实际损失、合同履行情况、违约方的过错程度等综合性考量因素作出违约金调整，违约方无须对违约金过分高于造成的实际损失这一要件事实承担证明责任和提供证据责任。甚至，即使违约方提供的证据不能证明或不提供任何证据证明违约金过高，抑或守约方未提供证据证明违约方给其造成的损害实际损失额是多少，也并不妨碍法院作出违约金酌减的判决。①

从客观证明责任的角度来看，违约金调减的证明责任只能由提出调减违约金的违约方承担。《民诉法司法解释》第 91 条确立的证明责任分配的基本原则以"规范说"为基础而构建，而规范说的核心在于，若不适用特定的法规范则其诉讼请求就不可能有结果的当事人，必须对法规范要素在真实的事实中得到实现承担证明责任。《民法典》第 585 条第 2 款规定："约定的违约金过分高于造成的损失的，人民法院或者仲裁机构可以根据当事人的请求予以适当减少。"对该条规范进行解读，前半句即为当事人申请违约金调减的权利成立要件，故依证明责任分配原则，此时主张该权利存在的当事人，应当对产生该权利的基本事实承担证明责任。另外，不能因违约方证明守约方的具体损失存在困难而改变证明责任的承担。证明责任分配方法应当通过对实体法的解释来实现，基本操作方式就是观察实体法规范的文义和结构。既然立法者将违约金调减规定为一种对违约方有利的权利成立规范，就只能认为，立法者将"违约金过分高于损失"这一要件事实真伪不明的风险分配给了违约方。不能假定立法者没有考虑该要件的证明难度，进而在具体诉讼中轻易地将证明责任转移给守约方。②

最高人民法院也对此问题提出指导性意见，《全国法院贯彻实施民法典工作会议纪要》(法释〔2021〕94 号) 第 11 条规定："当事人主张约定的违约金过高请求予以适当减少的，应当承担举证责任；相对人主张违约金约定合理的，也应提供相应的证据。"依据此规定，违约方必须提出证据证明约定的违约金过高，如果违约方提供的证据无法达到证明标准，就应由违约方承担诉讼上的不利后果，即按照合同约定的数额支付违约金。而相对人即守约方也可以提供相应的证据，证明约定的违约金不过分高于实际损失。根据证明责任规则，当双方提供的证据均不充分时，由违约方承担不利后果。③

2. 法院能否对违约金调减释明

无论是《合同法》114 条还是《民法典》第 585 条都规定，人民法院可以根据当事人的请求予以调整。这表明，只有在当事人要求调整违约金的情况下，人民法院才能够调整。但对于当事人未向法院提出调减请求时，法院应否向当事人主动释明，则存在争议。

2009 年最高人民法院《关于当前形势下审理民商事合同纠纷案件若干问题的指导意见》(以下简称《民商事合同纠纷司法解释》) 第 8 条曾赋予人民法院在此情况

① 庞晓. 合同纠纷诉讼中违约金酌减的证明责任. 证据科学，2021 (1)：76.
② 吴泽勇. 违约金调减的证明责任问题. 法学评论，2022 (1)：189.
③ 谭启平，张海鹏. 违约金调减权及其行使与证明. 现代法学，2016 (3)：49.

下的释明权，规定法院可以就此问题向当事人释明。最高人民法院《关于审理买卖合同纠纷案件适用法律问题的解释》（以下简称《买卖合同纠纷司法解释》）第 21 条同样规定了法院在此情况下的释明，但是相较前述规定，该司法解释将法院的释明从“可以”变为“应当”，从而将违约金调减的释明从法院的权力变为职责。对法院释明持肯定态度的学者认为，法官应当对过高违约金调整问题进行释明（言外之意包括法官应当主动对过高违约金进行调整），理由主要是从民事纠纷的一次性解决角度考虑，防止当事人就同一纠纷再次提起诉讼，以达到最大限度节省诉讼资源的效果。还有一种观点认为：“在现实中，当事人可能并不知道有调整违约金的立法规定，不能仅仅由于当事人不懂法而承担‘过高’的‘违约金之原本不符合立法主旨的法律后果，因此，法院释明十分必要’[①]。”

但是，针对法院对违约金调减的释明，特别是针对上述规定，存在较多的批评。如梁慧星教授认为，法官行使释明权的范围，限于“诉讼关系之事实方面和法律方面”，司法解释要求法官对于本不属于法官释明事项范围的“违约金调整”进行释明，违背了法官释明应遵循的基本原则。[②] 除此以外，还有观点认为，司法酌减规则是在意思自治、形式自由的基础上协调实质正义、个案公平的法技术，属于诚信原则的具体化，而且在实践中确实存在若不酌减违约金即可能陷于有悖公平原则或者诚信原则的情况。这两项原则作为合同法的基本原则，应当发挥其在规范适用方面的指导功能。在债务人缺席而约定的违约金又明显过高时，不妨对违约金作出一定调整，但酌减的依据在于公平原则和诚信原则，而非司法酌减规则。[③] 法官对违约金调减的释明，其实质是帮助当事人提出权利主张或抗辩的事由，违反了中立原则。从司法实践的角度来看，对是否提出违约金过高抗辩的释明导致约定违约金制度功能丧失。在司法实践中，提出违约金抗辩已经成为司法活动中的一项常识，释明制度应当功成身退，重新回归违约金调整的制度初衷。[④]

从诉讼法的视角，释明是指在当事人的主张和陈述的意思不明确、不充分，或者有不当的诉讼主张或陈述，或者其所举的证据材料不足而误认为充足等情形下，法院对当事人进行发问、提醒或启发，以促使当事人把不明了的事项澄清，或对不充足的事项予以补充，或把不当的主张和陈述排除，或提出原来没有提出的新诉讼资料。[⑤] 现代民事诉讼中，阐明权包括两个层面的内容：第一层含义是，法官依职权向当事人有针对性地发问，旨在提示当事人作出充分完整的陈述及主张，提醒当事人提供足以支持其主张的证据；第二层含义是，法官向当事人开示法官在庭审中

---

① 王吉飞. 论释明的具体化：兼评《买卖合同解释》第 27 条. 中国法学，2014（3）：284.

② 梁慧星. 对买卖合同司法解释（法释〔2012〕8 号）的解读和评论.［2013－06－16］. http://iolaw.cssn.cn/bwsf/201305/t20130530_4622053.shtml.

③ 姚明斌. 违约金论. 北京：中国法制出版社，2018：313.

④ 睢晓鹏. 违约金调整释明制度之探讨. 人民法院报，2020－11－19（7）.

⑤ 骆永家，等. 阐明权//民事诉讼法研究基金会. 民事诉讼法之研讨（四）. 台北：三民书局，1993：168.

形成的临时心证及相关法律见解，旨在切实保障当事人程序参与权，避免突袭裁判。[①] 因此，法官释明并不包括对当事人是否行使某项权利或抗辩的释明。违约金的减免作为法律赋予当事人以抗辩方式行使的权利，不应被包含在法院释明的范围之内。

三、法官释法

本专题案例导入的两个案例都涉及是否应对违约金进行调减的问题，但法院的做法并不相同，对应由谁就违约金过高提供证据予以证明的立场也截然不同。在案例一中，法院认为：关于违约金、损失和当事人的举证责任问题，《民事诉讼法》第67条第1款规定："当事人对自己提出的主张，有责任提供证据。"《民诉法司法解释》第90条规定："当事人对自己提出的诉讼请求所依据的事实或者反驳对方诉讼请求所依据的事实，应当提供证据加以证明，但法律另有规定的除外。在作出判决前，当事人未能提供证据或者证据不足以证明其事实主张的，由负有举证证明责任的当事人承担不利的后果。"本案中，元一公司辩称合同约定的违约金过高，因其未提交相关证据加以证明，故应承担对其不利的法律后果。可以看到，此案中法院将违约金过高的证明责任交由违约的被告方承担，并基于违约方未提供证据证明，支持了原告主张的按照合同约定计算违约金的请求。

在案件二中，违约方并未提出违约金过高的主张，更未就违约金过高提供证据加以证明，但是法院在对违约方抗辩理由进行扩大解释的基础上径行对违约金作出调减。法院认为："合同履行过程中，原告于2013年6月4日向被告最后一次供货，故违约金的起算时间应为2013年9月4日。涉案合同约定的违约金计算标准为每日3‰，该标准明显过高，被告不认可所有款项视为要求调整违约金为零，故本院依法对违约金进行调整，原告以年利率24%提出主张，在其未证明损失数额的情况下，亦属过高，本院调整违约金为，以187 788.15元为本金，自2013年9月4日起至实际履行之日止，按人民币贷款逾期利率（逾期利率按基准利率上浮50%计算）的1.3倍计算，对此部分本院予以支持，对超出部分本院不予支持。"

上述两个案件体现出我国法院对违约金调减及相应证明责任的不同态度。对于该问题，我国立法及相关司法解释在不同时期的态度也有所不同。关于违约金的调减问题，最早的规定见于1999年的《合同法》。[②] 其第114条第2款在我国首次确立了违约金调减制度，并规定了违约金调减的条件，即"过分高于损失"，至于调减的标准，1999年《合同法》并未涉及。2009年《合同法解释二》对调减标准进行了明确。2009年最高人民法院《民商事合同纠纷司法解释》第5条至第8条对法院审理违约金酌减程序的指导原则、衡量因素以及人民法院对当事人申请违约金酌减的释

---

① 肖建华主编．民事诉讼立法研讨与理论探索．北京：法律出版社，2008：25.

② 1986年的《民法通则》第112条第2款虽然规定了违约金，但未规定违约金的调减规则。

明和主张违约金过高的举证责任作出规定。[①] 这个文件中首次提到了法院对违约金调减的释明问题。随后，2012 年，最高人民法院发布《买卖合同纠纷司法解释》，该司法解释第 26 条和第 27 条分别对违约金酌减及法官释明再次作出解释。只不过该司法解释将法官的释明责任从《民商事合同纠纷司法解释》中的“可以”变成了“应当”，将其作为法院应有的职责对待。此后，2020 年的《民法典》第 585 条第 2 款仍延续了 1999 年《合同法》第 114 条第 2 款规定的违约金调减制度的内容，规定：“约定的违约金低于造成的损失的，人民法院或者仲裁机构可以根据当事人的请求予以增加；约定的违约金过分高于造成的损失的，人民法院或者仲裁机构可以根据当事人的请求予以适当减少。”

上述对违约金调减的规定前后历经 20 年，但都未涉及违约金过高的证明责任的承担问题。最高人民法院《民商事合同纠纷司法解释》第 8 条第二句——“人民法院要正确确定举证责任，违约方对于违约金约定过高的主张承担举证责任，非违约方主张违约金约定合理的，亦应提供相应的证据”——更是立场暧昧。因此，司法实践中对此做法不一，有观点认为应当由守约方承担，也有观点认为应当由违约方承担，最高人民法院的判例也显示出在此问题上态度的摇摆。在“冯某、杜某、边某与陕西中实投资集团有限公司撤销权纠纷案”中，最高人民法院认为：“本案中，冯某并未提供证据证明违约给对方造成的实际损失额，边某虽提供了项目投资预测及评估报告，以证明该项目的商业价值为 4.7 亿元，其个人可获得投资收益不少于 6 000 万元，但边某以此尚不确定的事实作为计算其可得利益和实际损失的基础，证据不足，本院不予采信。因为，双方当事人均未能提供违约损失的具体数额，所以无法根据实际损失与违约金的差额作出违约金是否过高的判断。”[②] 这实际上是将证明责任交给了守约方承担。而在“宁波绣丰彩印实业有限公司、浙江杭州湾汽配机电市场经营服务有限公司、慈溪道新投资咨询有限公司、慈溪道新汽配贸易有限公司、慈溪市一得工贸有限公司以及孙某合同纠纷案”中，又将该问题的证明责任

---

① 《民商事合同纠纷司法解释》第二部分规定：“二、依法合理调整违约金数额，公平解决违约责任问题。5. 现阶段由于国内宏观经济环境的变化和影响，民商事合同履行过程中违约现象比较突出。对于双方当事人在合同中所约定的过分高于违约造成损失的违约金或者极具惩罚性的违约金条款，人民法院应根据合同法第一百一十四条第二款和最高人民法院《关于适用中华人民共和国合同法若干问题的解释（二）》［以下简称《合同法解释（二）》］第二十九条等关于调整过高违约金的规定内容和精神，合理调整违约金数额，公平解决违约责任问题。6. 在当前企业经营状况普遍较为困难的情况下，对于违约金数额过分高于违约造成损失的，应当根据合同法规定的诚实信用原则、公平原则，坚持以补偿性为主、以惩罚性为辅的违约金性质，合理调整裁量幅度，切实防止以意思自治为由而完全放任当事人约定过高的违约金。7. 人民法院根据合同法第一百一十四条第二款调整过高违约金时，应当根据案件的具体情形，以违约造成的损失为基准，综合衡量合同履行程度、当事人的过错、预期利益、当事人缔约地位强弱、是否适用格式合同或条款等多项因素，根据公平原则和诚实信用原则予以综合权衡，避免简单地采用固定比例等‘一刀切’的做法，防止机械司法而可能造成的实质不公平。8. 为减轻当事人诉累，妥当解决违约金纠纷，违约方以合同不成立、合同未生效、合同无效或者不构成违约进行免责抗辩而未提出违约金调整请求的，人民法院可以就当事人是否需要主张违约金过高问题进行释明。人民法院要正确确定举证责任，违约方对于违约金约定过高的主张承担举证责任，非违约方主张违约金约定合理的，亦应提供相应的证据。合同解除后，当事人主张违约金条款继续有效的，人民法院可以根据合同法第九十八条的规定进行处理。”

② 最高人民法院（2010）民二终字第 54－1 号民事判决书。

交给了违约方来承担。最高人民法院认为，“机电公司、投资公司、汽配公司认为协议中约定的违约金过高，应当予以减少，但未能提供相关证据证明协议约定日千分之一的违约金过分高于绣丰公司因此遭受的损失，本院对该项辩称意见不予采纳”①。

对违约金调减证明责任的分配问题，最终在2019年《全国法院民商事审判工作会议纪要》中盖棺定论，正式明确应当由“主张违约金过高的违约方”承担证明责任。这也应当成为此后法院审理此类案件的依据与标准。②

四、类案练习

练习一：银洋公司与欧西公司于2021年4月6日签订“长期销售合同”，约定欧西公司向银洋公司购买丙烯酸乳液，结算方式及期限为月结60天，违约方每日按照逾期货款的1‰计付违约金给守约方。合同签订后，银洋公司依约向欧西公司送货，但欧西公司一直未按照合同履行支付货款的义务。经银洋公司多次催收，欧西公司至今尚欠货款206 500元。银洋公司向法院提起诉讼，请求判令欧西公司立即支付货款206 500元及违约金（按相应欠款额每日1‰计算至实际付款日）。欧西公司在诉讼中承认银洋公司所主张的事实，且对银洋公司提出支付货款206 500元的诉讼请求无异议，但认为银洋公司诉请的违约金高于实际损失，请求法院依法调整违约金数额。欧西公司未针对违约金标准发表辩论意见，也没有就违约金高于实际损失提供证据加以证明。③

法院应如何处理？

练习二：2019年1月22日，陈某与邱某签订“邱某与陈某关于旭阳公司之股权转让协议”，协议约定：陈某将其持有的旭阳公司1.374 2%的股权转让给邱某，双方确定受让价款为人民币4 809 545元；邱某应于2019年2月3日前将4 809 545元受让款支付至陈某指定账户；若逾期，按实际逾期总金额每日1‰支付违约金；双方还约定了违约方放弃调整违约金的权利。邱某到期未按约付款，陈某遂向法院提起诉讼。

法院应如何处理？

五、知识拓展

1. 韩世远. 违约金的理论问题：以合同法第114条为中心的解释论. 法学研究，2003（4）.

---

① 最高人民法院（2012）民提字第208号民事判决书。

② 《全国法院民商事审判工作会议纪要》第50条规定：“认定约定违约金是否过高，一般应当以《合同法》第113条规定的损失为基础进行判断，这里的损失包括合同履行后可以获得的利益。除借款合同外的双务合同，作为对价的价款或者报酬给付之债，并非借款合同项下的还款义务，不能以受法律保护的民间借贷利率上限作为判断违约金是否过高的标准，而应当兼顾合同履行情况、当事人过错程度以及预期利益等因素综合确定。主张违约金过高的违约方应当对违约金是否过高承担举证责任。”

③ 广东省佛山市三水区人民法院（2022）粤0607民初3438号民事判决书。

2. 罗昆. 我国违约金司法酌减的限制与排除. 法律科学（西北政法大学学报），2016（2）.

3. 姚明斌.《合同法》第114条（约定违约金）评注. 法学家，2017（5）.

4. 张力，赵自轩. 英国罚金判断新标准在我国违约金调减中的运用. 河北法学，2017（9）.

5. 石冠彬，彭宛蓉. 司法视域下民法典违约金调减规则的解释论. 苏州大学学报（哲学社会科学版），2020（4）.

6. 王洪亮. 违约金酌减规则论. 法学家，2015（3）.

专题四　损害赔偿额的酌定

一、案例导入

（一）案情介绍

案例一： 王某因与李某之间的排除妨害纠纷，于2017年5月19日向法院提起诉讼。王某提出，2017年1月，李某在未与王某协商的情况下，强行在其承包的土地上倾倒垃圾及渣土，严重侵害了其合法权益，王某多次向李某提出停止侵害行为的请求，并要求李某将渣土运走，但李某不听劝阻，仍继续侵害，故诉至法院，要求判令李某停止侵害、排除妨碍、清除倾倒的垃圾及渣土，恢复原状并赔偿原告损失5 000元。诉讼中，李某承认确实占了一部分的土地，但同时主张其所占的地是村里的荒地。法院经审理认定，王某提供的证据能够证实其与上小埠村村民委员会签订荒坡承包合同一份，承包了村里四至为东至于泉边、西至石塘边、南至墩子边、北至石塘边的土地，故对于王某主张的要求被告李某停止侵害，排除妨碍，清除被告所倾倒的渣土、泥土及地上附属物，恢复原状的诉讼请求，予以支持。但同时指出，“原告王某要求被告李某赔偿其损失5 000元，被告李某不同意赔偿，原告王某没有对自己的具体损失数额提供证据予以证实，故对原告王某的此项诉讼请求，本院不予支持”。[①]

案例二： 2017年4月至8月期间，周某、杨某所饲养的两只狗在附近山上将商某散放于山上的羊部分咬伤或咬伤致死，造成商某一定经济损失，双方就赔偿事宜未能达成一致意见，导致矛盾发生。此后商某向法院提起诉讼，请求被告赔偿其各项损失约73 740元。一审法院经审理认定：两条狗对商某的羊实施了加害行为，并导致部分羊受伤、死亡，造成一定的经济损失，该损失与狗的加害行为和周某、杨某放养狗的管理行为具有直接的因果关系，两被告应当承担赔偿责任。但是因商某证明其损失情况的证据不充分，在现有证据范围内无法查实、确认其具体损失数额，故其应当承担不利的后果，从而驳回了商某的诉讼请求。后商某向上级法院提起上

① 山东省费县人民法院（2017）鲁1325民初2099号民事判决书。

诉。二审法院经审理认定，商某的羊确实被周某、杨某饲养的狗实施了加害行为，造成羊受伤、死亡，该经济损失确实存在，原审法院以商某提交损失的证据不足为由，全部驳回其诉讼请求不当，应予纠正，结合本案的实际情况及双方当事人的过错，酌定周某、杨某向商某赔偿损失 25 000 元。①

（二）案例思考

在损害赔偿诉讼中，时常出现损害事实的发生得以证明，而损失大小难以证明或不能证明的情形。此时如何确定损害赔偿数额？法官能否以举证不能为由直接驳回原告的诉请，若不能，该以何种方式确定损害数额？

二、基本原理

（一）实体法疑难问题精讲

1. 损害的金钱量定

"有损害必有救济"的法谚表明，作为救济措施之一的损失赔偿，以损失的客观存在为前提，因此，原告在主张损失赔偿的时候，应当证明存在损失。需要注意的是，从《民法典》第 583 条、第 584 条与第 1165 条、第 1166 条的用语来看，在合同法领域，一般采用"损失"一词，在侵权责任法领域，一般采用"损害"一词。因二者均指向守约方（或被侵权人）遭受的不利益，就本专题讨论的问题而言，并无实质性区别，故下文对此不作区分。

对损害的赔偿，需用金钱予以量定，即该损害相当于多少数额的金钱。实践中，常发生损害难以证明、量定的问题，最典型的是精神损害。对精神上遭受的痛苦，无法用金钱进行精准衡量。为解决这一问题，最高人民法院《关于确定民事侵权精神损害赔偿责任若干问题的解释》（法释〔2020〕17 号）（下文简称《精神损害赔偿司法解释》）第 5 条规定了确定精神损害赔偿时应考虑的因素。在精神损害以外的领域，也存在损害难以量定的问题，前述两个案例即为适例。为此，《民法典》第 1182 条规定："侵害他人人身权益造成财产损失的，按照被侵权人因此受到的损失或者侵权人因此获得的利益赔偿；被侵权人因此受到的损失以及侵权人因此获得的利益难以确定，被侵权人和侵权人就赔偿数额协商不一致，向人民法院提起诉讼的，由人民法院根据实际情况确定赔偿数额。"但该规则通常适用于对他人人格权的非法商业化利用问题，调整范围有限，且在获利难以确定的情况下，所谓的"根据实际情况确定"，并未提供有效的解决方案，因此，在守约方（或被侵权人）因违约行为（或侵权行为）确实遭受损害的情况下，如果损害难以用金钱进行量定，如何确定损害赔偿的金额，就成为困扰实务界的一个问题。

2. 损害的内涵界定

须明确的是，损害固然须用金钱量定才能确定损害额，也即赔偿金额，但损害

① 湖北省襄阳市中级人民法院（2019）鄂民终 3797 号民事判决书。

额作为对损失的金钱量度，二者并非同一回事。如因侵权行为而导致未满 60 周岁的成年人一级伤残，则损害为一级伤残，至于损害额，根据《人身损害赔偿司法解释》第 12 条第 1 款的规定，为受诉法院所在地上一年度城镇居民人均可支配收入自定残之日起按 20 年计算所得金额。正因如此，证明损害的存在与证明损害额也非同一回事。在前述案例中，显而易见，受害人已经证明其受有损害，但并未能证明损害额。

对损害的内涵界定，决定了法官对损害额的认定究竟是事实证明问题还是裁量评价问题。也就是说，厘清了损害的内涵，也就相应明晰了损害额到底是属于要件事实而需要由当事人加以证明，还是属于法律评价而应由法官进行裁量。换言之，只有明确了损害的性质定位，才能在适用要件和具体效果上进行制度建构，进而为司法实践提供科学合理的建议和指导。[①] 当前，对损害的内涵界定，主要有三种学说。一是利益说，也称差额说。该说认为，应赔偿的损害，是被害人财产状况于损害事故发生与损害事故不发生的差额。差额说将损害种类或项目原封不动地确定入损害赔偿范围，然后再原封不动地转移至损害额算定的程序。从现象上来看，损害赔偿范围的确定与损害额的评定是同时进行的，因而，差额说与后述关于证明责任的证明度减轻说相调和。二是组织说，也称客观说。该说认为，若主观损害小于客观损害，则应赔偿的损害为客观损害；若主观损害大于客观损害，权利人可选择请求赔偿主观损害；若主客观损害一致，则利益说仍可发生作用。不利益的事实状态自身即为损害，损害种类或项目不过是为了评价损害的金钱换算的间接事实或认识根据而已。据此，赔偿数额的评定应当属于法院裁量权的范畴。三是损害事实说。该说认为，损害是指被害人所主张的其遭受的不利益的事实。该学说实质上是从诉讼过程角度分析损害的性质，将损害的认定分为被害人所主张的其遭受的不利益的事实和法院判决认定的、转化为金钱赔偿的“损害”。前者属于事实认定问题，后者属于法律判断问题。损害事实认定与损害事实转化为金钱评价是紧密联系的，因而，后述关于证明责任的折中说与损害事实说相吻合。[②]

（二）程序法疑难问题精讲

1. 损害额酌定的界定

在损害赔偿诉讼案件中，无论受害人基于的请求权为何，从民法规范的类型来看，都属于权利发生规范，依通行的证明责任分配法——规范说——的观点，主张权利发生规范的当事人应就该权利产生的要件事实承担证明责任。因此受害人应当就损害赔偿成立的事实以及损害大小（损害额）等事实承担主张责任与证明责任。但在损害赔偿事件中，损害的发展具有变动性、难确定性，损害大小的确定成为受害人诉讼上的重大负担。受害人“纵使能证明损害发生，但无法达到能证明损害额

---

① 唐力，谷佳杰. 论知识产权诉讼中损害赔偿数额的确定. 法学评论，2014（2）：188－189.

② 曾世雄. 损害赔偿法原理. 北京：中国政法大学出版社，2001：118－131. 汪志刚. 论民法上的损害概念的形成视角. 法学杂志，2008（5）：27－29.［日］潮见佳男. 作为法官裁量问题的相当损害额：以日本《民事诉讼法》第 248 条的适用为中心. 姜荣吉，译. 法学杂志，2014（5）：5－6.

的证明度的情况下，法院还是不能认定损害赔偿请求权”①，此时法院依据证明责任法则驳回原告诉讼请求显失公平。从证明责任的角度来看，其关键在于损害数额是否是证明责任分配的对象。损害赔偿数额并非损害赔偿请求权的构成要件，而作为当事人主张责任与证明责任的对象皆为要件事实，因此在损害的具体数额不能确定时，不存在当事人主张责任和证明责任的适用，此时法院也不能以客观证明责任来判决当事人败诉。

在损害事实的发生已经得到证明，但原告对损害额事实难以证明或无法证明的情况下，法官该如何裁判？针对此困难，损害额认定制度在德国、日本等国家相继被提出，经过长期的理论探讨和实践摸索，最终被确立于民事诉讼法之中。我国民事诉讼法并未确立该制度，但在历年对《专利法》《商标法》《侵权责任法》等实体法的修正中亦有所探索。不过，由于缺乏诉讼法理的引导和诉讼立法的规范，大多数实体法摸索很难实现原有的立法目的，常常会导致条文被随意适用或被弃之一旁。②

损害额认定，又称为损害数额酌定，指的是在损害赔偿诉讼中，如果损害事实确实已经发生，但权利主张者难以证明或无法证明具体损失大小的时候，从诉讼公平角度出发，赋予法官根据言词辩论情况和证据材料对该损害赔偿数额作出裁量的制度。③ 虽然域外法在立法条文表述上具有一定的差异性，但实质内容基本上一致。有学者认为，我国的法定赔偿制度相当于德日的损害额赔偿认定制度。之所以出现这种观点，是因为法定赔偿与损害额赔偿认定制度存在一个共同点，即最终赔偿额由法官自由裁量作出。然而，该观点忽视了损害额赔偿确定制度中法官自由裁量的重要前提：降低实体规则的证明标准。此外，二者在性质上截然不同。德日的损害额赔偿认定制度是通过建立一项民事诉讼法律规则来缓和三种计算方式的证明标准，从而使赔偿得以根据三种计算方式确定；而我国的法定赔偿对赔偿额证明困难问题的分析仅限于实体法层面，缺乏以诉讼立法技术解决问题的思路。④

2. 损害额酌定的性质

如前所述，对于损害额的酌定，其关键在于证明责任所针对的对象为要件事实。作为联系民事实体法和民事诉讼法的纽带，要件事实是指产生法律效果所必需的实体法（作为裁判规范的民法）事实，易言之，是指民事实体权利变动原因的事实。通常认为，民法上要件事实与主要事实为相同概念。但是也有观点认为，二者存在一定的差异，即要件事实是“法的概念”，而“主要事实”是事实层面的概念。民事法学领域一般将实体法条文构成要件里记载的典型事实作为要件事实。要件事实，通常可分为四类，即权利根据事实、权利障害事实、权利消灭事实以及权利阻止事实。权利根据事实，是指与作为诉讼标的的权利发生要件相符合的事实；权利障害

① ［日］伊藤真．民事訴訟法．补订版．东京：有斐阁，2000：304.

② 易晓东．论民事诉讼中损害额认定制度之构建．沈阳工业大学学报（社会科学版）．2017（6）：482.

③ 毋爱斌．损害额认定制度研究．清华法学，2012（2）：116.

④ 胡晶晶．专利侵权损害赔偿额之确定：中德日比较研究．武汉：华中科技大学出版社，2019：137.

事实，是指对权利发生起着妨碍作用的事实；权利消灭事实，是指能够使某一权利归于消灭的事实；权利阻止事实，也称权利受制事实，该事实使权利的作用暂时受到阻碍。

因此，判断是否为要件事实的关键在于该事实是否为法规范的构成要件，且当其成立时能否使法规范发生法律效果。但无论是侵权损害赔偿还是合同违约赔偿，具体损害或损失的金额都非法律规范的要件事实，因此，无法从证明责任的角度强行要求当事人对该事实予以证明，从而出现了由法院对损害额进行酌定的观点。针对损害额酌定的法律性质，理论界大致有“证明标准降低说”、“裁量评价说”和“折中说”三种观点。这些观点的差异在于损害额是属于事实问题还是法律问题，若属于事实问题，则应当由当事人负责证明，但若其属于法律问题，则属于法官自由心证的范畴。证明标准降低说认为，损害事实与损害额都属于事实问题，都应由法官根据自由心证加以判断。但是由于损害额证明上的困难，可以降低其证明标准，即可低于民事诉讼通常所需的“高度盖然性”标准。裁量评价说认为，损害额属于损害事实确定后的法律评价问题，不应由当事人举证证明，而应由法官依职权进行认定，即赋予法院裁量性的评价权限。[①] 折中说认为，损害额认定条款包含了证明度减轻和自由裁量二重含义，一方面应减轻损害额证明的原则性标准，另一方面应将认定损害赔偿数额的判断权委托给法院。

通过对三种学说的分析可知，证明标准降低说将损害额视为事实认定的层面而要求当事人承担证明责任，但从证明标准的层面，无须当事人举证证明达到“高度盖然性”标准，法官即可达到内心确认。裁量评价说强调法官对该问题的自由裁量，并不强调当事人的主张与证明责任，当损害额无法证明时，交由法官运用职权进行认定。而折中说将该问题视为当事人与法院之间的联动，从降低当事人证明的难度与发挥法官职权两个方面共同确定损害的数额。

由此可见，从诉讼法的视野来看，性质论的争论就在于当事人与法官就该问题证明上作用分担的区别。在充分尊重当事人的辩论权和处分权的基础上，为避免诉讼主体滥用程序权利导致诉讼迟延和高成本等弊端，为促进发现案件真实和节约有限的司法资源，在诉讼中应当最大限度地充分发挥法官与当事人各自的作用，法官与当事人应当共同推进诉讼。[②] 因此，损害赔偿数额确定的责任分担，应当以法官与当事人共同承担较为妥当。

3. 损害额酌定的适用条件

（1）损害赔偿请求权成立。

针对损害是否存在，各国（地区）在立法中规定的要件不一。在德国损害额酌定制度中，将损害是否存在的事实也纳入法院酌定的范围之内。而日本关于损害金额的认定，则是在承认损害已经存在的前提下进行的，在损害的性质导致损害金额极难证明时，法院可根据当事人口头辩论的旨意和证据调查的结果，对损害金额进

① 段文波. 事实证明抑或法官裁量：民事损害赔偿数额认定的德日经验. 法学家，2012（6）：168.

② 毋爱斌. 损害额认定制度研究. 清华法学，2012（2）：117.

行酌量。[1] 根据证明责任原理，在损害赔偿诉讼中，损害赔偿请求权的要件事实，包括侵权行为、损害结果、因果关系及过错，由主张损害赔偿请求权的原告承担。如果权利主张者就这些要件无法证明，则其主张的请求权不能成立，法院将驳回其诉讼请求。损害赔偿请求权的成立是损害额判断的前提，若权利不成立，则具体损害金额将不复存在，法官也无须对损害额进行酌定。

（2）损害额不能证明或难以证明。

正是由于损害额不能或难以证明，对其进行酌定才具有必要性。侵权法的核心在于填补损害，即通过损害赔偿方式，使受害人的权益恢复到损害发生之前的状态。若依据传统观点，当事人所受损害确实存在，但因无法证明具体的损害额而驳回其诉讼请求，显然有违侵权法之救济功能。具体而言，损害额无法证明可区分为证明不能与证明困难，所谓损害额证明不能，系从客观层面上分析，基于损害之性质认为证明损害的数额是不可能实现的，譬如精神损失、机会丧失等类型损害因无法进行具体算定而应予酌定。所谓损害额证明困难，是指证明损害金额具有重大困难。对“重大困难”的界定，不仅需判断被害人自身是否具有相应的证明能力，还应依据案情判断损害额证明所需付出的代价等要素。

（3）自由心证的运用。

在损害额酌定制度中，确定损害赔偿数额除要具备损害存在与损害额不能或难以证明这两个客观条件外，其适用还需具备相应的主观条件。客观要件的具备是进行主观考量的开始，赔偿数额的最终确定需经过法官的自由心证，由此践行主客观相结合的适用原则。针对“自由心证制度”，德国现行的民事诉讼法中对自由心证主义作出了明确规定，当事人就是否存在损害、损害的数额以及赔偿利益额发生争议时，法院应综合一切情况进行考虑，通过自由心证对事实上的主张是否可以被认定为真实作出判断。[2] 对此，日本民事诉讼法仿效德国法的规定，在认定损害存在的基础之上，明确自由心证的适用对象是当事人事实主张的真实性。换言之，为减轻双方举证负担并提高审判效率，法官应基于所有的证据资料并利用经验法则与良知尽可能地计算出客观公正的赔偿数额。[3]

三、法官释法

本专题案例导入的两个案例属于损害事实的发生得到证明，而损失大小难以证明或不能证明的情形，可以看出两个不同的法院的做法不一。案例一中，法院是根据证明责任分配的原则，以原告没有对自己的具体损失数额提供证据予以证实为由，驳回了原告的诉讼请求。案例二中，一审法院也是以此驳回了原告诉请，但是二审法院认定侵权损害的事实已经成立，一审法院驳回其诉讼请求不当，应予纠正，最终酌定了原告的损失，要求被告赔偿。通过对我国法院裁判的案例进行检索，可以

---

① 王磊. 论损害额酌定制度. 法学杂志，2017（6）：113.

② 德意志联邦共和国民事诉讼法. 谢怀栻，译. 北京：中国法制出版社，2001：70.

③ 曹新明，崔逢铭. 知识产权侵权赔偿数额“自由裁量”规则实证研究. 江苏社会科学，2017（4）：128.

发现大多数法院的做法与案例一的做法类似，都是根据证明责任规则，认为原告应当对自己的请求提供证据，若其证据不能够证明具体损失金额，即便法官已经形成心证确认侵权损害事实成立，仍然以原告不能证明其主张为由驳回诉讼请求。

法院的上述做法如前文分析所述，具体损害金额并非损害赔偿请求权的构成要件，不属于需要由当事人主张与证明的要件事实，而由于主张责任与证明责任的适用对象范围均为要件事实，因此，损害赔偿数额在难以确定时就不存在主张责任与证明责任适用的问题。特别是在当事人已经通过举证证明侵权损害的事实时，仅以具体损害额未能证明驳回原告诉讼请求则显失公平。

我国立法并非完全没有注意到该问题。针对难以确定损害赔偿数额的困难，我国在知识产权立法上创设了法定赔偿制度。法定赔偿制度是指由法律规定赔偿的幅度范围，包括起点和最高点，由法官根据案件的具体情况，如侵权行为的时间、侵权行为的社会影响、侵权情节、侵权人的主观过错程度等，来酌情在这个幅度内决定具体赔偿额的损害赔偿制度。[①] 我国最早开始对损害赔偿数额确定进行的探索，是最高人民法院在 2000 年 11 月通过的《关于审理涉及计算机网络著作权纠纷案件适用法律若干问题的解释》。该解释第 10 条第 2 款规定，“被侵权人损失额不能确定的，人民法院依被侵权人的请求，可以根据侵害情节在人民币 500 元以上 30 万元以下确定赔偿数额，最多不得超过人民币 50 万元”，从而确立了一定最高限额的赔偿方法。2001 年 10 月，全国人民代表大会常务委员会修订了《著作权法》。修订后的《著作权法》第48 条第 2 款规定：“权利人的实际损失或者侵权人的违法所得不能确定的，由人民法院根据侵权情节，判决给予 50 万元以下的赔偿。”由此正式确定了法定赔偿制度。之后，最高人民法院在商标、专利、不正当竞争的立法和司法解释中沿用了此规则，建立起知识产权立法上的法定赔偿制度。但是，我国知识产权损害赔偿数额的确定采用了实体立法的模式，实质上只关注了损害赔偿数额确定的实体法层面的问题，而对其证明困难的问题则显然缺乏以诉讼立法技术予以解决的思路。司法实践中仍然存在知识产权法规定的客观标准难以确定的情况。这种难以确定，实质上是诉讼过程中证明困难的动态化问题，而非客观标准问题。知识产权法针对此种实践难题又创设了法定赔偿制度来寻求解决，但对损害赔偿数额难以确定的困难以同一实体法的同一条文进行简单化处理，未见得科学。并且，疏于运用诉讼法理论和立法对此证明困难之难题加以规制，亦存在明显不足。[②]

除知识产权领域以外，针对当事人对具体损害金额证明困难的问题，2001 年最高人民法院公布了《精神损害赔偿司法解释》，该司法解释第 10 条的规定确定了在侵权案件中，精神损害赔偿应当参考的因素，具体而言即赋予法官在特定情况下对精神损害赔偿数额确定的自由裁量权。此后 2009 年的《侵权责任法》针对该问题开始了酌定赔偿制度的探索，该法第 20 条规定：“侵害他人人身权益造成财产损失的，按照被侵权人因此受到的损失赔偿；被侵权人的损失难以确定，侵权人因此获得利

---

① 翁国民主编. 入世与知识产权保护. 上海：世界图书出版公司，2001：59.

② 唐力，谷佳杰. 论知识产权诉讼中损害赔偿数额的确定. 法学评论，2014（2）：185.

益的，按照其获得的利益赔偿；侵权人因此获得的利益难以确定，被侵权人和侵权人就赔偿数额协商不一致，向人民法院提起诉讼的，由人民法院根据实际情况确定赔偿数额。”这标志着在侵权诉讼领域内开始对损害赔偿数额确定的方法进行探索。

但纵观我国现有立法，尚存在一定的不足，不能完全解决司法实务中的所有问题。首先，损害赔偿的适用范围过于狭窄，且适用标准不一。我国实体法对损害赔偿数额确定制度的探索主要集中在知识产权法、侵权法的精神损害赔偿和侵权责任法中人身侵害三个方面，其适用的范围过于狭窄。各个实体部门法仅能在其规范调整的领域范围内予以适用，缺乏通用性的总体规定予以规范。其次，完全免除了当事人的提供证据责任。损害赔偿数额确定制度以证明标准降低来减轻当事人的提供证据责任，从而避免证明责任的适用。从我国实体法的相关规定来看，实体法将损害赔偿数额确定的性质的定位完全转变为自由裁量说，造成实践中几乎等同于免除当事人的提供证据责任。最后，法官是否认定、是否调查取证都缺少相应的规则。法官从减轻自己工作压力以及趋利避害的角度考虑，可能会随意适用损害额认定制度，忽视该制度适用的有限性和补充性。这都需要将来由理论研究和立法予以完善。

就我国司法实践中损害额的确定，除必须考虑其适用条件外，还应当注意：第一，权利主张者应当就其主张的权利积极提供证据加以证明，必要时可以申请法院调取证据。只有在其他手段都已经穷尽的情况下，或者法官认为如果一味要求当事人提供证据证明与损害赔偿额不相称的情况下，才可以适用该制度。第二，应根据不同案件的性质，在实体法上探索相应的损害额评定的方法，逐步实现法官酌定因素及计算损害赔偿项目的类型化、定额化，避免法官的个人主观臆断。第三，判决文书应公开心证，法官在判决理由中载明事实认定的主要内容及评价的主要内容要体现法官心证的推导过程，不能简单以“根据当事人提供的证据以及庭审辩论的情况”为由作出裁断。

四、类案练习

练习一：孟某系中国女演员、歌手。2017 年 5 月 18 日，泉州宏瑞技术有限公司（以下简称“宏瑞公司”）在其官方网站上刊登的《痣相图解：17 个痣看你命运好坏》《痣相图解：女人脸上的财富痣》两篇文章中擅自使用了孟某的两张照片。孟某认为宏瑞公司未经同意擅自使用其照片用于该文章的配图，目的在于宣传公司的营销分析能力，属于营利性活动，侵犯了孟某的肖像权，同时该文章中有关容貌评价的内容给孟某造成了精神损害，故孟某将宏瑞公司告上法庭，请求宏瑞公司立即删除官网中的孟某的照片以停止侵害，同时在全国公开发行的报纸上刊登道歉信以向孟某公开道歉，最后赔偿孟某经济损失 14 万元、精神损害抚慰金 2 万元以及合理维权费用 2 000 元，共计 16.2 万元。在案件审理过程中，关于孟某肖像权被侵犯产生的经济损失与精神损害，孟某并未提供证据证明其所受损失的数额，且无法查明宏瑞公司使用孟某的肖像所产生的经济利益，双方对于损害赔偿数额也未达成一致。[①]

练习二：2016 年 4 月 15 日，原告深圳欧比特工程股份有限公司（以下简称“欧比特公司”）着手研发 153B IP 技术，被告李某系该技术的主要负责人。2018 年开始，被告李某违反约定，以威特软件信息有限公司（以下简称“威特公司”）的名义，先后生产、销售 153B IP 系列测试仪。2020 年 8 月 15 日，原告欧比特公司向深圳市中级人民法院提起民事诉讼，请求李某、威特公司停止侵权，并主张以其实际损失作为侵权损害的赔偿数额，要求被告赔偿经济损失 5 326 673 元以及合理维权费用 345 600 元。庭审过程中，原告欧比特公司提供证据初步证明涉案的 153B IP 技术是相关产品中不可或缺的核心技术，应以相关产品的整体价值计算损失，而被告李某、威特公司则主张 153B IP 技术在相关产品中对实现整体利润的价值贡献极低。对此双方并未提供相关证据予以证明。[②]

本案法院应当如何认定损失额？

五、知识拓展

1. 毋爱斌. 损害额认定制度研究. 清华法学，2012 (2).

2. 段文波. 事实证明抑或法官裁量：民事损害赔偿数额认定的德日经验. 法学家，2012 (6).

3. 唐力，谷佳杰. 论知识产权诉讼中损害赔偿数额的确定. 法学评论，2014 (2).

4. 许可. 民事审判方法：要件事实引论. 北京，法律出版社：2009.

5. 骆永家. 损害数额之认定. 月旦法学杂志，2000 (4).

6. 曾世雄. 损害赔偿法原理. 北京：中国政法大学出版社，2001.

① 福建省福州市鼓楼区人民法院（2017）闽 0102 民初 2126 号民事判决书。

② 广东省珠海市人民法院（2013）珠中法民初字第 848 号民事判决书。

第五编　特定类型实体权利的程序实现

专题一　债权人代位权诉讼

一、案例导入

（一）案情简介

1992年，G银行与实业公司签订“合作权转让协议”，协议内容为将其不享有使用权的土地的开发权作价3 300万元转让给实业公司，并约定分期付款方式，实业公司已支付1 500万元，其余部分双方均未履行。后经法院查明，G银行在签订上述“合作权转让协议”时，并未取得涉案土地的使用权，此后直至诉讼时也未取得该土地的使用权或征得有批准权的人民政府的同意。1997年，开发公司与实业公司签订“债权债务清算协议书”，约定开发公司将某商业建设用地使用权以2 000万元评估价格转让给实业公司，用以抵偿此前所欠实业公司的2 000万元欠款，但直至Z银行提起代位权诉讼时，该商业土地建设使用权都未转移至实业公司名下。2004年，法院确认Z银行对实业公司享有债权4 500万元，实业公司未履行判决义务，且下落不明。2007年，Z银行分别提起代位权诉讼，起诉G银行请求确认G银行与实业公司所签“合作权转让协议”无效，判令G银行返还购地款1 500万元及孳息；起诉开发公司请求判令开发公司履行2 000万元债务及相关利息（本案中暂不考虑起诉债权的诉讼时效有关问题）。①

---

① 改编自最高人民法院（2011）民提字第210号民事判决书、最高人民法院（2011）民提字第7号民事判决书。

（二）问题思考

第一，《民法典》对债权人代位权行使的客体又有新的发展，在《民法典》视野下，债权人可否就债务人和次债务人的代物清偿协议直接主张权利？若债务人和次债务人之间的合同没有无效事由，但有可撤销或合同解除事由，债权人可否代位主张合同撤销权或解除权，以确定债务人和次债务人之间的债权债务关系，进而实现自身债权？

第二，对于《民法典》中“债务人怠于行使其债权或者与该债权有关的从权利，影响债权人的到期债权实现”的规定，应当如何理解，又如何进行举证责任的分配？

二、基本原理

（一）实体法疑难问题精讲

代位（subrogation）一词源于拉丁语“subrogare”，其意为“使一人处于另一人的位置上”，有学说认为代位权制度起源于罗马法与日耳曼法。代位权在民法上的确立，始于1804年《法国民法典》，受其影响，日本、意大利等国均确立了债权人代位权制度。

在《合同法》颁布之前，我国没有债权人代位权相关的制度规范，1999年通过的《合同法》首次引入了债权人代位权制度，该法第73条规定：“因债务人怠于行使其到期债权，对债权人造成损害的，债权人可以向人民法院请求以自己的名义代位行使债务人的债权，但该债权专属于债务人自身的除外。代位权的行使范围以债权人的债权为限。债权人行使代位权的必要费用，由债务人负担。”1999年12月1日最高人民法院通过的《合同法解释一》用接近二分之一的篇幅对债权人代位权制定了较为详尽的规范，对债权人代位权的构成要件、法律效果等进行了具体规定。自此，我国合同法上的债权人代位权制度基本确立，既继受传统民法上代位权制度的精神，又与之有着根本不同，也开启了理论和实践中对我国债权人代位权制度在基本原则、诉讼程序、行使客体等各方面的争论。

《民法典》用第535条到第537条3个条文对债权人代位权进行完善，进一步强化对债权人的保护。《民法典》第535条将债权人代位权的客体扩大到“债务人的债权及与该债权有关的从权利”，并增加规定“相对人对债务人的抗辩，可以向债权人主张”，增强了代位权的可操作性[①]；第536条扩张了第535条的规范对象，规定了债权人的债权到期前特殊情形下的代位保存权，与狭义代位权共同构成完整的代位

---

① 《民法典》第535条第1款规定：“因债务人怠于行使其债权或者与该债权有关的从权利，影响债权人的到期债权实现的，债权人可以向人民法院请求以自己的名义代位行使债务人对相对人的权利，但是该权利专属于债务人自身的除外。”第2款规定：“代位权的行使范围以债权人的到期债权为限。债权人行使代位权的必要费用，由债务人负担。”第3款规定：“相对人对债务人的抗辩，可以向债权人主张。”

保全制度[①]；第537条对债权人代位权行使的法律效果作出明确规定，也为“入库规则”和“直接受偿规则”的调和留下了解释论空间。[②]

1. 债权人代位权概述

债权人代位权，是债的保全制度的一种，是指当债务人怠于行使其对第三人的权利而影响债权人债务实现时，债权人以自己的名义行使债务人之权利的权利。

债权人代位权属于债权的一项权能。债权人基于债之关系，得向债务人请求给付。债权人只能向债务人请求给付，而不能向债务人以外的人请求给付，此之谓债权的相对性。而债权人在符合代位权的行使要件的条件下，可以向债务人的相对人行使债务人的权利，所以通说认为债权人代位权是“债权的对外效力”，是实体法上的权利，是从属于债权的一项权能。[③]

关于债权人代位权的性质，自《合同法》规定债权人代位权制度后，理论和实务界对其权利性质存在请求权、形成权、代理权、管理权等不同观点。学界通说认为其属于广义的管理权[④]；最高人民法院释义中认为代位权作为债权人的一项特殊的法定权能，是一种实体性权利的特别规定，具有一定的复合型，兼具请求权、管理权、形成权、代理权等权利的部分特征。

（1）债权人代位权与请求权。

按照传统民法上的债权人代位权理念，债权人行使代位权并不能请求次债务人直接向自己清偿，产生使自己的债权得到优先受偿的效力。因此，债权人代位权不是债权人对债务人或次债务人的一般债权请求权。虽然，在我国的制度框架下，债权人可以行使代位权要求相对人向自己清偿，但是代位权的行使并非仅为实现债权人利益，其既判力后果也归属于债务人[⑤]，故债权人代位权并非一般意义上的债权请求权。

（2）债权人代位权与形成权。

债权人代位权行使的效果，可使其与债务人以及债务人与次债务人之间的民事法律关系发生变动，但代位权行使的效果基于债务人对次债务人的已有权利而发生，并非依债权人单方意思表示而形成法律关系的变动。因此，债权人代位权不是固有意义上的形成权，除斥期间等对形成权的限制，不适用于债权人代位权。

（3）债权人代位权与代理权。

债权人行使代位权具有代理债务人行使权利的特征，债权人代位权的行使会使

---

① 《民法典》第536条规定：“债权人的债权到期前，债务人的债权或者与该债权有关的从权利存在诉讼时效期间即将届满或者未及时申报破产债权等情形，影响债权人的债权实现的，债权人可以代位向债务人的相对人请求其向债务人履行、向破产管理人申报或者作出其他必要的行为。”

② 《民法典》第537条规定：“人民法院认定代位权成立的，由债务人的相对人向债权人履行义务，债权人接受履行后，债权人与债务人、债务人与相对人之间相应的权利义务终止。债务人对相对人的债权或者与该债权有关的从权利被采取保全、执行措施，或者债务人破产的，依照相关法律的规定处理。”

③ 韩世远. 合同法总论. 4版. 北京：法律出版社，2018：436.

④ 崔建远主编. 合同法. 6版. 北京：法律出版社，2016：115.

⑤ 最高人民法院民法典贯彻实施工作领导小组主编. 中华人民共和国民法典合同编理解与适用（一）. 北京：人民法院出版社，2020：498.

债务人与次债务人之间的债权债务产生诉讼时效中断等影响。但债权人通过代位权行使债务人权利是以自己的名义，而非以债务人名义；且债权人向次债务人行使权利并非来自债务人的授权，债权人对债务人也无代理人的勤勉义务，故债权人代位权与代理权有明显区别，不适用代理权的相关规定。

（4）债权人代位权与管理权。

通说认为，债权人代位权以行使他人权利为内容，作为一种固有权利，属于广义上的管理权。此广义上的管理权，是与狭义上的管理权相对应的概念，是指依事实上的或者法律上的行为管理财产的权利义务，且不单是为保存行为的权能，也包括为处分行为的权能；其中法律上的行为，既可以是实体法上的行为，又可以是诉讼法上的行为。①

2. 债权人代位权的立法价值

（1）保全债权，维护交易安全。

债权人代位权制度突破债的相对性原则，保证商品交易的安全与流通秩序的稳定。

债的相对性原则决定了债权债务关系仅约束债的当事人，债的这种效力被称为债的对内效力。债的对外效力包括债权人代位权与债权人撤销权，二者共同构成债的保全。债务人应当以自己的全部责任财产作为清偿债务的担保，这被称为债的一般担保，当责任财产因债务人的行为发生不当减少，影响债权实现时，为维护债权人的利益，弥补债的一般担保的不足，债的保全制度应运而生。其目的在于防止因债务人在与第三人之间的民事法律关系中的积极或消极行为，导致债务人财产出现不应减少而减少或应增加而未增加，维护债务人资产状况，确保其债务清偿能力，从而保护一般债权人的利益。

债权人代位权制度是从诚实信用原则出发，保证商品交易秩序的安全与稳定。诚实信用原则作为民法的一项基本原则，是为适应现代社会中交易各方利益多元化及连带性日趋增强的情况，针对现代社会商品交换的内容日益复杂、环节增多的趋势而产生的。诚实信用原则要求每一个民事主体在民事活动中应当尊重他人利益，恪守信用，积极主动地履行义务，不刻意利用他人的某些缺陷或者法律及合同的漏洞规避债务，逃避履行。债权人代位权制度体现了诚实信用原则根据社会利益变化而对债的相对性原则的修正，目的是以社会根本利益为统一标准，对现有法律之间、法律与法理之间的相互冲突，以及法律未作规定的领域加以统一协调，平衡各方的利益，从而稳定商品流通秩序。正是基于诚实信用原则，许多国家在民法上确立了债权人代位权制度，以达到保证交易的安全和稳定的目的。②

（2）最大限度保护债权人利益与平衡双方当事人利益。

立法者在构建债权人代位权制度时，其价值取向是更倾向于最大限度保护债权人之利益，还是兼顾双方利益？一种观点认为，债权人代位权制度是针对债务人怠

① 韩世远．合同法总论．4版．北京：法律出版社，2018：436.

② 吴祖祥，李琴．代位权法律制度研究．长春：吉林大学出版社，2007：2.

于行使对次债务人的债权，次债务人又不履行债务时如何保护债权人的问题设立的，因而其根本目的是保护债权人。[①] 因此，保证债权人债权之实现是代位权制度的首要价值取向。另一种观点则认为，债权人代位权制度有其自身的特殊性，该制度并非对债权人进行一般的保护，而是超越了一般权利范围的特殊保护。但债法为了维护交易安全的需要，对债的相对性原则作了相应的修正，设立了债权人代位权制度，在一定条件下涉及债的关系以外的第三人的利益。这种对债权人利益的特殊保护表面看起来是在最大限度地保护债权人的利益，但实际上法律在此保护的重点并不完全是债权人的利益，而是通过对各方当事人利益的重新定位以达到平衡各方当事人利益，保护交易安全的目的。[②]

本书认为，任何法律制度都并非只强调一方的利益而忽视他方利益，但作为债权的一项保全制度，债权人代位权显然更侧重于保护债权人的利益，不过，这种对债权人利益的保护，还不足以被称为“最大限度”。在债权人代位权制度中，债权人与债务人间的利益冲突主要是债权人债权实现的利益和债务人权利处分自由的利益之冲突，保护后者势必损害前者，保护前者也势必影响后者。而债权人代位权的核心价值就在于突破债的相对性，在一定程度上限制债务人的处分自由，从而达成对债权人债权的保全。但不论是传统民法学上的债权人代位权制度，还是我国法律框架下的代位权制度，对于债权人行使代位权的条件、客体和范围等都有限制，故“最大限度保护债权人”，不是债权人代位权制度的价值取向。

3. 债权人代位权成立的实体要件

根据当前《民法典》涉债权人代位权的相关规定，参考学理观点和已经被废止的《合同法》及其司法解释，对债权人代位权成立的实体要件，宜作如下理解。

(1) 债权人对债务人存在合法有效的债权。

债权人代位权是债权的一项特殊权能，作为行使的前提，其自然要求债权人的债权属于合法的债权，不合法的债权不受法律保护，自然不可能成为代位权行使的基础。债权人行使代位权不要求其债权已由生效法律文书等确认，对于已由生效判决书、裁定书、支付令、调解书、仲裁裁决等生效法律文书确认的债权，在代位权诉讼中只需作形式审查；若债权人主张的是未经生效法律文书确认的债权，则需法官在审理过程中先对其成立、合法、有效作出判断。

对于债权人的债权，《民法典》中未作特殊限定，故对其债权发生原因、债权类型都在所不问。在合法有效的前提下，不论是合同之债、侵权之债还是不当得利之债、无因管理之债等，均可作为债权人代位权的基础；也不论是金钱债权还是非金钱债权，在符合构成要件的情况下，只要存在代位保全之可能，债权人就应享有代位权。

(2) 债务人怠于行使其非专属于自身的权利。

关于“债务人怠于行使权利”的标准，“客观说”主张只要债务人在客观上不行使权利即可，主流学说也多持此种观点。“主观说”则认为怠于行使其权利，是指应

① 曹守晔. 对合同法中代位权的理解与适用. 人民法院报，2000-03-03 (3).

② 佟强. 代位权制度研究. 中外法学，2002 (2): 166.

行使且能行使而不行使其权利：应行使，是指如不及时行使，则权利会有消灭或丧失的可能；能行使，是指不存在行使权利的任何阻碍；不行使，是指消极不作为。债务人对此是否存有过错及原因为何，均在所不问。两者比较之下可以看出，主观说在债务人客观不行使权利的基础上还增添了主观方面的要求，标准更加严格。

在《民法典》出台之前，我国《合同法解释一》曾对债务人怠于行使到期债权的情形进行了很大范围的扩张，依第 13 条第 1 款，主张其是“指债务人不履行其对债权人的到期债务，又不以诉讼方式或者仲裁方式向其债务人主张其享有的具有金钱给付内容的到期债权”，只要债务人不以仲裁或诉讼方式行使权利，就可认定为“怠于行使”。当然，“具有金钱给付内容的到期债权”这一客体方面的限定已为《民法典》新规所摒弃，这一点容后讨论。这一判定标准的积极因素在于，债务人是否真实通过诉讼或仲裁之外的方式主张过权利，于债权人来说难以知晓，亦难以举证，债务人和相对人容易通过恶意串通，阻止债权人代位权的行使，设置如此标准有利于对债权人的保护。而负面的因素在于，将行使权利的方式限于诉讼及仲裁，有过分干涉债务人权利自由之虞，结果上可能不当地扩张了债权人代位权的运用。[①] 在日常经济生活中，主张权利的方式是多样的，并非一方只要迟延履行，另一方人就拿出诉讼或仲裁的“大棒”，实践中广泛存在债务履行期届满后，一方不断催告，另一方分若干次才清偿完毕的情形。从这一点上来看，司法解释规定的标准无疑为债务人向相对人正常主张权利增加了负担。

最高人民法院司法释义中对“怠于”的判断标准是：“‘怠于’不能仅依债务人债权‘到期’而简单判断，还要结合具体情况从主观和客观方面进行分析。实践中，次债务人迟延履行债务的时间性标准较为客观，应作为‘怠于’认定的主要因素，而债务人‘怠于’的主观因素较为模糊，应从严掌握。”[②] 由此可知，在债权人主张代位权的案件中，如出现次债务人迟延履行的客观情况，较容易认定为债务人“怠于”行使到期债权，如次债务人尚无迟延履行的情况，则应结合具体情况从严判断。

从权利是附属于主债权的权利，如担保物权、保证、建设工程价款优先受偿权等。关于债务人怠于行使与其债权有关的从权利的判断标准，本书认为，对债务人是否怠于行使与债权有关的从权利，应独立判断，不能以债务人是否积极向次债务人主张了主债权为判断标准。比如债务人因其行使诉权不当，在主债权的诉讼之中未就抵押权提出主张，次债务人不向债务人履行债务，债务人又不向抵押人主张实现抵押权，影响债权人的债权实现，则债权人有权通过诉讼，向抵押人代位行使债务人的权利。需注意的是，债务人对其他相对人的从权利应当未经诉讼或仲裁裁决，若该从权利已由生效裁判或仲裁裁决确认，则债权人应通过保全措施或执行程序实现救济。

（3）影响债权人的债权实现。

《民法典》第 535 条将《合同法》第 73 条中“对债权人造成损害”的表述，修

---

① 韩世远．合同法总论．4 版．北京：法律出版社，2018：439.

② 最高人民法院民法典贯彻实施工作领导小组．中华人民共和国民法典合同编理解与适用（一）．北京：人民法院出版社，2020：498.

改为“影响债权人的到期债权实现”。这一修改后的表述更加严谨，即影响的是债权人的到期债权实现，而非债权人本身；此外，将“损害”修改为“影响”，避免了对“损害”过分机械严苛地认定。债权人怠于行使其权利，影响债权人的债权实现，也被称作“有保全债权的必要”。所谓保全债权的必要，是指债权人的债权，有不能依债的内容获得满足的现实危险，因而债权人有行使代位权的必要。一般认为，保全金钱债权，以债务人无资力为要件，即“债务人无资力要件说”；在保全特定债权的场合，则不以债务人无资力为要件，而采取“特定物债权说”。

所谓无资力，即欠缺支付能力，传统学说认为其是指债务人负债超过资产（包括信用能力），不能清偿债务的现象。[①] 如果债务人的责任财产充分，债权人的债权实现不会受到影响，即便债务人怠于行使自己的权利，债权人也没有理由行使代位权，否则，就是对债务人权利处分自由的过分干涉，超出了债权人代位权制度的目的。

在保全特定债权的场合，并不以债务人无资力为要件，而采取“特定物债权说”，学理上认为，只要特定债权的实现发生障碍，就有保全的必要。如日本民法学上，将债权人代位权区分为“本来型”与“转用型”：“本来型”指的是作为强制执行的前一阶段的以保全债务人责任财产为目的的债权人代位权类型；“转用型”则是以保全特定债权的实现为目的的类型，是为了应对现实的需要而由司法实践形成的，用以填补立法规定的“本来型”中的空白。如果要借用日本的分类，前者可以表述为“责任财产保全型”，后者可以表达为“特定债权保全型”。例如，在房屋连环买卖中，若前手买受人怠于行使过户登记请求权，则后手买受人的债权将难以实现，所以，后手买受人有权代位请求前手出卖人办理房屋过户登记。[②] 我国《民法典》的现有规定，可以容纳这种情形下代位权的适用，但仍有待进一步的司法解释和实践进行探索。

（4）债务人已陷于迟延。

在债务人陷入迟延之前，即便其已无资力，但在履行期限届至前尚有可能恢复履行能力，因此，在其迟延履行之前，无法判断是否“影响债权人的到期债权实现”，此时如果允许债权人行使代位权，属于对债务人的权利过分干预。这一要件的例外情形是保存行为，如在债务人的权利诉讼时效将届满时实施必要行为以中断诉讼时效，在次债务人破产时向破产管理人申报债权等。无须等债务人陷于迟延的原因在于，保存行为如不及时行使，等到债务人迟延履行时债务人的权利可能已经归于消灭。代位保存权在《民法典》中被规定在第536条，与狭义上的债权人代位权共同构成完整的代位保全制度。

（二）程序法疑难问题精讲

1. 债权人代位权行使的方式

（1）债权人以自己的名义行使。

债权人以自己的名义代位行使债务人的权利，行使时应尽善良管理人的注意，

---

① 崔建远. 合同法. 6版. 北京：法律出版社，2016：117.

② 韩世远. 债权人代位权的解释论问题. 法律适用，2021（1）：35.

若债权人未尽到合理注意义务，给债务人造成损害的，应负损害赔偿责任。债权人若以债务人名义行使债务人权利，应按照代理制度处理。

（2）以诉讼的方式行使。

代位权必须通过诉讼方式行使。虽然在理论上代位权行使的方式有诉讼和径行两种，但径行方式中若在债权人、债务人及相对人之间达成意思一致，则可用抵销、指示交付等法律规范解释。

（3）债权人代位权诉讼的当事人适格。

1）债权人代位权诉讼属于法定的诉讼担当。

在代位权诉讼中，原告为债权人，被告为次债务人。

民事诉讼中，当事人适格是指对于具体的诉讼，有作为本案当事人实施诉讼，要求本案判决的资格。判断当事人适格与否的标准为是否是在法律上有利害关系的对立双方，在当事人适格理论上称为“利害对立说”①。诉讼担当是指与案件有利害关系的当事人因某种原因不能实施诉讼，而由与诉争法律关系没有直接利害关系的第三人以当事人的资格进行诉讼。根据诉讼担当是基于法律的规定还是基于当事人的授权，可将其分为法定诉讼担当和任意诉讼担当。就代位权诉讼而言，原告并不是争议法律关系的当事人，其作为原告是基于法律的特殊规定，实现的是被代位人的利益，因此代位权诉讼属于法定的诉讼担当。另外，日本还通过诉讼背景的利益状态将法定诉讼担当分为吸纳型法定诉讼担当和对立型（抵抗型）法定诉讼担当。前者是指当债务人权限处于法律上或事实上的空白状态时，担当人为了填补这种空白而出现的情形；后者指债务人承认债权人享有与自己固有权限不相容的独立权限，而使得对这一权利的行使形成不同立场对立的情形，债权人代位诉讼即属于对立型法定诉讼担当。因而，代位权诉讼是一种特殊的法定诉讼担当。

2）债权人代位权诉讼中债务人诉讼地位之争。

《最高人民法院关于适用〈中华人民共和国民法典〉合同编通则若干问题的解释》第37条第1款规定：“债权人以债务人的相对人为被告向人民法院提起代位权诉讼，未将债务人列为第三人的，人民法院应当追加债务人为第三人。”在理论上和实践中对债务人的诉讼地位有争议，争议中的主要观点有以下几类：主张将债务人列为有独立请求权的第三人，主张将债务人列为无独立请求权的第三人，主张将债务人列为证人，主张将第三人列为共同被告或共同原告。债务人的诉讼地位如何、是否有必要改变原《〈合同法〉司法解释一》中有关当事人诉讼地位之规定②，涉及债务人能否对债权人提起反诉、债务人能否对相对人提出请求、相对人能否对债务人提出反诉等代位权诉讼的审理范围，以及代位权判决的判项如何表达、债务人抗辩权和上诉权保护等复杂问题，有待司法解释修订中总结审判经验并结合现实需要予以解决。③

---

① 张卫平. 民事诉讼法. 5版. 北京：法律出版社，2019：135-137.

② 具体参见原最高人民法院关于适用《中华人民共和国合同法若干问题的解释（一）》第16条规定：“债权人以次债务人为被告向人民法院提起代位权诉讼，未将债务人列为第三人的，人民法院可以追加债务人为第三人。”

③ 最高人民法院民法典贯彻实施工作领导小组. 中华人民共和国民法典合同编理解与适用（一）. 北京：人民法院出版社，2020：503.

本书认为，当前制度下的代位权诉讼，将债务人列为无独立请求权的第三人是较为合理的。而在已经成立的代位权诉讼中，债务人对相对人的权利已经由债权人代位行使，其对诉争的债权不享有请求权，债务人对债权人的债权也只享有抗辩权而没有独立的请求权。有独立请求权的第三人参加诉讼，是主张自己独立的权利，实际是以原告地位对正在进行诉讼的原、被告提出新的诉讼请求，故将债务人列为共同原告或有独立请求权的第三人是不合理的。如将债务人列入共同被告，则与诉讼法理相悖，原、被告双方在利益上是对立的，代位权诉讼本是代位行使债务人权利，债务人成为被告意味着其自己否定自身权利。同时，考虑到债务人利益与代位权诉讼有着密切的联系，保留法院依职权追加其为第三人的权力是有必要的。

如果债务人作为无独立请求权的第三人参加诉讼，其具体的形态又将存在不同的情况。债务人可能会加入原告债权人一方，主张代位债权（债务人对次债务人的债权）的存在；也可能会加入被告次债务人一方，主张代位权不存在或者不成立；还可能既不加入原告一方，也不加入被告一方，而是成为具有独特地位的无独立请求权的第三人，主张和原告债权人之间不存在债权债务关系，并否认和被告次债务人之间的债权债务关系。

（4）债权人代位权诉讼的管辖法院。

根据《民事诉讼法》第 22 条的规定，债权人提起代位权诉讼的，应当由被告住所地人民法院管辖，被告住所地与经常居住地不一致的，由经常居住地人民法院管辖。[①] 对债权人以境外当事人为被告提起的代位权诉讼，人民法院根据《民事诉讼法》第 272 条的规定确定管辖。根据债权代位权只能以诉讼方式行使的规定，代位权的管辖排除债务人与相对人之间的管辖协议和仲裁协议，债务人、相对人不得以此为由进行管辖抗辩。同时，如果被告住所地管辖的规定与法律规定的专属管辖冲突，应按照专属管辖确定管辖法院。

（5）债权人代位权要件的证明。

在代位权诉讼中，原告即债权人应当承担代位权成立的举证责任，债权人应当举证证明全部的代位权构成要件。但是，债务人“怠于行使权利”的事实属于消极事实，债权人要掌握债务人和相对人之间的债权债务具体履行情况也较为困难，债权人一般只需要证明债务人对相对人有权利即可。对“影响债权人债权实现”这一要件，如债务人的资力情况，债权人也难以掌握，债权人只需证明债务人未清偿到期债务即可。

相对人可以向债权人主张一切对债务人的抗辩，如权利消灭抗辩、抵销的抗辩、诉讼时效经过的抗辩等。但债务人的处分权会因为代位权的行使而受限，所以在债权人提起代位权诉讼之后，相对人不能以债务人因处分行为所生抗辩来对抗债权人；同时相对人不认为债务人有怠于行使其到期债权或者与该债权有关的从权利的情形，也可以向债权人抗辩。相对人对提出的抗辩应当承担举证责任。

---

① 《合同法解释一》第 14 条规定：“债权人依照合同法第七十三条的规定提起代位权诉讼的，由被告住所地人民法院管辖。”

（6）债权人代位保存权的行使。

债权人代位保存权的行使方式与狭义代位权的行使方式有所不同。债权人代位保存权的行使主体同代位权行使主体相同，必须是债权人本人，但因其具有法定代理权性质，需以债务人名义行使。债权人代位保存权可以采取诉讼（或仲裁）方式和非诉两种方式行使，可由债权人直接向相对人请求或向破产管理人申报债权等。这与代位权必须通过诉讼方式行使有所区别。允许债权人径行采取非诉方式行使债权人代位保存权，系因其行权后果归属于债务人，产生与债务人民事行为相同的法律后果。①

2. 债权人代位权行使的客体

对债权人代位权的客体，即可代位行使的标的，《合同法》第 73 条第 1 款曾规定为债务人的“到期债权”，《合同法解释一》也曾进一步将其限定为“以金钱给付为内容的债权”。《合同法》之后，学说上一直寻求在解释论上扩张代位权的客体，但实践中主流做法仍将其限于金钱债权。②《民法典》已经否定这一限定规则，将债权人的客体扩张为债务人的债权以及与该债权有关的从权利，显然新规更符合债权人代位权制度的目的和功能设计。

《民法典》第 535 条第 1 款虽将“到期”删去，但仍应解释为“到期债权”。因为如果债权未到期，即使债务人积极行使权利也未必得到清偿，债权人自然无从代位行使。“债务人的债权”并不仅限于原来的债权，还应当包括其适当的延伸或变形，包括主债权的利息等，如果债务人同次债务人的合同关系中约定了违约金，该违约金请求权也应当属于这一范围。“与该债权有关的从权利”主要是指担保权利，包括担保物权和保证等。

在学理上，可代位行使的债权人对第三人的权利包括：（1）纯粹的财产权利，如合同债权、损害赔偿请求权、不当得利返还请求权、基于无因管理而生的偿还请求权、物权及物上请求权、以财产利益为目的的形成权（如合同解除权、撤销权、抵销权、买回权、选择权等）、清偿受领权等。例如，债务人与相对人订立买卖合同，相对人作为出卖人未交付标的物并构成根本违约，债务人如果怠于行使其解除权，其债权人则可代位行使该解除权，从而请求返还已经支付的价款。（2）为财产上的利益而承认的权利，例如，对重大误解等民事行为的撤销权。（3）诉上的权利，例如，代位提起诉讼，申请强制执行等诉讼上的权利。③

关于所有权能否作为代位权的客体，有观点认为：第三人占有债务人财产而无所有权取得依据，可以通过强制执行程序解决；若第三人取得债务人财产有合同依据，债权人应当通过撤销之诉等途径否认第三人取得所有权的原因行为；所以，所

---

① 最高人民法院民法典贯彻实施工作领导小组．中华人民共和国民法典合同编理解与适用（一）．北京：人民法院出版社，2020：512.

② 韩世远．债权人代位权的解释论问题．法律适用，2021（1）：32.

③ 韩世远．债权人代位权的解释论问题．法律适用，2021（1）：34.

有权不能成为代位权的客体。[1]

债权人不能代位行使专属于债务人自身的权利。依据司法解释，这具体指的是“基于扶养关系、抚养关系、赡养关系、继承关系产生的给付请求权和劳动报酬、退休金、养老金、抚恤金、安置费、人寿保险、人身伤害赔偿请求权等权利”。此外，法律规定不得查封、扣押、冻结的财产，也不能成为代位权行使的客体，如最高人民法院《关于人民法院民事执行中查封、扣押、冻结财产的规定》（下文简称《查扣冻规定》）第 3 条规定的“被执行人及其所扶养家属生活所必需物品、被执行人及其所扶养家属所必需的生活费用、被执行人及其所扶养家属完成义务教育所必需的物品”等。

3. 债权人代位权行使的法律效力

（1）债权人代位权行使的法律效果。

1）对债务人处分权的限制。

债权人行使代位权后，债务人对代位权标的的债权权能是否应受到限制，有“肯定说”和“否定说”两种主张。“肯定说”认为，债务人知晓债权人行使代位权后，债务人对债权人代位行使的权利，不得为抛弃、转让、免除、抵销等处分行为，不得提起为行使权利的诉讼。“否定说”则认为，如何保全债权，民事诉讼法上有保全程序规定，债权人如不依法实施冻结、查封，应自行负担风险。代位权诉讼，本就是债权的保全措施之一，相对而言，“肯定说”更符合债权保全制度的本质。

债权人行使代位权后，对于被代位的权利，债务人的处分权即受到限制。不论是采“入库规则”还是采“直接受偿规则”，债务人都不能随意处分被代位的权利。不过，对超过债权人代位权范围的部分，债务人仍有处分的权利，还可以提起诉讼，依据司法解释，已受理债务人起诉的人民法院在代位权诉讼裁决发生法律效力以前，应当依法中止。

2）债权人代位权行使所得利益的归属。

根据大陆法系的民法理论，代位权诉讼中的诉讼标的是主、次债务人之间的债权法律关系，代位权制度的目的是保全主债务人的一般责任财产，以保障全体债权人均能受偿，因此采取“入库规则”的清偿方式。按照“入库规则”，债权人行使代位权就是行使债务人的权利，其不得请求次债务人直接向自己履行债务，行使代位权所得利益应加入债务人总财产之内，成为全体债权人的共同担保，由行使债权人代位权的债权人和其他债权人公平受偿，不得专供清偿自己的债权或抵销自己的债务。得到判决后，主债务人受到既判力的约束，接着该判决的反射效就将及于全体债权人。该理论的道理在于，债权人代位权制度的现实功能是“保全债权”而并非“实现债权”，因此，债权人行使代位权只限于加强债权的担保力，以备将来强制执行，而非使债权人直接受偿该利益，否则其他未参诉债权人的利益难以得到保护。基于债权的平等性原则，行使代位权的债权人的债权并不能优于其他债权人受偿。

---

① 最高人民法院民法典贯彻实施工作领导小组. 中华人民共和国民法典合同编理解与适用（一）. 北京：人民法院出版社，2020：508.

在我国的代位权诉讼中，法院需要审理债权人与主债务人的债权、主债务人与次债务人的债权这两个实体法律关系，所作判决会对债权人和次债务人产生既判力。但对于未参诉的其他债权人而言，其利益不能在诉讼中得到充分代表，也不应受到既判力的约束。关于我国的代位权制度，无论是《合同法》及其司法解释还是《民法典》确立的债权人代位权清偿规则，都规定由债务人的相对人向债权人履行义务，债权人接受履行后，债权人与债务人、债务人与相对人之间相应的债权债务关系归于消灭。有观点认为，这实质上是立法在金钱债务场合借助抵销制度，使代位权制度发挥了简易的债权回收手段；在非金钱债务场合，如能构成抵销适状，也可由债权人主张抵销；而在没有抵销适状的场合，应该由代位债权人与其他债权人平等受偿。①

与《合同法》及其司法解释确立的规则不同的是，《民法典》在第 537 条的第二句规定"债务人对相对人的权利被采取保全、执行措施，或者债务人破产的，依照相关法律的规定处理"。这实际上修正了实践中产生的债权人一律优先受偿的问题，如果其他债权人已就债务人的相对人的责任财产申请了保全、执行的措施，则提起代位权诉讼的债权人并不能优先受偿；如果债务人破产，则应依照破产法的相关规定，进行破产债权的申报和受偿，代位权人也不能优先受偿。

3）诉讼时效中断的效力。

按照《诉讼时效规定》第 16 条的规定，债权人提起代位权诉讼，对债权人的债权和债务人的债权均发生诉讼时效中断的效力。同时，权利人对同一债权中的部分主张权利，诉讼时效及于剩余部分，故债权人行使代位权，债务人对相对人的权利中超出债权人所能主张的部分，也发生诉讼时效中断的效果。

4）诉讼费用负担。

债权人行使代位权的必要费用，由债务人负担。这意味着，债权人享有必要费用的偿还请求权。此处所谓的必要费用，应当包括合理的律师代理费、差旅费等费用。在债权人代位属于对全体债权人的共同债权进行保全的场合，此种费用可以作为共益费用，在债务人的总财产中具有优先受偿地位。根据司法解释，在代位权诉讼中，债权人胜诉的，诉讼费用由次债务人负担，从实现的债权中优先支付。

（2）代位权诉讼既判力之扩张。

在代位权诉讼中，对于既判力是否扩张地及于、在什么条件下及于主债务人的问题，基于保护主债务人权益的考虑，学说上存在着分歧。

全面肯定说认为，既判力不仅及于债权人和次债务人之间，还应及于主债务人；否则，若主债务人再行起诉，势必会使次债务人再度应诉。该学说能有效保护次债务人，但对于主债务人，其在没有参与诉讼、没有行使任何基本的攻击防御权利时，也要承担不利后果，相当于实体法上的权利被代位债权人直接处分了。

片面扩张说认为，债权人代位行使债务人的债权仅限于保全债务人的财产，而非使债务人的财产减少，从而认为债权人不可以无条件、无限制地行使债务人的权

① 韩世远. 合同法总论. 4 版. 北京：法律出版社，2018：449－450.

利。因此，代位权诉讼的既判力只有在债权人胜诉时，才会扩张及于主债务人。该学说是针对全面肯定说的缺陷而提出的，很好地解决了主债务人利益保护的问题，但是对于次债务人而言，其有很大可能会因同一债权而遭受主债务人的二次追诉，因此次债务人同样处于遭受程序不安定的地位。

全面否定说则直接否定代位诉讼的性质为法定诉讼担当。该说或认为债权人起诉次债务人是以自己的名义、为自己的利益行使其固有的权利，其有自己的诉讼实施权；或认为债权人与主债务人多为利害对立的状态，若既判力扩张地及于主债务人，那么主债务人将因债权人败诉而蒙受不利益。

本书认为，片面扩张说和全面否定说都将使次债务人蒙受重复应诉等程序上的不利益，也都无法通过一次诉讼解决同一纷争。为了实现法的安定性，使纠纷得到一次性解决，有必要使判决的既判力扩张地及于次债务人。

三、法官释法

本案有关债权人代位权的争议问题是：第一，债权人Z银行是否有权主张确认债务人实业公司与次债务人G银行之间的“合作权转让协议”无效，以确定债务人与次债务人之间的债权？第二，债务人实业公司与次债务人开发公司之间存在代物清偿的约定，债权人Z公司是否有权行使代位权？

（一）关于债权人Z银行是否有权主张确认债务人实业公司与次债务人G银行之间的“合作权转让协议”无效的问题

审理法院认为，根据《合同法》第73条及《合同法解释一》第11条、第18条的规定，债权人行使代位权，应当符合下列条件：（1）债权人对债务人的债权合法；（2）债务人怠于行使其到期债权，对债权人造成损害；（3）债务人的债权已到期；（4）债务人的债权不是专属于债务人自身的债权。本案中，Z银行对实业公司享有合法、确定的债权的事实已为生效民事判决所确认，因此，本案争议的焦点是实业公司是否对G银行享有到期的、非专属自身的债权；实业公司是否怠于行使其到期债权并对G银行造成了损害。G银行与实业公司于1992年签订的“合作权转让协议”，从其约定的内容看，目的是转让某地2万平方米土地使用权。但G银行在签订上述“合作权转让协议”时，并未取得该土地的使用权，此后直至本案诉讼时也未取得该土地的使用权或征得有批准权的人民政府的同意。根据《土地管理法》第55条“以出让等有偿使用方式取得国有土地使用权的建设单位，按照国务院规定的标准和办法，缴纳土地使用权出让金等土地有偿使用费和其他费用后，方可使用土地”及2005年最高人民法院《关于审理涉及国有土地使用权合同纠纷案件适用法律问题的解释》第9条“转让方未取得出让土地使用权证书与受让方订立合同转让土地使用权，起诉前转让方已经取得出让土地使用权证书或者有批准权的人民政府同意转让的，应当认定合同有效”的规定，“合作权转让协议”应被认定无效。Z银行作为利害关系人，有权以提起诉讼的方式请求人民法院确认G银行与实业公司签订的上述“合作权转让协议”无效。根据《合同法》第58条的规定，合同无效或者被撤销后，因该合同取得的财产，应当予以返还；不能返还或者没有必要返还的，应当折价补偿。有过错的一方应当赔偿对方因此受到的损失，双方都有过错的，应当各自承担相应的责任。对本案中的“合作权转让协议”的无效，G银行与实业公司均有过错，应当各自承担相应的责任。实业公司以信汇的形式支付给G银行1 500万元，信汇凭证上明确记载用途为“购地款”，因此，G银行应将实业公司支付的1 500万元“购地款”，以及在占用该款项期间产生的相应利息返还给实业公司。实业公司对G银行的上述债权为金钱债权，不属于《合同法解释一》第12条规定的专属于实业公司自身的债权。因此，实业公司对G银行享有到期的、非专属于实业公司自身的债权的事实足以认定。

（二）关于债务人实业公司与次债务人开发公司之间存在的代物清偿的约定，债权人Z公司是否有权行使代位权的问题

一审法院认为，根据《合同法解释一》第13条第1款规定：“合同法第七十三条规定的‘债务人怠于行使其到期债权，对债权人造成损害的’，是指债务人不履行对债权人的到期债务，又不以诉讼方式或者仲裁方式向其债务人主张其享有的具有金钱给付内容的到期债权，致使债权人的到期债权未能实现。”根据此规定，债权人行使代位权的前提条件之一是债权人怠于行使具有金钱给付内容的到期债权，从而导致债权人的到期债权未能实现。而在本案中，Z银行所主张的实业公司对开发公司享有的债权为土地使用权给付之债，并非具有金钱给付内容的债权，故Z银行提出的行使代位权的主张，不符合《合同法解释一》有关代位权构成要件之规定，对其诉讼请求不予支持。再审法院认为，开发公司与实业公司双方协议中以土地作价清偿的约定构成了代物清偿法律关系。依据民法基本原理，代物清偿作为清偿债务的方法之一，是以他种给付代替原定给付的清偿，以债权人等有受领权的人现实地受领给付为生效条件，在新债务未履行前，原债务并不消灭，在新债务履行后，原债务同时消灭。本案中虽然开发公司与实业公司签订了“债权债务清算协议书”并约定“以地抵债”的代物清偿方式了结双方债务，但由于该代物清偿协议并未实际履行，因此双方原来的2 000万元的金钱债务并未消灭，开发公司仍对实业公司负有2 000万元的金钱债务。据此，开发公司是实业公司的债务人，进而是Z银行的次债务人。根据《合同法》第73条以及《合同法解释一》第11条、第13条之规定，因为开发公司既未向Z银行履行债务，又未以诉讼或者仲裁方式向开发公司主张已到期债权，致使债权人Z银行的债权未能实现，已经构成《合同法》第73条规定的“债务人怠于行使其到期债权，对债权人造成损害”。因此，Z银行有权代位行使实业公司基于“债权债务清算协议书”而对开发公司享有的合法金钱债权。

由上述法院判决的内容可归纳得出以下裁判要点：第一，因债务人与次债务人之间合同的效力，直接影响债权人主张的代位权诉讼中的次债务是否真实存在，故在债务人怠于行使权利的情况下，债权人可诉请要求确认债务人与次债务人所签合同无效，以确认债务人和次债务人之间的债务，行使代位权。第二，债务人与次债

务人之间存在以代物清偿方式清偿债务的约定，因代物清偿协议系实践性合同，若次债务人未实际履行，则次债务人与债务人之间的原金钱债务并未消灭，债权人仍有权代位行使债务人的债权。

四、类案练习

练习一：甲公司会计账目记载借款给自然人于某 80 万元，有 2013 年多次银行打款明细为据，于某于 2013 年 7 月首次接收款项时，出具借条一份，其中载明“今借甲公司到捌拾万元，月息三分，约定叁年后归还”。2016 年 10 月，乙公司以甲公司为被告向法院起诉，主张甲公司偿还借款 150 万元及利息，法院判决支持乙公司诉讼请求，后甲公司并未履行。2017 年 8 月乙公司以于某为被告向法院提起代位权诉讼，请求于某向乙公司清偿 150 万元。代位权诉讼审理期间，2017 年 9 月，王某将其对甲公司享有的债权共计 80 万元转让给于某，同月 15 日，于某向甲公司发出“债抵销通知书”，声明受让王某债权，并通知债权债务在 80 万元范围内抵销。

1. 乙公司在诉讼中应证明哪些事实以实现代位权？于某、甲公司可以提出何种抗辩？
2. 于某的债权债务抵销行为是否有效？
3. 若债权人代位权成立，乙公司主张的清偿金额是否能得到全部支持？

练习二：2012 年 1 月至 2013 年 5 月期间，A 公司与 B 公司之间共签订采购合同 41 份，约定 B 公司向 A 公司销售镍铁、镍矿、精煤、冶金焦等货物。双方在履行合同过程中采用滚动结算的方式支付货款，自 2012 年 3 月至 2014 年 1 月，B 公司向 A 公司供应全部合同中约定的货物，A 公司尚欠货款 1 800 万元未支付。2014 年 5 月，A 公司、B 公司、C 公司签订“债务清偿协议”，约定 A 公司在协议签订生效后三个月内向 B 公司支付剩余货款，由 C 公司提供连带责任保证。协议签订后，A 公司和 C 公司均未履行支付义务。A 公司对自然人何某享有 500 万元普通金钱债权，于 2017 年 6 月到期，C 公司对自然人徐某享有 600 万元债权，于 2018 年 8 月到期，梁某以自有房屋提供抵押，并办理抵押登记，上述两笔债务到期后债务人均未清偿。

2017 年 7 月，B 公司作为原告，以何某为被告，A 公司为第三人，向法院提起代位权诉讼，法院判令何某向 A 公司支付款项 500 万元。2017 年 11 月，B 公司向法院申请强制执行，其间，何某死亡，无可供执行的财产，法院裁定终结执行。2020 年 3 月，B 公司又向 A 公司住所地法院同时起诉 A 公司和 C 公司，请求履行“债务清偿协议”。

1. B 公司起诉 A 公司和 C 公司是否构成重复起诉？
2. B 公司对 A 公司和 C 公司的债权是否已过诉讼时效？
3. 除起诉 A 公司和 C 公司外，B 公司能否对自然人徐某提起代位权诉讼？如可以，B 公司应如何实现债权上的房屋抵押权？

五、知识拓展

1. 最高人民法院民法典贯彻实施工作领导小组. 中华人民共和国民法典合同编理解与适用（一）. 北京：人民法院出版社，2020.

2. 韩世远. 合同法总论. 4版. 北京：法律出版社，2018.

3. 崔建远. 合同法. 6版. 北京：法律出版社，2016.

4. 王泽鉴. 债法原理. 北京：北京大学出版社，2013.

5. 韩世远. 债权人代位权的解释论问题. 法律适用，2021（1）.

6. 龙俊. 民法典中的债之保全体系. 比较法研究，2020（4）.

7. 金印. 债权人代位权行使的法律效果——以〈民法典〉第537条的体系适用为中心. 法学，2021（7）.

8. 崔建远. 论中国《民法典》上的债权人代位权. 社会科学，2020（11）.

9. 赵晶.《民法典》背景下代位权客体廓清. 河南财经政法大学学报，2022（2）.

10. 陈杭平，李凯. 中国语境下的债权执行制度：兼论《民事强制执行法》与《民法典》的衔接. 国家检察官学院学报，2021（3）.

11. 杨巍.《民法典》债权人的代位权解释论研究. 江西社会科学，2020（12）.

专题二　债权人撤销权诉讼

一、案例导入

（一）案情介绍

案例一：鹿港公司、微影科技公司之间因担保事宜发生债权债务关系。2018年6月，微影科技公司、鹿港公司以及案外人共同签订了“债权转让及抵销协议”，约定微影科技公司应向鹿港公司承担连带保证责任。2018年12月7日，微影科技公司与鹿港公司签订“和解协议”，确认微影科技公司还需向鹿港公司支付美元1 000万余元，并约定了分期付款方案。2018年8月9日，微影科技公司与微影文化公司签订“猫眼公司股权转让协议”，约定微影科技公司将其持有的猫眼公司26.925 3%的股权，以人民币2 327余万元的价格转让给微影文化公司，双方完成了股权转让登记。据查，“猫眼公司股权转让协议”未约定股权转让款的支付时间，微影科技公司和微影文化公司的法定代表人和股东均为同一人。因微影科技公司未履行“和解协议”约定的付款义务，鹿港公司于2019年8月请求法院撤销微影科技公司与微影文化公司前述股权转让行为。

案例二：王某是伟士特公司的债权人。2005年9月21日，伟士特公司与草桥公司签订了“房产转让协议书”，将价值超亿元的土地使用权及房屋以4 000万元的价格转让给草桥公司。2010年12月1日，北京市第二中级人民法院判令伟士特公司协助草桥公司办理涉诉房屋过户手续。2011年3月7日，王某以恶意串通及明显不合理低价转让财产为由提起债权人撤销诉讼，请求撤销伟士特公司与草桥公司2005年9月所签订的"房产转让协议书"。

（二）案例思考

在债权人撤销权诉讼中，债权人撤销权的构成要件有哪些？债权人撤销权的性质是什么？债权人撤销权的行使期间的性质是什么？行使期间应当如何计算？期间届满的实体法与程序法效力是什么？债权人撤销权的行使范围应当如何界定？在同时具备债权人撤销权与债权人代位权构成要件的情况下，债权人对于提起撤销权诉讼或代位权诉讼是否有选择权，可否同时提起该两个诉讼？

二、基本原理

（一）实体法疑难问题精讲

1. 债权人撤销权的概念与性质

债权人撤销权，是指在债务人为不当减少其财产的积极行为害及债权人的债权实现时，债权人得依诉讼程序申请法院撤销债务人该行为的权利。根据《民法典》第538条和第539条的规定，债务人减少其财产的积极行为，既可以是无偿行为又可以是有偿行为，理论上将债务人不当减少其财产害及债权人债权实现的行为统称为诈害行为。债务人以无偿行为减少其财产的行为，主要表现为债务人放弃其债权、放弃债权担保、无偿转让财产等方式无偿处分财产权益，或者恶意延长其到期债权的履行期限等。需要指出的是，债务人恶意延长其到期债权的履行期限，本质上亦是对期限利益的一种无偿让渡，同样属于以无偿行为减少财产的行为。债务人以有偿行为减少其财产的行为，主要表现为债务人以明显不合理的低价转让财产、以明显不合理的高价受让他人财产或者为他人的债务提供担保等。债权人撤销权是对债之相对性原则的突破，构成了《民法典》第465条第2款规定的"法律另有规定的除外"情形，属于债权之对外效力，其与债权人代位权共同构成了债的保全制度。

债权人撤销权的性质，直接决定了债权人撤销权诉讼的性质（形成之诉抑或给付之诉）、诉的被告（债务人抑或相对人）、诉的效力（绝对效力抑或相对效力）等内容，对此理论争议较大。关于债权人撤销权的性质，人们一般从两个角度观察：(1) 其是实体权利还是程序权利；(2) 如果其是实体权利，其是具有何种法律效力之实体权利。虽然最高人民法院曾在一个判决中指出债权人撤销权既是实体权利又是程序权利①，但我国通说认为债权人撤销权是一种特殊的实体权利而非程序权利，其与其他实体权利的区别在于债权人撤销权只能通过法院诉讼程序行使，而其他实体权利通常还可以通过诉讼之外的其他方式行使。对于债权人撤销权究竟是何种性质的实体权利，理论上有形成权说、请求权说、责任说、折中说等学说，其中折中

① 最高人民法院（2007）民二终字第32号民事裁定书。

说为我国通说。[①] 折中说认为债权人撤销权兼具请求权和形成权的性质：债权人撤销权的行使，一方面，使债权人可请求受益的第三人返还财产，从而使债务人的责任财产得以恢复到诈害行为实施之前的状态，债权人撤销权因此具有请求权的性质；另一方面，使债务人与第三人之间的法律行为的效力溯及既往地消灭，债权人撤销权因此具有形成权的性质。

2. 债权人撤销权的构成要件

关于债权人撤销权的构成要件，比较法上有两种立法模式：一是以德国、瑞士为代表的立法模式，即先将债务人的行为区分为有偿行为与无偿行为，再在此基础上分设主观要件和客观要件，我国《民法典》亦采此模式。二是以法国、日本为代表的不区分有偿行为与无偿行为，而是径直规定债权人撤销权之构成要件的立法模式。根据《民法典》第538条和第539条的规定，债权人撤销权的构成要件区分为一般要件和特殊要件两种，前者是债务人之无偿行为和有偿行为均须具备的构成要件，后者是债务人之有偿行为才须具备的构成要件。

（1）一般构成要件。

第一，债权人对债务人享有合法有效的金钱债权。这是债权人撤销权成立的前提和基础，如果债权人对债务人并不享有债权，或者债权人对债务人曾经享有债权但该债权现已经消灭，或者该债权因其他原因已归于无效，则债权人撤销权无从成立。因债权人撤销权旨在保全债务人的责任财产，因此金钱债权以及可转换为金钱债权的债权，才是债权人撤销权的适格债权[②]，而诸如不作为债权等非金钱债权因与责任财产无关，债权人不得对其行使撤销权。至于金钱债权是否已届清偿期[③]、金额是否确定——在债权人行使撤销权之时债权人须明确债权的具体数额、金额是否已经为生效裁判所确定——均在所不问。但对于诉讼时效期间届满的债权，债权人可否行使撤销权，理论上颇有争议。[④] 本书认为答案是肯定的，因为根据《民法典》第192条的规定，诉讼时效期间届满的债权，仅发生债务人抗辩的法律后果，因此对诉讼时效期间届满的债权，债权人显然可以行使债权人撤销权，只不过在撤销权诉讼中，债务人或者债务人的相对人均有权提出诉讼时效抗辩。对于债权成立之前所发生的诈害行为，就该诈害行为能否成立债权人撤销权，理论争议极大。主流观点认为，债权人原则上不能撤销其债权成立之前所发生的诈害行为，仅在极其例外的情形下才能成立债权人撤销权。[⑤]

第二，债务人实施了诈害行为。首先，诈害行为须是债务人或债务人之代理人

---

① 王家福主编. 民法债权. 北京：中国社会科学出版社，2015：172. 王利明. 民商法研究：第3辑. 北京：法律出版社，2014：410. 崔建远主编. 合同法. 6版. 北京：法律出版社，2016：129. 韩世远. 合同法总论. 4版. 北京：法律出版社，2018：457-458. 韩世远. 债权人撤销权研究. 比较法研究，2004（3）：38.

② 韩世远. 合同法总论. 4版. 北京：法律出版社，2018：460. 不同意见参见王利明. 民商法研究：第3辑. 北京：法律出版社，2014：432-433。

③ 江苏省无锡市中级人民法院（2017）苏02民终1741号民事判决书。

④ 王洪亮. 债法总论. 北京：北京大学出版社，2016：149.

⑤ 史尚宽. 债法总论. 北京：中国政法大学出版社，2000：480. 浙江省高级人民法院（2013）浙民再字第21号民事裁定书。

的行为。其次，诈害行为应当限于财产法律行为，诸如结婚、收养等身份法律行为不可能构成诈害行为。该财产法律行为既可以是双方法律行为，如赠与、无息借贷、保证等，又可以是单方法律行为，如遗赠、捐助、债务免除、权利放弃等。该财产行为既可以是无偿行为，如债务人放弃其到期或未到期债权、放弃其债权担保、无偿转让其财产等，又可以是有偿行为，如以明显不合理的低价转让财产、以明显不合理的高价受让他人财产或者为他人的债务提供担保等。[①] 至于诸如催告、债权让与通知等准法律行为，以及事实行为能否构成诈害行为，理论上有不同见解。[②] 裁判上的财产法律行为，如债务人在诉讼、仲裁或者执行程序中的和解、抵销、请求的放弃或认可等，亦可能构成诈害行为。[③] 值得指出的是，根据最高人民法院《关于适用〈中华人民共和国民法典〉继承编的解释（一）》第32条有关“继承人因放弃继承权，致其不能履行法定义务的，放弃继承权的行为无效”的规定，债务人放弃继承权而害及债权不能实现时，债权人得直接请求人民法院确认债务人放弃继承权的行为无效，而不必提起债权人撤销诉讼，这一规定的合理性值得商榷。最后，诈害行为应当限于债务人不当减少其责任财产的行为，如果债务人减少其责任财产有正当理由，具备动机的正当性、行为手段方法的妥当性等[④]，如债务人依法支付抚养费、赡养费等，则不构成诈害行为。

第三，债务人的诈害行为影响债权人的债权实现。通说认为，我国民法对诈害行为的认定采无资力说，以债务超过与否为判断标准[⑤]，在债务未超过，即债务人财产足以覆盖债权人债权时，债权人不得行使撤销权。但亦有观点认为，除应以债务超过与否为判断基准之外，还应结合债权人的债权情况、债务人的责任财产状况等在个案中予以判断。[⑥] 关于判断无资力的时间点，主流观点认为应采双重时间标准[⑦]，即在债务人实施诈害行为之时以及债权人撤销权诉讼一审法庭辩论终结前，债务人均处于无资力状态，如若在这两个时间点中的任何一个时间点，债务人未处于无资力状态，则不构成债务人无资力。

（2）特殊构成要件。

第一，在债务人“恶意延长其到期债权的履行期限”情形下，除一般构成要件外，尚须债务人具有诈害恶意。所谓诈害恶意，是指债务人知道或者应当知道延长其到期债权的履行期限，可能导致其债权人的债权无法实现，至于债务人是否积极

---

① 债务人为他人的债务提供担保，本质上究竟是有偿行为还是无偿行为，理论上尚有争议。

② 肯定观点参见韩世远. 合同法总论. 4版. 北京：法律出版社，2018：463；最高人民法院民法典贯彻实施工作领导小组主编. 中华人民共和国民法典合同编理解与适用（一）. 北京：人民法院出版社出版，2020：526。反对观点参见朱广新，谢鸿飞主编. 民法典评注：合同编通则（2）. 北京：中国法制出版社，2020：42；林诚二. 民法债编总论：体系化解说. 北京：中国人民大学出版社，2003：416.

③ 最高人民法院公布九起反规避执行典型案例之三：上海金地石化有限公司与上海立宇贸易有限公司侵权损害赔偿纠纷执行案. 最高人民法院公报，2011（9）.

④ 韩世远. 合同法总论. 4版. 北京：法律出版社，2018：465.

⑤ 王家福主编. 民法债权. 北京：中国社会科学出版社，2015：173. 崔建远主编. 合同法. 6版. 北京：法律出版社，2016：129. 王利明. 合同法研究：第2卷. 北京：中国人民大学出版社，2003：175.

⑥ 黄薇主编. 中华人民共和国民法典合同编释义. 北京：法律出版社，2020：1034.

⑦ 韩世远. 合同法总论. 4版. 北京：法律出版社，2018：464－465.

追求这一结果，在所不问。对于债务人的诈害恶意作为债权人撤销权的构成要件，罗马法之后的世界各国立法均呈弱化趋势[①]，我国《民法典》甚至根本没有将债务人的诈害恶意作为债权人撤销权的一般构成要件，只是在债务人“延长其到期债权的履行期限”这一种情形中有债务人“恶意”的构成要件要求，而在其他情形，则无此构成要件要求。债务人的诈害恶意，以诈害行为发生时为判断时间点。

第二，对于有偿诈害行为，以及为他人的债务提供担保的诈害行为，除一般构成要件外，尚须债务人之相对人对债务人诈害行为知情。相对人知情，是指相对人对债务人诈害行为以及诈害行为可能害及债权实现的事实有所认识，至于相对人是否与债务人同谋、是否知悉债务人主观恶意，在所不问[②]。在相对人与债务人恶意串通的情形中，债权人既可以行使债权人撤销权，又可以起诉到人民法院请求确认相对人与债务人之间的法律行为无效。[③] 相对人的恶意，以诈害行为发生时为判断时间点，诈害行为发生后相对人才知情的，债权人不得撤销。

3. 债权人撤销权的行使

（1）行使方式。

根据《民法典》第 538 条和第 539 条的规定，债权人只能通过诉讼方式行使债权人撤销权，既不能以仲裁方式也不能以其他方式行使债权人撤销权。核心理由在于：债权人撤销权突破了合同的相对性原则，对债务人和第三人利益乃至交易安全都影响极大，债权人显然不能在诉讼外自行行使撤销权，而仲裁以具有相对性的仲裁协议为前提，仲裁机构也不能审理债权人撤销权案件，因此唯有通过诉讼方式由人民法院综合审查，方能妥善处理。而且在比较法上，设置有债权人撤销权制度的国家，无一例外都要求通过法院以诉讼方式行使债权人撤销权。[④]

关于债权人能否在债权人撤销权诉讼之外的其他诉讼中，以抗辩的方式行使债权人撤销权，学者多持否定观点。[⑤] 须注意的是，2019 年《全国法院民商事审判工作会议纪要》第 42 条所规定的合同撤销权并非债权人撤销权，而是可撤销合同中的撤销权，两者性质迥然有异，因此不能认为债权人撤销权可以以抗辩的方式行使，也不能认为债权人撤销权的行使可以参照适用可撤销合同之撤销权的行使规则。

（2）行使范围、行使期限与费用负担。

《民法典》第 540 条第一句明确规定，债权人撤销权的行使范围以债权人的债权为限。此处所谓债权人的债权，是指全体债权人的债权还是行使撤销权之债权人的债权，《民法典》未予明确，但通说认为，系指行使撤销权之债权人的债权。如果存在多个债权人同时主张撤销权的情形，则撤销权的行使范围以该多个债权人的债权总和为限。[⑥] 在债权人的债权数额显著低于债务人诈害行为涉及的财产价值时，债

① 韩世远. 合同法总论. 4 版. 北京：法律出版社，2018：468.
② 郑玉波. 民法债编总论. 修订 2 版. 北京：中国政法大学出版社，2004：302.
③ 最高人民法院第 33 号指导案例：瑞士嘉吉国际公司诉福建金石制油有限公司等确认合同无效纠纷案。
④ 朱广新. 合同法总则研究：下册. 北京：中国人民大学出版社，2018：458.
⑤ 韩世远. 合同法总论. 4 版. 北京：法律出版社，2018：469.
⑥ 黄薇主编. 中华人民共和国民法典合同编释义. 北京：法律出版社，2020：206.

权人撤销权的行使范围，应分情况而论：第一，若债务人诈害行为涉及的是不可分物，如一套房屋、一辆机动车等，此时债权人可以请求人民法院撤销债务人财产行为之整体；第二，若债务人诈害行为涉及的是可分物，则债权人原则上仅能请求部分撤销债务人的财产行为，仅在例外情形时，债权人才可以整体撤销债务人的诈害行为。[①]

根据《民法典》第 541 条的规定，撤销权自债权人知道或者应当知道撤销事由之日起 1 年内行使。自债务人的行为发生之日起 5 年内没有行使撤销权的，该撤销权消灭。

《民法典》第 540 条第二句明确规定，债权人行使撤销权的必要费用，由债务人负担。一般认为，债权人行使撤销权所支付的必要费用需要具备必要性和适当性，如合理的律师代理费、差旅费等，债权人应就所产生之费用的必要性和适当性负证明责任。

4. 债权人撤销权行使的法律效果

关于债权人撤销权行使的法律效果，《民法典》第 542 条明确规定："债务人影响债权人的债权实现的行为被撤销的，自始没有法律约束力。"但关于债权人撤销权行使的法律效果之归属，则有进一步解释之必要。

债务人诈害行为被撤销后，债务人与其相对人之间的法律行为自始没有法律约束力，尚未依诈害行为完成给付的，当然不得再给付，而已依诈害行为完成给付的，则应根据《民法典》第 157 条有关"民事法律行为无效、被撤销或者确定不发生效力后，行为人因该行为取得的财产，应当予以返还；不能返还或者没有必要返还的，应当折价补偿。有过错的一方应当赔偿对方由此所受到的损失；各方都有过错的，应当各自承担相应的责任。法律另有规定的，依照其规定"的规定，由相对人返还财产或折价补偿或赔偿损失。

有疑问的是：债务人之相对人返还财产或折价补偿或赔偿损失时，受领权人是债务人还是债权人？我国通说认为，债权人撤销权的制度定位是共益性制度而非私益性制度，因此应采"入库规则"，即因行使撤销权取回的财产或代替原来利益的折价补偿或损失赔偿，均属于债务人的责任财产[②]，因此，受领权人应当是债务人。但若债务人拒不受领或有可能受领后再行处分的，理论上通常认为此时债权人有权受领[③]，只不过债权人对于受领之财产并无优先受偿权，应与债务人的其他债权人平等受偿。不过这种观点也不无值得商榷之处。对于这一问题，《民法典合同编（草案）》一审稿和二审稿曾规定"债权人请求人民法院撤销债务人行为的，可同时依法以自己的名义代位行使债务人在其行为被撤销后对相对人所享有的权利"，但《民法典》删除了草案中的这一规定。《合同编通则解释》第 46 条则进行了折中，其规定：

---

① 北京市高级人民法院（2021）京民终 13 号民事判决书。债务人与相对人均未提出抗辩且未提交相关证明材料，致使法院无法准确核定缔约目的、交易价值等因素，法院只得撤销全部交易行为。

② 崔建远. 合同法总论：中卷. 2 版. 北京：中国人民大学出版社，2016：308.

③ 韩世远. 合同法总论. 4 版. 北京：法律出版社，2018：472.

"债权人在撤销权诉讼中同时请求债务人的相对人向债务人承担返还财产、折价补偿、履行到期债务等法律后果的，人民法院依法予以支持。债权人请求受理撤销权诉讼的人民法院一并审理其与债务人之间的债权债务关系，属于该人民法院管辖的，可以合并审理。不属于该人民法院管辖的，应当告知其向有管辖权的人民法院另行起诉。债权人依据其与债务人的诉讼、撤销权诉讼产生的生效法律文书申请强制执行的，人民法院可以就债务人对相对人享有的权利采取强制执行措施以实现债权人的债权。债权人在撤销权诉讼中，申请对相对人的财产采取保全措施的，人民法院依法予以准许。"可见，《合同编通则解释》认为债权撤销权诉讼原则上仍采"入库规则"，只有在例外情形下，债权人方可申请人民法院对相对人进行强制执行。在司法实践中，人民法院通常认为，若债务人怠于行使权利追回财产或者拒不受领的，债权人只能依《民法典》第535条的规定另行提起代位权诉讼，而不能直接请求相对人向自己履行①，因此，实践中债权人同时提起撤销权诉讼和代位权诉讼的，不乏其例。

尽管《合同编通则解释》第46条的规定不无值得商榷的空间，但本书认为，该规定在我国现阶段仍然是一种相对合理的规定，即债权人撤销权诉讼原则上应采"入库规则"，但如果债权人对债务人有强制执行依据，则债权人可以通过强制执行程序，强制执行债务人对其相对人享有的返还财产或折价补偿或赔偿损失的到期债权，而不必在撤销权诉讼之外再另行提起代位权诉讼。具体而言：第一，在撤销权诉讼中，债权人可以请求相对人向债务人承担诈害行为被撤销后产生的返还财产、折价补偿、履行到期债务等民事责任；第二，在撤销权诉讼中，债权人可以请求人民法院一并审理其与债务人之间的债权债务关系；第三，如果债权人已经取得对债务人的强制执行依据——该执行依据可以是债权人在撤销权诉讼中取得的，也可以是在另案诉讼、仲裁或其他方式取得的，债权人有权申请人民法院就债务人对相对人享有的权利采取强制执行措施以实现其债权；第四，如果债务人的其他债权人也申请强制执行，相对人应当给付或者返还债务人的财产不足以实现全部申请执行人的债权的，各债权人的债权应当平等受偿，但法律法规另有规定的除外。

（二）程序法疑难问题精讲

1. 诉讼主体与管辖

关于撤销权诉讼的诉讼主体和管辖，《合同编通则解释》第44条明确规定："债权人依据民法典第五百三十八条、第五百三十九条的规定提起撤销权诉讼的，应当以债务人和债务人的相对人为共同被告，由债务人或者相对人的住所地人民法院管辖，但是依法应当适用专属管辖规定的除外。两个以上债权人就债务人的同一行为提起撤销权诉讼的，人民法院可以合并审理。"

2. 举证责任的分配

对于债权人撤销权的要件事实，原则上均须债权人承担举证责任，但针对如下

① 最高人民法院（2018）最高法民再437号民事判决书。

要件事实，理论上通常认为应采举证责任倒置：其一，对于债务人恶意延长其到期债权的履行期限中“恶意”的证明，学者普遍认为应采推定规则，即债权人只需证明债务人延长其到期债权的事实就足以认定债务人具有“恶意”，债务人应就其不具有“恶意”进行反证。[①] 其二，对于相对人恶意的证明，一般亦采推定规则，即债权人只需证明债务人以明显不合理的低价转让财产、以明显不合理的高价受让他人财产或者为他人的债务提供担保即可推定相对人恶意，相对人主张自己善意的，应负证明责任。在具体个案中，法官有权根据案情进行举证责任的适当分配。其三，对于债务人诈害行为是否害及债权实现，原则上应由债权人举证证明[②]，但如果相关证据位于债务人领域，债权人难以举证证明时，实践中有的法院要求债务人证明其实施诈害行为之后仍然具有清偿债权人债权的能力，否则推定债务人诈害行为害及了债权人债权的实现。[③] 尤其是对于债务人的财产行为是否是无偿行为，人民法院往往采取举证责任倒置，即由债务人证明其财产行为不是无偿行为。[④] 在债务人财产行为有偿的证据在相对人处时，有的法院甚至将举证责任分配给相对人，由相对人证明其支付了对价。[⑤]

3. 债权人撤销权诉讼裁判的既判力

关于债权人撤销权诉讼裁判的既判力，需要分情况而定：其一，如果作为原告的债权人获得生效胜诉判决，且债务人整个诈害行为被撤销，则债权人撤销权诉讼裁判的既判力显然应当及于债务人的其他债权人，其他债权人不得再就债务人的诈害行为另行提起撤销权诉讼。当然，其他债权人有权参与债务人入库财产的分配。其二，如果作为原告的债权人获得生效胜诉判决，但债务人的诈害行为仅被部分撤销，即仅在该原告债权人的债权范围内被撤销，债务人财产处分行为的其余部分并未被撤销，则该债权人之胜诉判决并不能拘束债务人的其他债权人，其他债权人有权另行提起撤销权诉讼。其三，如果债权人未获得胜诉判决，则该判决对债务人的其他债权人当然不会产生拘束力，其当然有权另行提起撤销权诉讼。

4. 债权人撤销权与恶意串通合同无效确认请求权的选择

如果债务人与相对人恶意串通实施诈害行为，害及债权人债权实现的，可能既符合债权人撤销权的构成要件，又符合恶意串通损害他人合法权益的法律行为无效的构成要件，因此债权人既可以根据《民法典》第 538 条和第 539 条向人民法院提起债权人撤销权之诉，又可以根据《民法典》第 154 条请求人民法院确认债务人与

① 韩世远. 合同法总论. 4 版. 北京：法律出版社，2018：468. 朱广新，谢鸿飞主编. 民法典评注：合同编通则. 北京：中国法制出版社，2020：46.

② 司法实践中采相反观点的案例参见重庆市第一中级人民法院（2009）渝一中法民终字第 6410 号民事判决书。

③ 最高人民法院（2015）民二终字第 322 号民事判决书、山东省高级人民法院（2016）鲁民终 1827 号民事判决书。

④ 浙江省宁波市中级人民法院（2009）浙甬商终字第 1033 号民事判决书、湖南省高级人民法院（2019）湘民终 38 号民事判决书、北京市高级人民法院（2019）京民终 1647 号民事判决书。

⑤ 江苏省高级人民法院（2012）苏民终字第 0084 号民事判决书、福建省漳州市中级人民法院（2016）闽 06 民终 1486 号民事判决书。

相对人的法律行为无效，但这两种方式不能并用，债权人只能择一行使。[①] 需要特别指出的是，两者并不构成请求权竞合，因为请求人民法院确认债务人与相对人实施的法律行为无效，该“请求权”并非实体法意义上的请求权，而是程序法上的请求权，这与具有请求效力的债权人撤销权性质迥然有异，因此，债权人撤销权有行使期间的限制，而起诉请求人民法院确认恶意串通的法律行为无效，并无时间限制，且在法律效果上，债权人撤销权的行使范围通常以原告债权人的债权为限，而请求确认恶意串通行为无效的后果则是恶意串通的法律行为全部无效。

三、法官释法

在前述案例一中，法院认为，微影科技公司取得猫眼公司股权时相关股权作价人民币 39 亿余元，并且同期案外人转让猫眼公司 11.11%股权时，转让价款为人民币 9.9 亿元。对时隔不到一年，股权转让价款差距如此之大，微影科技公司和微影文化公司均不能作出合理解释。此外，微影科技公司与微影文化公司签订的“猫眼公司股权转让协议”还没有约定股权转让价款的支付时间，结合微影科技公司和微影文化公司的法定代表人和股东均为同一人的情况，微影科技公司向微影文化公司转让股权的行为属于“放弃到期债权或者无偿转让财产”或者“以明显不合理的低价转让财产”。在微影科技公司作为连带责任保证人承诺代主债务人分期向鹿港公司还款，但是并未按约履行的情况下，微影科技公司向微影文化公司无偿或低价转让股权对鹿港公司造成损害，该行为显然不能认定为善意，故符合诈害行为的构成要件。法院同时也注意到，《合同法》第 74 条第 1 款规定撤销权的行使范围以债权人的债权为限。根据现有证据，可以推断鹿港公司对微影科技公司的债权数额大概率小于猫眼公司 26.925 3%股权当前市场公允价值，但鉴于以下因素，法院仍决定径行撤销微影科技公司与微影文化公司之间于 2018 年 8 月 9 日达成的转让猫眼公司 26.925 3%股权的全部交易行为：（1）本案一审法院审理期间微影科技公司以及微影文化公司从未针对债权人撤销权行使范围提出抗辩，且其未提交猫眼公司股份当前市场价值的任何证据材料，致使一审法院对此无法准确进行核定；（2）虽然猫眼公司 26.925 3%股权属于物的集束状态从而可以进行分割，但一审法院认为仍必须考量分割之后的不足额转让是否能够满足当事人缔约目的，进而判断是否应当进行分割，然而一审诉讼期间微影科技公司以及微影文化公司从未向一审法院说明订立涉案股权转让合同的基本目的，致使一审法院无法准确审查判断部分撤销股权转让合同后剩余股权转让行为是否仍符合当事人缔约目的；（3）微影科技公司及微影文化公司属于关联公司，假使微影科技公司通过变现其所有的猫眼公司部分股权清偿债务后双方仍存在继续交易的意愿，可以较低的交易成本重新缔结合约，因此撤销

---

① 最高人民法院指导性案例第 33 号：瑞士嘉吉国际公司诉福建金石制油有限公司等确认合同无效纠纷案。

涉案全部交易行为亦不会导致当事人之间权利义务严重失衡。①

在前述案例二中，最高人民法院认为，伟士特公司与草桥公司于 2005 年 9 月 21 日签订“房产转让协议书”后，伟士特公司的债权人如认为该协议损害自己利益，其可以向人民法院起诉请求撤销该协议。换言之，伟士特公司的债权人王某之撤销权在债务人伟士特公司签订“房产转让协议书”的 2005 年 9 月 21 日即产生，撤销权之产生不以债权人王某是否知道债务人伟士特公司与第三人草桥公司签订了前述协议为前提。北京市第二中级人民法院 2010 年 12 月 1 日判令伟士特公司协助办理涉诉房屋过户手续，以及伟士特公司、草桥公司、玉美建材市场签订“变更《房屋租赁合同》协议书”均是“房产转让协议书”履行中的行为，该行为未在“房产转让协议书”之外对债权人王某产生新的损害，故不应以北京市第二中级人民法院判决时间或“变更《房屋租赁合同》协议书”签订时间作为撤销权的产生时间。《合同法》第 75 条规定债权人的撤销权自债务人对债权人造成损害之行为发生之日起 5 年内不行使时归于消灭。这表明债权人之撤销权的最长存续期间为 5 年。王某的撤销权自 2005 年 9 月 21 日产生，其应在 5 年期间届满前即 2010 年 9 月 21 日前行使，逾期不行使的，撤销权消灭。本案中，王某于 2011 年 3 月 7 日向一审法院提起诉讼请求行使撤销权，其起诉时已经超过了撤销权的存续期间，原审裁定据此对王某的撤销权不予支持并无不当。王某主张“房产转让协议书”的当事人可能故意将该协议签订时间提前，但因王某对此未提供证据证明，故本院对其主张不予采纳。王某未提供证据证明“房产转让协议书”约定了伟士特公司取得涉诉房屋的土地使用权证是该协议生效的条件，故其主张伟士特公司取得土地使用权证之日即 2006 年 4 月 25 日“房产转让协议书”才发生效力，缺乏事实依据，本院不予支持。②

四、类案练习

练习一： 2015 年 7 月 18 日，王某向张某出具“借条”一份，约定的内容为：“兹向张某暂借人民币伍佰万元整，还款日期为 2015 年 11 月 18 日，第三人李某对该借款承担连带偿还责任。”2015 年 11 月 28 日蔡某（甲方）、李某（乙方）前往某县民政局办理协议离婚手续，离婚协议书约定蔡某与李某办理离婚手续后，二人名下的五处房产均变更登记至蔡某个人名下，涉案房产向银行的抵押贷款 200 万元由李某负责偿还，李某分得 1 000 万元红木投资款（无证据显示离婚时李某确有价值 1 000 万元的红木）。后因案外人王某未能按约定还款，张某即向法院提起民间借贷诉讼，法院判决王某应当返还张某借款，李某对该债务承担连带偿还责任。随后，张某认为李某与蔡某签订的离婚协议系恶意，企图逃避巨额担保债务，严重损害了债权人的合法权益，故又提起了债权人撤销权诉讼。

---

① 北京市高级人民法院（2021）京民终 12 号民事判决书、北京市高级人民法院（2021）京民终 13 号民事判决书。

② 最高人民法院（2012）民申字第 676－1 号民事裁定书。

练习二[①]**：** 瑞士嘉吉国际公司（Cargill International SA，以下简称“嘉吉公司”）与福建金石制油有限公司（以下简称“福建金石公司”）以及大连金石制油有限公司、沈阳金石豆业有限公司、四川金石油粕有限公司、北京珂玛美嘉粮油有限公司、宜丰香港有限公司（该六公司以下统称“金石集团”）存在商业合作关系。嘉吉公司因与金石集团就买卖大豆发生争议，双方在国际油类、种子和脂类联合会仲裁的过程中于 2005 年 6 月 26 日达成“和解协议”，约定金石集团将在五年内分期偿还债务，并将金石集团旗下福建金石公司的全部资产，包括土地使用权、建筑物和固着物、所有的设备及其他财产抵押给嘉吉公司，作为偿还债务的担保。2005 年 10 月 10 日，国际油类、种子和脂类联合会根据该“和解协议”作出第 3929 号仲裁裁决，确认金石集团应向嘉吉公司支付 1 337 万美元。2006 年 5 月，因金石集团未履行该仲裁裁决，福建金石公司也未配合进行资产抵押，嘉吉公司向福建省厦门市中级人民法院申请承认和执行第 3929 号仲裁裁决。2007 年 6 月 26 日，厦门市中级人民法院经审查后裁定对该仲裁裁决的法律效力予以承认和执行。该裁定生效后，嘉吉公司申请强制执行。

2006 年 5 月 8 日，福建金石公司与福建田源生物蛋白科技有限公司（以下简称“田源公司”）签订一份“国有土地使用权及资产买卖合同”，约定福建金石公司将其国有土地使用权、厂房、办公楼和油脂生产设备等全部固定资产以 2 569 万元人民币（以下未特别注明的均为人民币）的价格转让给田源公司，其中国有土地使用权作价 464 万元、房屋及设备作价 2 105 万元，应在合同生效后 30 日内支付全部价款。王某和柳某分别作为福建金石公司与田源公司的法定代表人在合同上签名。福建金石公司曾于 2001 年 12 月 31 日以 482.1 万元取得本案所涉 32 138 平方米国有土地使用权。2006 年 5 月 10 日，福建金石公司与田源公司对买卖合同项下的标的物进行了交接。同年 6 月 15 日，田源公司通过在中国农业银行漳州支行的账户向福建金石公司在同一银行的账户转入 2 500 万元。福建金石公司当日从该账户汇出 1 300 万元、1 200 万元两笔款项至金石集团旗下大连金石制油有限公司账户，用途为往来款。同年 6 月 19 日，田源公司取得上述国有土地使用权证。

2008 年 2 月 21 日，田源公司与漳州开发区汇丰源贸易有限公司（以下简称“汇丰源公司”）签订“买卖合同”，约定汇丰源公司购买上述土地使用权及地上建筑物、设备等，总价款为 2 669 万元，其中土地价款 603 万元、房屋价款 334 万元、设备价款 1 732 万元。汇丰源公司于 2008 年 3 月取得上述国有土地使用权证。汇丰源公司仅于 2008 年 4 月 7 日向田源公司付款 569 万元，此后未付其余价款。

田源公司、福建金石公司、大连金石制油有限公司及金石集团旗下其他公司的直接或间接控制人均为王甲、王乙、王某、柳某。王甲与王某、王乙是父女关系，柳某与王某是夫妻关系。2009 年 10 月 15 日，中纺粮油进出口有限责任公司（以下简称“中纺粮油公司”）取得田源公司 80%的股权。2010 年 1 月 15 日，田源公司更名为中纺粮油（福建）有限公司（以下简称“中纺福建公司”）。

---

① 最高人民法院第 33 号指导性案例：瑞士嘉吉国际公司诉福建金石制油有限公司等确认合同无效纠纷案。

汇丰源公司成立于2008年2月19日，原股东为宋某、杨某。2009年9月16日，中纺粮油公司和宋某、杨某签订“股权转让协议”，约定中纺粮油公司购买汇丰源公司80%的股权。同日，中纺粮油公司（甲方）、汇丰源公司（乙方）、宋某和杨某（丙方）及沈阳金豆食品有限公司（丁方）签订“股权质押协议”，约定：丙方将所拥有汇丰源公司20%的股权质押给甲方，作为乙方、丙方、丁方履行“合同义务”之担保；“合同义务”系指乙方、丙方在“股权转让协议”及“股权质押协议”项下因“红豆事件”而产生的所有责任和义务；“红豆事件”是指嘉吉公司与金石集团就进口大豆中掺杂红豆原因而引发的金石集团涉及的一系列诉讼及仲裁纠纷以及与此有关的涉及汇丰源公司的一系列诉讼及仲裁纠纷。“股权质押协议”还约定，下述情形同时出现之日，视为乙方和丙方的“合同义务”已完全履行：(1)因“红豆事件”而引发的任何诉讼、仲裁案件的全部审理及执行程序均已终结，且乙方未遭受财产损失；(2)嘉吉公司针对乙方所涉合同可能存在的撤销权因超过法律规定的最长期间（五年）而消灭。2009年11月18日，中纺粮油公司取得汇丰源公司80%的股权。汇丰源公司成立后并未进行实际经营。

福建金石公司已无可供执行的财产，导致无法执行，嘉吉公司遂向福建省高级人民法院提起诉讼，请求：一是确认福建金石公司与中纺福建公司签订的“国有土地使用权及资产买卖合同”无效；二是确认中纺福建公司与汇丰源公司签订的“国有土地使用权及资产买卖合同”无效；三是判令汇丰源公司、中纺福建公司将其取得的合同项下财产返还给财产所有人。

结合上述两个案例，分析债权人撤销权诉讼的构成及其效力，并从债权人代理律师的角度，分析应当选择何种诉讼构造更有利保护债权人利益，以及不同诉讼构造下债权人所需证明之何种要件事实。

五、知识拓展

1. 韩世远. 合同法总论. 4版. 北京：法律出版社，2018.

2. 王家福主编. 民法债权. 北京：中国社会科学出版社，2015.

3. 朱广新，谢鸿飞主编. 民法典评注：合同编通则（2）. 北京：中国法制出版社，2020.

4. 朱广新. 合同法总则研究. 北京：中国人民大学出版社，2018.

5. 崔建远. 论债权人撤销权的构成. 清华法学，2020（3）.

6. 王洪亮.《民法典》第538条（撤销债务人无偿行为）评注. 南京大学学报（社会科学版），2021（6）.

7. 龙俊. 民法典中的债之保全体系. 比较法研究，2020（4）.

8. 韩世远. 债权人撤销权研究. 比较法研究，2004（3）.

9. 金印. 诉讼与执行对债权人撤销权的影响. 法学，2020（11）.

10. 最高人民法院（2008）民二终字第23号民事判决书.

专题三 人格权禁令制度

一、案例导入

（一）案情介绍

李某购买了某房地产公司开发的房产，房屋尚未交付。2020 年 5 月至 8 月，李某在自己的微信公众号上发表了多篇涉及该房地产公司的文章，其中使用了许多负面的情绪表述，同时还揭示了一些质量问题，例如“这个渣渣公司”“这个黑心商人”“我的房屋漏水了该怎么维权”，等等。2020 年 10 月，该房地产公司以李某侵害其名誉权为由向广州互联网法院提起了诉讼。诉讼中，上述文章被自媒体平台删除，之后李某又通过该微信公众号发布多篇含有情绪化用语的文章描述其购房遭遇和对房屋质量的主观感受。该房地产公司认为李某是正在实施，也可以推断出李某将会继续发表侵害自身名誉权的文章，如果不采取禁令措施将会使自身的合理权益受到难以弥补的损失，于是在 2021 年 1 月 4 日向法院提出了人格权禁令申请，申请禁止李某再次发布涉及侵害其名誉权的文章和言论。李某则认为自身没有任何捏造事实的行为和诬陷的故意，自己在微信公众号所发表的每一个字、每一个言论都是基于房屋的真实质量而描述的，目的是让更多消费者知道事实的真相，并不会造成该房地产公司所主张的损害后果，更谈不上难以弥补。①

（二）问题与思考

此案被称为“人格权侵害禁令第一案”，审判实践中无先例可循，对其适用程序也无法律、司法解释直接作出规定。申请人在诉讼中申请人格权禁令，法院综合考虑了诉中人格权禁令的法律效力、救济程序以及实施方式与效果，参照了行为保全的相关规定，采取了听证程序，以裁定的方式处理禁令申请并告知当事人不服裁定的救济程序，对于探索人格权禁令适用程序具有示范意义。问题在于：我国民事诉讼法已经规定了行为保全制度，为何还要在《民法典》中规定人格权禁令制度，二者有何区别？法院作出人格权禁令应当考虑哪些因素？对人格权禁令的适用应当采取何种程序，具体程序规则又应当考虑哪些方面？

二、基本原理

（一）实体法疑难问题精讲

1. 人格权禁令的立法背景

2020 年 5 月 28 日，第十三届全国人民代表大会第三次会议通过了《民法典》，

---

① 广州互联网法院之案一庭. 广州互联网法院对《民法典》施行后首份人格权侵害禁令申请作出裁定. [2021-01-26]. 微信公众号“广州互联网法院”.

其中规定了人格权禁令制度，即："民事主体有证据证明行为人正在实施或者即将实施侵害其人格权的违法行为，不及时制止将使其合法权益受到难以弥补的损害的，有权依法向人民法院申请采取责令行为人停止有关行为的措施。"人格权禁令制度的确立并不是一蹴而就的，最初《民法典人格权编（草案）》一审稿第780条对人格权禁令的表述为："民事主体有证据证明他人正在实施或者即将实施侵害其人格权的行为，如不及时制止将会使其合法权益受到难以弥补的损害的，可以在起诉前依法向人民法院申请采取责令停止有关行为的措施。"而二审稿中将"可以在起诉前"改为"有权"二字[①]，三审稿又将"他人"改为"行为人"，最终三审稿中对于人格权禁令的规定没有再修改，规定在《民法典》第997条。在此之前，我国民事领域法律规范中对人格权的保护方式仅有侵权责任法规定的侵权责任，而且禁令制度中也只有知识产权领域中的"知识产权诉前禁令"和家事领域中的"人身安全保护令"，人格权保护领域并没有立法明确规定的禁令制度可供适用，因此司法实践中通常参照知识产权诉前禁令的相关司法解释对行为保全制度进行类推适用。比较有影响力的一个案例是钱钟书书信拍卖案[②]，本案中，中贸圣佳拍卖公司受李某的委托发布公告，称其将公开拍卖钱钟书的私人信件，钱钟书的遗孀杨季康知晓后坚决反对，在制止无效后向法院请求发布禁令，法院经过审查后，依法作出了禁止中贸圣佳拍卖公司拍卖信件的裁定。此案在当时引起了社会的广泛关注，但由于我国当时没有人格权禁令制度，因此法院是依据侵害著作权的行为保全程序来对权利人进行救济，表面上看本案仅保护了书信手稿的著作权，实质上也保护了其中的私密信息，维护了权利人的隐私权。

在互联网技术高速发展的今天，网络已经渗透到了社会的各个领域，每个人都有自己的"麦克风"，侵害名誉的言论、被揭露的隐私可以通过多个网络平台发布，一经发布瞬间可能就有上万或几十万的阅读播放量，再加上网络用户的转发和传播，其最终可能会对权利人造成无法挽回和难以弥补的损害。在这种情况下，仅凭传统的事后损害赔偿如何全面有效地维护民事主体的人格权？在一些侵害人格权但不涉及知识产权领域和家事领域的情形下，民事主体的众多人格权又该如何有效实现救济？可见，设立一个能够及时制止行为人侵犯人格权的不法行为，有效维护民事主体人格权，防止损害后果的发生和扩大的制度刻不容缓。因此，在这样的背景下，我国在总结国内司法实践，参考域外经验的前提下规定了人格权禁令制度。根据此条款，当民事主体的人格权遭受侵害或者有侵害之虞的情形时，不必等到损害后果发生，也不必等到进入侵权诉讼即可向法院申请禁令寻求司法救济。显然，人格权禁令制度不仅适应了互联网时代的立法需求，还对及时制止侵害人格权的不法行为，有效预防人格权损害后果发生，推动我国人权事业的发展具有重大意义。

---

① 《民法典人格权编（草案）》二审稿第780条规定："民事主体有证据证明他人正在实施或者即将实施侵害其人格权的行为，如不及时制止将会使其合法权益受到难以弥补的损害的，有权依法向人民法院申请采取责令停止有关行为的措施。"

② 北京市高级人民法院（2014）高民终字第1152号民事判决书。

2. 人格权禁令的价值功能

人格权作为绝对权，是每个公民赖以生存和发展的基础，我国曾在《民法通则》对人格权做了专门规定[①]，随着我国社会的不断发展，公民的权利意识不断增强，人格尊严、人格平等的权利意识逐渐深入人心，人格权益的类型也越发多样化。除了以往传统的生命权、身体权、健康权、姓名权、名称权、肖像权、名誉权、荣誉权等具体人格权，随着时代发展还出现了隐私权、个人信息等需要保护的新型人格权益。[②] 正是由于人格权的多样性，在当今这个快速发展的互联网时代，人格权遭受侵害的纠纷也越来越多，在多个网络平台上捏造事实、散布谣言、非法披露他人隐私、非法传播他人信息等侵害民众的名誉、隐私等人格权的情形常有发生，给无辜的权利人带来难以想象的损害后果。人格利益不同于财产性利益，财产受到侵害时往往可以通过赔偿损失来填补，人格利益的损失则难以精确计算，因为它是无形的且与道德伦理密切相关，一旦受到损害往往具有不可逆转性，如不及时加以制止，损害后果可能会被无限扩大，给权利人造成难以弥补的损害。试想某狗仔将某明星的不雅照片发布至网上致其精神崩溃、事业陷入低谷；某无良企业为打击竞争对手在网上散布谣言致其生意惨淡、不日关门。在这种情形下，对权利人受到的损害如何来弥补？人格权禁令的请求权基础乃是人格权请求权，人格权请求权的功能是预防、维护母体权利即人格权不受非法侵害，即它是一种手段性权利，非独立请求权和防卫性请求权[③]；其目的在于维护民事主体对其人格权的圆满支配，只要该圆满支配的状态受到不当影响，权利人即有权主张人格权请求权以回复人格权的圆满状态。换言之，在人格权禁令制度下，只要民事主体有证据证明行为人正在实施或者即将实施侵害其人格权的行为，自身的人格权正在遭受侵害或者有遭受侵害之虞的情形，权利人就可行使人格权请求权，无须考虑实际损害和行为人的主观过错，向人民法院申请人格权禁令从而禁止行为人为一定行为或不为一定行为，以维护自身人格权的圆满状态。在上述两例情形中，某明星若等到不雅照片发布之后再以侵权之诉控告狗仔，也无法逆转损害后果，所以最好的办法就是提前向法院申请人格权禁令，禁止狗仔即将实施的不法行为，预防损害后果的发生；某无良企业在网上发布谣言诋毁其竞争对手，若受害企业发现后再启动侵权诉讼程序，在互联网的快速传播下，可能法院的判决还没下来受害企业便因此谣言而濒临破产，因此对于受害企业来说，先向法院申请人格权禁令以阻止损害后果的继续扩大不失为一种好的应对策略。

综上，人格权禁令制度的价值功能就在于及时制止行为人的不法行为，防止损害后果的发生或者继续扩大，为权利人提供及时的救济，以回复其人格权的圆满状态。

---

① 《民法通则》第 120 条第 1 款规定："公民的姓名权、肖像权、名誉权、荣誉权受到侵害的，有权要求停止侵害、恢复名誉、消除影响、赔礼道歉、并可以要求赔偿损失。"

② 朱虎. 人格权何以成为民事权利?. 法学评论，2021 (5)：62.

③ 杨立新，袁雪石. 论人格权请求权. 法学研究，2003 (6)：64 - 65.

(二)程序法疑难问题精讲

1. 人格权禁令与我国相关制度比较

(1)人格权禁令与行为保全。

行为保全是指当事人为维护其合法权益，保证生效裁判的执行、阻断侵害行为继续、避免损失的扩大，请求人民法院依法要求当事人为一定行为或不为一定行为的民事诉讼制度。[①] 人格权禁令与行为保全到底是何种关系？人格权禁令能不能适用行为保全程序？如果仅从法条表述来看，《民法典》第 997 条规定的人格权禁令与我国《民事诉讼法》中对行为保全的规定非常相似。对此，有学者认为人格权禁令就是行为保全，即人格权禁令制度是我国《民事诉讼法》第 103 条和第 104 条规定的诉讼中和诉讼前的行为保全在人格权领域的具体适用。[②] 还有学者从法教义学的角度分析，认为《民法典》第 997 条一般指向诉前行为保全，人格权禁令通常应适用诉前行为保全程序。[③] 不过目前多数学者认为人格权禁令是不同于行为保全的一项全新的制度[④]，这一观点中，有学者认为人格权禁令制度是实体法上的制度，即人格权禁令是人格权请求权发生作用的方式之一，性质上属于实体法上的禁令，法院在颁发人格权禁令时是以实体法为依据，而非以程序法为依据。[⑤] 还有学者认为人格权禁令制度是程序法上的一项独立的制度，若以实体法上的请求权基础解释禁令，将面临诸多理论抵牾，司法实践中禁令裁定的作出也未必需要以实体法规定为前提。[⑥]

不可否认，二者是存在一定相似之处的。在功能上，人格权禁令是为了及时制止行为人的不法行为，避免民事主体人格权损害后果的发生或扩大，而行为保全也有制止侵害行为继续、避免损失扩大之意；若权利人申请成功，法院作出的裁定的内容也都可为禁止行为人为一定行为或不为一定行为。不过按照学界多数观点，二者是不同的制度，是有一定的区别的。第一，性质不同。人格权禁令的权利基础是人格权请求权，其正当性来自人格权原权利的极端重要性，实现权利人对其人格权的自我控制，满足权利人人格权免遭损害的需要。法官在颁发禁令时以实体法为依据。而民事诉讼法上的行为保全制度权利基础则是诉权，其法律属性是诉讼保全制度。第二，目的不同。人格权禁令是一项基于人格权效力的实体法措施，其主要目的在于避免人格权损害后果的发生或者扩大，以防止给权利主体造成难以弥补的损失，权利人申请禁令制止行为人的不法行为本身就是禁令的最终目标。而民事诉讼

---

① 张卫平. 民事诉讼法学. 5 版. 北京：法律出版社，2019：281.

② 石佳友. 守成与创新的务实结合：《中华人民共和国民法人格权编（草案）》评析. 比较法研究，2018（2）：16.

③ 严仁群. 人格权禁令之程序法路径. 法学评论，2021（6）：119-120.

④ 张卫平. 民法典的实施与民事诉讼法的协调与对接. 中外法学，2020（4）：942-943. 吴英姿. 人格权禁令程序研究. 法律科学（西北政法大学学报），2021（2）：136-138. 郭小冬. 人格权禁令的基本原理与程序法落实. 法律科学（西北政法大学学报），2021（2）：147-148. 程啸. 论我国民法典中的人格权禁令制度. 比较法研究，2021（3）：141.

⑤ 王利明. 论侵害人格权禁令的适用. 人民司法，2020（28）：56.

⑥ 徐伟. 《民法典》人格权侵害禁令的法律适用. 法制与社会发展，2021（6）：203.

法上的行为保全则是法院禁止相关当事人为或不为一定行为，从而防止当事人的行为导致将来的判决难以执行或者不能执行。第三，是否附随于诉讼程序不同。人格权禁令具有独立性，它的适用并不附随于普通诉讼程序，禁令颁发后，申请人是否起诉属于其处分权事项，申请人可以选择起诉也可以选择不起诉。而行为保全是附随于普通诉讼程序的，若申请人在申请诉前行为保全后没有在诉讼法规定的期间内提起诉讼或者仲裁，法院将解除保全措施。

在《民法典人格权编（草案）》中，二审稿将一审稿中的"可以在起诉前"改为"有权"二字，目的可能就是将人格权禁令与行为保全相区别。对此也有学者认为，家庭暴力侵害人格权也应在人格权禁令的适用范围内，但我国已经有了独立于诉讼程序的人身安全保护令来对此进行救济，因为这个例外，立法者才删除了"可以在起诉前"这样的用语。① 按照学界多数观点，人格权禁令既可以在诉前申请，也可以在诉中申请。但也有学者认为，人格权禁令虽不同于行为保全，但也不应在诉中适用，因为诉中行为保全的制度设计更符合"诉中"的特点，若在诉中适用人格权禁令将产生制度体系兼容上的困难。② 对于如何辨别申请人申请的是人格权禁令还是行为保全，有学者认为界分二者以申请人提出的法律依据为准，即申请人依据《民法典》第 997 条的规定提出申请的，就是人格权禁令，而依据《民事诉讼法》第 103 条提出申请的，则是行为保全。③

（2）人格权禁令与先予执行。

先予执行是指人民法院在案件受理以后，终审判决作出以前，因为当事人一方生活或者生产或者权利维护的迫切需要，根据一方当事人的申请，裁定对方当事人向其支付一定数额的金钱或者其他财产，实施或者停止某种行为，并立即付诸执行的一种制度。④ 相对于行为保全，人格权禁令与先予执行的关系较为清晰。第一，在性质上，先予执行属于程序法上的制度，意义在于解决当事人在生活或者生产方面的迫切需要，保障诉讼的顺利进行，而人格权禁令属于实体法规则，立法目的在于及时制止行为人的侵害行为，预防侵害行为的发生或者阻断损害后果的扩大。第二，从时间上来看，先予执行是在案件受理以后终审判决前作出的，无法实现对案件受理前权利人的保护，而人格权禁令既可以在诉前申请，又可以在诉中申请，能够有效维护民事主体的人格权益。第三，在适用条件上，根据我国《民事诉讼法》第 110 条的规定，人民法院裁定先予执行的，当事人之间应当权利义务关系明确，不先予执行将严重影响申请人的生活或者生产经营，并且要求被申请人有履行能力，而人格权禁令的作出并无此要求，只要民事主体有证据证明行为人有即将实施或正在实施侵害其人格权的不法行为，不及时制止将使其合法权益受到难以弥补的损害的，即可向人民法院申请人格权禁令。第四，在适用范围上，我国《民事诉讼法》第 109 条规定了先予执行的适用范围，即追索赡养费、扶养费、抚育费、抚恤金、

---

① 严仁群. 人格权禁令之程序法路径. 法学评论，2021（6）：120.

② 徐伟.《民法典》人格权侵害禁令的法律适用. 法制与社会发展，2021（6）：203.

③ 吴英资. 人格权禁令程序研究. 法律科学，2021（2）：138.

④ 张卫平. 民事诉讼法学. 5 版. 北京：法律出版社，2019：284.

医疗费用、劳动报酬和紧急情况需要先予执行的，《民诉法司法解释》第170条又将其中的“紧急情况”细化，适用范围由财产扩张到行为。而人格权禁令主要适用于构成人格权侵权或者有侵害之虞的紧急情形，针对的是行为人正在实施或者即将实施侵害民事主体人格权的违法行为。

(3) 人格权禁令与知识产权诉前禁令。

知识产权诉前禁令一般是指法院在开始诉讼前，根据权利人或者利害关系人的请求，及时制止正在实施或即将实施的侵害权利人知识产权或有侵害之虞的行为。[①]在21世纪初，我国加入世界贸易组织并签订了《与贸易相关的知识产权协定》，也称《TRIPs协定》，其中第50条第2项规定了临时措施，即：在适当时，特别是在任何迟延可能对权利持有人造成不可补救的损害时，或存在证据被销毁的显而易见的风险时，司法机关有权采取不作预先通知的临时措施。为了使国内法衔接《TRIPs协定》的规定，我国随后逐渐在《专利法》《商标法》《著作权法》引入了知识产权诉前禁令制度，现行的法条分别规定在《专利法》第72条，《商标法》第65条，《著作权法》第56条。[②] 从法条内容上看，人格权禁令与知识产权诉前禁令几乎相同，但二者还是有一定的差异。首先，在性质上，知识产权诉前禁令适用的是行为保全程序，其法条也都有“起诉前”的表述，指向的是诉前行为保全，而人格权禁令具有独立性，权利人申请人格权禁令后可以选择起诉，也可以选择不起诉，是否起诉属于权利人处分权事项。其次，从二者保护的对象上来看，知识产权诉前禁令保护的是权利人的知识产权，针对的是侵害知识产权的行为，而人格权禁令保护的是权利人的人格权，针对的是侵害人格权的行为。此前，对于人格权的保护很少采用行为保全制度，司法实践中通常也是参照知识产权诉前禁令的相关司法解释对行为保全制度进行类推适用，但在互联网技术发达的今天，人格权纠纷逐渐增多，仅仅通过知识产权诉前禁令来解决人格权纠纷，难以有效维护民事主体的人格权，因此人格权禁令制度的规定是有其必要性的。

(4) 人格权禁令与人身安全保护令。

人身安全保护令是一项维护家事领域内家暴情形下自然人的生命、身体、健康等人格权益的司法救济措施。我国《反家庭暴力法》用11个条文详细规定了申请、管辖、条件、种类、措施、期限等内容，其中第23条第1款规定：“当事人因遭受家庭暴力或者面临家庭暴力的现实危险，向人民法院申请人身安全保护令的，人民法院应当受理。”其实早在2008年最高人民法院发布的《涉及家庭暴力婚姻案件审

---

① 江伟，肖建国主编．民事诉讼法．4版．北京：中国人民大学出版社，2008：244.

② 《专利法》第72条规定：“专利权人或者利害关系人有证据证明他人正在实施或者即将实施侵犯专利权、妨碍其实现权利的行为，如不及时制止将会使其合法权益受到难以弥补的损害的，可以在起诉前依法向人民法院申请采取财产保全、责令作出一定行为或者禁止作出一定行为的措施。”《商标法》第65条规定：“商标注册人或者利害关系人有证据证明他人正在实施或者即将实施侵犯其注册商标专用权的行为，如不及时制止将会使其合法权益受到难以弥补的损害的，可以依法在起诉前向人民法院申请采取责令停止有关行为和财产保全的措施。”《著作权法》第56条规定：“著作权人或者与著作权有关的权利人有证据证明他人正在实施或者即将实施侵犯其权利、妨碍其实现权利的行为，如不及时制止将会使其合法权益受到难以弥补的损害的，可以在起诉前依法向人民法院申请采取财产保全、责令作出一定行为或者禁止作出一定行为等措施。”

理指南》第三章就对人身安全保护作出了专门规定，只不过当时要求申请人在人身保护令发布后 15 天内提起离婚诉讼，逾期没有提起离婚诉讼的，人身安全保护令自动失效。[①] 这一规定令很多家庭暴力的受害者放弃了申请，因为他们的目的并非离婚，只是停止遭受家庭暴力，维护自身的人身安全。2016 年 3 月 1 日实施的《反家庭暴力法》，放弃了将人身安全保护令与诉讼捆绑在一起的做法，不要求当事人在人民法院发布人身保护令后法定期限内提起侵权诉讼或者离婚诉讼。此种做法使其预防家庭暴力，维护家暴受害者人身安全的效能大大提高。

关于人格权禁令与人身安全保护令的关系，多数学者认为人格权禁令与人身安全保护令性质相同，二者是一般法与特殊法的关系，只不过人身安全保护令是人格权禁令的先行者，是人格权禁令在反家庭暴力领域中的特殊运用。[②] 主要原因在于，人身安全保护令不附随于诉讼程序的提起和进行，它的申请审查均具有一定的独立性，人格权禁令同样也是如此，只是人身安全保护令局限于家庭暴力领域，仅维护家庭暴力情形下侵害的生命、身体、健康等人格权益，而人格权禁令则将其扩展，适用于所有侵害人格权的行为。在目前的司法实践中，就有将人格权禁令作为人身安全保护令的上位概念，在人身安全保护令的适用范围之外参照其程序发出人格权禁令的案例[③]：2018 年女子严某与男子邹某协议离婚，并就女儿的抚养权和财产分割作了约定，但婚后二人仍然因抚养费问题和财产分割问题矛盾不断，于是邹某便经常以探望女儿为由，到严某和女儿的住处对其进行威胁、骚扰甚至殴打，给严某造成了身体和精神的双重伤害，严某无奈之下向法院提出人身安全保护令的申请。法院认为，严某和邹某已经离婚且未共同生活，不适用于《反家庭暴力法》的规定，但邹某的行为已经侵害了严某的人格权，不及时制止将严重损害严某的合法权益，符合人格权禁令的情形。于是法院参照人身安全保护令的程序作出人格权禁令裁定，禁止被申请人邹某殴打、威胁、骚扰申请人严某，该裁定自作出之日起六个月内有效，若被申请人邹某违反上述禁令，人民法院将视情节轻重，处以罚款、拘留，构成犯罪的，依法追究刑事责任。对此也有学者认为，尽管就制度目的和体系逻辑而言，可以将二者理解为一般与特殊的关系，但人格权禁令并不是人身安全保护令在人格权领域的拓展，二者在规则设计上存在许多差别，理由在于：一方面，二者在条文表述上存在明显差异，如果立法者有意将人格权禁令作为人身安全保护令在人格权领域进行全面适用，那么二者应当采用相近的表述；另一方面，人身安全保护

---

① 《涉及家庭暴力婚姻案件审理指南》第 26 条第 1 款规定："人身安全保护裁定是一种民事强制措施，是人民法院为了保护家庭暴力受害人及其子女和特定亲属的人身安全、确保民事诉讼程序的正常进行而做出的裁定。"第 31 条第 3 款规定："诉前提出申请的，当事人应当在人民法院签发人身安全保护裁定之后 15 日之内提出离婚诉讼。逾期没有提出离婚诉讼的，人身安全保护裁定自动失效。"

② 朱虎. 人格权侵害禁令的程序实现. 现代法学，2022（1）：177. 张素华. 论人格权禁令的性质及司法适用. 比较法研究，2021（6）：78. 吴英姿. 人格权禁令程序研究. 法律科学（西北政法大学学报），2021（2）：137. 郭小冬. 人格权禁令的基本原理与程序法落实. 法律科学（西北政法大学学报），2021（2）：147. 程啸. 论我国民法典中的人格权禁令制度. 比较法研究，2021（3）：142.

③ 江津法院. 女子遭遇前夫"家暴"？江津法院适用《民法典》新规发出首份人格权侵害禁令. [2021-02-20]. http://cqgy.cqfygzfw.gov.cn/article/deteil/2021/02/id/5811323.shtml.

令错误裁判率很低，即便裁判错误也不会对被申请人造成经济上的损失，而人格权禁令则可能被滥用，法院对其申请的审查较人身安全保护令更为复杂，因此在应然层面上二者也应作出不同的制度设计。[①]

（5）人格权禁令与停止侵害。

我国《民法典》总则编和侵权责任编都将停止侵害作为一种承担民事责任的方式，人格权禁令与停止侵害二者在功能上具有一定的相似性，但人格权禁令不能为停止侵害的责任形式所涵盖，二者还是具有一定的差别。第一，性质不同。停止侵害在性质上是一种侵权责任承担方式，是一种事后救济措施，但人格权禁令本质上是一种保护措施而非责任承担方式，其主要目的在于及时制止行为人的不法行为以回复权利人人格权的圆满状态，避免损害后果的发生或者扩大，其更注重事前的预防而非向行为人施加侵权责任。第二，行使的条件不同。一方面，侵权责任的承担通常要满足四个要件，即行为人实施了侵害行为，权利人受到损害，侵害行为与损害后果之间有因果关系，行为人主观上有过错；而人格权禁令是人格权效力的体现，其权利基础是人格权请求权，人格权请求权的构成要件无须考虑行为人的主观过错和实际损害，只要其他民事主体的相关行为有碍权利人人格权的圆满支配状态，权利人就有权行使人格权请求权排除行为人的相关行为，其并不需要证明行为人构成侵权。另一方面，停止侵害作为民事责任承担方式的一种，其适用以侵害行为正在进行，法院作出生效判决为前提，而人格权禁令不要求侵害行为正在发生，其既可以针对正在发生的侵害行为又可以针对尚未发生、可能发生的不法行为，也不要求权利人必须提起诉讼。与停止侵害相比，显然人格权禁令更能实现对损害的事前预防，对于维护民事主体的人格权更为有利。第三，效力不同。停止侵害作为一种责任承担方式，必须经法院依法判决确认，其效力对未来一直有效，而人格权禁令适用于紧急情形时对权利人进行救济，其效力是有限的，可以因效力期间届满而失效，也可因被申请人申请复议成功而失效。

2. 人格权禁令的适用程序

（1）人格权禁令的程序性质。

尽管《民法典》规定了人格权禁令制度，但目前并未有相关法律条文明确其申请程序、审查方式、判断标准、法律效力等问题。一部法律只有在司法中适用，才能将抽象的法律规定与具体的生活事件和行为结合起来，实现法律对人们社会关系和行为的规范作用。[②] 人格权禁令作为一项不同于行为保全的新制度，要确保其有效的实施，就必须要使其在司法中得以适用，那么就必然需要明确其具体适用的规则，而明确规则的前提是确定其程序性质，从而确保人格权禁令是在正确的法理指导下运行的。我国有三种不同性质的独立程序，即民事诉讼程序、非讼程序和民事执行程序，不同的民事权利义务纠纷、不同的非讼事项、不同的权利义务的强制实

① 徐伟.《民法典》人格权侵害禁令的法律适用. 法制与社会发展，2021（6）：204.

② 张卫平. 民法典的实施与民事诉讼法的协调与对接. 中国法学，2020（4）：934.

现，在其程序具体设置上都应有所不同。[①] 那么人格权禁令的性质为何种，其应当适用何种程序模式？对此，学界存在诸多争议。

一种观点认为，人格权禁令程序的基本属性应当是诉讼性质，其程序设置应当以准诉讼或者准司法程序来构建，理由在于：人格权禁令具有争讼性，其存在利益与立场直接对立的双方当事人，程序的结果也必然涉及对立双方当事人的重大利益，因此其程序的设置必须给予双方当事人，尤其是相对方当事人最低的程序保障，采取“对席审理”原则，确保申请人的禁令能够准确、及时、顺畅地到达相对人，同时给予相对人正式或非正式陈述意见、表达观点的机会，法官在听取双方陈述、审查双方证据后作出裁决，紧急情形下可仅审查申请人提交的材料，之后仍要给予被申请人及时陈述或答辩的机会。[②]

另一种观点认为，人格权禁令程序属于非讼程序，理由在于：一方面，程序本质上是为了高效快捷地预防侵害人格权的行为而并非为了解决人格权纠纷，如果将禁令程序理解为诉讼程序，进而引入诉讼程序的两造对立、言词辩论等原则，赋予被申请人陈述权、异议权等各种程序性权利，就必然会导致时间的拖延，使法院无法在较短时间内作出裁定，那么《民法典》建立人格权禁令程序的目的将无法实现。另一方面，将人格权禁令程序定性为非讼程序并不会产生持诉讼性质观点学者所认为的限制被申请人言论自由、损害其正当权益和公共利益的弊端。首先，申请人负有全面的举证责任，法官在审查中会进行各种利益的权衡，如果无法使法院确信申请就会被裁定驳回；其次，即便法院作出人格权禁令裁定，该裁定也不具有既判力，审理法院不会在此后的侵权诉讼中受此裁定所确认事实的约束；再次，若被申请人不服，亦可向法院复议，申请撤销或者变更；最后，人格权禁令的作出并非都对被申请人不利，在有些情形下客观上会使被申请人免除了嗣后可能产生的人格权侵权责任。[③]

还有观点认为，人格权禁令程序兼具诉讼和非讼程序特征，理由在于：一方面，人格权禁令作为一种涉及民事权利义务的实体措施，带有争讼性；另一方面，人格权禁令程序追求的简明快捷与非讼程序遵循的职权主义、自由证明、简易主义的程序法理十分契合，法院对人格权禁令申请的审查过程是法律事实的确认过程，而非居中裁判的过程，虽然审查过程也要保障相对人提出异议的权利，必要时组织召开听证会，但都不采取普通程序开庭审理的方式。[④] 还有观点认为，从立法目的和立法演进的过程来看，人格权禁令的实现程序没有必要脱离行为保全这一制度根基，

---

① 张卫平. 民法典的实施与民事诉讼法的协调与对接. 中国法学，2020（4）：937.

② 郭小冬. 人格权禁令的基本原理与程序法落实. 法律科学（西北政法大学学报），2021（2）：148－149.

③ 程啸. 论我国民法典中的人格权禁令制度. 比较法研究，2021（3）：142－143.

④ 吴英资. 人格权禁令程序研究. 法律科学，2021（2）：139－141. 该学者后又认为交错运用诉讼程序法理与非讼程序法理来设计、运作禁令程序，可能会给禁令程序正当性和制度运作留下隐患。禁令程序应采“略式程序”，其本质特征是未对主诉案件实质审理，紧急情况下甚至可以不经过开庭审理，法官主要通过形式审查快速作出裁判，例如我国的督促程序、担保物权实现程序、调解协议司法确认程序。吴英资. 民事禁令程序构建原理. 中国法学，2022（2）：89－95.

人格权禁令兼具预防和保护双重功能，需要通过诉讼程序和非讼程序来分别实现，理由如下：一方面，在预防损害发生型的人格权禁令中，纠纷尚未发生，需要法官自由裁量，及时作出裁决，无须通过诉讼程序实现权利内容，因此无须与诉讼程序相关联；另一方面，在阻止损害扩大型的人格权禁令中，损害已经发生，禁令只是起到防止损害进一步扩大的作用，事后一般会通过诉讼解决纠纷，因此该禁令在性质上与诉前行为保全相一致，可以适用诉前行为保全的相关制度规则，以实现制度之间的协调。①

虽然学界对于人格权禁令的程序性质争论不一，但只是侧重点不同。持诉讼性质观点的学者是从现代法治理念出发，注重当事人尤其是被申请人的程序保障，持非讼性质观点的学者则是基于人格权禁令的价值功能，从新时代下人格权亟须预防保护的背景出发，注重其实现的简便快捷。还有的学者则是综合以上两点来考虑人格权禁令的程序实现。事实上，人格权禁令无论采取何种实现程序，都要考虑对当事人的程序保障、人格权之特性所要求的快捷效率以及与其他制度的衔接问题。因此，有学者指出，一方面，人格权禁令程序模式的争论仅仅是程序构建起点和基础的争论，不同观点存在的差异，仅仅是实现相同价值共识的技术手段的差异；另一方面，人格权禁令事件虽然可能会涉及“两造”之间的争议，是真正的诉讼事件，但基于人格权侵害禁令事件本身的公益性、持续紧迫性、法官裁量性等特性，不见得必然要将其对应于诉讼程序，诉讼程序和非讼程序之间本就具有流动性，即使将人格权侵害禁令作为非讼程序的审理对象，通过非讼程序中当事人的程序保障机制以及非讼程序和诉讼程序的合理转换机制，仍可避免当事人程序利益的受损。② 值得注意的是，我国现行有效的《民事案件案由规定》（法〔2020〕347 号），就将“申请人格权侵害禁令案件”案由规定在第十部分“非讼程序案件案由”项下。

（2）人格权禁令的申请。

为防止人格权禁令的滥用，毫无疑问要对其设置一定的申请条件。

第一，关于申请主体。首先可以明确的是由于禁令的作出是在案件事实尚未查明的情况下，必定会给被申请人带来一定程度上行为自由的限制，因此对禁令的适用必须采取较为谨慎的态度，其只能通过权利人提出申请而启动，而不能由法院依职权开启。问题是哪些民事主体可以申请人格权禁令？《民法典》997 条规定：“民事主体有证据证明行为人正在实施或者即将实施侵害其人格权的违法行为……”从法条表述来看，人格权禁令的申请主体应当是自身人格权受到妨害或者有妨害之虞的本人。这是否意味着人格权禁令只能由人格权主体亲自申请，而不能由他人代为申请？在人身安全保护令的申请中，我国《反家庭暴力法》第 23 条第 2 款规定：“当事人是无民事行为能力人、限制民事行为能力人，或者因受到强制、威吓等原因无法申请人身安全保护令的，其近亲属、公安机关、妇女联合会、居民委员会、村

① 张素华. 论人格权禁令的性质及司法适用. 比较法研究，2021（6）：77-78.

② 朱虎. 人格权侵害禁令的程序实现. 现代法学，2022（1）：178-179.

民委员会、救助管理机构可以代为申请。”因此，有学者认为可以参考这项规定，适当扩大其申请主体的范围，给予权利人的近亲属和对人格权保护承担法定职责的机关、社会团体等申请人格权禁令的资格。[①] 由于人格权的极端重要性，其一旦损害便难以恢复，相关人格权如生命权、身体权受到损害也会阻碍禁令的申请，因此在一些特殊情形下将申请主体的范围扩大，赋予其他近亲属和相关组织申请主体资格不无道理。当然，人格权禁令与人身安全保护令存在一定差异，不能完全照搬《反家庭暴力法》的规定，具体哪些主体可以代为申请人格权禁令还需要进一步考量。

在申请方式上，权利人申请人格权禁令一般应当以书面方式提出，如果书面申请确有困难，比如申请人面临紧急情况，没有充分的时间准备书面材料，应当基于便民考虑，可以口头申请，由人民法院记入笔录，若申请人表述不清，法院可进一步询问核实。

第二，关于被申请人。被申请人应当是正在实施或即将实施侵害申请人人格权的行为人，对此申请人应当提供可以识别被申请人的相关信息，足以使被申请人与他人相区别，比如，身份、住所地、联系方式，等等。

第三，关于申请的内容。根据《民法典》第 997 条“……向人民法院申请采取责令行为人停止有关行为的措施”的规定，申请人需向法院具体说明其希望被申请人停止哪些相关行为，比如：对于被申请人正在实施的妨害申请人人格权的行为，申请人可以请求其停止侵害；对于被申请人即将实施的有关行为有妨害申请人人格权之虞时，申请人可以请求其排除妨碍、消除危险。

第四，关于证据。根据《民法典》第 997 条“民事主体有证据证明……”的规定，申请人应当提供相应证据证明被申请人正在实施或者即将实施侵害其人格权的违法行为，不及时制止将使其合法权益受到难以弥补的损害。

第五，关于管辖。管辖法院的确立应当考虑人格权禁令追求的效率价值以及便于法院查明案件事实、监督执行等因素。首先，在级别管辖上由基层人民法院管辖较为适宜；其次，在地域管辖上由申请人住所地、被告人住所地和侵权行为地人民法院管辖，侵权行为地包括侵权行为实施地和侵权行为结果发生地，以上地址不一致时，申请人可自行选择向以上任何一地的人民法院提起申请。

第六，关于担保。在人身安全保护令制度中，申请人无须提供担保，在诉前行为保全制度中，申请人需要提供担保。那么申请人格权禁令时，申请人是否需要提供担保？一种观点认为申请人应当提供担保，理由在于：禁令的适用条件复杂及错误的禁令往往会造成一定的损害，当申请人是非自然人时，应一概要求申请人提供担保，申请人为自然人时，原则上也应提供担保，除非法院认为案件事实较清楚且即便裁判错误也不会给被申请人造成明显的损害。[②] 最高人民法院释义也认为，为

---

① 朱虎. 人格权侵害禁令的程序实现. 现代法学，2022（1）：186. 吴英资. 人格权禁令程序研究. 法律科学（西北政法大学学报），2021（2）：141.

② 徐伟.《民法典》人格权侵害禁令的法律适用. 法制与社会发展，2021（6）：215.

防止错误申请给被申请人带来损失，申请人应当提供担保。[①] 另一种观点认为申请人无须提供担保，理由在于：其一，若要申请人提供担保，将会模糊人格权禁令与行为保全二者的关系[②]；其二，人格权禁令经过严格的审查对被申请人造成损害的可能性极小，担保的作用很弱，并且提供担保也可能阻碍经济能力较弱的权利人提出申请，在他人和组织代为申请禁令情形时要求提供担保更不现实。[③] 还有观点认为是否要求申请人提供担保，应视情况而定：其一，通常情形下，申请人无须提供担保，除非是被申请人提出的异议有对应的理由依据或者禁令必定会对被申请人合法权益造成损害的，法院可要求申请人提供担保[④]；其二，对于显而易见的侵权，申请人无须提供担保，而对于申请人无法提供充足证据证明行为即将侵权和侵权并不确定的，申请人就应当提供担保[⑤]；其三，对于不涉及人身安全的人格权禁令，应以提供担保为原则，在情况紧急、侵害事实十分明显的情形下可以不提供担保，而对于涉及人身安全的人格权禁令，则以无须提供担保为原则，特殊情形下比如侵害事实是否发生的确定性存在很大疑问、对被申请人的限制过大，才需要申请人提供担保。[⑥] 行为保全制度中要提供担保，目的就是保障发生错误时能够给予受害方赔偿，同时也能让申请人谨慎行事，防止其滥用权利；人身安全保护令制度之所以不要求提供担保，是因为其保护的法益非常重要并且其出现错误的概率较低，即便出现错误，对被申请人造成的损害也较小。至于人格权禁令的申请是否需要提供担保还有待相关司法解释予以明确，或许在实践中由法院根据不同案件的实际情况来判断是否要求申请人提供担保比“一边倒”地要求申请人提供担保或不提供担保更为妥当。

（3）对人格权禁令的审查方式与判断标准。

法院在收到人格权禁令的申请后，如何进行审查？对此有学者基于人格权禁令的非讼性质，追求便捷效率的要求，认为：法院应先进行形式审查，判断申请人的申请是否符合形式要件，若符合条件再进行实体审查并作出实质判断；审查方式以书面审查为主，若申请人提供的证据较为充分，法官可直接判断，反之法官得依职权展开必要的调查；在案件审理组织形式上，由审判员一人独任审理，必要时由审判员组成合议庭审理，实行一审终审。[⑦] 关于审理期限，在行为保全制度中，法院必须在接受申请后四十八小时内作出裁定，而在人身安全保护令制度中则是七十二小时，情况紧急的在二十四小时内作出。那么人格权禁令的审理期限应当为多长时

---

① 最高人民法院民法典贯彻实施工作领导小组主编. 中华人民共和国民法典人格权编理解与适用. 北京：人民法院出版社，2020：98.

② 程啸. 论我国民法典中的人格权禁令制度. 比较法研究，2021（3）：143.

③ 朱虎. 人格权侵害禁令的程序实现. 现代法学，2022（1）：187.

④ 吴英资. 人格权禁令程序研究. 法律科学（西北政法大学学报），2021（2）：144. 张红. 论《民法典》之人格权请求权体系. 广东社会科学，2021（3）：241.

⑤ 王利明. 论侵害人格权禁令的适用. 人民司法，2020（28）：60.

⑥ 张素华. 论人格权禁令的性质及司法适用. 比较法研究，2021（6）：79-80.

⑦ 吴英资. 人格权禁令程序研究. 法律科学（西北政法大学学报），2021（2）：142. 朱虎. 人格权侵害禁令的程序实现. 现代法学，2022（1）：180.

间？有学者认为，人格权禁令程序应兼顾被申请人利益保障和程序迅捷性要求，期限不宜过短，以收到禁令申请后七日内裁决为宜。[①] 也有学者认为人身安全保护令中对于暴力侵害生命权、身体权、健康权的情形一般较为容易判断，所以其审查期限较为合理，但在性骚扰以及侵害其他人格权的情形中，审查难度与之不同，同时人格权侵害禁令是对被申请人采取的限制其一定行为自由的强制措施，因此其审理期限可以考虑适当放宽。[②] 人格权禁令的审理期限，既不能太短又不能太长，太长可能会来不及制止被申请人的违法行为从而使申请人的合法权益受到损害，进而使其立法目的不能实现，而太短又可能使法官难以在短时间内作出判断，不利于被申请人的利益保障，至于到底多长期限合适还有待继续讨论。

另外，法院作出人格权禁令，其判断标准又为何？应当考量哪些因素？

首先法院应当审查申请是否符合《民法典》第 997 条的要件。

第一，民事主体有证据证明。权利人申请人格权禁令时应当提供证据证明行为人正在实施或者即将实施侵害其人格权的违法行为，问题是证明标准应当达到何种程度？是否应达到普通诉讼程序中的高度盖然性标准？一种观点认为，基于人格权禁令程序迅捷性的要求，其证明标准不必达到普通诉讼中高度盖然性的要求，但由于禁令涉及对方当事人的利益甚至公共利益，且并不必然伴随诉讼，也不宜采取较低的初步证明标准，达到“大致如此”、一般可能性即可。[③] 另一种观点认为，禁令制度的证明标准应高于或者至少不低于人身安全保护令制度的证明标准，也应高于诉前行为保全制度的证明标准，只略低于普通诉讼中的证明标准。[④] 人格权禁令的证明标准到底应达到何种程度还有待继续讨论，毕竟人格权类型、案件的复杂程度等因素对其证明标准都有一定的影响。

第二，行为人正在实施或者即将实施侵害其人格权的违法行为。这里的争议在于人格权禁令的保护范围，即“人格权”是否应扩张到人格权益，人格权益包括人格权和人格利益，我国《民法典》第 990 条第 1 款列举了人格权的具体类型，第 2 款规定了人格权益的一般条款。[⑤] 一种观点认为人格权禁令的保护范围应限于法定人格权，理由在于：其一，从文义解释上看，人格权不等于人格权益；其二，将人格权禁令的适用范围扩大到基于人身自由、人格尊严产生的其他人格权益，也会抹杀人格权与受保护的人格利益的区别，过分强化人格利益的法律保护，还可能对人们的行为自由构成不当限制。[⑥] 另一种观点认为人格权禁令的保护范围应扩大到人

---

① 郭小冬. 人格权禁令的基本原理与程序法落实. 法律科学（西北政法大学学报），2021（2）：155.

② 朱虎. 人格权侵害禁令的程序实现. 现代法学，2022（1）：183.

③ 朱虎. 人格权侵害禁令的程序实现. 现代法学，2022（1）：181. 郭小冬. 人格权禁令的基本原理与程序法落实. 法律科学（西北政法大学学报），2021（2）：152. 张素华. 论人格权禁令的性质及司法适用. 比较法研究，2021（6）：81.

④ 徐伟.《民法典》人格权侵害禁令的法律适用. 法制与社会发展，2021（6）：211－214.

⑤ 《民法典》第 990 条第 1 款规定：“人格权是民事主体享有的生命权、身体权、健康权、姓名权、名称权、肖像权、名誉权、荣誉权、隐私权等权利。”第 2 款规定：“除前款规定的人格权外，自然人享有基于人身自由、人格尊严产生的其他人格权益。”

⑥ 程啸. 论我国民法典中的人格权禁令制度. 比较法研究，2021（3）：144－145.

格权益，这样能够给予更多的保护，只不过在判断标准上可以从严把握，若一概否认对人格权益的适用可能会在司法实践中形成法律漏洞。[①] 值得注意的是，《民法典人格权编草案（室内稿）》曾在相关法条规定“人格权益”，之后一审稿将其改为了“人格权”，这是否意味着人格权禁令的保护范围应仅限于具体人格权？

第三，不及时制止将使其合法权益受到难以弥补的损害。如何认定“难以弥补的损害”？一种观点认为所谓“难以弥补的损害”是指无法通过金钱弥补，事后的恢复已经属于不可能或者极为困难，如果损害能够通过金钱方式在事后进行充分赔偿，则不应认为该损害是不可弥补的。[②] 另一种观点认为理解“难以弥补的损害”应当从被侵害的人格权类型以及申请人可能因此遭受的损害类型等方面加以认识。一方面，对生命权、身体权、健康权这三类物质性人格权实施和即将实施的侵害可能产生人身伤亡后果的，无论财产损害赔偿还是精神损害赔偿，都不可能使死者复生或人身伤害恢复如初，对此应当认定构成“难以弥补的损害”；另一方面，在侵害姓名权、名称权、肖像权、名誉权和隐私权等精神性或社会性人格权时，只要具有造成精神损害的可能，就可以认定存在“难以弥补的损害”，如果侵害这些权利造成财产损失，即便损害本身难以计算，也不应认定为“难以弥补的损害”[③]。还有观点认为所谓“难以弥补的损害”是指不能用金钱标准来衡量的伤害，或者不能在损害赔偿中得到充分赔偿的损害。[④] 事实上，“难以弥补的损害”确实难以量化为统一的标准，需要根据不同案例的实际情况来进行考量。

其次，法院要考量以下其他因素。

第一，申请人的胜诉可能性。对于申请人的胜诉可能性是否需要纳入法院考量的范围，争议颇多。一种观点认为应当将其纳入考量范围：其一，法院应当对胜诉可能性进行初步判断，如果被申请人的行为是否构成侵权存在较大不确定性就匆忙发布禁令，可能损害正当的言论行为自由，也可能使被申请人遭受难以弥补的损失，特别是当禁令与最终判决不一致时，更可能损害司法权威。[⑤] 其二，对人格权禁令的申请可以适用行为保全的审查条件，《民法典》第 997 条中的“有证据证明的违法行为”可以与“胜诉可能性”相对应。[⑥] 另一种观点认为不应当将其纳入考量范围：其一，人格权禁令适用非讼程序，其与后续的诉讼程序并无关联性，并且法官很难在短时间内于信息不充分的情形下作出胜诉率的预判。[⑦] 其二，人格权禁令的目的

---

① 张素华. 论人格权禁令的性质及司法适用. 比较法研究，2021（6）：80-81.

② 王利明. 论侵害人格权的诉前禁令制度. 财经法学，2019（4）：11. 张红. 论《民法典》之人格权请求权体系. 广东社会科学，2021（3）：240. 黄薇主编. 中华人民共和国民法典释义：下. 北京：法律出版社，2020：1826.

③ 程啸. 论我国民法典中的人格权禁令制度. 比较法研究，2021（3）：146. 朱虎. 人格权侵害禁令的程序实现. 现代法学，2022（1）：182. 徐伟.《民法典》人格权侵害禁令的法律适用. 法制与社会发展，2021（6）：206.

④ 吴英姿. 人格权禁令程序研究. 法律科学（西北政法大学学报），2021（2）：142.

⑤ 王利明. 论侵害人格权的诉前禁令制度. 财经法学，2019（4）：11-12.

⑥ 郭小冬. 人格权禁令的基本原理与程序法落实. 法律科学（西北政法大学学报），2021（2）：149-150.

⑦ 朱虎. 人格权侵害禁令的程序实现. 现代法学，2022（1）：183. 徐伟.《民法典》人格权侵害禁令的法律适用. 法制与社会发展，2021（6）：214. 程啸. 论我国民法典中的人格权禁令制度. 比较法研究，2021（3）：148-149.

并不是解决纠纷，而是预防纠纷或者防止损害后果的扩大，申请人一般情况下还会提供担保，因此无须申请人证明胜诉可能性，法官可以将此因素予以适当考虑，但无须作为必备的条件。①

第二，利益衡量。从《民法典》第997条规定的条件来看，其并未将申请人与被申请人、公共利益的权衡纳入考量范围，那么人格权禁令的审查是否应当考虑利益衡量？目前多数学者认为应当考虑利益衡量：其一，人格权禁令的实现意味着相对人行为将受到一定的限制，在相对的权利主体之间形成权利保护与行为自由之间的紧张，法院必须兼顾双方利益，在人格权保护范围和行为自由限制范围之间进行“度”的斟酌考量。② 其二，即便是行为保全裁定都要权衡被申请人的利益，人格权禁令就更要给予被申请人充分的程序保障，并且在申请人格权禁令的案件中，对公共利益考量可能要重于且难于对被申请人利益的考量。③ 其三，应将法院审查人格权禁令申请时作的利益衡量纳入对行为是否满足违法性要件的判断中。④ 其四，对申请者而言，如果人格权禁令的发布有违公共利益保护，就不予发布；反之，如果申请者请求禁止的行为明显具有违反公共利益的特征，则可以不经询问即作出人格权禁令。⑤ 毫无疑问，人格权禁令涉及双方当事人的利益甚至公共利益，一旦发布不仅会对被申请人的行为自由、言论自由产生影响，还可能影响社会公众的行为取向。尽管《民法典》中的禁令条款并没有涉及利益衡量的字眼，但在实践中法官应当根据个案具体情况进行考量，遵循比例原则谨慎地判断是否应发出人格权禁令。

（4）人格权禁令的程序保障与救济。

无论人格权禁令适用何种程序，其都需要考虑给予当事人一定的程序保障与救济，以下三种权利应当是程序保障的重心。第一，要赋予被申请人陈述权。在最高人民法院《关于人身安全保护令案件相关程序问题的批复》（下文简称《人身安全保护令批复》）中，是否需要就发出人身安全保护令问题听取被申请人的意见，由承办法官视案件的具体情况决定，人格权禁令案件较人身安全保护令案件更为复杂，就更需要听取被申请人的意见，从而避免法官因申请人单方的证据材料产生主观臆断，必要时甚至可以组织听证。除非遇有紧急情况或者有证据证明无法通知、传唤或者送达，法庭可以仅审查申请人提交的材料，但在裁决之后仍要给予相对人及时陈述或者答辩的机会。⑥ 第二，赋予被申请人异议权。由于人格权禁令的作出会对被申请人一定的言论行为自由进行限制，因此有必要赋予被申请人一定的异议权。异议以书面方式提交，并附相关的理由和证据。对于是否需要提交证据，有学者认为不能苛求提供证据，因为异议通常是主张“没有实施或意图实施侵害”或“所为行为

---

① 张素华. 论人格权禁令的性质及司法适用. 比较法研究，2021（6）：83.

② 吴英姿. 人格权禁令程序研究. 法律科学（西北政法大学学报），2021（2）：143.

③ 郭小冬. 人格权禁令的基本原理与程序法落实. 法律科学（西北政法大学学报），2021（2）：150-151.

④ 徐伟.《民法典》人格权侵害禁令的法律适用. 法制与社会发展，2021（6）：211.

⑤ 张素华. 论人格权禁令的性质及司法适用. 比较法研究，2021（6）：83-84.

⑥ 郭小冬. 人格权禁令的基本原理与程序法落实. 法律科学（西北政法大学学报），2021（2）：149. 朱虎. 人格权侵害禁令的程序实现. 现代法学，2022（1）：181.

不会造成妨害”等消极事实，客观上难有证据，只不过法官可以在听证程序中让当事人双方对质。① 第三，赋予当事人复议权。在法院作出人格权禁令或者驳回申请后，被申请人和申请人应当有复议的权利，问题是向原审法院还是上一级法院申请复议？在人身安全保护令中，当事人是向作出裁定的人民法院申请复议，人格权禁令是否应当同此？有学者认为，由上一级法院进行复议审查可以消除当事人的顾虑，确保审查结果的公正性，复议程序采取对席审理的方式，审查时间为一个月，其间，不停止执行。② 也有学者认为，原审法院复议更具有便利性，案件材料不需要在人民法院之间移转，复议裁定的作出更为迅速及时，只在法院认为有必要时另行指定审判组织进行复议。③ 此种观点与《人身安全保护令批复》中对人身安全保护令复议问题的回答一致。④

另外，申请人错误申请时，是否需要赔偿？一种观点认为，申请人无须对错误申请承担赔偿责任，理由在于：首先，人格权位阶很高；其次，规定申请错误的民事责任会使申请人在申请时产生顾虑，也会带来是否提供担保的问题；最后，通过法院严格的审查不会对被申请人带来损害⑤，如果申请人通过虚构事实、伪造证据等方式恶意申请人格权侵害禁令，人民法院发现后应当立即撤销禁令，被申请人因此受到损害并提起诉讼请求申请人赔偿的，人民法院应予以支持。⑥ 另一种观点则认为，申请人需要对错误申请承担赔偿责任，受害人可以诉请申请人赔偿⑦，申请人错误申请是否承担赔偿责任应采过错责任原则，赔偿金额由法官视情况裁量。⑧ 值得注意的是，在《民法典》人格权编起草过程中，就曾有观点认为应当在关于人格权禁令的规定中明确申请错误时申请人应当承担民事法律责任，只不过最终《民法典》第 997 条对此并没有规定。⑨

（5）人格权禁令的法律效力与执行。

法院作出人格权禁令后应当送达申请人与被申请人，禁令自送达被申请人之日起产生法律效力，在人身安全保护令中还要将其送达给相关组织。问题在于人格权禁令的有效期应当多长？人身安全保护令的有效期最长不超过 6 个月，人民法院在失效前可以根据申请人的申请撤销、变更或者延长，人格权禁令是否应参照此项规定？有学者认为可以由法官根据具体情形加以决定，但是原则上不应当超过 6 个月，

---

① 吴英姿. 人格权禁令程序研究. 法律科学，2021（2）：144. 也有学者认为应当提供相应的证据材料，见朱虎. 人格权侵害禁令的程序实现. 现代法学，2022（1）：181。

② 郭小冬. 人格权禁令的基本原理与程序法落实. 法律科学（西北政法大学学报），2021（2）：155.

③ 朱虎. 人格权侵害禁令的程序实现. 现代法学，2022（1）：182.

④ 《人身安全保护令批复》：“……四、关于复议问题。对于人身安全保护令的被申请人提出的复议申请和人身安全保护令的申请人就驳回裁定提出的复议申请，可以由原审判组织进行复议；人民法院认为必要的，也可以另行指定审判组织进行复议。”

⑤ 程啸. 论我国民法典中的人格权禁令制度. 比较法研究，2021（3）：150.

⑥ 朱虎. 人格权侵害禁令的程序实现. 现代法学，2022（1）：188.

⑦ 王利明. 论侵害人格权禁令的适用. 人民司法，2020（28）：59-60.

⑧ 徐伟. 《民法典》人格权侵害禁令的法律适用. 法制与社会发展，2021（6）：218.

⑨ 《民法典立法背景与观点全集》编写组编. 民法典立法背景与观点全集. 北京：法律出版社，2020：416.

申请人可以申请撤销、变更或者延长期限。[①] 还有学者认为若禁令旨在实施一次性的行为，则没有期限限制，若是持续性的行为，则应当有一定的期限限制。[②] 此外，有学者认为人格权禁令适用非讼程序，以裁定的形式作出，该裁定不具有既判力，该裁定认定的侵害人格权的违法行为这一事实在此后的人格权侵权纠纷中也不发生约束作用，当事人对这一事项在人格权侵权诉讼中可以继续争议。[③]

执行是人格权禁令发挥作用的最重要的一个环节，没有执行力，被申请人拒不执行禁令，那么人格权禁令无异于一张白纸。在人身安全保护令中，公安机关以及居民委员会、村民委员会等应当协助法院执行。对于人格权禁令的执行或许有必要参考此项规定，将其他机关和组织作为协助执行机关，协助执行机关有协助义务，能协助而不协助的应当追究其有关人员的责任。当被申请人拒绝履行禁令内容时，申请人可以向人民法院申请强制执行。对于可以由第三人代为完成的行为，人民法院可以委托有关的单位或者他人完成，因完成上诉行为发生的费用由被执行人承担。对于不可替代的行为，经法院教育被执行人仍不执行的，应当通过间接强制执行的方式予以处理，比如支付迟延履行金、在征信系统记录、通过媒体曝光不履行义务信息等措施。当面对重复侵权情形时，或许有必要以处罚最严厉的刑法来保障人民法院的裁判得以正确执行，如被执行人多次恶意重复侵权，并符合拒不履行判决、裁定罪构成要件的，可对其予以刑事处罚。

三、法官释法

法院认为，是否作出人格权禁令应当综合考虑四个方面的因素。第一，申请人请求保护的权利是否属于其依法享有的人格权。本案中，根据《民法典》第 110 条第 2 款和第 1024 条的规定，房地产公司作为法人，依法享有名誉权，其申请人格权禁令是基于对涉案事实和情势的判断，行使《民法典》赋予的人格权请求权。第二，是否有证据证明被申请人正在实施或者即将实施的行为具有侵害申请人人格权的较大可能性。李某确实存在持续发布涉房地产公司文章的行为，但其言论属于购房者对购房体验和感受的主观描述，出于维权目的而发布的可能性较大，不同于故意捏造事实、恶意诽谤，房地产公司作为房地产开发商对此应当予以必要的容忍。因此，现有证据不足以证明李某具有侵害该房地产公司名誉权的较大可能性。第三，如不及时制止相关行为是否将使申请人合法权益受到难以弥补的损害。企业法人名誉权遭受侵害的后果主要体现为财产损失，房地产公司未举证证明其房产价值、企业信用等因李某的行为受到影响，并且从文章的阅读量来看，李某发布的涉案言论影响

---

① 程啸. 论我国民法典中的人格权禁令制度. 比较法研究，2021（3）：149. 徐伟.《民法典》人格权侵害禁令的法律适用. 法制与社会发展，2021（6）：216.

② 王利明. 论侵害人格权禁令的适用. 人民司法，2020（28）：60.

③ 程啸. 论我国民法典中的人格权禁令制度. 比较法研究，2021（3）：149－150. 相似观点见朱虎. 人格权侵害禁令的程序实现. 现代法学，2022（1）：186。也有学者认为通过裁定发出禁令存在诉讼原理上的障碍，禁令应以命令的形式作出，参见郭小冬. 人格权禁令的基本原理与程序法落实. 法律科学（西北政法大学学报），2021（2）：155。

有限，即使存在部分针对房地产公司的负面评价，对房地产公司也难以产生通过事后救济不能弥补的财产损失。因此，涉案情势不具有作出禁令的现实紧迫性。第四，作出禁令是否会使申请人与被申请人之间的利益失衡或损害社会公共利益。在李某不具有侵害房地产公司名誉权较大可能性的情况下，作出禁令将严重限制李某作为购房者评论房地产开发商的权利，从而导致双方之间的利益失衡，并且可能会产生房地产开发商可以利用人格权禁令阻止购房者发布相关言论的不良示范，有损社会公共利益。综上，法院裁定驳回了该房地产公司的申请。

四、类案练习

练习一：某进口公司和张某分别在其微信公众号、微信朋友圈持续大量发布某饮料产品的文章、图片和视频，宣称该产品具有“治疗痛经、月经不调”等功效，且该产品瓶身、外包装均印有知名演员刘某的肖像照和手写“刘某”字样签名。2021 年 4 月，刘某以该进口公司、张某通过侵害其姓名权、肖像权为由向法院提起诉讼，请求判令二被告停止侵害、赔礼道歉、赔偿损失等民事责任。2021 年 6 月，刘某向法院申请人格权禁令，法院告知刘某须先行通知网络服务者采取删除、屏蔽、断开链接等必要措施。[①] 2021 年 7 月，刘某再次申请人格权禁令：其一，责令该进口公司立即停止印制案涉包装并停止销售案涉产品；其二，责令该进口公司立即停止在微信公众号发布新的侵害其姓名权、肖像权的文章；其三，责令张某停止在其微信朋友圈继续发布新的侵犯其姓名权、肖像权的内容。该法院随后组织双方进行了询问。[②]

（1）本案是否符合作出人格权禁令的条件，应当考虑何种因素？

（2）若法院在诉中作出人格权禁令，该禁令的效力期限如何？

（3）通知网络服务提供者采取删除、屏蔽、断开链接等必要措施是否应为网络侵权情形下申请人格权禁令的前置程序？

练习二：原告石某连系已故石某信夫妇养女和唯一继承人，被告石某荷系石某信堂侄。石家岭社区曾于 2009 年对村民坟墓进行过搬迁，当时所立石某信夫妇墓碑上刻有石某连名字。2020 年夏，石家岭社区进行迁坟过程中，除进行经济补偿外，新立墓碑由社区提供并按照各家上报的名单镌刻姓名。石某荷在向居委会上报名单时未列入石某连，导致新立墓碑未刻石某连名字。石某连起诉请求判令石某荷在石

① 《民法典》第 1195 条第 1 款规定：“网络用户利用网络服务实施侵权行为的，权利人有权通知网络服务提供者采取删除、屏蔽、断开链接等必要措施。通知应当包括构成侵权的初步证据及权利人的真实身份信息。”第 2 款规定：“网络服务提供者接到通知后，应当及时将该通知转送相关网络用户，并根据构成侵权的初步证据和服务类型采取必要措施；未及时采取必要措施的，对损害的扩大部分与该网络用户承担连带责任。”第 3 款规定：“权利人因错误通知造成网络用户或者网络服务提供者损害的，应当承担侵权责任。法律另有规定的，依照其规定。”

② 章程. 知名女演员“被代言”治疗痛经饮料?. 广州日报，2021－08－30（A13）.

某信夫妇墓碑上镌刻石某连姓名，返还墓地搬迁款，赔偿精神损失。[①]

(1) 被告石某荷是否侵犯了原告石某连的人格权益，石某连的诉求能否得到支持？

(2) 若已故石某信夫妇的人格利益受到侵害，石某连能否申请人格权禁令？

五、知识扩展

1. 沈达明编著. 比较民事诉讼法初论. 北京：中国法制出版社，2002.

2. 王泽鉴. 人格权法：法释义学、比较法、案例研究. 北京：北京大学出版社，2013.

3.《民法典立法背景与观点全集》编写组编. 民法典立法背景与观点全集. 北京：法律出版社，2020.

4. 最高人民法院民法典贯彻实施工作领导小组主编. 中华人民共和国民法典人格权编理解与适用. 北京：人民法院出版社，2020.

5. 黄薇主编. 中华人民共和国民法典释义：下. 北京：法律出版社，2020.

6. [瑞士] 贝蒂娜·许莉蔓-高朴，狄安娜·奥斯瓦尔德. 瑞士民法上的人格权保护. 金可可，译. 东方法学，2013 (3).

7. 毕潇潇，房绍坤. 美国法上临时禁令的适用及借鉴. 苏州大学学报（哲学社会科学版)，2017 (2).

8. 王利明. 论侵害人格权的诉前禁令制度. 财经法学，2019 (4).

9. 王利明. 论侵害人格权禁令的适用. 人民司法，2020 (28).

10. 张卫平. 民法典的实施与民事诉讼法的协调与对接. 中外法学，2020 (4).

11. 吴英姿. 人格权禁令程序研究. 法律科学西北政法大学学报，2021 (2).

12. 郭小冬. 人格权禁令的基本原理与程序法落实. 法律科学（西北政法大学学报)，2021 (2).

13. 程啸. 论我国民法典中的人格权禁令制度. 比较法研究，2021 (3).

14. 徐伟.《民法典》人格权侵害禁令的法律适用. 法制与社会发展，2021 (6).

15. 张素华. 论人格权禁令的性质及司法适用. 比较法研究，2021 (6).

16. 严仁群. 人格权禁令之程序法路径. 法学评论，2021 (6).

17. 朱虎. 人格权侵害禁令的程序实现. 现代法学，2022 (1).

18. 吴英资. 民事禁令程序构建原理. 中国法学，2022 (2).

---

① 详见最高人民法院发布的民法典颁布后人格权司法保护典型民事案例. [2024 - 03 - 08]. https://www.court.gov.cn/zixun-xiangqing-354261.html.

第六编　民事执行

专题一　执行的一般规则——以金钱债权执行为例

一、案例导入

（一）案情介绍

案例一：小勇、小天系飞翔公司股东。小英与飞翔公司、小勇民间借贷纠纷一案，经调解确定由飞翔公司、小勇共同偿还小英借款460万元。小英于2011年7月30日申请强制执行，经查被执行人无任何可执行的财产。2016年6月24日，飞翔公司被吊销营业执照，未进行清算。三年后，飞翔公司已无正常办公场所，无任何公司员工，公司财产、会计账册、重要文件无法查找。2019年5月20日，小英以飞翔公司怠于清算为由申请追加飞翔公司的所有股东为被执行人。2019年8月7日，四川省西充县人民法院裁定将小天作为被执行人。小天对公司未进行清算的事实无异议，但认为法院未经听证即作出裁定属程序违法，同时其并未参与公司的实际经营管理，对公司主要财产、账册、重要文件状况不了解，不应追究其怠于清算的股东责任。①

案例二：津港农商行诉小宇等七个自然人及小妮、腾越公司借款合同纠纷一案中，新疆维吾尔自治区博湖县人民法院（以下简称“博湖法院”）经申请于2009年11月26日裁定查封腾越公司于小妮名下的仓储用地使用权，并于次日向库尔勒市国土资源局和小妮送达了上述裁定。2009年12月7日，津港农商行将小宇等七个自然人和腾越公司诉至博湖法院，但并未将小妮列为被告。2010年1月12日，博湖农商行申请追加小妮为共同被告，1月19日博湖法院裁定准许追加。2010年2月9

① 四川省南充市中级人民法院（2019）川13民终4689号民事判决书。

日博湖法院作出判决，判令各借款人偿还借款本金及利息，小妮、腾越公司及其他保证人承担连带清偿责任。另，在小俊诉腾越公司买卖合同纠纷一案中，新疆维吾尔自治区库尔勒市人民法院（以下简称“库尔勒市法院”）于2009年12月22日作出民事调解书，确认：双方于2009年8月21日签订的财产转让协议继续有效，转让财产包括小妮名下的上述仓储用地，小俊可持本调解协议办理接收手续。后小俊申请执行，库尔勒市法院于2010年1月10日裁定将小妮名下的仓储用地过户给小俊所有。对于库尔勒市法院将案涉土地使用权过户给小俊的执行行为，津港农商行提出异议，称其已在先申请查封了上述仓储用地，库尔勒市法院的过户裁定侵害了其利益。[①]

案例三：吉祥公司诉如意公司欠款纠纷一案，青海省高级人民法院作出民事调解书，确认如意公司应向吉祥公司支付1 700万元。因如意公司未履行义务，吉祥公司申请执行。国泰公司提出，愿意用其持有的东天特钢510万社会法人股替如意公司偿还债务。据此，青海省高级人民法院裁定查封国泰公司持有的该笔股权，并于两个月后进一步裁定拍卖，由财通拍卖公司组织拍卖。在随后的拍卖程序中，民安公司以总价6 201 600元取得股权，青海省高级人民法院作出（2005）青法执字第03－8号民事裁定，将股权过户至民安公司名下。2011年5月23日，国泰公司向青海省高级人民法院申诉，主张买受人系拍卖人的子公司，拍卖人将标的物拍卖给关联公司，违反法律规定，拍卖行为应属无效。2011年10月11日，青海省高级人民法院裁定撤销该院（2005）青法执字第03－8号民事裁定，并于同日裁定财通拍卖公司、民安公司应在裁定生效之日起三日内向国泰公司返还已取得的东天特钢510万社会法人股股权及其孳息，不能退还的，折价抵偿。此后本案申诉至最高人民法院，最高人民法院于2016年6月29日作出（2016）最高法执监266号执行裁定书，认定如下：因拍定人与拍卖人存在牵连关系，可能存在恶意串通情形，认定拍卖结果无效；对于司法拍卖结果被认定无效后，在无法返还原物的情况下，折价赔偿应当由当事人协商解决，协商不成，则应当通过诉讼程序解决，而不能由法院依职权认定。[②]

（二）案例思考

案例一：小天是否应当承担怠于履行清算义务的责任？执行法院追加小天为被执行人是否存在程序瑕疵？

案例二：库尔勒市法院的执行查封是否合法？

案例三：案涉司法拍卖行为的效力如何？司法拍卖效力的认定应该通过什么程序进行？在撤销拍卖成交裁定的情形下，被执行人该如何获得权利救济？

二、基本原理

本专题选取的案例均涉及金钱债权的执行问题。金钱债权执行，是指以给付一

---

① 最高人民法院（2016）最高法执监29号执行裁定书。

② 最高人民法院（2016）最高法执监266号执行裁定书。

定数额金钱为内容的债权的执行。金钱债权执行是民事执行程序的基础程序，主要包括执行程序启动、查封、变价和价款分配程序。其中，执行主体变更与追加、查封效力、拍卖行为的效力认定等问题涉及实体法与程序法知识的交叉融合，本专题重点就相关知识进行阐释。此外，在对金钱债权的执行中，执行标的物并非仅限于金钱，而是包括债务人的所有财产，如动产、不动产和债权等。执行标的物权属的确认并不在执行机关的职权范围之内，执行机关只要经初步调查认定财产归被执行人所有，就可采取执行措施，由此自然引发被执行人如何得到救济的疑问。因此，本专题还将对执行救济进行阐释，以期提供完整的知识结构。

（一）实体法疑难问题精讲

1. 执行程序中追加公司清算义务人为被执行人的实体法依据

解散清算制度是优化营商环境的重要制度保障，既关涉股东、债权人以及相关利害关系人的合法权益保护，又关涉市场秩序的安全稳定。案例一提及的“吊销营业执照”是《民法典》第 69 条规定的法人解散情形之一，而根据《民法典》第 70 条第 1 款，法人解散的，除合并或者分立的情形外，清算义务人应当及时组成清算组进行清算。最高人民法院《关于民事执行中变更、追加当事人若干问题的规定》（以下简称《变更、追加当事人规定》）第 21 条规定，在执行程序中，作为被执行人的公司，未经清算即办理注销登记，导致公司无法进行清算的，申请执行人可以申请变更、追加有限责任公司的股东、股份有限公司的董事和控股股东为被执行人。问题在于，《变更、追加当事人规定》第 21 条规定的变更、追加，其实体法基础为《民法典》《公司法》对清算义务人的责任认定。那么，前述条文中追加范围中的“股东”是否包括全部股东？如何确定可被追加的范围？以上问题的判断，将最终决定本案中童某是否应当被追加为被执行人。

（1）清算义务人的范围。

关于清算义务人的范围，相关的实体法规范仍不甚明晰。根据最高人民法院《关于适用〈中华人民共和国公司法〉若干问题的规定（二）》（下文简称《公司法司法解释二》）第 18 条，有限责任公司的股东、股份有限公司的董事和控股股东是法定的清算义务人，作为对比，《民法典》第 70 条第 2 款则将董事、理事等执行机构或者决策机构的成员确定为清算义务人。两者在表述上的不同是否导致了规范意义的不同？《民法典》的规定是有意将股东排除在清算义务人范围之外，还是如部分学者解读的那样，以“决策机构的成员”的表述将股东包含在内？既有规范的冲突为学界的争论留下了空间，围绕着股东（尤其是未实际参与经营的消极股东）是否为公司解散时的清算义务人，存在两种迥异观点。

持否定说的学者认为，清算义务人应限于董事。首先，一般情形下股东除需承担出资义务之外，再无其他义务与责任，而管理公司是董事的天职，承担清算义务是董事信义义务的必然延伸。其次，股东缺乏相应的知情决策条件。股东会召开的时间间隔往往较长，股东从会议上能够获知的信息也极其有限，而董事掌握公司事务的具体信息，由其判断是否应该启动清算程序是最符合客观情况的方案。再次，股东行使权利并非通过自身的个别行为，需经由集体决策，而董事以其自身的个别行为代表公司行使权利。最后，将股东作为清算义务人将会导致无限责任的泛化，动摇公司法根基。[①]

持肯定说的学者认为股东应当承担清算义务，并对否定论者提出的理由进行了逐一回应。首先，股东作为公司的创设人，对公司经营尤其是解散负有监督义务，如不承认此种义务，将助长不负责的公司设立行为。其次，如果认为清算义务人必须是掌握最具体信息的主体，那么即使是董事本身也难堪重任，因为董事之下的经理乃至从事具体工作的员工才是最了解实情的主体。再次，股东并不能完全脱离公司的决策责任，相反，股东的意志通过“股东选任董事，董事确定经理、副经理和财务负责人”的层层授权机制得以贯彻，要求其承担相应责任也具备了基础，在清算程序中，股东也并非如部分学者描述的那般处于弱势地位，根据《民法典》第70条第3款，单一的小股东即可启动强制清算程序。最后，要求股东承担清算义务并不会导致有限责任的危机，通过另设豁免机制，为积极提起清算程序的股东提供免除责任的途径，即可实现制度的均衡与圆满。[②]

最高人民法院亦在一段时间内出现了裁判观点上的摇摆。在2012年公布的9号指导性案例“上海存亮贸易有限公司诉蒋某东、王某明等买卖合同纠纷案”中，最高人民法院认为“有限责任公司的股东、股份有限公司的董事和控股股东，应当依法在公司被吊销营业执照后履行清算义务，不能以其不是实际控制人或者未实际参加公司经营管理为由，免除清算义务”。但2019年11月8日印发的《全国法院民商事审判工作会议纪要》（以下简称《九民纪要》）第14条规定：“股东举证证明其已经为履行清算义务采取了积极措施，或者小股东举证证明其既不是公司董事会或者监事会成员，也没有选派人员担任该机关成员，且从未参与公司经营管理，以不构成‘怠于履行义务’为由，主张其不应当对公司债务承担连带清偿责任的，人民法院依法予以支持。”显然，《九民纪要》的提示与9号指导性案例的裁判规则是存在冲突的，根据《九民纪要》的精神，未参与经营管理的“消极股东”并不负有清算义务。2020年12月29日，最高人民法院发布法〔2020〕343号通知，废止了9号指导性案例。自此，最高人民法院的立场得以明确。

由此可以提炼出两点结论，从正面来看，股东仍处于清算义务人的范围之内；从反面来看，“全部股东均需承担清算义务”的观点实不足取，从未参与公司经营管理可作为有效的抗辩事由，将消极股东排除于清算义务人之外。因此，对于《变更、追加当事人规定》第21条中“股东”的范围应作必要的限缩解释。

（2）怠于履行清算义务的民事责任。

在明确清算义务人的范围之后，进一步需要回答的问题是，怠于履行清算义务

---

① 梁上上. 有限公司股东清算义务人地位质疑. 中国法学，2019（2）：265-268. 张俊勇，翟如意. 有限责任公司清算义务人主体问题研究. 法律适用，2019（19）：92-93. 胡改蓉. 我国公司清算主体模式的反思：由双轨制向单轨制的转换. 法治研究，2023（4）：53-55.

② 蒋大兴. 公司清算义务人规范之适用与再造：“谁经营谁清算”vs.“谁投资谁清算”. 学术论坛，2021（4）：4-10.

应承担何种民事责任？《公司法解释二》第 18 条规定，未在法定期限内成立清算组开始清算，导致公司财产贬值、流失、毁损或者灭失，应在造成损失范围内对公司债务承担赔偿责任；怠于履行义务，导致公司主要财产、账册、重要文件等灭失，无法进行清算，应对公司债务承担连带清偿责任。上述规定对应了清算赔偿责任和清算清偿责任两种性质不同的民事责任。

清算赔偿责任，是指清算义务人在法人解散后未及时履行清算义务，导致公司财产损失而对债权人造成损害所应承担的民事责任，适用侵权责任法的一般原理与构成要件。在实践中，"造成损失范围" 的确定存在困境，证据偏在现象于清算场景中尤为明显，财产线索、重要文件等关键证据往往集中于清算义务人一方，而债权人面临举证困难，因此在举证责任的分配上，债权人仅需证明怠于履行清算义务的行为、遭受损失的事实以及两者间的因果关系，而对损失范围应由清算义务人承担举证责任，若清算义务人举证不能，则应由人民法院参考最后一次工商年检报告等依据推定造成损失的范围。[①]

作为对比，清算清偿责任的法理基础实为法人人格否定制度。[②] 在公司解散而未经清算的情形下，公司的责任财产被股东侵占，公司沦为逃避债务的工具，因此应 "刺破" 法人的 "面纱"，要求股东承担连带责任。在裁判中应对公司清算中人格否认制度的适用要件进行逐一检验：主体要件在前文中已有详述，消极股东应排除于《公司法解释二》第 18 条的适用范围之外；在行为要件上，拒不履行清算义务逃避债务的行为即是滥用公司法人独立地位和股东有限责任的表现；在结果要件上，需产生无法清算的后果，"公司主要财产、账册、重要文件等灭失" 是判断无法清算的重要事实依据，而在实践中，债权人亦可通过举证公司已无办公地址、公司人员已去向不明的事实要求法院认定无法清算[③]；在因果关系要件上，有法院在不改变证明责任分配的前提下降低了证明标准，认为债权人只需证明不履行清算义务的行为具有造成无法清算之后果的高度可能性，即初步完成了对因果关系的举证责任，而后由清算义务人对不具有因果关系承担举证责任。[④]

由此可见，《公司法解释二》第 18 条的第 1 款与第 2 款建构了不同的责任规则，并最终导向了不同的法律后果。前者要求清算义务人以 "造成损失的范围" 为标准给付侵权损害赔偿金，后者则要求股东对公司的债务承担无限连带责任。此亦成为执行力主观范围扩张的实体法依据。

2. 民事执行中查封的效力

查封属于执行程序的重要环节。未经查封财产不得处分是执行程序正当性的基

---

① 胡胜克，卢彩霞. 营业执照被吊销后股东未及时进行清算的责任承担. 人民司法，2011 (20)：32-33.

② 最高人民法院民事审判第二庭编著. 最高人民法院关于公司法司法解释（一）、（二）理解与适用. 北京：人民法院出版社，2008：115.

③ 李原. 营业执照被吊销后股东怠于履行清算义务的责任承担. 人民司法，2011 (20)：37.

④ 梁开银，项科强. 公司清算中人格否认制度适用之实证：兼论《公司法司法解释（二）》第 18 条的修订. 法治研究，2017 (6)：99-100.

本要求。财产被查封后，则会产生相应的约束效力。对查封的效力应从公法和私法两个层面进行观察。作为人民法院的执行措施，查封首先具有公法效力，包括两个方面：一是处分禁止，被执行人如在查封后擅自处分查封标的物，则构成对法院命令的违反；二是除查封法院外，其他国家机关不得对标的物再行处分。[①] 就私法效力而言，涉及被查封财产的占有、使用、收益、处分等权利。其中，应予注意的是，查封产生的处分禁止效力并未完全剥夺所有权人的处分权，而遵从查封效力的相对性。从私法层面上考量，需要把握查封效力的相对性。

对查封效力的主观范围，学界存在一定争议，既有规范亦存在明显冲突。《民事诉讼法》第 114 条规定，隐藏、转移、变卖、毁损已经被查封、扣押的财产的，人民法院可以根据情节轻重予以罚款、拘留，构成犯罪的，依法可以追究刑事责任；《民法典》第 399 条亦规定，依法被查封、扣押、监管的财产不得抵押，由此传达出的立场似乎为对世效力说，一经查封，任何主体的任何处分行为均为无效。作为对比，《查扣冻规定》第 24 条规定，被执行人就已经查封、扣押、冻结的财产所作的移转、设定权利负担或者其他有碍执行的行为，不得对抗申请执行人，为查封的相对效力提供了法律依据——对查封标的物实施的处分行为并非绝对无效，仍可在被执行人和相对人之间发生效力，但不得对抗申请执行人。《民法典担保制度司法解释》第 37 条第 2 款关于“当事人可以对被查封的财产设定抵押”“抵押人以抵押权设立时财产被查封为由主张抵押合同无效的，人民法院不予支持”的规定亦成为查封相对效力在实体法层面的依据。2022 年《民事强制执行法（草案）》第 108 条第 1 款延续了《查扣冻规定》第 24 条的规定，并且在第 62 条中，不再如《民事诉讼法》第 114 条一般将“隐藏、转移、变卖、毁损已经被查封、扣押的财产”规定为妨碍执行的行为。如此，全面落实查封效力相对性的未来似乎值得期待。

如前所述，查封最为重要的法律效力在于处分禁止。有观点认为该种禁止为绝对禁止，擅自处分的行为属绝对无效。[②] 但越来越多学者主张，查封产生的处分禁止效力并未完全剥夺所有权人的处分权，而是以确保债权人债权实现为限度；质言之，如果所有权人的处分行为对执行行为无碍，则无必要予以禁止；由此形成的规则框架是——所有权人对查封标的物实施的处分行为原则上是有效的，相对人可以办理物权登记并取得物权，仅在有碍于执行行为时，不对债权人发生效力[③]，此即《查冻扣规定》第 24 条与《民事强制执行法（草案）》第 108 条第 1 款规定之“不得对抗申请执行人”之实义。

查封相对效力的必然逻辑延伸，即是查封追及效力的承认。对查封标的物的处分行为原则上能够发生效力，仅在有碍于执行行为时不对债权人发生效力，意味着查封标的物无论辗转落入何人手中，查封状态始终存在，查封债权人均可以追及物之所在，强制执行该物。[④]

---

① 刘哲玮. 论民事司法查封的效力. 国家检察官学院学报，2019（4）：146.

② 张志弘，尹颖舜，张娜. 所有权人以调解方式处分被查封财产的行为无效. 人民司法，2010（10）：7.

③ 毋爱斌. 民事执行查封相对效的体系展开. 法律科学（西北政法大学学报），2022（6）：111-112.

④ 张静. 论处分查封之物的法律效力. 交大法学，2022（2）：160.

3. 司法拍卖无效的确认和救济

查封财产的变价程序包括拍卖和变卖，其中，司法拍卖是财产变价的最重要方式。司法拍卖则是在执行程序这一公法领域之下，运用民事实体法规则实现查封财产价值最大化的有效手段，不可避免具有与传统商事拍卖不同的特征。其中，司法拍卖行为的有效、无效，在实践中引发出较大的争议。

（1）司法拍卖中无效与撤销的关系。

对于拍卖行为效力，《拍卖法》等采用的是“无效”的表述，但实践中存在无效与撤销两种关联表述。最高人民法院在（2012）执复字第 6 号执行裁定书中指出，“受人民法院委托进行的拍卖属于司法强制拍卖，人民法院发现拍卖有错误的，有权宣布无效或予以撤销”。最高人民法院《关于人民法院办理执行异议和复议案件若干问题的规定》（下文简称）《执行异议复议规定》，和最高人民法院《关于人民法院网络司法拍卖若干问题的规定》（以下简称《网络司法拍卖规定》）使用了“撤销”的表述，那么这里的“无效”与“撤销”是否与民事行为效力理论中无效与可撤销意思重合？对此，有必要全面检视选择使用“无效”概念的合理性和必要性。

无效以及撤销属于事后法律评价，二者最大的区别在于进行法律效力评价的程序不同。根据民事法律行为效力规则，“撤销权人是以存在有效行为为前提而享有并可行使撤销权，这与无效行为根本没有撤销对象存在本质差异”①。因而，民法界基本上都认可“无所谓之法律上双重效果”，即一个法律效果不可能发生或者消灭两次。所以，民事行为无效或可撤销有各自独立的认定和救济程序。那么对于执行拍卖行为，又该如何进行效力上评价？

关于执行拍卖行为的效力认定，有学者主张借助民法中无效、可撤销等理论，认为执行行为效力可能会出现不成立、完全有效、当然无效、可撤销等②，进而，将执行拍卖主张根据违法程度划分为拍卖可撤销、拍卖无效等。③ 本书认为，立法上应对司法拍卖效力只作“有效”和“无效”的区分，理由有两点。

第一，只规定司法拍卖“无效”，是程序安定性在违法程度上的要求。民事法律行为要求同时具备民事行为能力、意思表示真实和不违反法律或者社会公共利益三个要件。无效民事行为是指无民事行为能力人实施的、恶意串通损害他人权益、违反法律规定等行为；可撤销行为则指重大误解、显失公平等情形下表意行为存在瑕疵的行为。由上可知，无效民事行为缺乏根本性成立要件，而可撤销民事行为更多体现在表意行为瑕疵上。对于执行拍卖效力认定，也应该从行为的违法程度、方式等进行判断。执行拍卖在性质上具有公法性质，有高度的安定性要求。能够否定拍卖效力的重大程序瑕疵行为，应该是从根本上使司法拍卖不具备生效要件的行为，因而用“无效”加以概括最为合适。“可撤销”等词语尚不足以表达否定拍卖效力这一程度的要求。专门性强制执行程序相关立法和司法解释没有使用“无效”概念，

① 张弛. 法律行为效力评价体系论. 法学，2016（5）：135.

② 骆永家. 执行行为之瑕疵. 骆永家. 民事法研究（Ⅱ）. 台北：三民书局，1988：147－148.

③ 刘亚鹏. 民事执行拍卖的效力问题研究. 合肥：安徽大学，2007：35－37.

但地方法院在探索中，已经开始使用司法拍卖“无效”概念。广东省高级人民法院《关于人民法院委托评估、拍卖工作若干问题的暂行规定》第32条规定：“委托法院应对拍卖进行审查，审查内容包括拍卖是否依法进行。审查无误的，作出裁定确认拍卖效力。发现拍卖违法的，裁定拍卖无效。”

第二，执行拍卖效力认定是综合性考量。具体单个执行行为的效力认定针对的是单个行为，牵扯面较窄，认定无效或者可撤销对其他行为效力影响不大。而执行拍卖活动具有聚集效应，其是由无数单个行为组成的行为链。单个行为的效力瑕疵并不一定导致执行拍卖结果的否定性评价。从维护拍卖结果稳定性角度出发，那些轻微瑕疵可以通过执行异议程序进行纠正，只有部分严重影响到执行拍卖程序公正的情形，才能被认定为无效。这种理念早已经在民事诉讼法中广泛使用。民事诉讼法未将审判中所有违反法定程序的情形作为发回重审或再审事由，只规定了可能影响案件公正判决的情况才会导致案件发回重审或再审。《海事诉讼特别程序法》也采用该种观点，只规定恶意串通导致拍卖无效的情节。[①]

前述论证从理论上给出了选择“无效”之概念的理由，那么，如何看待《执行异议复议规定》和《网络司法拍卖规定》确定的拍卖撤销程序规则？

对此，应当注意程序法上行为效力认定的特殊性。民事实体法规范具有静止性和绝对性，只要行为违反规定，就不能产生相应的法律效果，需要通过诉讼程序等方式对其效力予以否定；执行程序中的违法执行行为，在效力评价上属于程序法上的无效或可撤销。但因这些行为是具有公信力的国家行为，在形式上直接推定其为“合法的”，只有经过法定撤销程序才使得其失去效力。[②] 由此可知，执行拍卖在出现拍卖无效事由时，执行实施机关或者执行裁决机关可以依职权或者申请“撤销”，而不是通过执行异议等程序“确认无效”。《执行异议复议规定》和《网络司法拍卖规定》中“当事人、利害关系人提出异议请求撤销拍卖”的“撤销”，并非《民法典》中的可变更、可撤销民事行为的“撤销”，而是诉讼程序监督意义上的“撤销”。这种情况在民事诉讼中较为常见，例如，上级法院作出撤销下级法院的判决，发回重审的裁定；在执行异议程序中，裁决法官可以作出撤销执行人员特定执行行为的裁定。由此，本书认为，应准确把握不同场景下“撤销”的含义，司法拍卖无效的认定应由撤销程序完成。

（2）导致司法拍卖行为无效的事由范围。

因对执行拍卖的性质持有不同观点，学界对无效拍卖的范围存在不同理解。持拍卖性质公法说者中，有学者主张执行依据瑕疵、处分权瑕疵、公告程序瑕疵、标的物流通性瑕疵、竞买人恶意串通、竞买人竞买资格瑕疵等均为拍卖无效的事由；也有学者将无效拍卖的情形分为执行依据不存在、拍卖物为违禁物、拍卖物查封存在问题等。相比而言，持拍卖性质私法说的学者确定了更为宽泛的无效拍卖范围，

---

① 《海事诉讼特别程序法》第41条规定：“竞买人之间恶意串通的，拍卖无效。参与恶意串通的竞买人应当承担拍卖船舶费用并赔偿有关损失。海事法院可以对参与恶意串通的竞买人处最高应价百分之十以上百分之三十以下的罚款。”

② 赖来焜．强制执行法总论．台北：元照出版有限公司，2007：523．

在执行依据瑕疵、拍卖物为违禁物等情形外，还将拍卖物为第三人所有这一情形列为无效拍卖的事由。

界定拍卖无效事由时，要对司法拍卖进行类型化区分。司法拍卖可以分为有效拍卖和瑕疵拍卖。其中，瑕疵拍卖又可以分为违法拍卖和不当拍卖。[①] 在公法说之下，不当拍卖不应当属于拍卖无效的范围，拍卖无效情节只应当限定在重大程序瑕疵范畴。对此，最高人民法院的《执行异议复议规定》也采取相同观点。对司法拍卖无效情形的界定，应当注意区分公法行为和私法行为的不同。“公法行为与私法行为在行为主体、构成要件、效力内容、法律救济方式等方面都存在着诸多差异，必须分而治之，不能混同。”[②] 司法拍卖无效的界定不能简单套用民事实体法中民事行为无效理论，而应当从司法拍卖特性出发。司法拍卖具有国家强制性、拍卖标的的非自有性和目的的利他性等特征，执行人员属于利益的“局外人”，因此更需要防止执行人员“利欲熏心”而侵犯他人权益。这决定了司法拍卖程序应当法定且严格，确保执行标的物通过公正程序实现价值的最大化。[③] 这些严格的程序要求是拍卖有效的前提条件，也是司法拍卖公法性的必然要求。因而，判断司法拍卖无效的基本标准为拍卖程序严重违法，具体为：拍卖欠缺基本前提行为，如执行依据不存在或被撤销、拍卖标的物查封存在瑕疵；拍定人竞买资格瑕疵，如特殊执行标的物竞买人资格有特定规定；拍卖程序违反基本要求，如未正确公告、相关主体存在恶意串通；等等。

（二）程序法疑难问题精讲

1. 执行当事人的变更与追加

执行当事人是指依据执行名义享有权利和承担义务的自然人和组织。原则上只有生效法律文书确定的权利人和义务人能够成为执行当事人，但在特殊情况下，存在执行当事人的变更和追加问题，其理论基础是执行力主观范围的扩张。

关于执行力主观范围和既判力主观范围的关系，观点有二：一是同一说，认为两者的范围同一，既判力的主观范围决定了执行当事人的范围；二是区别说，认为执行力主观范围以执行力主观范围为基础，但执行力的主观范围具有独立性。区别说的论证过程较为复杂，其中一个论据即是：两者功能不同，既判力调整前诉和后诉的关系，避免出现冲突判决；而执行力调整审判程序与执行程序的关系，确保执行依据所载权利的实现。对此问题，学界目前未达成共识。

执行力主观范围的扩张可细分为执行债权人和执行债务人两个面向。根据《变更、追加当事人规定》，执行债权人主观范围的扩张主要包括两种情形。

一是债权人的继受人。如执行债权人死亡，执行力扩张至继承人、遗嘱执行人、

---

① 违法拍卖是指执行拍卖程序中法院的执行行为、执行当事人及拍定人的行为违背了法律规定的程序、方法和要件，从而导致拍卖效果存在瑕疵。

② 江必新. 法律行为效力制度的重构. 法学，2013（4）：10.

③ 毋爱斌. 民事执行拍卖制度研究. 厦门：厦门大学出版社，2014：13，14.

受遗赠人；执行债权人离婚，离婚协议或生效法律文书将债权全部或部分分割给其配偶，执行力扩张至该配偶；作为法人的执行债权人分立或合并，执行力扩张至分立合并后的法人；作为法人的执行债权人终止、被注销的，执行力扩张至权利承受人。在此类情形下，相关主体得以被申请变更、追加为申请执行人。

二是执行债权的受让人。该情形对应的是实践中“买卖判决书”的现象。无论是作为实体权利的执行债权，还是作为程序权利的申请执行权，其可转让性在理论上都存在争议。从民事主体对自身民事权利的处分权来看，应当对执行债权的转让予以尊重。同时，债权转让时，债的同一性并未改变，债权上已有的执行力也应当及于现时的债权主体，即受让人。《变更、追加当事人规定》第 9 条对此种情形也持肯定态度，其中规定“申请执行人将生效法律文书确定的债权依法转让给第三人，且书面认可第三人取得该债权，该第三人申请变更、追加其为申请执行人的，人民法院应予支持”。

执行债务人主观范围的扩张则更为复杂，主要包括以下情形：

一是债务人的承受人。其情形与债权人的承受人大致相同。

二是因独立法律人格欠缺而引起的执行力扩张。首先，在独立法律人格欠缺的情形之下，基于实体法承担无限连带责任的主体应当被追加为被执行人，如当个人独资企业无法偿还债务时，申请执行人可以申请追加出资人为被执行人，合伙企业、法人分支机构以外的非法人组织的连带责任主体也可以相同原理被追加为被执行人。其次，当这种无限连带责任极为明确时，司法解释授权执行机构直接执行连带责任主体的财产[①]，如当被执行人是个人独资企业的出资人时，人民法院可以直接执行该个人独资企业的财产，当被执行人是法人时，人民法院可以直接执行该法人的分支机构的财产。

三是与出资义务相关的情形，分别是未出资或未足额出资、抽逃出资、未履行出资义务即转让股权的三种情形，此时若公司财产不足以清偿债务，申请执行人得申请变更、追加该股东、出资人为被执行人。

四是法人人格否认而引起的执行力扩张。在一般情况下，是否“刺破”法人的“面纱”，有待审判程序予以确定，实体争议并非执行机关的审查范围，执行力无法扩张至法人的股东。但是，根据《变更、追加当事人规定》，一人公司的股东不能证明公司财产独立于自己的财产的，申请执行人可以申请变更、追加该股东为被执行人，此种情形属于例外情况，只有法律、司法解释有明文规定时，执行机关才可突破职权范围“以执代审”。

民事强制执行法应否采取区别说观点？对于司法解释中已有的变更、追加当事人的规定应当如何取舍？理论界和实务界呼声较大的几种情形，应否被纳入法律和司法解释授权执行机关变更追加当事人的范围？以上问题，都仍有待进一步研究与探讨。

若当事人对人民法院作出的变更追加裁定或者驳回变更追加申请的裁定不服，

---

① 黄忠顺. 变更追加连带责任主体为被执行人的类型化分析. 法治研究，2020（3）：123.

可以自裁定书送达之日起十日内向上一级人民法院申请复议。此外，根据《变更、追加当事人规定》，六种特定情形下（第 14 条第 2 款、第 17 条至第 21 条）的当事人不服变更、追加裁定，可以提起执行异议之诉以资救济。

2. 查封效力的程序实现

如前所述，查封效力具有相对性，原则上所有权人对查封标的物实施的处分行为应为有效，但不得对抗申请执行人。那么，申请执行人应当通过何种程序主张其权利呢？比较法上提供了涂销登记申请和涂销登记之诉等制度，即在相对人取得查封标的物物权之后，允许申请执行人追及物之所在，主张所有权人的处分行为对其不发生效力，而申请或诉请变更或注销物权登记。鉴于我国存在《查冻扣规定》第 24 条第 2 款以及《民事强制执行法（草案）》第 108 条关于“他人未经人民法院许可占有查封的不动产或者实施其他妨碍执行行为的，人民法院可以依据申请执行人的申请或者依职权解除其占有或者排除其妨碍”的规定，有学者主张可以由执行法院事先（而非在处分后）以裁定方式除去相对人权利再予拍卖，如此安排既是考虑在查封公示原则之下查封措施与处分行为的发生时间先后对于法院而言是易于审查的，亦是考虑在处分完成前即作出除权裁定，相比财产已移转至相对人才完成事后的涂销程序更为直接。①

此外，需准确把握优先主义与平等主义的适用情形，若在发生资不抵债的情形下仍按照查封顺序之先后清偿债务，则将在实体意义上侵害在后债权人的权益，违背债权的平等性。因此，一旦出现资不抵债情形，应及时根据被执行人主体类型的不同适用参与分配制度或破产制度。值得注意的是，相比《民诉法司法解释》第 511 条关于“执行法院经申请执行人之一或者被执行人同意”的启动条件，《民事强制执行改革案》直接规定由人民法院依职权裁定进入破产程序，如此安排的理由在于，法院相较当事人具有更加充足的判断能力，由法院把握执行与破产的分野才能更好地贯彻两套程序的分工，准确适用功能不同的制度。

3. 司法拍卖行为无效的认定

对于司法拍卖程序，最高人民法院《关于人民法院民事执行中拍卖、变卖财产的规定》、《网络司法拍卖规定》等法律法规有较为详细的规范。但对于司法拍卖行为无效的认定，理论与实践争议较大。

（1）司法拍卖行为无效的认定程序。

由于对执行拍卖性质的不同认识，学界对拍卖无效的救济途径有着迥异的观点：持私法说者主张权利人应提起民事确认之诉，持公法说者主张应通过执行异议程序提出异议，持折中说者主张权利人可以选择适用执行异议或提起民事诉讼程序。②在我国实践中，有学者主张通过执行监督或执行异议认定拍卖无效③，也有学者主

---

① 毋爱斌. 民事执行查封相对效的体系展开. 法律科学（西北政法大学学报），2022（6）：118.

② 吴光陆. 强制执行法学说与判解研究. 自版，1989：33.

③ 范向阳，范欣珂. 试论强制拍卖无效. 人民司法，2009（7）：101.

张由权利人在执行异议和民事诉讼程序中进行选择。[①] 出乎意料的是，最高人民法院发布的指导案例35号案件开辟了另一条新的路径——既非通过民事诉讼程序，又非通过执行异议程序，而是由执行人员在执行程序中就恶意串通导致拍卖无效进行认定。最高人民法院给出的理由是，“人民法院有权对拍卖程序及拍卖结果的合法性进行审查”。事实上，根据最高人民法院《关于人民法院发现本院作出的诉前保全裁定和在执行程序中作出的裁定确有错误以及人民检察院对人民法院作出的诉前保全裁定提出抗诉人民法院应当如何处理的批复》的规定，“人民法院院长以本院已经发生法律效力的诉前保全裁定和在执行程序中作出的裁定，发现确有错误，认为需要撤销的，应当提交审判委员会讨论决定后，裁定撤销原裁定。”

不过，最高人民法院发布的《执行异议复议规定》并未“萧规曹随”，而是“另辟蹊径”。根据其规定，在司法拍卖存在重大程序瑕疵的情形下，当事人、利害关系人提出异议，法院在查明拍卖存在明确恶意串通等情形下可以撤销原拍卖成交裁定。[②] 至于为何确立司法拍卖撤销程序，最高人民法院的解释是，司法拍卖与私法上的拍卖显著不同，具有公法性，应当尊重拍卖结果，但“确有一些司法拍卖严重违反法定程序，损害了当事人和其他竞买人的合法权益，应当予以撤销”[③]。此后，最高人民法院2016年8月发布的《网络司法拍卖规定》，沿用了《执行异议复议规定》的做法，也没有以司法解释的形式明确赋予法院执行人员依职权撤销拍卖成交裁定的权力。

对以上两种司法拍卖无效认定路径在执行程序尚未终结时的适用性，学理上并无太大争议，但在执行程序终结后，随意启动撤销程序，则有违程序安定原则。我国现有的做法是通过上下级法院内部执行监督程序，由上级法院通过执行监督的方式撤销原拍卖成交裁定。对此，仍需要探索执行程序终结后拍卖无效的认定程序，考虑到司法拍卖自身内在的私法属性，可以赋予相关主体以相应的诉权，通过侵权之诉等方式获得相应的损害赔偿。

（2）司法拍卖行为被认定无效后的折价赔偿程序。

如果司法拍卖成交裁定被撤销，拍卖被认定无效时将产生如何返还拍卖标的的问题。更为复杂的情况是，如果拍卖标的物灭失或被原拍定人转让，原物将无法返还。在该情况下，因涉及实体问题而不能简单通过执行程序处理。不难发现，拍卖成交裁定被撤销，实质上可以归属于执行依据被撤销的情况，可以适用执行回转程序。最高人民法院《关于人民法院执行工作若干问题的规定（试行）》[以下简称

---

① 刘仁海. 民事执行程序中拍卖行为的可诉性. 人民司法，2010（11）：104.

② 《执行异议复议规定》第21条规定：“当事人、利害关系人提出异议请求撤销拍卖，符合下列情形之一的，人民法院应予支持：（一）竞买人之间、竞买人与拍卖机构之间恶意串通，损害当事人或者其他竞买人利益的；（二）买受人不具备法律规定的竞买资格的；（三）违法限制竞买人参加竞买或者对不同的竞买人规定不同竞买条件的；（四）未按照法律、司法解释的规定对拍卖标的物进行公告的；（五）其他严重违反拍卖程序且损害当事人或者竞买人利益的情形。当事人、利害关系人请求撤销变卖的，参照前款规定处理。”

③ 最高人民法院通报《关于人民法院办理执行异议和复议案件若干问题的规定》的有关情况. [2015-05-05]. http://www.court.gov.cn/zixun-xiangqing-14404.html.

《执行工作规定（试行）》〕第65条、第66条规定，“责令原申请执行人返还已取得的财产及其孳息。拒不返还的，强制执行。”“执行回转时，已执行的标的物系特定物的，应当退还原物。不能退还原物的，经双方当事人同意，可以折价赔偿。双方当事人对折价赔偿不能协商一致的，人民法院应当终结执行回转程序。申请执行人可以另行起诉。”此外，也可以参照交付特定物灭失程序处理。《民诉法司法解释》第492条规定：“执行标的物为特定物的，应当执行原物。原物确已毁损或者灭失的，经双方当事人同意，可以折价赔偿。双方当事人对折价赔偿不能协商一致的，人民法院应当终结执行程序。申请执行人可以另行起诉。”因此，在拍卖标的无法原物返还的情况下，法院不能主动依职权确定赔偿数额，而应交由相关主体协商折价赔偿，协商不成时，告知申请人另行起诉。

4. 参与分配顺序的确定

参与分配，是指在金钱债权的执行程序中，被执行人的财产被执行机关采取查封、扣押或者冻结措施后，申请执行人以外的其他债权人申请加入已经开始的执行程序，各债权人从执行标的物的变价款中获得公平清偿的制度。参与分配制度的适用条件包括：存在数个债权人，数个债权人的债权均为金钱债权，数个债权均取得执行依据，被执行人为公民或其他组织，被执行人财产无法清偿所有债权。参与分配制度的实体法基础，即是债权平等原则，数个债权人对同一个债务人先后发生数个债权时，其效力一律平等，不因其成立先后而存在优先和劣后之分。而事实上，债权虽相互平等，在个别清偿环节，一者在先得到清偿可能意味着另一者受偿机会的减少，数个债权之间的竞争关系始终存在。因此，在比较法上，就参与分配顺序的确定，形成了优先主义、平等主义和团体优先主义三种不同的立法模式。

优先主义奉行“先来后到”的原则，在先采取执行措施的债权人不必等待其他债权人一致行动，可以在先受偿，以德国法为典型。平等主义严格遵循债权平等原理，后来的执行债权人可以随时加入在先执行债权人申请启动的执行程序，以法国法为典型。团体优先主义实现了有限期间内的债权平等，在采取执行措施之后的一定期间内，允许其他债权人加入执行程序，与债权人处于同一顺位按比例受偿，超出一定期间则不再保护其他债权人的顺位利益，以瑞士法为典型。

我国既有的法律框架区分不同情形选择适用优先主义或平等主义，具体而言，《执行工作规定（试行）》第55条规定，普通债权人“按照执行法院采取执行措施的先后顺序受偿”；而根据《民诉法司法解释》第506条、第508条、第511条，在“被执行人的财产不能清偿所有债权”的情形下，企业法人可以申请破产，根据平等原则按照比例受偿；公民或其他组织虽无法申请破产，但可以申请参与分配，“原则上按照其占全部申请参与分配债权数额的比例受偿”。由此确立了这样的制度图景——在被执行人资力充足的情形下采取优先主义，而当出现资不抵债的情形时，转而适用执行转破产制度或参与分配制度，采取平等原则按比例清偿，有学者称此为“混合主义”。

在债务人资力充足的情况下，采取优先主义的正当性基础有三项。

首先，在先申请执行措施的债权人相较未采取行动的债权人往往付出了更多的努力，例如，监控债务人的财产变动状况，调查债务人财务线索进而申请查封等，在此情形下承认在先债权人的优先受偿地位，是对债权人劳动的肯认。在债务人资力充足的情况下，如果允许其他债权人任意加入执行程序而对受偿之顺位不加区分，将使在先债权人的努力无从兑现，从而助长了“搭便车”的行为。

其次，按照执行法院采取执行措施的先后顺序受偿意味着债权人无须等待其他债权人一致行动，只要个别清偿关系清晰明确，就可迅速完成执行程序。由此体现了执行效率至上的价值取向。

最后，面对同样届期的数笔债权，优先对何者进行清偿在现实中取决于债务人的自由意志，债权人原则上不能阻止债务人的个别清偿。无论是在执行程序中还是在执行程序外的自行清偿场合，债权清偿的先后之分均存在且不可避免，这与债权平等原则并不冲突。

但是，如若出现资不抵债之情形，此时继续选择优先主义，将面临违反债权平等性之拷问。具体而言，当未发生资不抵债情形时，清偿顺序的先后在最终意义上无碍于债权平等原则的实现，允许个别债务优先受偿是更为经济且符合逻辑的选择；而在债务人财产不足以清偿所有债务时，个别债权的优先清偿意味着在后债权清偿机会的减少，此时则有启用参与分配以及破产程序进行比例清偿的空间，以维护债权平等原则。①

值得注意的是，《民事强制执行法（草案）》第179条规定普通债权“按照查封财产的先后顺序受偿”，更为激进地在参与分配情形下采取了优先主义立场。这一规定建立在破产法正在修订和自然人破产制度即将建立的背景之下，目的在于增进本法与破产法的协调互补，突出执行效率理念。② 但学界对此仍然未达成共识，主要的顾虑有二：其一，这一规定违反了债权平等原则；其二，我国目前并未确立类似于德国法上的扣押质权、美国法上的裁判担保权的担保物权，在参与分配环节赋予部分债权人优先受偿地位，将面临无实体法依据的解释困难。

5. 执行救济

执行救济，是指当事人或案外人认为自己的合法权益受到侵害，向人民法院请求采取补救措施，矫正不当或错误执行行为的执行制度。

执行救济可分为程序上的执行救济和实体上的执行救济，如此界分的实益在于为不同性质的争议确定不同的争议解决方式，将关涉当事人实体权利义务的争议交由诉讼解决，在两造的对抗中尽可能公正地解决实体争议，而将执行行为在程序上的合法性之判断交由非讼程序完成。但此种界分并非绝对，在我国《民事诉讼法》中，呈现出了实体与程序既分离又混同的局面：一方面，在执行行为异议、参与分配之诉等制度中，贯彻了实体程序分离理论；另一方面，在案外人救济程序中，又将案外人异议作为案外人异议之诉的前置条件，呈现出实体程序争议解决方式的混

---

① 李潇洋. 债权平等与查封的优先效力. 清华法学，2023（3）：180-183.

② 周强. 关于《中华人民共和国民事强制执行法（草案）》的说明：2022年6月21日在第十三届全国人民代表大会常务委员会第三十五次会议上. 人民法院报，2022-06-26（1）.

同。[①] 在部分程序中以非讼方式解决实体纠纷，主要的考量还是执行效率至上这一价值取向。《民事强制执行法（草案）》于第六章执行救济中分设“执行异议和复议”与“异议之诉”两节，蕴含着实体争议和程序正义分别处理的理念，但仍然延续了案外人救济程序中实体与程序的混同做法，体现了立法者基于执行难之社会现实与司法实践留存的惯性做出的取舍与权衡。

（1）程序上的执行救济。

程序上的执行救济围绕着程序性事项展开，其以对执行机关的执行行为提出异议为典型形式，故在理论上也被称为执行异议。《民事强制执行法（草案）》即采用了“执行异议”的表述，规定了以下救济类型。

一是执行行为异议。执行行为异议，是指当事人或案外人认为已实施的执行行为违反法律规定，而向法院请求撤销或变更执行行为的执行救济。异议应采取书面形式，并在相应的执行程序终结前提出，法院应在受理执行行为异议后30日内作出裁定，对该裁定不服的，可以向上级法院申请复议。对于当事人提出的复议申请，上级法院应当在受理申请后30日内作出裁定，例外是对拘留决定的复议申请，因涉及人身自由，上级法院应在5日内作出裁定。

二是终结执行异议。终结执行异议是针对终结执行裁定和终结本次执行裁定的异议，可在知道或者应当知道终结执行之日起30日内提出。

三是执行管辖异议。管辖权是执行程序的起点，无管辖权即无执行权。《民事强制执行法（草案）》规定被执行人对管辖权有异议的，可以在收到执行通知之日起10日内提出。学理上认为同样作为执行当事人的申请执行人也有权利提出管辖权异议。

（2）实体上的执行救济。

实体上的执行救济，是指执行涉及的实体法律关系发生争议，当事人或案外人请求法院进行裁判，重新确定执行内容的执行救济。实体上的执行救济以异议之诉作为典型形式，《民事强制执行法（草案）》设“异议之诉”一节，规定了以下救济类型。

一是债务人异议之诉。

债务人异议之诉，又称执行依据异议之诉，是指执行依据生效后，发生消灭或者妨碍申请执行人请求的抗辩事由，被执行人以申请执行人为被告向执行法院提起的，请求排除执行依据的执行力的诉讼。之所以会产生这一类型的执行救济，是因为在判决生效后，债权人申请执行前，存在一定期间。在此期间内，可能发生了种种事由，如清偿、免除或者因申请执行人未履行对待给付义务而产生了同时履行抗辩权等。这些事由消灭、阻碍了申请执行人的请求权，若仍然以原判决为执行依据，将与实际情况不符，此时允许被执行人提起执行依据异议之诉。例如，1月1日载明50万元债权的判决书生效，5月1日债权人向法院申请执行，而在4月1日债权人免除了其中的45万元债务，此时债务人有权提起诉讼，请求对原50万元的判决不予执行。

债务人异议之诉一度在我国的执行救济体系中处于缺位状态，这使得债务人在

① 张卫平. 执行救济制度的体系化. 中外法学，2019（4）：6.

相关情形下只得另案起诉，而对本案的执行无可奈何。紧迫的社会需求使得学界对引入债务人异议之诉基本达成了共识，但对于引入之立法模式的选择，仍有一定争议，分歧之处主要在于是否规定异议前置。在一些学者的立法建议中，未设置债务人异议的前置程序，保持了与大陆法系国家相同的制度设计；而有的学者主张应充分考虑我国将执行异议前置于执行异议之诉的立法惯例，赋予执行法官实体事项的初步裁决权。[①]《民事强制执行法（草案）》采取了前一种立法模式，但与此同时保留了案外人异议之诉中异议前置的规定，对是否应保持体系上的一致性，于债权人异议之诉程序中规定异议前置，仍有讨论空间。

二是案外人异议之诉。

案外人异议之诉，是指执行程序终结前，案外人认为其对执行标的享有足以排除强制执行的民事权益，而向执行法院提起的请求停止执行的诉讼。《民事诉讼法》和《民事强制执行法（草案）》对执行标的异议的规定较为复杂，采取了“异议前置，异议期间停止执行”的模式，并且区分案外人的主张而建构了“再审－异议之诉”的二元救济体系，即认为原判决、裁定错误的，依照审判监督程序办理；认为与原判决、裁定无关的，可向执行法院提起诉讼。

如何理解“认为原判决、裁定错误”和“认为与原判决、裁定无关”？若执行依据确定了执行标的的权属，案外人要求停止对该标的的执行，需要对执行依据进行否认，此时即属于认为原判决、裁定错误，需要提起再审纠正原判；作为对比，若执行依据未确定执行标的的权属，案外人要求停止执行的，无须否认执行依据，此时即属于认为与原判决、裁定无关，可以通过提起案外人异议之诉的方式明确执行标的的归属。例如，法院判决某房屋归乙所有，进入执行程序后，案外人丙主张自己为房屋所有权人，此时丙的主张否定了执行依据，属于认为原判决、裁定错误，应通过审判监督程序进行；又如，法院判决甲向乙支付 10 万价款，进入执行程序后，法院对甲的房屋采取拍卖措施，案外人主张自己为房屋所有权人，此时丙的主张并未否定执行依据（10 万元债权），而是认为房屋不应被列为执行标的，属于认为与原判决、裁定无关，可提起执行标的异议之诉。

在“民事强制执行法”制定的过程中，“再审－异议之诉”二元救济体系之存留也引起了一定的讨论。有学者指出此种模式引发了“案外人困境”，在实践中，案外人虽享有足以排除执行的实体权益，却无法在再审中胜诉——此种困境在“一物二卖”的场合下尤为明显，原判决确定申请执行人享有请求交付某财产的债权，而案外人已付清该财产的价款并在先取得了占有，此时其虽享有实体上足以排除执行的权利，但“一物二卖”的各合同均有效，申请执行人在再审程序中难以证明法院对申请执行人享有的债权的判定属于“原判决、裁定错误”，进而难以胜诉。因此，案外人不得不在其提交的法律文书中再三申明其并未主张原判决、裁定错误，以避免进入再审程序。[②] 基于此，是应回归比较法上通行的“异议之诉”一元救济体系，

---

① 赵泽君. 债务人异议之诉立法模式的分歧与选择. 学习论坛，2018（9）：88.

② 金印. 案外人对执行标的主张实体权利的程序救济. 法学研究，2021（5）：122.

还是应对现行规定的二元救济体系进行针对性完善，成为未来有待深入探讨的课题。

三是债权人异议之诉。

债权人异议之诉，又称许可执行之诉，是指在执行程序中执行机关审查认定案外人异议的理由成立，裁定中止对特定标的物的执行，债权人不服此裁定进而向执行法院提起的确定是否可以执行该执行标的的诉讼。在《民事诉讼法》中，其与案外人异议之诉一并被规定于第 234 条第二句。

对《民事诉讼法》第 234 条的规则结构进行梳理：以案外人异议为始，法院应对案外人是否对执行标的享有足以排除强制执行的民事权益进行审查。若法院裁定驳回异议，案外人可提起案外人异议之诉请求中止执行；若法院裁定中止执行，申请执行人可提起债权人执行之诉请求恢复执行。此两种异议之诉，都是以案外人、债权人的诉讼请求"与原判决、裁定无关"为前提，若主张原判决、裁定错误，则需申请再审通过审判监督程序解决。如此，围绕执行标的，《民事诉讼法》第 234 条为不同主体提供了相应的救济路径。《民事强制执行法（草案）》沿用了该规定，保持了制度的稳定性和连续性，但仍应商榷的是，该条文包含的法律规则结构较为复杂，"认为原判决、裁定错误"和"与原判决、裁定无关"的二分也存在表述上的模糊性和逻辑上的不周延性，这为法律工作者正确理解和适用本条规定带来了较大困难，在未来对本条规定进行修改或者制定相应的司法解释辅助理解适用显然具有必要性。

四是分配方案异议之诉。

分配方案异议，是指在金钱执行中，债权人、被执行人对分配方案提出反对意见并要求修正。对于分配方案异议，未提出异议的债权人、被执行人未提出反对意见的，人民法院依异议人的意见对分配方案进行修正；提出反对意见的，异议人可以提起分配方案异议之诉，请求变更分配方案的诉讼。其原理是，若仅异议人一方提出异议，而未有其他人提出反对意见，此时未形成争议，人民法院得以直接修正分配方案；若异议人提出异议后，其他人提出了反对意见，此时形成了争议，无法通过执行程序解决，需要通过提起诉讼的方式解决实体纠纷。

上述四种实体上执行救济路径，在学理上被称为一般的实体上执行救济，此外尚有特殊的实体上执行救济。其中，在变更、追加当事人场合，《变更、追加当事人规定》为当事人提供了复议和异议之诉两条救济路径。具体而言，根据第 30 条和第 31 条，一般情形下，被申请人、申请人或其他执行当事人对执行法院作出的变更、追加裁定或驳回申请裁定不服的，可以自裁定书送达之日起 10 日内向上一级法院申请复议。根据第 32 条，在六种特殊情形[①]下，被申请人或申请人可以自裁定书送达

① 这六种特殊情形包括：(1) 被执行人为有限合伙企业，申请执行人申请变更、追加未按期足额缴纳出资的有限合伙人为被执行人的；(2) 被执行人为企业法人，申请执行人申请变更、追加未缴纳或未足额缴纳出资的股东、出资人或依公司法规定对该出资承担连带责任的发起人为被执行人的；(3) 被执行人为企业法人，申请执行申请变更、追加抽逃出资的股东、出资人为被执行人的；(4) 被执行人的公司，其股东未依法履行出资义务即转让股权，申请执行人申请变更、追加该原股东或依公司法规定对该出资承担连带责任的发起人为被执行人的；(5) 被执行人为一人有限责任公司，股东不能证明公司财产独立于自己的财产，申请执行人申请变更、追加该股东为被执行人的；(6) 被执行人的公司，未经清算即办理注销登记，导致公司无法进行清算，申请执行人申请变更、追加有限责任公司的股东、股份有限公司的董事和控股股东为被执行人的。

之日起 15 日内向执行法院提起执行异议之诉。由被申请人提起的为债务人适格执行异议之诉，由申请人提起则是许可变更追加执行当事人之诉。《民事强制执行法（草案）》并未区分一般情形和特殊情形，而是于第 21 条对变更追加当事人的救济进行了统一规定，申请人或者被申请人可以在裁定送达之日起 15 日内，向作出裁定的法院提起诉讼，也可以在裁定送达之日起 10 日内，向上一级法院申请复议。

（3）执行回转。

执行回转，是指在执行程序进行中或执行程序终结后，执行依据被撤销或变更的，执行机关对已被执行的财产采取执行措施，强制申请执行人返还因执行所受的清偿，使财产状况恢复到执行前状态的制度。执行回转制度的目的在于纠正因执行依据错误发生的执行措施，属于广义的执行救济，因此《民事强制执行法（草案）》将其规定于执行救济一章中。

执行回转须被执行人向执行法院提出申请；若申请被驳回，可向上级法院申请复议。

三、法官释法

（一）案例一中执行法院行为的合法性

1. 小天无须承担怠于履行清算义务的责任

飞翔公司被吊销营业执照后，直至已无正常办公场所，无任何公司员工，公司财产、会计账册、重要文件无法查找之时仍未进行清算，小英以怠于履行清算义务为由申请追加飞翔公司的所有股东为被执行人，小天作为股东之一，提出其“并未参与公司的实际经营管理”之抗辩，该抗辩是否有效？

本案法院认为，有限责任公司的股东持有的股份比例虽有大小之分，但每一位股东享有的对公司管理、监督的权利是同等的，被吊销营业执照后对公司进行清算是每一位股东的法定义务。小天怠于履行清算义务导致公司主要财产、账册、重要文件灭失而无法进行清算，据此判决小天对飞翔公司的债务承担连带清偿责任。

本案判决形成于 2019 年，其裁判思路与第 9 号指导性案例保持了一致。但是，第 9 号指导性案例已被最高人民法院宣布自 2021 年 1 月 1 日起不再参照，《九民纪要》第 14 条亦已明确将“从未参与公司经营管理”作为抗辩事由。因此，该案例如若发生于今日，总结已有共识得出的结论应是小天无须承担怠于履行清算义务的责任。当然，上述结论并不影响该判决的效力，根据最高人民法院法〔2020〕343 号通知，此前参照第 9 号指导性案例作出的裁判仍然有效。

2. 执行法院的裁定不存在程序瑕疵

小英以飞翔公司怠于清算为由申请追加小天在内的飞翔公司所有股东为被执行人，人民法院组成了合议庭进行审查，但未公开听证，即作出追加小天为被执行人的执行裁定书。其中，公开听证是否为必要程序？

在本案的实际进展中，小天随后对该裁定提起了执行异议之诉，其中一个诉讼理由即是对裁定的程序瑕疵提出质疑。审理执行异议之诉的法院认为：“执行听证并不是人民法院作出执行裁定的前置程序……”此结论的法律依据之一，是《变更、追加当事人规定》第 28 条第 2 款的规定：“除事实清楚、权利义务关系明确、争议不大的案件外，执行法院应当组成合议庭审查并公开听证。经审查，理由成立的，裁定变更、追加；理由不成立的，裁定驳回。”

该规定建构起了兼采实质审查方案和形式审查方案的执行当事人变更追加程序。在一般情况下，对变更、追加当事人的申请，人民法院应当组织公开听证，进行实质审查。执行听证类似于开庭审理，相当于庭审的简化版，双方当事人可在听证中提出证据、进行质证等，因此也被称为审判式听证。其在审执分离改革的背景下对当事人权利的保障具有重要意义。但在例外情形下，执行法院可以省略听证程序，仅对申请书、证据资料进行单方的书面审查即作出判断。换言之，原则上应采“公开听证，双方参与”的模式，例外情形下则采“书面审查，单方参与”的模式。公开听证确实并非人民法院作出执行裁定的必然前置条件。

但是，问题在于：本案所涉争议是否属于《变更、追加当事人规定》所称的例外情形，即“事实清楚、权利义务关系明确、争议不大”？对此，法院采取了如下论证思路：“本案中，被告在执行过程中提供的证据已能充分证明原告系飞翔公司股东、飞翔公司营业执照已被吊销且公司营业期限已届满未进行清算、现时飞翔公司无任何财产这些事实，故执行合议庭认为事实清楚、权利义务关系明确并无不妥。至于‘争议’可分为事实上的争议和法律适用上的争议，执行合议庭根据查明的事实认定原、被告在事实上争议不大并据此作出执行裁定并无不妥，程序并不违反法律规定。至于原、被告双方在法律适用上的争议即实体上的争议应属本案的审理范围。”

如此判断具有合理性。“事实清楚、权利义务关系明确、争议不大”这一标准并非孤立地存在于《变更、追加当事人规定》中，其同时还存在于《民事诉讼法》第 160 条、第 165 条关于简易程序、小额诉讼程序的条文中。《民诉法司法解释》第 256 条进一步提供了具体的判断标准：所谓“事实清楚”，是指当事人对争议的事实陈述基本一致，并能提供相应的证据，无须人民法院调查收集证据即可查明事实；所谓“权利义务关系明确”，是指能明确区分谁是责任的承担者，谁是权利的享有者；所谓“争议不大”，是指当事人对案件的是非、责任承担以及诉讼标的争执无原则分歧。此即简单民事案件的“三要素”判断标准。于裁定变更、追加当事人场合，该司法解释的规定虽不能直接适用，但其提供的标准可供参考。

根据上述标准，本案确能符合“事实清楚、权利义务关系明确、争议不大”的标准，根据《变更、追加当事人规定》，可不经过公开听证程序，所以执行法院的裁定不存在程序瑕疵。

3. 当事人可提起执行行为异议和执行异议之诉寻求救济

小天的异议涉及程序和实体两方面：其一，小天认为执行法院未经公开听证即追加其为被执行人，程序违法；其二，小天认为执行法院裁定其对飞翔公司债务承担清偿责任，无事实及法律依据。

对于前者，小天可以在执行程序终结前，向执行法院提出执行行为异议，请求撤销或者变更执行行为。若执行法院经审查裁定不予受理或驳回申请，小天还可向上一级法院申请复议。

对于后者，由于执行法院追加小天为被执行人的法律依据是《变更、追加当事人规定》第 21 条，该条所述的情形属于第 33 条规定的应当提起执行异议之诉的情形，因此小天不能依据第 31 条申请复议，而应提起债务人适格执行异议之诉，这在学理上被称为特殊的实体上执行异议之诉。

在类似的案件中，法院的判决亦体现了按照实体和程序事项区分不同执行救济路径的观念，如在一起变更、追加被执行人的执行异议之诉中，法院认为“原告主张执行部门在追加其为被执行人时应组织听证，该主张属于执行行为异议，不属于执行异议之诉审查范围，原告若有异议应向作出裁定书的执行机构上级部门提起复议”①。

由此，针对裁定的程序瑕疵，小天可提起执行行为异议；针对该裁定的实体性事项，小天可提起债务人适格执行异议之诉。

（二）案例二中处分查封标的物行为的效力

案涉仓储用地已于 2009 年 11 月 26 日经津港农商行申请由博湖法院裁定查封，之后库尔勒市人民法院基于另案调解书，于 2010 年 1 月 10 日将该仓储用地过户至小俊名下，由此引发过户裁定是否违反法律规定的争议。值得注意的问题有二：其一，在津港农商行诉小妮与腾越公司一案中，津港农商行申请查封后并未在 15 天内起诉案涉仓储用地的所有权人小妮，而是在 2010 年 1 月 12 日才申请将其追加为被告，该查封是否仍为有效？其二，双方于 2009 年 8 月 21 日达成财产转让协议，该协议达成的时间早于博湖法院裁定查封的时间，但协议达成后始终未完成过户手续，直到另案实施查封后，才由本案法院完成过户，由此形成了“合同—查封—公示”的时间顺序，该过户行为是否能够发生物权效力？

对于第一个问题，最高人民法院在（2016）最高法执监 29 号执行裁定书中指出：虽然津港农商行未在法定的 15 日内对小妮提起诉讼，亦未提出撤销查封的申请，依照法律规定，博湖法院应依职权解除财产保全，但是，博湖法院的保全查封的效力并不因津港农商行未在法定期限内起诉小妮而消灭。前文已述，查封公法效力的重要内容之一即是“除查封法院外，其他国家机关不得对标的物再行处分”。查封既为有效，库尔勒市法院即无权在博湖法院未解除查封的情况下，对案涉土地使用权予以强制执行。仅从查封公法效力的角度出发，即足以使本案法院作出判断，认定库尔勒市法院的执行行为违法。

但是，我们仍可以进一步从私法层面把握本案中查封的效力，此亦为上述第二个问题所涉及。小俊与腾越公司的财产转让合同签订于津港农商行申请查封之前，但由于此时并未完成过户手续，物权并未发生变动，此时仅能识别处分财产的合同的成立且有效。之后博湖法院对仓储用地进行了查封，查封生效之后，将产生相对

---

① 河北省唐山市中级人民法院（2022）冀 02 民终 289 号民事判决书。

效力，并在债务人资力充足的情形下允许债权人在先获得个别清偿。具体而言，仓储用地所有权人的处分权并未完全丧失，其仍可以自由从事交易，但该处分行为不得对抗作为申请执行人的津港农商行，这意味着仓储用地虽过户至小俊名下，但无法对津港农商行发生效力，津港农商行仍可对该仓储用地获得清偿。此后，由于财产转让合同仍然有效，小俊可以请求腾越公司承担违约责任。

（三）案例三中对无效司法拍卖行为的处理

案例三从拍卖成交到拍卖行为最终被认定为无效，历时 7 年多。在执行程序已经结束的情况下，发现司法拍卖行为无效的情形，应如何进行纠正？司法拍卖具有公法性质，人民法院在整个司法拍卖程序中处于监督和主导地位，即使拍卖已成交，拍卖程序已终结，当发现拍卖活动违法时，人民法院仍有权对拍卖裁定予以撤销或变更，维护当事人合法权益。根据最高人民法院《关于人民法院对本院作出的诉前保全裁定和在执行程序中作出的裁定确有错误以及人民检察院对人民法院作出的诉前保全裁定提出抗诉人民法院应当如何处理的批复》的规定，人民法院发现执行程序中作出的裁定确有错误的，可以依法启动监督程序予以纠正。

在具体案件中，本案当事人国泰公司与民安公司最终申诉至最高人民法院，最高人民法院随后作出（2016）最高法执监 266 号执行裁定书，认定有二：一是拍卖结果无效；二是在无法原物返还的情况下，折价赔偿应当由当事人协商解决，协商不成，则应当通过诉讼程序解决，而不能由法院依职权认定。具体而言，对于拍卖无效的认定，因拍卖人财通拍卖公司与买受人民安公司之间存在高度关联关系以及拍卖程序存在拍卖保留价过低、违法下调拍卖保留价等问题，结合拍卖人与买受人的关联关系以及竞买人人数等因素综合衡量，符合恶意串通等应当认定无效的情形，法院应认定拍卖无效。对折价赔偿数额的确定，则属于典型的实体问题，在执行程序中由执行法官直接认定赔偿数额，有违审执分离原则。并且，本案在拍卖成交 7 年后才撤销拍卖，其间，股权价值变化巨大，在当事人无法协商解决的情况下，应当通过诉讼方式解决。

四、类案练习

小波与小羽为夫妻关系。小波因销售燃煤急需资金，向小文借款 35 万元，到期未偿还，小文以小波为被告提起诉讼。经两审终审，伊春市中级人民法院判令被告小波于判决生效之日起 15 日内偿还原告小文 35 万元。

进入执行程序后，铁力市人民法院作出（2012）铁执字 167－2 号民事裁定，以婚姻关系存续期间，夫妻一方以个人名义所负债务，除债权人与债务人明确约定为个人债务或夫妻约定婚姻关系存续期间财产归各自所有外，都应视为夫妻共同债务为由，裁定追加小羽为被执行人，并冻结小羽工资。小羽向铁力市人民法院提出书面异议，铁力市人民法院裁定驳回。随后小羽向伊春市中级人民法院申请复议，该复议申请亦被驳回。

次年，小羽申请执行监督，铁力市人民检察院依法受理并向铁力市人民法院发出检查建议书建议纠正。铁力市人民法院复函不予采纳建议。铁力市人民检察院随后提请伊春市人民检察院跟进监督，伊春市人民检察院向伊春市中级人民法院发出检察建议书，认为生效判决未确认借款为夫妻共同债务，执行环节不应直接改变执行依据，建议纠正。伊春市中级人民法院复函，采纳检察建议，裁定撤销铁力市人民法院（2012）铁执字 167－2 号执行裁定，后铁力市人民法院解除对小羽的冻结措施。[①]

（1）铁力市人民法院追加、变更当事人的裁定存在着哪些问题？

（2）小羽的合法权益可通过哪些程序得到救济？

五、知识拓展

1. 肖建国. 中国民事强制执行法专题研究. 北京：中国法制出版社，2020.

2. [德] 弗里茨·鲍尔，等. 德国强制执行法. 王洪亮，等译. 北京：法律出版社，2019.

3. 黄忠顺. 民事执行机构改革实践之反思. 现代法学，2017（2）.

4. 陈杭平. 再论执行力主观范围的扩张. 现代法学，2022（4）.

5. 谭秋桂. 论民事执行当事人变化的程序构建. 法学家，2011（2）.

6. 张卫平. 执行和解制度的再认识. 法学论坛，2016（4）.

7. 刘学在. 和解制度所涉实体及程序问题研究. 国家检察院学院学报，2016（2）.

8. 王亚新. 一审判决效力与二审中的诉讼外和解协议：最高人民法院公布的 2 号指导案例评析. 法学研究，2012（4）.

9. 张卫平. 执行救济制度的体系化. 中外法学，2019（4）.

专题二 “名实不符”的股权归属与执行

一、案例导入

（一）案情介绍

案例一：甲公司与乙公司签订股权代持协议，约定由乙公司代甲公司持有其在丙银行的股权，并由乙公司代为行使相关股东权利。委托权限包括乙公司在丙银行的股东登记名册上具名，以该公司股东身份参与相应活动、代为收取股息或红利、出席股东会并行使表决权，以及行使公司法与该公司章程规定的其他权利。后因乙公司与丁银行之间的债权债务纠纷，前述代持股权被丁银行申请执行。甲公司为此向法院提出执行异议并提起案外人执行异议之诉。[②]

---

① 黑龙江何某申请执行监督案，最高人民检察院指导性案例 110 号（2021 年）。

② 山东省高级人民法院（2015）鲁商终字第 307 号民事判决书、最高人民法院（2016）最高法民再 360 号民事判决书，本书对案件事实作了适当的改编。

案例二：甲公司和张某某签订股权代持协议，约定张某某代甲公司持有乙公司49%的股权并代为行使股东权利。因丙公司与乙公司、甲公司等的债权转让纠纷，法院判令乙公司向丙公司支付债权转让款及资金成本，甲公司承担连带清偿责任。后上述债权被转让给丁公司。事后，丁公司、乙公司、张某某、甲公司形成会议纪要，会议纪要载明“乙公司股东张某某为甲公司代持人”，张某某在会议纪要签字确认。因甲公司、乙公司未履行上述债务，丁公司向法院申请强制执行。法院冻结甲公司委托张某某代持的乙公司2 450万元共计49%的股权及孳息。执行过程中，张某某向法院提出书面异议，请求中止对其持有的乙公司49%股权的处置。经审查，法院裁定中止对张某某持有的乙公司49%股权的执行。申请执行人丁公司对执行裁定不服，诉至法院。①

案例三：2017年12月6日，甲公司与乙公司签订“股金转让协议书”“确认书”，确认甲公司以6 000万元的价格受让乙公司原持有的丙农信社3 000万股的股金。丙农信社为甲公司制作了“股金证”（但尚未交付），并办理了内部股金系统转让变更登记手续。2017年12月12日，丙农信社向市场监督管理局申请办理丙农信社非公司企业法人出资人变更备案手续（尚未完成）。后法院根据案外人的申请，冻结了乙公司名下的资产，但丙农信社在法院的协助执行通知书签注：股权于2017年12月11日转让给甲公司，截至2017年12月12日，乙公司在我社无股权，无法冻结。2017年12月26日，丙农信社向甲公司发出“函告书”，提醒甲公司尽快办理股权工商变更登记。甲公司对上述股权保全措施提出异议，法院裁定驳回异议申请。甲公司不服该裁定，遂提起诉讼。②

案例四：甲公司与李某签订“受托运营店铺合同”，双方决定在北京市朝阳区共同投资成立某店铺（以下简称“合资店”），该合资店登记为乙公司（合资公司），双方各持有50%股权。一年后甲公司与李某签订“合资店投资出让协议”（以下简称“投资出让协议”），约定甲公司向李某出让其对合资店投资总额的100%，李某按约定向甲公司支付部分股权转让款，双方没有办理一人有限公司的变更登记。因韩某与甲公司合资经营合同纠纷，法院裁定查封甲公司持有的乙公司50%股权。李某提出执行异议，法院裁定驳回其异议请求，李某遂提出案外人执行异议之诉。③

（二）案例思考

上述四个案例均属针对股权权属公示登记与股权归属约定不符情形，即“名实不符”的股权强制执行引发的执行异议，前两个案例系针对代持股权的强制执行，而后两个案例系主体变更后股权的强制执行。由此涉及如下问题：第一，股权代持下实质股东的判定标准为何？第二，我国司法实践中股权变动的模式是采意思主义还是形式主义？第三，法官在判断执行异议人是否享有排除强制执行的民事权益时，

① 山东省高级人民法院（2021）鲁民终2086号民事判决书。

② 最高人民法院（2019）最高法民终1946号民事判决书。

③ 北京市高级人民法院（2017）京民终384号民事判决书。

如何平衡商事外观主义与实际权利人之间的利益冲突？

二、基本原理

（一）实体法疑难问题精讲

1. 股权变动规则

我国现有公司包括有限责任公司和股份有限公司两种类型，有限责任公司除包括普通有限责任公司外，还包括一人有限责任公司、国有独资公司，而股份有限公司分为上市和非上市股份有限公司。国有独资公司的特殊性决定其几乎不存在股权变动争议，但就普通有限责任公司、一人有限责任公司以及股份有限责任而言，在实践中存在大量股权纠纷以及针对股权执行衍生出的执行异议之诉，我国法律中股权变动的规则模糊，导致实务界与理论界认识不一。

（1）有限责任公司股权变动规则。

依通说，引起股权变动的法律事实既包括法律行为，如股权转让，又包括事实行为，如继承等。实践中，有限责任公司股东对外转让股权通常需要与受让方签订股权转让合同，但长期以来，无论是理论界还是实务界，就股权转让合同与股权变动的关系存在争议。意思说认为，股权转让合同既有债权合意，又同时具有物权合意，基于双重意思表示功能，股权变动蕴含在股权转让合同之中，是合同全面履行的结果。[①] 形式要件说认为，股权转让合同的生效并不当然引起股权的变动，但股权变动应以股权转让合同生效为前提，之后仍需导致股权变动的准物权行为的完成。[②] 本书认为，形式要件说更具合理性。

1）基于民事法律行为的股权变动模式。

参照物权变动模式，学理上将股权变动模式分为"意思主义"和"形式主义"，前者又可被分为"纯粹意思主义"和"修正意思主义"。

纯粹意思主义模式是指，股权转让合同生效时同步发生股权变动的效力，转让方即丧失股权，受让方即享有股权。纯粹意思主义模式下，股权的变动只考虑当事人双方的合意，公司向新股东签发出资证明书、修改章程和股东名册或变更工商登记等均非受让人取得股权的生效要件，不影响受让人取得股权。实践中也有司法裁判持该观点，例如，在上海某有限公司与杨某、章某刚股权转让纠纷案中，一审法院认为，"在股权转让人与受让人内部，股权的转让应以意思表示为准，双方当事人间就股权转让达成合意，则股权在双方当事人间转移"[③]。因此，法院认为双方当事人签订股权转让合同后，股权就已发生了转移，此时受让人未完全支付股权转让款构成违约。[④] 基于纯粹意思主义模式虽然可以防止公司对私人自治的干预，但是无法消除公司完全被置于转让人与受让人的交易之外的不足，学界与实务界又提出了

① 钱玉林. 股权转让行为的属性及其规范. 中国法学，2021（1）：210.

② 李建伟. 公司法学. 4版. 北京：中国人民大学出版社，2018：240.

③ 李建伟. 公司法学. 4版. 北京：中国人民大学出版社，2018：241.

④ 上海市第一中级人民法院（2016）沪01民终8792号民事判决书。

修正意思主义模式，该模式仅承认股权转让合同生效产生的股权变动效果及于出让人与受让人双方内部，只有在通知公司或者公司股东名册变更后，受让人方可行使其股东权利。[①] 修正意思主义模式的创新之处在于对不同主体之间的效力进行区分认定。股权转让合同生效产生的股权变动效力既不能对抗公司，也不能对抗第三人，唯有通知公司并取得公司认可才得对抗公司以及债权人，因此，也有人将这种模式称为公司认可对抗模式。修正意思主义模式引入通知程序实质上系借鉴债权让与规则，但股权转让中受通知的公司与债权让与中的债务人并不相同。公司若认为该股权转让合同或者程序违反了章程规定，应当有权提出异议，其他股东也可行使优先购买权，此时受让人无法行使股权。

债权形式主义下的股权变动模式是指，股权转让合同生效仅在当事人之间产生债权效力，需经公示手段始发生股权变动的效力。至于债权形式主义模式下对具体的股权变动时间的认识也存在分歧，有的观点将股东名册的变更纳入股权变动的构成要件之中，并主张对股权变动采取"公司内部登记生效制与公司外部登记对抗机制相结合的态度"，公司内部以公司股东名册的变更之时为股权交付之时，也即股权变动之时；公司外部以工商登记的变更作为对抗第三人的条件。[②] 也有观点认为，股权转让以股权转让登记为生效要件，股权转让登记不是股权变动的对抗要件。[③] 我国《公司法》实际上否定了后一种观点。原《公司法》第 32 条第 3 款将公司未将股东或登记事项变更办理登记的后果确定为不得对抗第三人。[④] 新修订的《公司法》第 34 条第 2 款在此基础上将第三人明确为善意相对人。最高人民法院在 2019 年印发了《九民纪要》，其中第8 条再次强调未向公司登记机关办理股权变更登记的，不得对抗善意相对人。[⑤] 因此，有限责任公司办理股权变更登记具有向社会不特定多数人公示的作用，产生的是对抗效力。无论公司是否为新股东办理登记，都不影响股权转让合同的生效和受让人取得股权。

2）股权变动的时点。

受让人何时取得股权是股权变动模式中的核心问题，它关系着受让人何时能够取得基于股权产生的股利，也关系受让人何时得以对公司行使股东权利。

本书认为，尽管学界以及实务界对此存在认识上的分歧，但在确定股权变动时点时，应当考虑有限责任公司股权具有的人合性与财产性的双重特性，不能简单地

---

① 李建伟. 有限责任公司股权变动模式研究：以公司受通知和认可的程序构建为中心. 暨南学报（哲学社会科学版），2012（12）：23.

② 刘俊海. 现代公司法：上册. 3 版. 北京：法律出版社，2015：460. 曹兴权. 股东优先购买权对股东转让合同效力的影响. 国家检察官学院学报，2012（5）：150.

③ 孙彬，王燕军主编. 公司法. 北京：中国检察出版社，2006：75.

④ 原《公司法》第 32 条第 3 款规定："公司应当将股东的姓名或者名称向公司登记机关登记；登记事项发生变更的，应当办理变更登记。未经登记或者变更登记的，不得对抗第三人。"2023 年《公司法》第 34 条第 2 款："有限责任公司股东、股份有限公司发起人的姓名或者名称。"

⑤ 《全国法院民商事审判工作会议纪要》第 8 条规定："当事人之间转让有限责任公司股权，受让人以其姓名或者名称已记载于股东名册为由主张其已经取得股权的，人民法院依法予以支持，但法律、行政法规规定应当办理批准手续生效的股权转让除外。未向公司登记机关办理股权变更登记的，不得对抗善意相对人。"

复制债权转让的模式，也不能限制股权作为财产权的流动性，故股权对外转让应以通知公司且其他股东在法定期限内未行使优先购买权为股权变动的条件和节点，而股东内部转让应以通知公司作为股权变动的条件和节点，理由有两点。

首先，无论是我国《公司法》还是相关司法解释均将记载于股东名册、公司签发新的出资证书、修改公司章程、办理变更登记等作为公司向新股东应尽之义务，但是对股权变动的节点未进一步明确。

我国《公司法》并未将记载于股东名册、公司签发新的出资证书、修改公司章程、办理变更登记作为股权变动的设权条件，而是将其视为股权转让后公司所负的义务。《公司法》第 86 条第 2 款与《九民纪要》第 8 条保持一致，规定“股权转让的，受让人自记载于股东名册时起可以向公司主张行使股东权利。”该款明确了股权转让后受让人对公司主张权利的时点，仅是对第 56 条第 2 款在股权转让中的再次明确，赋予股东名册证权效力而非设权效力，否则就难以解释在未设置股东名册的公司中仍然存在股东的事实。[①]《公司法》第 87 条与原《公司法》第 73 条保持一致，明确将注销原股东的出资证明书，向新股东签发出资证明书，并相应修改公司章程和股东名册中有关股东及其出资额的记载的行为作为公司对新股东的义务。[②] 但是，对股权变动的具体时点，上述法律并未作出规定。最高人民法院《关于适用〈中华人民共和国公司法〉若干问题的解释（三）》[以下简称《公司法司法解释（三）》]第 22 条、第 23 条的规定，也未将变更股东名册作为股权变动的必要条件，而是与《公司法》第 87 条保持一致，即在股权变动之后深加公司负有办理有关手续的义务。至于股权变动的具体时点，司法解释也未作出更详细的规定。尽管《九民纪要》第 8 条表达了法院对受让人以其姓名或者名称已记载于股东名册为由主张其已经取得股权的请求表示支持的态度，但是该裁判指导意见也未明确在公司未将受让人记载于股东名册，其已经实际参加股东会、分配股利等情形下，应如何确定股权转让的认定标准？因此，这也仅仅是从另一层面表达了股东名册的证权效力。[③]

其次，《公司法》第 84 条、第 85 条对于股权对内、对外转让的程序和权限作出了明确限制，只有满足法定条件，股权才能产生变更效果，否则仅在转让人与受让人之间产生债的关系。《公司法》第 71 条第 2 款、第 3 款明确了股东对外转让股权时，其他股东的优先购买权。换言之，即便转让人与受让人签订股权转让协议，只要其他股东在法定期限内行使优先购买权，相关股权应由该股东取得，所以在其他股东的优先购买权尚处于权利存续期限内时，股权不发生变动。《公司法》第 85 条也明确了人民法院依照法律规定的强制执行程序转让股东的股权时，应尊重其他股

---

① 《公司法》第 86 条第 2 款规定：“记载于股东名册的股东，可以依股东名册主张行使股东权利。”

② 《公司法》第 87 条规定：“依照本法转让股权后，公司应当及时注销原股东的出资证明书，向新股东签发出资证明书，并相应修改公司章程和股东名册中有关股东及其出资额的记载。对公司章程的该项修改不需再由股东会表决。”

③ 参见最高人民法院民事审判第二庭编著.《全国法院民商事审判工作会议纪要》理解与适用. 北京：人民法院出版社，2019：135.

东的优先购买权。《公司法》第 86 条第 1 款在股权转让程序中加入了通知程序。[①]因此，股东对外转让股权时，股权变动的时间节点应当是通知公司且其他股东明确放优先购买权，或者在法定期限或章程规定的期限内未行使优先购买权的节点。[②]虽然《公司法》第 84 条第 1 款对股东内部之间股权转让没有作出限制，但《公司法》第 85 条明确法院强制执行程序转让股东的股权时应通知公司，所以依类推适用，也应以通知公司作为股权变动时间节点。

当然，学界也有观点认为，有限责任公司对外转让股权应当以公司认可该次股权交易的时间点作为股权变动的时点，或称公司认可生效主义模式，即股权转让合同的生效仅在当事人之间产生债权效力，只有经过公司的认可股权才得以变动。[③]但本书认为，股权属于财产权，股东有权对外转让。如果需要以公司认可作为股权变动的条件，那么就难以解释《公司法》第 87 条对公司规定之义务。假设公司不认可受让人，完全可以采取由其他股东优先购买或者减资等方式予以对抗，否则法院在对受让人主张股东权利，要求公司履行义务诉讼作出裁判时将陷入新的逻辑矛盾之中。

考虑一人有限责任公司不存在其他股东优先购买权的问题，也不存在股东之间内部转让股权的前提，故一人有限责任公司的股权对外转让应以受让人实际控制公司作为股权变动的生效时点，例如，转让人向受让人移交公司印章、财产等。

（2）股份有限责任公司股权变动规则。

股份有限公司分为上市和非上市股份有限公司。而上市股份有限公司股东转让其股份，应依照有关法律、行政法规及证券交易所交易规则上市交易，显然，上市股份有限公司股权变动只能在场内交易，采登记形式主义，实务中也不存在争议。但对于非上市股份有限公司股权交易场所，公司法仅规定按照国务院规定的其他方式进行，并未明确具体采何种方式。[④]尽管《市场主体登记管理条例》要求市场主体对登记事项应自作出变更决议、决定或者法定变更事项发生之日起 30 日内向登记机关申请变更登记，但该条例规定的登记事项仅包括有限责任公司的股东、股份有限公司的发起人及非公司企业法人出资人的姓名或者名称，并不包括股份有限公司

---

① 《公司法》第 86 条第 1 款规定："股东转让股权的，应当书面通知公司，请求变更股东名册；需要办理变更登记的，并请求公司向公司登记机关办理变更登记。公司拒绝或者在合理期限内不予答复的，转让人、受让人可以依法向人民法院提起诉讼。"

② 《公司法》第 84 条规定："有限责任公司的股东之间可以相互转让其全部或者部分股权。股东向股东以外的人转让股权的，应当将股权转让的数量、价格、支付方式和期限等事项书面通知其他股东，其他股东在同等条件下有优先购买权。股东自接到书面通知之日起三十日内未答复的，视为放弃优先购买权。两个以上股东行使优先购买权的，协商确定各自的购买比例；协商不成的，按照转让时各自的出资比例行使优先购买权。公司章程对股权转让另有规定的，从其规定。"第 85 条规定："人民法院依照法律规定的强制执行程序转让股东的股权时，应当通知公司及全体股东，其他股东在同等条件下有优先购买权，其他股东自人民法院通知之日起满二十日不行使优先购买权的，视为放弃优先购买权。"

③ 学理上亦有赞成该观点，参见李建伟. 公司认可生效主义股权变动模式：以股权变动中的公司意思为中心. 法律科学（西北政法大学学报），2021（3）.

④ 《公司法》第 138 条规定："股东转让其股份，应当在依法设立的证券交易场所进行或者按照国务院规定的其他方式进行。"

的股东。[①] 在此之前的《公司登记管理条例》同样针对有限责任公司的情形要求办理变更登记，对股份有限公司的股东变更并未作出规定。因此，实践中市场监督管理局一般仅对股份有限公司在设立时的发起人予以登记，公示的信息也仅为设立时的发起人，至于发起人股权限售期满后的股权变动，因无须登记，故无公示。[②] 但是，公司法对此毕竟还是作出了授权性规定，实践中我国各省、直辖市的具体操作也不尽相同。

2. 股权代持

（1）股权代持协议的类型、性质和效力。

当下，股权代持已成为一种活跃的投资方式，但在代持关系存续期间，代持股权的流转往往成为各方利益的“修罗场”。股权代持协议并非我国《民法典》规定的典型合同，却是实践中股权投资常见的合同类型。实际出资人和第三人通常签订一份股权代持协议，约定实际出资人以第三人的名义向目标公司出资以获取股权，在公司股东名册以及工商登记中载以第三人的姓名或名称。在实践中，该第三人被称为名义股东或显名股东，实际出资人被称为隐名股东。

1）股权代持协议的类型。

按照股权代持的目的进行划分，股权代持协议分为以下两种：一种是旨在规避法律或政策的股权代持协议，即为了规避我国法律法规对投资领域、投资主体和投资比例等方面的限制而签订的股权代持协议。另一种是旨在隐藏投资人身份的股权代持协议，即并非基于规避法律的原因，只是因为实际出资人不愿意公开自身的经济状况或者不愿意以自己的名义投资。按照股权代持协议的披露程度进行划分，股权代持协议分为以下三种：一是完全不披露的股权代持协议，即不对公司其他股东和经营管理者披露代持协议的存在。二是不完全披露的股权代持协议，即将代持协议情况向公司其他股东及管理人员进行披露，但隐名股东并不参与公司管理和股东会决策。三是完全披露的股权代持协议，即不仅将代持协议情况向公司其他股东及管理人员进行披露，隐名股东还亲自参与公司管理，名义股东只是在股东名册和工商登记中“挂名”。

2）股权代持协议的性质。

关于股权代持协议的性质，目前我国存在合伙说、信托说、代理说等不同观点。

一是合伙说。该说将隐名出资人和名义股东之间的股权代持协议理解为合伙隐名出资协议，由隐名出资人负责出资，显名股东将此财产通过公司法上的出资行为

---

① 《市场主体登记管理条例》第 8 条规定：“市场主体的一般登记事项包括：（一）名称；（二）主体类型；（三）经营范围；（四）住所或者主要经营场所；（五）注册资本或者出资额；（六）法定代表人、执行事务合伙人或者负责人姓名。除前款规定外，还应当根据市场主体类型登记下列事项：（一）有限责任公司股东、股份有限公司发起人、非公司企业法人出资人的姓名或者名称；（二）个人独资企业的投资人姓名及居所；（三）合伙企业的合伙人名称或者姓名、住所、承担责任方式；（四）个体工商户的经营者姓名、住所、经营场所；（五）法律、行政法规规定的其他事项。”第 24 条第 1 款规定：“市场主体变更登记事项，应当自作出变更决议、决定或者法定变更事项发生之日起 30 日内向登记机关申请变更登记。”

② 《公司登记管理条例》第 34 条第 1 款规定：“有限责任公司变更股东的，应当自变更之日起 30 日内申请变更登记，并应当提交新股东的主体资格证明或者自然人身份证明。”第 3 款规定：“有限责任公司的股东或者股份有限公司的发起人改变姓名或者名称的，应当自改变姓名或者名称之日起 30 日内申请变更登记。”

转化为出资份额并在公司中行使股东权，双方根据合伙协议的约定共担风险，共享受益，共同经营。[①] 尽管股权代持协议中的实际出资人与隐名合伙中的隐名合伙人在信息披露、风险承担方面有相似之处，但因股权代持中的名义股东与隐名合伙中的显名合伙人有诸多不同，该学说也遭到学界的质疑。质疑的主要理由有三点。第一，风险承担并不相同。股权代持的名义股东是以隐名股东的出资为限承担有限责任，实际上名义股东无须用自己的财产对公司债务承担责任；而隐名合伙中的显名合伙人需以自身全部财产对公司债务承担无限责任。第二，出资行为指向的客体不同。隐名合伙人出资指向显名合伙人名下的商事营业；股权代持协议中，隐名股东直接出资的对象或者参与的客体，是公司中名义股东名下的股权。[②] 第三，股权代持协议与隐名股东属性不同。简单来说，股权代持协议只是一个协议，隐名合伙是一个组织体，隐名合伙协议则是组织体的规则，并不被泛用于任何人之间的合作协议。[③] 因此，股权代持协议的法律性质不宜被认定为隐名合伙合同。

二是信托说。该说认为代持协议是一种信托合同，实际出资人和名义股东之间是一种信托法律关系，实际出资人将自己的财产委托给名义股东，指定信托受益人为自己，由名义股东代替自己出资，最终形成股权。[④] 学界对信托说的批评观点认为，信托说不能对不同类型的股权代持协议的法律性质作出全面合理的解释。第一，信托中的受托人是以自己的名义处理受托事务，而在“完全披露的股权代持协议”的情形下，名义股东实际上以实际出资人的名义行事，因此，在实际出资人行使股东权利的情况下，股权代持与信托财产权转移的要件相违背，不能被认定为信托法律关系。第二，在上述“不完全披露的股权代持协议”中，“信托财产独立性所内含的信托财产或信托行为公示应是信托行为成立之要件。而股权代持中实际出资人（隐名股东）之所以选择股权代持，就是为了回避商事登记和公司章程等公示制度”[⑤]。因此，在名义股东行使股权的情况下，股权代持因与信托公示要件相违背，不能被认定为信托法律关系。

三是代理说。该说认为，股权代持协议本质上是委托代理合同，即实际出资人委托名义股东代持股权，名义股东以自己的名义享有股东权利、履行股义务。[⑥] 在对公司披露股权代持和实际出资人的情况下，股权代持实际上是一种显名代理；只披露代持情况而未披露实际出资人则属于隐名代理；而未对公司披露股权代持的情况属于被代理人身份不公开的代理。[⑦] 本书认为，结合《公司法解释三》第 24 条之意旨，我国司法实务中采委托代理说。

---

① 刘韶华. 有限责任公司隐名出资协议法律性质的信托法解析. 法学适用，2011（6）：49.

② 张双根. 论隐名出资：对《公司法解释（三）》相关规定的批判与发展. 法学家，2014（2）：69.

③ 刘迎霜. 股权代持协议的性质与法律效力. 法学家，2021（3）：132.

④ 王毓莹. 股权代持的权利架构：股权归属与处分效力的追问. 比较法研究，2020（3）：25.

⑤ 刘迎霜. 股权代持协议的性质与法律效力. 法学家，2021（3）：133.

⑥ 荣明潇. 股权代持行为效力的司法认定. 法律适用（司法案例），2019（2）：58.

⑦ 赵旭东，顾东伟. 隐名出资的法律关系及其效力认定. 国家检察官学院学报，2011（2）：142－145.

3）股权代持协议的效力。

《公司法司法解释（三）》第 24 条第 1 款规定："有限责任公司的实际出资人与名义出资人订立合同，约定由实际出资人出资并享有投资权益，以名义出资人为名义股东，实际出资人与名义股东对该合同效力发生争议的，如无法律规定的无效情形，人民法院应当认定该合同有效。"该规定虽然明确了股权代持行为的合法地位，但也表明判断股权代持协议的效力，要考虑是否存在法律规定的无效的情形。通说认为，合同违反效力性强制性规定时必然无效，违反管理性强制性规定并不当然否定合同效力。但效力性强制性规定的识别在操作上存在一定难度。例如，当公务员作为实际出资人与他人签订股权代持协议时，该协议是否因为违反《公务员法》而无效？根据我国《公务员法》第 59 条的规定，国家公务员不得"从事或者参与经营性活动"，若要确定该股权代持协议的效力，就要探究该规定究竟属于效力性强制性规定还是管理性强制性规定。[①] 有观点认为，该种情形属于违反了效力性强制性规定，但最高人民法院认为该规定系管理性强制性规定，而非效力性强制性规定。公务员若违反了该规范，应由其管理机关追究其相应责任，但并不影响公务员作为民事主体签订合同的效力。[②]

（2）隐名股东。

1）隐名股东的法律地位。

隐名股东仅靠一份合同能否掌握所约定的股权？理论界对于实际出资人的股东资格认定问题存在较大争议。对于这一问题，总体上有三种学说。

第一，实质说。该说认为，取得股东资格的前提为向公司实际出资，因此应将实际出资的隐名投资人认定为公司股东。主张实质说的学者认为股东的出资行为实际上系以表意为特征的民事行为，表意行为又是以意思表示为核心，因此要关注当事人的意思表示，探求与公司构建股东关系的真意。也就是说，认定股东资格应当按照公司各股东之间真实的意思表示，通过他们对公司的经营行为的约定判断，而不能单纯依据公示的外观资料。[③]

第二，形式说。该说认为，不论实际出资人是谁，都应当以显名出资人为公司股东。该说认为只要满足公司股东的外在形式条件，就可以被认定为公司的真正股东，而实际出资人因为"隐名"不具备股东的形式要件，不能被认定为公司的股东，即否认实际出资人的股东资格。根据商事外观主义的原则，商事登记具有社会公示作用。第三人与公司或名义股东进行交易时根据登记外观来了解信息，股权代持情况并未被披露于工商登记中，第三人无法也无须知悉隐名股东的存在。即使股东名册作为公司公示性文件，其文件记载的内容仍无法让第三人知悉实际出资人的存在。因此将登记于公司法律文件的主体认定为股东，有利于保障善意第三人、维护交易安全。该说的理论基础在于表示主义，不要求公司探求出资的实际情况。由于表示

---

① 《公务员法》第 59 条规定："公务员应当遵纪守法，不得有下列行为：……（十六）违反有关规定从事或者参与营利性活动，在企业或者其他营利性组织中兼任职务……"

② 最高人民法院（2017）最高法民申 3637 号民事裁决书。

③ 赵万一，吴晓峰. 商事思维下的公司法实务研究. 北京：中国法制出版社，2009：33.

主义偏重于考量形式主义，最适合倾向于团体主义的法律，与以团体法为重心的现代商法观念相吻合。[①]

第三，折中说。由于以上两种学说均有其合理之处，因此有学者提出了折中说，也称为内外区别说。该说主张，依股东资格争议涉及的公司法律关系性质的不同，应遵循不同的标准作出认定，即应当区分公司内部关系和外部关系来认定隐名股东的股东身份。当公司纠纷系属内部股东资格确认纠纷，不涉及外部第三人，不产生需要保护的外观利益时，应当适用个人法规则，从各主体之间的真实意思出发来确认股东资格，即如果股权代持协议没有违反法律规定，公司可以在内部将实际出资人认定为股东。当公司纠纷涉及外部第三人或公司债权人时，应当适用团体法规则。由于工商登记对外具有公示性，为保护善意第三人的信赖利益，在对外关系上应当认定登记股东是公司的股东。[②]

本书认为，从股权变动规则出发，对有限责任公司以及非上市股份有限责任公司而言，折中说更符合司法实务界的普遍认知，也能从不同角度平衡各方主体之间的利益冲突，但是上市股份有限责任公司作为公众公司，出于公共利益角度，应采形式说即以显名出资人为公司股东。

2）隐名股东显名的条件。

《公司法司法解释（三）》第 24 条第 3 款规定："实际出资人未经公司其他股东半数以上同意，请求公司变更股东、签发出资证明书、记载于股东名册、记载于公司章程并办理公司登记机关登记的，人民法院不予支持。"根据该规定，民事主体无论是原始取得还是继受取得股权，其股权的发生或变动需由公司认可始发生效力。尽管实际出资人与名义股东约定股权系名义股东代持，但合同具有相对性，双方当事人的约定无法对抗公司内部股东名册对名义股东资格的确认。为了维护公司人合性和内部关系之稳定，实际出资人若想显名，就必须获得公司的认可。该规定参照股权对外转让规则，要求经由公司其他股东过半数同意，实际出资人才可取代名义股东成为公司股东。当然，实际出资人的显名并不完全适用股权对外转让规则，无论实际出资人的显名是否获得其他股东过半数的同意，其他股东都不享有优先购买权。[③] 实践中还存在另一种情况，即虽然股东名册和商事登记等法律文件上记载的是名义股东的姓名，但以股东身份参与公司日常经营管理的并非名义股东而是实际出资人，也就是说，公司其他股东对于代持情况是知悉且表示接受的，名义股东仅仅起"挂名"的作用。于这种情况，也应当认定实际出资人的股东资格。从反面来说，如果公司对代持一事并不知情，那么实际出资人就不得以该协议对抗公司。

（3）商事外观主义。

股权代持导致商事登记所彰显的权利主体与真实主体之间存在差异，必然会引发与潜在第三人的利益冲突。将以登记股权为交易客体的善意交易方纳入善意第三

---

① 蒋大兴. 公司法的展开与评判：方法·判例·制度. 北京：法律出版社，2001：470.

② 赵旭东主编. 公司法学. 2 版. 北京：高等教育出版社，2006：313－314.

③ 最高人民法院民事审判第二庭编著. 最高人民法院关于公司法解释（三）、清算纪要理解与适用. 北京：人民法院出版社，2016：380.

人范畴的认知，在理论和实践中没有争议。但是，公司以及出名股东的债权人是否应当被纳入受保护的善意第三人的范围，理论和实践中均有较大争议。究其缘由主要在于对商事外观主义理解的差异。

1）商事外观主义的内涵。

外观主义又被称为权利外观理论，外观主义在民商事法律关系中得到广泛运用，例如表见代理制度、善意取得制度、商号借用等。王保树教授认为，外观主义是指由于某人的行为，导致他人误以为某权利或法律关系真实存在，为保护信赖该外观的第三人，法律令本人承担该虚假外观相对应的责任。[①] 商事外观原则并非现行法律明文规定的原则，而是民商法上的学理概括，系法律基于特定理由不得已按照外观特别是对该外观的合理信赖赋予法律效果，其法律构成、法律效果因场合而异。[②]

2）商事外观主义的构成要件。

第一，存在外观事实。

存在外观事实，是外观主义适用的前提。客观性和虚假性是外观事实的两个最核心的特征。[③] 外观事实的客观性是指外观事实不是主观臆想的，第三人能够清晰地感受并认知到该外观，这种客观性正是外观之所以产生法律效力的基础。外观事实的虚假性是指虽然外观事实是客观存在的，但并不反映真实的法律事实。这种事实状态通常能够通过基本的社会经验判断与一定的主体资格、权利或者意思表示联系起来。这是外观主义适用的逻辑基础。只有这种虚假的客观外观事实才能引发是保护第三人还是保护实际权利人的利益衡量问题，从而有外观主义的适用空间。如果外观事实和真实状态是一致的，就没有外观主义的适用空间。

第二，第三人应存在合理信赖并基于该信赖作出处分行为。

一方面，第三人应当是善意且无重大过失的。第三人对外观事实系虚假的不知情或不应当知情为善意。如果第三人是因为重大过失而对真实法律事实不知情，例如，第三人未尽到应有的注意义务导致未能知悉真实法律状况，就不能认其为善意。至于因轻过失未知悉真实法律状况，不能否认第三人善意。[④] 若过分要求第三人不知且无过失，第三人将很难形成信赖利益，外观主义也无从适用。

另一方面，第三人应当基于该信赖作出处分行为。信赖作为一种主观心理状态，很难为外界所知晓，因此纯粹主观心理状态意义上的信赖并非法律的调整对象。当第三人基于这种信赖作出某些行为导致利益关系发生变化时，法律才有可能介入其中。由此可见，法律所保护的信赖应当具有客观性，需要基于内心状态而作出能为外界感知的外部行为，实质为“信赖行为”，即主观内在和客观外在的结合。[⑤] 也就是说，通过外观主义保护第三人利益，第三人只产生内心信赖是不够的，还要基于这种信赖作出信赖处分或者信赖投资。如果第三人的行为是在外观事实产生前作出

---

① 王保树. 商法总论. 北京：清华大学出版社，2007：75.

② 崔建远. 论外观主义的运用边界. 清华法学，2019（5）：6.

③ 刘胜军. 论商事外观主义. 河北法学，2016（8）：95.

④ ［德］C.W.卡纳里斯. 德国商法. 杨继，译. 北京：法律出版社，2006：148.

⑤ 石旭雯. 商事外观主义的法律构成. 河北法学，2009（5）：101.

的，即行为和外观事实之间缺乏因果关系，那么该行为也不是“信赖行为”，从而排除外观主义的适用。

第三，实际权利人的可归责性。

外观主义保护了善意无重大过失第三人的合理信赖利益，而使实际权利人蒙受不利益后果。牺牲实际权利人的利益是外观主义归责的结果，但对实际权利人采取何种归责原则，存在不同观点。

与因主义说认为，与因是令实际权利人负担外观主义的不利益，即实际权利人对外观事实的形成给予一定的原因力。[①] 在与因主义下，只要存在与因这一客观事实，无论实际权利人是否存在过失，都具备信赖保护的归责事由。[②] 相反，过失归责说则认为，本人对外观事实的形成有过错时才承担该外观事实导致的不利益。[③] 由于第三人与外观责任人没有直接联系，想要证明其主观上存有过错非常困难，因此该观点不利于保护外观信赖人。在综合上述两种观点的基础上，折中说认为若本人积极推动了外观事实的形成，此时采纳与因主义原则；若本人对外观事实的形成并未从事积极行为，适用过失原则。[④]

目前主流观点认为，在商事领域，外观主义的归责适用风险主义原则。卡纳里斯教授认为，虽然商事外观责任的成立需要考虑申报义务人的可归责性，但关于可归责性的判断并不总是以过错为依据，登记错误的发生原因和风险负担观念于之亦有影响。[⑤] 无论实际权利人主观上是否有过错，若其对产生权利外观的风险未能有效控制，导致第三人因信赖外观事实而利益受损，这种损失就具有可归责性。例如，在股权代持中，基于股权登记产生的公信力，隐名股东委托他人代持股权本身就存在风险，因此隐名股东负有风险防控的义务。对内而言，其可以向公司以及其他股东披露代持事实，可以通过参加股东会等方式控制风险；对外而言，假设其知晓显名股东拟对外处分股权，则应将该事实通知交易相对方。当然，上述风险控制的前提是该代持关系属于完全披露的股权代持协议，因为只有在这种情形下，方可认定该隐名股东实质享有股权，其他类型的代持仅应认定其对出名股东享有债权。之所以风险原则能够成为主流观点，是因为它跳出了从实际权利人的真实权利和外观信赖人的信赖利益中二选一的境地，从社会整体利益的本位出发，追求利益的相对公平。

(二) 程序法疑难问题精讲

1. “名实不符”股权强制执行的一般程序

(1) 执行申请及股权冻结。

根据《民事诉讼法》的规定，民事诉讼的执行程序既可以由当事人申请启动，

---

① 丁南．论民商法上的外观主义．法商研究，1997（5）：34.

② 孙鹏．民法上信赖保护制度及其法的构成：在静的安全与交易安全之间．西南民族大学学报（人文社科版），2005（7）：74.

③ 刘胜军．论商事外观主义．河北法学，2016（8）：92.

④ 石旭雯．商事外观主义的法律构成．河北法学，2009（5）：103.

⑤ ［德］C. W. 卡纳里斯．德国商法．杨继，译．北京：法律出版社，2006：90－91，119，147－148.

又可以由法院移送启动。[①] 若一方当事人申请执行对方当事人名下的财产，一般应自法律文书规定的履行期间的最后一日起2年内申请执行。[②] 执行申请人在申请强制执行时一般会被法院要求提供被执行人的财产线索，执行法院也有权向有关单位查询被执行人的财产信息。执行法院发现被执行人名下有股权时，会裁定冻结该股权。最高人民法院《关于人民法院强制执行股权若干问题的规定》（下文简称《强制执行股权规定》）第4条第1款规定："人民法院可以冻结下列资料或者信息之一载明的属于被执行人的股权：（一）股权所在公司的章程、股东名册等资料；（二）公司登记机关的登记、备案信息；（三）国家企业信用信息公示系统的公示信息。"按此规定，当以"名实不符"的股权作为被执行财产时，执行法院将冻结名义股东或登记股东名下的股权。根据《强制执行股权规定》第5条的规定，人民法院冻结被执行人的股权，应当向公司登记机关送达裁定书和协助执行通知书，要求其在国家企业信用信息公示系统进行公示，股权冻结自在公示系统公示时发生法律效力。同时，法院会向被执行人、申请执行人送达裁定书，并将股权冻结情况书面通知股权所在公司。

（2）案外人执行标的异议。

因司法实践对股权名实分离状态的承认，故公司股权作为强制执行标的时，时常有案外人以对该执行标的享有股权为由，要求排除法院执行。这就是案外人执行标的异议。在司法实践中，最常见的"名实不符"的股权为下列两种情形：为他人所代持的股权以及权属变动后未办理变更登记的股权。在对该两种股权强制执行的过程中，案外人如果主张权利，应当在执行终结前向法院提出书面异议，人民法院应当自收到书面异议之日起15日内审查并作出裁定。

《民诉法司法解释》第463条第1款规定："案外人对执行标的提出的异议，经审查，按照下列情形分别处理：（一）案外人对执行标的不享有足以排除强制执行的权益的，裁定驳回其异议；（二）案外人对执行标的享有足以排除强制执行的权益的，裁定中止执行。"在执行程序中，法院对案外人提出的执行异议一般只作形式审查，即按照市场监督管理机关的登记和企业信用信息公示系统的公示信息作为判断股权归属的标准，因此，在对"名实不符"股权进行执行时，执行法院将直接根据权属登记来判断股权的权利主体。[③] 一般而言，当隐名股东或受让人提出案外人执行异议时，执行法院会根据商事登记认定案外人并非执行标的的权利人，裁定驳回异议；若名义股东提出案外人执行异议，则执行法院按照市场监督管理局和企业信用信息公示系统公示的信息认定名义股东为执行标的的权利人，裁定中止执行。但

---

① 《民事诉讼法》第243条第1款规定："发生法律效力的民事判决、裁定，当事人必须履行。一方拒绝履行的，对方当事人可以向人民法院申请执行，也可以由审判员移送执行员执行。"第2款规定："调解书和其他应当由人民法院执行的法律文书，当事人必须履行。一方拒绝履行的，对方当事人可以向人民法院申请执行。"

② 《民事诉讼法》第246条第1款规定："申请执行的期间为二年。申请执行时效的中止、中断，适用法律有关诉讼时效中止、中断的规定。"第2款规定："前款规定的期间，从法律文书规定履行期间的最后一日起计算；法律文书规定分期履行的，从最后一期履行期限届满之日起计算；法律文书未规定履行期间的，从法律文书生效之日起计算。"

③ 《执行异议复议规定》第25条第1款规定："对案外人的异议，人民法院应当按照下列标准判断其是否系权利人：……（四）股权按照工商行政管理机关的登记和企业信用信息公示系统公示的信息判断……"

也存在例外，《查扣冻规定》第 2 条第 3 款规定："对于第三人占有的动产或者登记在第三人名下的不动产、特定动产及其他财产权，第三人书面确认该财产属于被执行人的，人民法院可以查封、扣押、冻结。"根据上述规定，当隐名股东的债权人申请执行登记在名义股东名下的股权时，若名义股东对股权的实际权属予以书面确认，法院即可对该股权予以查封、扣押、冻结。如果名义股东不予确认，法院仍应依据公示登记信息判断案涉股权的权利人，而不能直接按照申请执行人提交的证据认定代持股权为隐名股东的财产，并对案涉股权予以查封、扣押、冻结。

（3）执行异议之诉。

《民事诉讼法》第 234 条对执行异议结果的救济也作出了规定，通过诉讼程序确定执行标的实体权利的归属，即执行异议之诉。[①] 根据该规定，若因案外人提出执行异议法院裁定中止执行，申请执行人可以提起申请执行人执行异议之诉；若案外人的执行异议被驳回，案外人可以提起案外人执行异议之诉。同时《民诉法司法解释》第 307 条规定："申请执行人对中止执行裁定未提起执行异议之诉，被执行人提起执行异议之诉的，人民法院告知其另行起诉。"另外，若案外人在执行程序中才知晓自己本应作为原诉讼程序的第三人而未能参加诉讼的，应当通过再审的方式主张自己的合法权益。

《民诉法司法解释》第 305 条和第 306 条规定："案外人提起执行异议之诉的，以申请执行人为被告。被执行人反对案外人异议的，被执行人为共同被告；被执行人不反对案外人异议的，可以列被执行人为第三人。""申请执行人提起执行异议之诉的，以案外人为被告。被执行人反对申请执行人主张的，以案外人和被执行人为共同被告；被执行人不反对申请执行人主张的，可以列被执行人为第三人。"对于上述执行异议之诉案件，人民法院应当适用普通程序审理，诉讼的争议焦点仍为案外人就执行标的是否享有足以排除强制执行的民事权益，因此案外人应当就其对执行标的享有足以排除强制执行的民事权益承担举证证明责任。

2. "名不符实"股权执行异议之诉中的价值衡量

执行程序中对于股权归属仅作形式判断，但是，民事诉讼法所规定的执行异议之诉要求法院对股权权属作出实质性判断，而判断的标准就是前文实体法精讲部分的内容。因此，这客观上造成在执行程序中，法院作出的执行异议裁定仅成为执行异议之诉的启动环节，随之而来的便是漫长的执行异议之诉，执行程序事实中止，执行异议之诉成为被执行人拖延执行的手段，该问题有待未来的"强制执行法"予以解决。

正如前文所述，股权处于名实不符状态主要基于两种情形：其一，股权变动合意已为公司所认可，但尚未办理股权变更登记；其二，未完全隐名的股权代持。两

① 《民事诉讼法》第 234 条规定："执行过程中，标的提出书面异议的，人民法院应当自收到书面异议之日起十五日内审查，理由成立的，裁定中止对该标的的执行；理由不成立的，裁定驳回。案外人、当事人对裁定不服，认为原判决、裁定错误的，依审判监督程序办理；与原判决、裁定无关的，可以自裁定送达之日起十五日内向人民法院提起诉讼。"

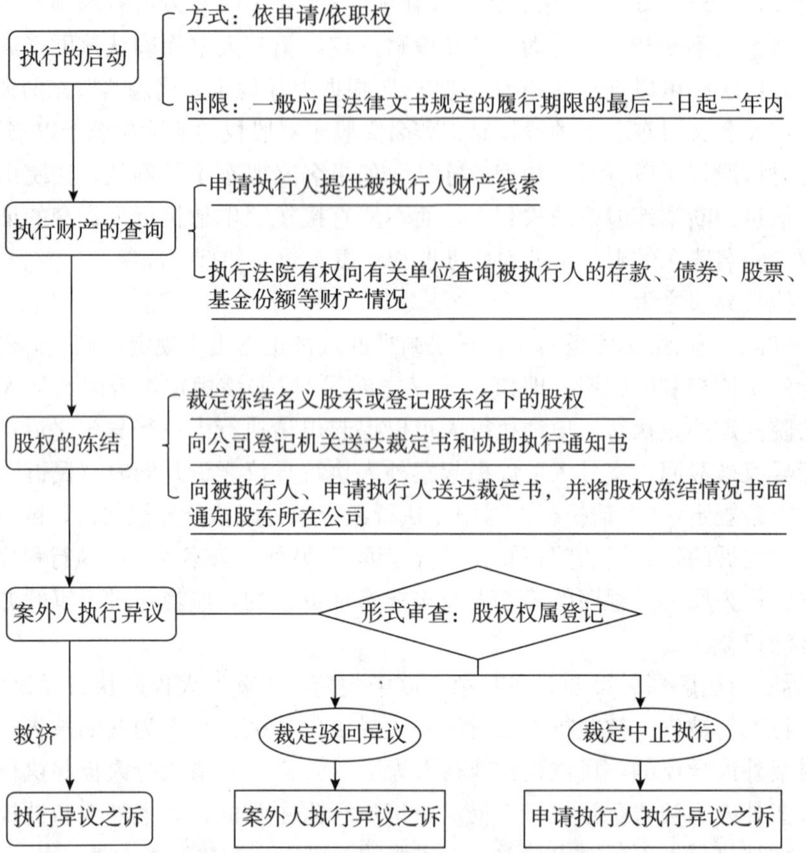

“名不符实”股权强制执行的一般流程

种情形的共同之处在于股权实质归属于未出名股东，但对外登记于出名股东名下，因执行程序和执行异议之诉存在价值导向上的差异，两种制度在解决“名实不符股权”权属判断问题的衔接中相互掣肘。一方面，正如前文所述，执行法院面对隐名股东或受让股东的债权人申请股权的执行原则上坚持登记外观主义。执行法院往往仅以登记为形式审查要件，而不对该股权采取查控措施，由当事人双方先行就此通过诉讼途径予以确定，在漫长的诉讼程序结束后，作为被告的隐名股东或受让股东可能早已将该财产转移。另一方面，如果出名股东的债权人要求执行登记于名义股东名下的股权，法院执行部门往往以登记为形式审查标准，对该股权进行执行查控，从而导致受让股东和隐名股东与出让股东和名义股东的债权人之间产生利益冲突，从而引发漫长的执行异议之诉。在执行异议之诉中，应区分名义股东的债权人是交易债权人还是普通债权人，不同身份的债权人与真实权利人产生利益冲突后，应适用不同的解决模式。

（1）实质股东与名义股东的交易债权人。

就普通有限责任公司而言，股东对外转让股权时，受让股东取得股东资格的实质要件系须经公司认可。《公司法》第 86 条第 2 款仅规定了股东名册的证权效力，实践中仍有很多公司来置备股东名册，故公司认可的判断标准既包括最终完成公司外部的股东变更登记，又包括公司内部股东变更程序即在股东名册上办理变更登记、出具出资证明等，还包括事实上的认可，即虽然未将受让股东名字登记在股东名册，但受让股东已经实际参加股东会，行使股东权利，甚至直接参与分红等，均应视为受让股东已经取得股东资格。在此情形下，名义股东将登记于自己名下的股权作为交易的标的而与第三人签订股权转让协议或设置股权质押，则属无权处分行为。同理，在未完全隐名的股权代持中，股权属于隐名股东，出名股东将登记于自己名下的股权作为交易的标的而与第三人签订股权转让协议或设置股权质押，也属无权处分。无论是有限责任公司股东对外转让其股权还是委托他人代持股权，未出名股东欲取得股东地位均应以公司认可为要件。因此，名义股东对外将登记于自己名下的股权作为交易的标的时，第三人的信赖利益获得法律保护的前提，应当准用《民法典》第 311 条善意取得的规则。[①] 该规则将双方已经办理登记或交付的事实作为认定第三人善意取得的必要条件，对此可进一步解释为只有完成权利变动的法定形式，第三人才可对此善意取得。因此，唯有一种情形可能引发矛盾冲突，那就是公司对后一次转让行为也作出认可。对此本书认为，后者应当以办理股权变更登记作为善意取得的必要条件，因为唯有第三人具备更高、更为合理的信赖利益，才可对其利益倾斜。尽管公司法并未将股权变更登记作为股权变动的形式要件，但唯有将办理股权变更登记作为后者完成股权变动的形式要件，方能实现更合理的利益分配。当然，如果实质股东因此失权而遭受损失，其不仅可以要求名义股东承担赔偿责任，还可以要求公司高管等配合后者完成股权登记的相关人员承担赔偿责任。应当注意，尽管《民法典》并未对有限责任公司股东对外出质股权时是否应当经过公司过半数股东同意的问题作出规定，尽管《股权出质登记办法》的第 7 条规定[②]中，申请股权出质设立登记需提交材料的清单也不再要求提交其他股东同意的书面材料，但法律仍要求出具记载有出质人姓名（名称）及其出资额的有限责任公司股东名册复印件或者出质人持有的股份公司股票复印件（均需加盖公司印章），加盖印章行为应视为公司的认可。如果原股东因此失权并遭受损失，其不仅可以要求名义股东承担赔偿责任，还可以要求公司以及相关人员承担赔偿责任。

（2）实质股东与名义股东的普通债权人。

是否将名义股东的非交易的债权人即普通债权人纳入《公司法》第 32 条第 3 款中的“第三人”范围，学界以及实务界对此问题的讨论也很热烈，但主要还是以股

---

① 《民法典》第 311 条第 1 款规定：“无处分权人将不动产或者动产转让给受让人的，所有权人有权追回；除法律另有规定外，符合下列情形的，受让人取得该不动产或者动产的所有权：（一）受让人受让该不动产或者动产时是善意；（二）以合理的价格转让；（三）转让的不动产或者动产依照法律规定应当登记的已经登记，不需要登记的已经交付给受让人。”第 2 款规定：“受让人依据前款规定取得不动产或者动产的所有权的，原所有权人有权向无处分权人请求损害赔偿。”第 3 款规定：“当事人善意取得其他物权的，参照适用前两款规定。”

② 《股权出质登记办法》第 7 条规定：“申请股权出质设立登记，应当提交下列材料：……（二）记载有出质人姓名（名称）及其出资额的有限责任公司股东名册复印件或者出质人持有的股份公司股票复印件（均需加盖公司印章）……”

权代持为背景展开。有学者认为外观主义仅保护名义股东之善意交易相对人[①]，另有学者提出相反的意见，认为无论是善意交易相对人，还是善意非交易相对人都应受保护。但主流观点认为不应将非交易的债权人即普通债权人纳入《公司法》第 32 条第 3 款的“第三人”范围之中。[②] 上述观点未针对未办理变更登记程序的股权变动展开讨论，对此本书认为，因股权变动合意须由公司认可方产生股权变动法律后果，故股权变动合意一旦获得公司认可，即使双方尚未办理股权变更登记，原股东也失去股东资格，受让股东则取得股东资格，此时双方之间并无代持关系，原股东对外继续被登记为公司股东的现状并非基于实质股东委托形成，而是因为双方尚未办理后续的手续，其较之代持而言，权利外观的形成并非基于受让股东之意思，可归责性更小。新《公司法》第 34 条第 2 款已经将原“第三人”的表述修改为“善意相对人”，即明确法律倾向于对商事外观主义的适用边界进行限制，在“名不符实”股权这一问题上，仅保护善意的交易相对人。本书认为，这一修改主要基于以下两个理由：

第一，一般债权人无交易安全维护之必要，不属于商事外观主义保护之范畴。商事外观主义旨在维护交易安全，只有交易中才会产生交易安全，因此其适用的领域有限，主要适用于交易行为领域。如前所述，外观主义的构成需要信赖外观的人基于该信赖作出处分行为，而一般债权人申请强制执行这一行为并不是处分行为，更不是商事交易行为，因此不会产生交易成本和需保护的交易安全。若此时仍将股权用以清偿名义股东的债务，有违公平原则。

第二，从立法沿革来看，法律倾向于对“第三人”的范围作严格限制。原《公司法》第 32 条第 3 款是外观主义原则最典型的体现之一，其表述为“未经登记或者变更登记的，不得对抗第三人”。其中使用的是最为宽泛的“第三人”的概念，即名义股东和隐名股东以外的任何人。《公司法司法解释（三）》第 25 条规定名义股东转让、质押股权的可以参照《民法典》第 311 条关于善意取得的规定，而《民法典》第 311 条的适用对象是“买受人”，即“交易相对人”。《民法典》第 65 条则作出了改变，其规定“法人的实际情况与登记的事项不一致的，不得对抗善意相对人”。《九民纪要》在引言部分特别强调要准确把握外观主义原则的适用边界、“实际权利人与名义权利人的关系，应注重财产的实质归属，而不单纯地取决于公示外观”。可以看出，原《公司法》意欲为与名义股东发生债权债务关系的第三人提供最为全面的保护，而《民法典》在制定时将“第三人”修正为“善意相对人”，实际上对第三人的范围进行了限缩，即必须同时满足“善意”与“交易相对人”两个条件，这使得受法律优先保护的第三人有了特殊的指向性，而非任意第三人。

因此，新《公司法》顺应立法发展和时代需要，将“第三人”限缩至“善意相对人”。

(3) 完全隐名股权代持关系中实际出资人的权利救济。

在完全隐名股权代持关系中，因股权归出名股东所有，出名股东的债权人可要

---

① 王延川. 执行程序中权利外观优先保护之检讨：以名义股东股权被执行为例. 法学杂志，2015 (3).

② 司伟. 有限责任公司实际出资人执行异议之诉的裁判理念. 人民法院报，2018-08-22 (07).

求执行法院直接执行该股权，但这会导致实际出资人与出名股东之间的委托合同关系终止，出名股东因此负有向实际出资人承担违约损害赔偿的责任。值得讨论的问题是，假设该实际出资人无法排除对股权的执行，其是否有权以债权人身份申请参加执行分配？《民诉法司法解释》第 506 条第 1 款规定："被执行人为公民或者其他组织，在执行程序开始后，被执行人的其他已经取得执行依据的债权人发现被执行人的财产不能清偿所有债权的，可以向人民法院申请参与分配。"第 507 条第 2 款规定："参与分配申请应当在执行程序开始后，被执行人的财产执行终结前提出。"根据上述规定，隐名股东以债权人身份申请参加执行分配必须具备两个条件：其一，已经取得执行依据，例如，已经取得生效裁判文书、仲裁裁决等；其二。必须在法定期限内申请，即在执行程序开始后，被执行人的财产执行终结前申请。如果严格遵循有损失才有救济的原则，那么只有委托出名股东代持的标的被法院执行拍卖变卖后，实际出资人的损失才实际发生。但是，在出名股东的财产不能清偿所有债权时，实际出资人要参与执行分配的前提是已经取得执行依据，待该损失已实际产生后再行起诉。如此，实际出资人取得有效执行依据时，执行法院却已将财产分配完毕，故其权利难以得到保障。本书认为，基于公平正义，因出名股东代持的标的将被法院执行拍卖变卖，而该委托合同也不能约束新的受让人，因此该合同已经事实上无法履行，尽管实际出资人的损失并未实际产生，但其完全可以预期违约提前解除合同，在股权被法院执行前，起诉要求出名股东返还投资款项，从而取得执行依据，与其他债权人一起参与执行分配。

三、法官释法

（一）股权代持中的权属判断与执行

案例一和案例二均涉及股权代持的权属判断。

案例一的情形是实际出资人能否排除名义股东的债权人对代持股权的执行。在股权代持的案外人执行异议之诉中，法官审理的焦点问题即实际出资人是否享有足以排除强制执行的民事权益。在该案中，法官从多个维度进行了分析论证。首先对代持法律关系作出分析，认定实际出资人的财产利益是以代持合同为依据由名义股东向实际出资人转移，需通过名义股东履行而实现，而若实际出资人欲成为公司股东，则须经过半数股东同意，故其并非当然取得股东地位。斟酌其裁判理由，可见法官的裁判思路为：(1) 以公司认可作为股权判断标准的大前提，然后从该案事实出发，因代持行为并未获得公司认可，故认定甲、乙公司之间的权利的本质属于甲公司对乙公司享有的债权。如乙公司违反其与甲公司之间签订的委托协议，甲公司得依据双方签订的相关协议向乙公司主张违约责任，其并不当然享有对涉案股份的所有权、享受股东地位。(2) 该判决结合债权人信赖利益保护问题展开论述，强化了确定名义股东乙公司享有股权的结论。当然，司法裁判并非单一的价值判断，是结合了案件事实，作出的综合考量。须强调的是，本案中有个不争的事实，就是乙公司系以自己名义行使股东权利，没有证据证明代持系经公司认可且甲公司实际行使了股东权利，在此基础之上，法院才在综合政策考量的基础上作出认定，判决甲公司的执行异议不能成立，驳回甲公司的异议。

案例二中，法院裁判时须判断的核心问题是：名义股东能否排除实际出资人的债权人对股权的执行。该案终审判决从商事外观主义目的的角度论证了名义股东张某某并不享有排除强制执行的民事权益。具体而言，乙公司知晓并认可甲公司与张某某之间的代持股关系。因此，虽然乙公司工商登记的股东为张某某，但张某某系49%股权的名义持有人，并非公示公信原则的保护对象，张某某对其名下乙公司49%的股权不享有排除强制执行的民事权益。总结该判决的思路可见，法官还是以公司认可作为判断股权代持关系股权归属的标准，并且在此基础之上佐以各方利益的衡量。

(二) 契约型股权变动的权属判断与执行

案例三和案例四涉及股权变更后的股权强制执行问题。在处理这类问题时，法官通常考虑两个方面：一是原股东的一般债权人是否属于商事外观主义的保护对象；二是要判断受让人应满足何种条件才足以对抗原股东的交易债权人。

案例三中，原股东的交易债权人甲公司对股权执行提出异议。对此，执行法官通常以《查扣冻规定》第15条的规定作为处理的依据，根据《查扣冻规定》第15条之规定，被执行人将其所有的需要办理过户登记的财产出卖给第三人，受让人得以排除强制执行的要件有四点：一是签订买卖合同，二是买受人已经支付全部价款，三是买受人实际占有该财产，四是尚未办理产权过户登记手续非因买受人的错误。而在本案中，甲公司作为受让股东不仅在丙公司办理了股东名册变更，其后还支付了股权转让的对价，生效裁判以此为由确认甲公司能够排除强制执行。虽然该裁判的结果正确，但究其理由，尚值得商榷。正如前文所述，甲公司作为受让股东只要在丙公司办理了股东名册变更，就意味着其股东资格获得了公司认可，此情形之下便可排除对股权的执行。至于甲公司是否向乙公司支付对价，属甲、乙公司之间的法律关系，如果乙公司的债权人认为甲公司未支付对价损害其债权实现，完全可以行使撤销权或代位权等权利实现救济。

案例四中，乙公司系普通有限责任公司，工商登记载明的股东为李某和甲公司，李某受让甲公司股权，公司实质转换为一人有限责任公司，但乙公司并未办理变更登记，在此情形下，李某对甲公司一般债权人韩某所申请的强制执行提出案外人执行异议。本案一审法院和二审法院均认为李某对甲公司享有的民事权益系债权而非股权，主要理由为：其一，李某未足额支付股权转让款；其二，根据公司所有者和经营者可以分离的原则，李某控制乙公司并不等于控制了甲公司在乙公司中的股权，故李某并未实际取得转让股权；其三，法院认为《公司法》第32条中的"第三人"包含股权转让方的一般债权人，故判决李某不能排除强制执行。本书认为，以上论述无论是裁判理由还是裁判结论都值得商榷，究其缘由主要还是对股权转让认定标准的认识错误。首先，虽然公司法允许公司的所有者和经营者相分离，但本案中应考虑股权转让后乙公司为特殊的有限责任公司，即一人有限责任公司，此时受让人取得股权的时间点应以其实际控制公司为准，故李某实际控制乙公司之时已经取得甲公司所转让的股权。

其次，对《公司法》第 32 条中的“第三人”应作限缩解释，仅包含与转让方进行交易的善意相对方，那么本案的韩某作为甲公司的一般债权人，就不属于商事外观主义中的善意第三人，并不能适用外观主义来对抗实际权利人。最后，因甲公司向李某转让其股权的行为系有权处分行为，故李某未向甲公司足额支付全部对价并不影响乙公司认可李某取得股权，韩某的利益也可通过债权人的代位权或撤销权制度得到救济。综上所述，李某能够以其实际占有受让股权为由排除韩某的强制执行。

四、类案练习

练习一：甲公司与乙公司签订“委托持股协议”，约定甲公司委托乙公司代持丙公司 10%的股权，甲公司作为实际出资人对丙公司享有实际的股东权利并有权获得相应的投资收益，乙公司不享有股东权利及投资收益。乙公司行使股东权利受本协议限制。双方已共同向公司其他股东披露，其他股东已明确知晓甲公司为实际出资人，乙公司为名义出资人。2013 年至 2015 年，丙公司每年的利润分配明细表均显示乙公司应分得的利润的实际收款人为甲公司。因丁公司与乙公司等民间借贷纠纷一案，丁公司申请强制执行，乙公司在丙公司登记的股权被法院查封，甲公司以其系被查封股权的实际权利人为由提出案外人异议，法院驳回了甲公司的异议。甲公司不服，在法定期限内，以丁公司为被告提起诉讼。

甲公司的异议能否获得法院支持？为什么？

练习二：丙公司委托甲公司代持在乙公司的股权，因丁公司与甲公司借贷纠纷一案，法院冻结了甲公司名下在乙公司的股权。在执行过程中，丙公司向法院提出执行异议请求解除对案涉股权的查封，法院裁定解除对案涉股权的查封。丁公司不服上述执行异议裁定，向法院提起申请人执行异议之诉。另查明，丁公司和甲公司系关联企业，案涉股权于 2020 年发生代持行为，丁公司于 2023 年向甲公司出借款项，发生交易行为。

在丁公司明知案涉股权系代持的情况下，丙公司能否排除丁公司的强制执行？

练习三：甲公司欠乙公司本金 10 295 万元及利息，丙公司的登记股东为张三、李四，所占股权比例分别为 60%、40%，均系代甲公司持有。王五是甲公司的唯一股东，且在丙公司担任法定代表人，负责经营管理。后乙公司申请强制执行甲公司财产，法院立案执行并冻结张三、李四持有的丙公司 60%、40%的股权。张三、李四提出异议，法院裁定中止执行。乙公司向法院提起申请人执行异议之诉。

乙公司能否排除名义股东张三和李四的执行异议并恢复执行？

练习四：2008 年 5 月，甲公司股东张三、李四将其持有的甲公司 100%股权转让给王五，协议约定了股权转让价款以及支付方式、支付期限。协议约定全部股权转让价款付清后办理工商变更登记。协议签订后，张三、李四按照协议约定将甲公司公章、营业执照等经营资料移交给王五，并办理交接手续。王五陆续支付了 60%的股权转让价款后开始违约，未能如期支付全部股权转让价款。2013 年 5 月，甲公司与某市土地储备中心签订了“国有土地使用权收购合同”，合同签署时王五作为见证人签字，法定代表人处签字的为李四（股权出让方之一）。2015 年，张三以王五、李四擅自签署

“国有土地使用权收购合同”侵犯其股东权益为由提起诉讼。诉讼中，王五提交了日期为 2008 年 5 月、甲公司盖章的股东名册，其上记载王五持有甲公司 100%的股权。

股权是否发生变动？若变动，何时发生变动？

练习五：2010 年 7 月 27 日，张三与甲公司签订“股权转让合同”，约定张三将其持有的乙公司 100%的股权全部转让给甲公司，转让总价款 2.78 亿元；合同签订后，甲公司支付了部分款项 4 600 万元；同年 9 月 10 日，甲公司委托李四持有甲公司受让乙公司 30%的股权；9 月 20 日，乙公司法定代表人变更为李四，并将乙公司 30%股权登记到李四名下。2011 年 4 月 28 日，张三与甲公司、李四、王五签订“股权转让补充协议”，确认甲公司已支付股权转让款 4 600 万元；同日，李四与张三签订“股权转让协议”，约定李四转让乙公司 30%的股权给张三，转让价款为 300 万元；2011 年 5 月 30 日，乙公司 30%股权已回转给张三；同年 10 月 14 日，工商行政管理机关通知暂停办理乙公司的变更申请。

因赵六与李四民间借贷纠纷一案，法院冻结了李四在乙公司 30%的股权。张三向法院提出执行异议称，案涉 30%股权系其所有，李四对该股权不具有所有权。法院经审理裁定中止对李四在乙公司 30%的股权执行。赵六不服裁定，提起申请执行人执行异议之诉。

赵六能否恢复对案涉股权的强制执行？

五、知识拓展

1. 刘迎霜. 股权代持协议的性质与法律效力. 法学家，2021 (3).

2. 崔建远. 论外观主义的运用边界. 清华法学，2019 (5).

3. 张亮，孙恬静. 案外人执行异议之诉中债权人与隐名股东保护的价值衡量：兼论商事外观主义在强制执行程序中的运用边界. 法律适用，2021 (8).

4. 吴光荣. 论外观主义在民商事审判中的运用. 法学家，2023 (3).

5. 李建伟. 公司认可生效主义股权变动模式：以股权变动中的公司意思为中心. 法律科学（西北政法大学学报），2021 (3).

6. 张双根. 论股权让与的意思主义构成. 中外法学，2019 (6).

7. 胡晓静. 股权转让中的股东资格确认：基于股权权属与股东资格的区分. 当代法学，2016 (2).

8. 涂咏松. 信赖损害赔偿责任研究. 北京：法律出版社，2010.

专题三　对第三人到期债权执行

一、案例导入

（一）案情介绍

案例一：乌鲁木齐中级人民法院（以下简称“乌鲁木齐中院”）向海里行公司

送达（2014）乌中民二初字第117号、1172号协助执行通知书，冻结及续冻天虹集团对海里行公司享有的310万元到期债权，冻结期限至2016年7月6日。新疆生产建设兵团第十二师中级人民法院（以下简称“十二师中院”）在另案执行过程中，于2015年10月13日向海里行公司送达（2015）兵十二执字第24号履行到期债务通知书。海里行公司在指定期限内未提出异议，也未自动履行。后十二师中院作出（2015）兵十二执字第241号执行裁定，裁定对天虹集团在海里行公司到期债权中的2 338 965元及迟延履行利息予以强制执行。乌鲁木齐中院执行案件之执行债权人不服，认为乌鲁木齐中院已经已查封、冻结了天虹集团对海里行公司享有的到期债权310万元，且已开始执行，十二师中院作出的（2015）兵十二执字第241号执行裁定予以强制执行上述债权错误。

最高人民法院经审查认为：乌鲁木齐中院因被执行人天虹集团对第三人海里行公司享有到期债权，故向海里行公司送达两份协助执行通知书，要求冻结及续冻该310万元到期债权，冻结期限至2016年7月6日止，但没有作出保全裁定，亦未赋予当事人、利害关系人对保全行为申请复议的权利，属于重大程序瑕疵，依法不应发生保全效力。因此，十二师中院可以强制执行天虹集团对海里行公司享有的到期债权。[①]

案例二：2015年5月21日，乌鲁木齐中院向第三人亚中公司送达（2015）乌中执字第63号协助执行通知书，要求亚中公司协助扣留鲁某在其公司的款项4 694 142.9元。之后，乌鲁木齐中院认定亚中公司收到协助执行通知书后擅自向鲁某支付4 402 860.7元，于2015年12月6日作出（2015）乌中执字第63号责令协助单位追款通知书，责令亚中公司在通知书送达之日起5日内追回擅自支付的款项4 402 860.7元。2016年3月30日，乌鲁木齐中院作出（2015）乌中执字第63号罚款决定，对亚中公司罚款30万元。亚中公司申诉称，亚中公司并未向鲁某支付任何工程款，只是向农民工发放了工资。

最高人民法院以乌鲁木齐中院在本案执行中未依执行到期债权的有关程序执行，属执行程序不当，适用法律错误，最终撤销罚款复议决定、罚款决定。[②]

案例三：2017年3月23日，太原市中级人民法院作出（2014）并执字第240号之八执行裁定书，裁定对被执行人百德兴公司对崇文镇政府享有的到期债权1 200万元及利息予以强制执行。2017年4月10日，太原市中级人民法院作出（2014）并执字第240号之九执行裁定书，裁定冻结、扣划百德兴公司对崇文镇政府的债权1 200万元及利息。崇文镇政府在收到“履行到期债务通知书”后未在法定期限内提出异议，但在扣款后向法院提出债务已履行完毕的异议。太原市中级人民法院、山西省高级人民法院在异议和复议审查中均以在法定期限内未提出异议为由，驳回崇文镇政府的异议申请。

最高人民法院经审查认为：对崇文镇政府超过法定期限提出债务已经履行完毕的

---

① 最高人民法院（2019）最高法执监181号执行裁定书。

② 最高人民法院（2016）最高法执监351号执行裁定书。

异议，人民法院应当进行实质审查，以认定到期债务在法院送达通知书之前是否已履行完毕。太原市中级人民法院、山西省高级人民法院均没有就到期债权是否存在进行充分审查，属于基本事实不清。最终撤销执行复议裁定、执行异议裁定，发回执行法院重新审查。[①]

（二）案例思考

案例一和案例二都涉及对到期债权的认识问题。案例一适用协助执行程序催促履行是否合理？协助执行是否妥当配置对次债务人的程序保障？案例二争议的焦点在于扣留款项的性质是收入、到期债权、还是其他财产？执行对象决定了是选择收入执行程序还是选择到期债权的执行程序？案例三的核心问题是，对超出到期债权履行通知书确定的法定期间提出的异议，法院应如何进行审查？

二、基本原理

（一）实体法疑难问题精讲

1. 责任财产的界定

金钱债权的执行，是指以实现执行依据确定的给付一定金钱为目的而进行的执行程序。为实现这一金钱请求权，应以债务人（也称被执行人）所有的财产为强制执行的客体、对象[②]，在学理上称之为“责任财产”。“责任财产”系指债务人所有的财产（包括物或权利）中，得为强制执行客体适格，可满足或实现债权人之请求权，此等财产的总称。[③]

不过，责任财产属于强制执行法的专业术语，与民法上的债权有区别。《民法典》第 118 条规定，债权是债权人请求他人为一定行为或不为一定行为的权利。[④]但到期债权执行中的责任财产是具有财产价值属性的可执行对象，“凡是被执行人只有请求权、没有支配权，但属于责任财产的财产，均纳入对债权执行的范围并规范统一的执行规则与程序”[⑤]。该可执行对象可能是基于债权请求权或物权请求权可获取的财产。民法上财产类型划分的标准是物的特征，如不动产和动产以是否能够移动以及移动是否损及价值为主要划分标准。而从大陆法系的德国、日本的立法规定来看，金钱债权执行的责任财产分类的共性是分为动产、不动产、第三人金钱债权或其他财产权，划分的考虑是不同责任财产的查封、变价方法，以达到最有效的强制执行效果。就责任财产而言，只要在法律许可范围内，具有财产价值，可以通过执行程序予以变价转化为金钱即可。通常具有金钱价值的一切物与权利（可转化为

---

① 最高人民法院（2018）最高法执监 254 号执行裁定书。

② 陈世荣. 强制执行法诠解. 台北：国泰印书馆有限公司，1980：27.

③ 赖来焜. 强制执行法总论. 台北：元照出版有限公司，2007：409.

④ 《民法典》第 118 条第 1 款规定：“民事主体依法享有债权。”第 2 款规定：“债权是因合同、侵权行为、无因管理、不当得利以及法律的其他规定，权利人请求特定义务人为或者不为一定行为的权利。”

⑤ 谭秋桂. 对债权执行制度的反思与重构. 人民司法，2021（10）：23.

金钱），例如，动产、不动产、船舶或航空器、物权、债权、股权或其他财产权，除法律有禁止性规定不能让与、扣押或者予以执行豁免的，原则上都是可执行财产，均为责任财产。

2. 现行法律法规对第三人债权执行中“债权”的界定

对第三人债权执行，是指执行机关为实现债权人之债权，就债务人对第三人之债权进行执行的司法程序。对第三人债权执行中“债权”范围的界定，是我国执行理论上争议较大的问题。并且，从现有针对第三人债权执行的法律法规来看，我国对“债权”范围的理解也具有较强的局限性，基本上都限定在“金钱债权”的范畴。

责任财产中债务人对第三人的金钱债权，指的是债务人对第三人享有一定金钱给付的债权，该债权是执行客体。此类债权，无论是因为公法原因产生还是因为私法原因产生，只要没有法律或性质上不得强制执行的原因，均不影响其作为金钱债权的执行标的。“按原始传统之经济社会，财产关系主要系以物权关系为中心，唯当代社会因工商经济活动，发生各种交易，产生各种债权债务关系，所形成之财产权，债权本身已成为债务人之重要财产，故人类最重要及最普遍之财产权已非物权而为金钱债权。”[①] 因金钱债权在财产体系中的重要性，且其在具体执行方法上与传统物权关系财产具有较大的差异，应当予以特别对待。“因债务人对第三人之金钱债权，纯系观念中存在之执行对象，并非具体有形之物，故其查封与换价方法，与动产、不动产执行有异，需依执行法院所为观念之处分。”[②] 但在我国立法上，并未对第三人债权执行作特别对待，甚至基本上未将对第三人债权作为执行客体。

《民事诉讼法》将金钱债权执行的客体——责任财产作为一个整体予以规定，并未在执行方法上进行区分。最直观的体现是我国1991年《民事诉讼法》第221条：“被执行人未按执行通知履行法律文书确定的义务，人民法院有权向银行、信用合作社和其他有储蓄业务的单位查询被执行人的存款情况，有权冻结、划拨被执行人的存款，但查询、冻结、划拨存款不得超出被执行人应当履行义务的范围。人民法院决定冻结、划拨存款，应当作出裁定，并发出协助执行通知书，银行、信用合作社和其他有储蓄业务的单位必须办理。”2007年修订的《民事诉讼法》对此予以沿用。2012年修订的《民事诉讼法》进行一定修改，第242条规定：“被执行人未按执行通知履行法律文书确定的义务，人民法院有权向有关单位查询被执行人的存款、债券、股票、基金份额等财产情况。人民法院有权根据不同情形扣押、冻结、划拨、变价被执行人的财产。人民法院查询、扣押、冻结、划拨、变价的财产不得超出被执行人应当履行义务的范围。人民法院决定扣押、冻结、划拨、变价财产，应当作出裁定，并发出协助执行通知书，有关单位必须办理。”2017年修订的《民事诉讼法》第242条、2021年修订的《民事诉讼法》第249条、2023年修订的《民事诉讼

① 当前金钱债权的重要性已经超过传统财产权。如金融证券界的经济活动，以金钱债权为中心，工商界的各种经济交易结果，其对价为金钱，也有金钱债权，普通人的工作报酬，也是金钱债权。赖来焜. 强制执行法各论. 台北：元照出版有限公司，2007：489.

② 张登科. 强制执行法. 台北：三民书局，2019：440.

法》第253条对此予以沿用。由此可看出，2012年修订《民事诉讼法》将查询对象扩张至“债券、股票、基金份额”等，也是为了适应社会经济的多样发展而作出的修改。这里关注到的“存款”等，在大陆法系国家和地区都属于传统意义上金钱债权的范畴，但在我国《民事诉讼法》中基本上都被“物权化”对待，主要的原因在于我国《民事诉讼法》制定的时代背景。在我国《民事诉讼法》制定初期，社会经济不发达，仍然以传统物权关系定义财产类型，且存款、债券等具有明显的外观主义色彩，更加剧其作为债务人或被执行人物权的错误认识。此外，正是由于立法上以物权关系定义责任财产的思维惯性，并未认识到经济交往中最为常见、普通的一般债权的财产属性，从而在立法上忽视对第三人金钱债权的执行。

真正对第三人一般金钱债权执行的规定见于1992年最高人民法院颁行的《关于适用〈中华人民共和国民事诉讼法〉若干问题的意见》（下文简称《民事诉讼法意见》）第300条：“被执行人不能清偿债务，但对第三人享有到期债权的，人民法院可依申请执行人的申请，通知该第三人向申请执行人履行债务。该第三人对债务没有异议但又在通知指定的期限内不履行的，人民法院可以强制执行”。此后，最高人民法院在1998年颁布的《执行工作规定（试行）》第七部分专门规定了“被执行人到期债权的执行”，增强了对到期债权执行的可操作性。不过，《执行工作规定（试行）》试图对不同种类的执行标的进行区分，其中第五节为金钱给付的执行（第32条～第56条）共计25条；第六节为交付财产及完成行为的执行（第57条～第60条），共计4条；第七节为被执行人到期债权的执行（第61条～第69条），共计9条。但其实质上并未将对被执行人到期债权看作是金钱债权执行的执行客体，而是区别对待。2015年《民诉法司法解释》第501条（2022年修订后为499条）对《民事诉讼法意见》第300条的内容进行了修改，该条规定：“人民法院执行被执行人对他人的到期债权，可以作出冻结债权的裁定，并通知该他人向申请执行人履行。该他人对到期债权有异议，申请执行人请求对异议部分强制执行的，人民法院不予支持。利害关系人对到期债权有异议的，人民法院应当按照民事诉讼法第二百三十四条规定处理。对生效法律文书确定的到期债权，该他人予以否认的，人民法院不予支持。”2020年修订的《执行规定》在债权执行方面的规定与1998年《执行工作规定（试行）》的内容保持一致，未作修改。现行司法解释基本上都是将金钱债权限定在“到期债权”，而未从价值属性考虑未到期债权的可执行性，具有一定的局限性。

3. 对第三人债权执行中“债权”的应然界定

《执行工作规定（试行）》按照执行对象特点构建相应的执行程序，将对金钱给付的执行与对交付财产、完成行为的执行分开规定，但其对责任财产的类型划分并不科学，将对被执行人到期债权的执行排除在了金钱债权执行的范围之外，此与德、日等国的规定有很大的不同。德国在债权的执行中，将债权的范围限定为金钱债权、工资债权、交互计算账户或转账账户的债权、银行存款。[①] 实质上，大陆法系国家将银行存款、薪资与到期债权都作为第三人债权的一部分。由此可知，我国目前对

---

① ［德］弗里茨·鲍尔等. 德国强制执行法：上册. 王洪亮，等译. 北京：法律出版社，2019：671-677.

第三人债权执行范围的界定立法技术仍较为粗糙，存在分类标准不明、规定简单和逻辑不洽等问题。

实质上，对第三人债权执行中“债权”的理解，应当跳出传统以物权关系界定责任财产的“圈子”，从强制执行目的实现出发，发掘债务人有价值的财产。尤其是在《民法典》确定让与担保合同、融资租赁合同等具有一定担保性质债权债务关系的前提下，应扩大第三人债权执行中“债权”的范围。对于该问题，民事强制执行立法已经开始关注并有了正确的认识。2022 年 6 月全国人大常委会公布的《民事强制执行法（草案)》，将对债权的执行限定在存款等资金、一般金钱债权和继续性给付债权等三种情形。具体而言，对第三人债权执行应当以债务人对第三人（或次债务人）享有可供执行的、具有财产价值的债权为对象。

（1）存款等显名债权。

显名债权，是指存放于金融机构等第三人处的、具体到权利主体名下的金钱、有价证券等债权。该类型债权的特点是根据执行程序的形式审查原则，很容易判断财产归属。该类型财产最直观的表现形式是在金融机构的存款、理财产品、非银行支付机构资金等。对此类资金的执行，查封存款的，应当通知金融机构在查封的额度内停止向被执行人支付；划拨存款的，应当通知金融机构将被执行人的存款划拨至指定账务，可以不经查封，直接划拨。

此外，保险合同现金价值、公积金账户中住房公积金等，也属于显名债权，在可执行范围内可直接予以执行。

（2）一般金钱债权。

一般金钱债权，即被执行人对第三人享有的金钱债权。此类债权主要是基于《民法典》中的债权关系产生的、根据外观不容易判断的普通债权。金钱债权并不需要在执行开始时已存在且已届清偿期，附条件或附期限的都可以作为强制执行的责任财产，予以强制执行，如将来发生的债权。

查封被执行人对第三人享有的金钱债权的，应当向第三人送达查封令，禁止其在查封额度内清偿该金钱债权。如果对第三人的金钱债权存在附条件、附期限或附对待给付等事由，可以发出查封命令。对此，最高人民法院《关于依法制裁规避执行行为的若干意见》(法〔2011〕195 号）第 13 条指出，“对被执行人的未到期债权，执行法院可以依法冻结，待债权到期后参照到期债权予以执行”。不过，德国、日本等对于未到期债权，允许参照动产执行的规定拍卖或变卖金钱债权。这实质上也是增加一种可供选择的变价方式。

（3）继续性给付债权。

继续性给付债权，主要是工资、薪资、劳务报酬、租金等继续性给付金钱债权。此类债权的特点是包括将来的给付利益，因而，对这类债权查封的效力限定在查封额度内以及查封后第三人应付的金额。

（4）物之交付或移转请求权执行的非金钱债权。

物之交付债权，是指债务人基于债权或物权请求第三人交付标的物以恢复其所有权。一是基于债权关系，如保管、租赁、借用等请求返还标的物的。此类主要是针对动产，因为对有登记的不动产可以直接强制执行，在此无须讨论。二是基于物权关系，债务人基于物权产生的返还请求权，如：基于所有权对无权占有人的返还所有物请求权（《民法典》第235条）；保留所有权合同中出卖人在满足法定条件时可以取回标的物（《民法典》第642条）。

转移请求权，也称为请求移转动产、不动产权属的债权，是指债务人由第三人移转而取得动产、不动产所有权。一是基于债权而取得所有权移转请求权，如债务人基于买卖、赠予等请求第三人移转以取得所有权；二是债务人基于物权而取得。

查封被执行人对第三人享有的交付物或者转移权属的债权的，基本上都采取如下程序：向第三人送达查封令，禁止其交付或者转移权属；查封的交付物或者转移权属的债权履行期限届满的，人民法院可以作出履行令，责令第三人向法院交付标的物；需要办理权属移转登记的，登记至被执行人名下。①

（二）程序法疑难问题精讲

1. 对第三人债权执行的性质

债权执行程序在理论上频遭苛问的是：执行法院为何能够突破债的相对性作出债权冻结裁定，发出履行通知直接要求第三人履行义务，并在第三人既不提出异议也不履行义务的情况下径行裁定执行？这涉及对第三人债权执行的理论基础，或者对第三人债权执行的性质。对此，我国理论界与实务界争论不休，尚未形成定论。

（1）继续执行说。

继续执行说认为对债务人的债权强制执行是我国民事诉讼法继续执行制度的体现。② 所谓继续执行，是指执行法院采取执行措施以后，债务人仍然不能偿还债务的，应当继续履行义务，债权人发现债务人有其他财产的，可以随时请求人民法院强制执行。《执行工作规定（试行）》第45条第1款规定："被执行人不能清偿债务，但对本案以外的第三人享有到期债权的，人民法院可以依申请执行人或被执行人的申请，向第三人发出履行到期债务的通知（以下简称履行通知）。履行通知必须直接送达第三人。""被执行人不能清偿债务，但对本案以外的第三人享有到期债权"基本符合继续执行的制度表现。然而，继续执行制度的目的既包括加重债务人履行法律义务的责任，又包括赋予没有获得或未完全获得清偿的债权人一种救济途径，债权人随时发现债务人的财产随时可以申请人民法院进行强制执行。债务人应根据执行依据的内容履行义务，直至完全清偿，不因一时不能清偿而被免除义务，继续执行制度的核心是对执行工作以及债务人履行义务的要求，并不包含债权执行的内容。③

---

① ［德］弗里茨·鲍尔，等．德国强制执行法：上册．王洪亮，等译．北京：法律出版社，2019：717．沈建兴．强制执行法逐条释义．下．台北：元照出版有限公司，2020：498-511．［韩］姜大成．韩国民事执行法．朴宗根，译．北京：法律出版社，2010：409-410．

② 傅明亮．代位执行若干问题探析．法学，1997（9）：61．

③ 吴英姿．代位执行之我见．南京大学法律评论，1998（2）：158．

(2) 协助执行说。

协助执行说认为第三人与债权人之间本身没有债权债务关系，只是由于人民法院的协助执行通知，二者才建立了联系，第三人向债权人履行债务是协助人民法院执行工作的一种行为。[①] 协助执行说主要来源于1991年《民事诉讼法》第221条："被执行人未按执行通知履行法律文书确定的义务，人民法院有权向银行、信用合作社和其他有储蓄业务的单位查询被执行人的存款情况，有权冻结、划拨被执行人的存款，但查询、冻结、划拨存款不得超出被执行人应当履行义务的范围。人民法院决定冻结、划拨存款，应当作出裁定，并发出协助执行通知书，银行、信用合作社和其他有储蓄业务的单位必须办理。"

然而，协助执行说混淆了人民法院、执行当事人以外的单位或个人的协助执行义务与债务人履行生效法律文书所确定的义务这两种性质截然不同的义务。协助执行人的义务只是一种辅助性义务，协助执行人既不是当事人，也不会以自己的财产履行义务。而在债权执行程序当中，第三人实际是以自己的责任财产来完成执行法院在履行通知中指定的履行行为。

(3) 类似督促程序说。

类似督促程序说主张为尽快实现债权人的债权，避免债权人或债务人另诉所造成的诉累和司法资源的浪费，在执行程序中引入类似支付令形式的简易程序，通过申请人代位行使债务人债权的收取权，在第三人没有异议的情况下，直接对第三人强制执行。[②] 以支付令的程序机理来论证对债务人债权执行的运作原理看似可行，实际上债权执行程序与督促程序在当事人、债权债务关系等方面存在实质差异，借用督促程序来论证债权执行程序的正当性其实是方枘圆凿。比如督促程序要求双方当事人没有其他债权债务纠纷，被执行的债权债务关系明确，而在债权执行程序中，债务人与第三人之间的债权债务关系是否实际存在本身就是一个待决问题。

(4) 略式程序说。

略式程序说认为对债务人债权强制执行的正当性基础在于以略式方式确定民事权利义务关系。这包含实体正当性与程序正当性两个方面。在债权执行制度下，债务人对第三人享有债权的事实满足实体要件，而在债务人拒不履行债务被法院采取强制执行措施的情况下，通过对债权的确认和第三人程序权益的保障，亦能满足程序正当性，所以法院将生效判决确定的义务扩张至对债务人的债权进行执行，本质是依据权利人对特定债务人享有权利的高度盖然性以及相应的程序保障而产生了一个与原债权债务的实现有关的新的执行依据，这一新的执行依据确认了债权人与第三人、债务人与第三人之间的权利义务关系，并且高效地实现了民事实体权益和法

---

① 王伟良. 谈执行被执行人到期债权的条件及具体操作. 法学，1996 (9)：39－41.

② 范向阳. 被执行人到期债权执行的若干问题. 人民司法，2006 (1)：92. 肖建国主编. 民事执行法. 北京：中国人民大学出版社，2014：285.

律关系的确定。[①] 然而，以略式程序界定债权执行的理论基础在法理上存在根本缺陷。所谓略式程序，也称略式诉讼程序，是指省略了诉讼程序中实质审理环节的一种诉讼程序，它与诉讼程序相通，但又不依附于诉讼程序而具有独立性。[②] 也就是说，略式程序虽然省略了实质审理环节，但本质仍然是诉讼程序。将债权执行程序界定为略式程序，无疑模糊了执行程序与诉讼程序的基本界限。

（5）债权保全说。

债权保全说将民法上的债权人代位权作为债权执行的理论基础，认为对债务人债权强制执行就是债权人在执行程序中行使代位求偿权，从而使执行依据的执行力扩张至第三人，对债权执行的实体法基础是债权可代位清偿的特点，债权人获得债权执行救济的前提是债权人对第三人享有代位权。[③] 这是我国理论界与实务界的通常认识。

（6）本书观点：责任财产说。

债权执行与债权人代位权形似而神异。从表面上看，对债务人债权强制执行与债权人代位权皆是由债权人向第三人主张权利，但债权执行作为执行中的一项制度依然维持着债的相对性，债权执行程序的开展乃是债权人以自己的名义主张债务人对第三人的债权。人民法院作出的债权冻结裁定以及履行通知针对的是债务人的债权，该债权属于执行标的。债权的基本属性是财产性。根据财产责任的一般原理，责任人的全部财产均为债务人的责任财产，应作为责任人所负债务的一般担保，在第三人不履行生效法律文书所确定的债务时，属于责任财产范围内的所有财产都可以被执行机关强制执行。该责任财产不仅包括有形财产，还包括无形财产。债务人的债权只要具有财产价值并适于执行就可以成为执行标的，此种债权不能被豁免执行，债权人有权申请执行法院冻结该债权并通过变价程序实现债权清偿。[④] “债权执行的目的在于将被执行人的债权当作其责任财产，通过第三人的履行或对其进行强制执行，满足执行债权。”[⑤] 就立法目的而言，债权人代位权制度从产生开始就是为了保持债务人的责任财产，而债权执行制度则是以实现执行依据中的给付为目的。[⑥]

以债权人代位权解释对债权执行的正当性是以实体规范来解释执行行为的正当性，很难在逻辑上实现自洽。既然债权是一种财产，那么对债务人债权的强制执行

---

① 高小刚. 到期债权执行问题研究：以执裁分离实践及典型案例分析为视角. 法律适用，2019（10）：105. 刘文勇. 再探代位执行程序的理论基础：从代位执行的执行依据及其正当性展开. 民事程序法研究，2017（2）：100－102.

② 吴英姿. 民事速裁程序构建原理：兼及民事诉讼繁简分流改革的系统推进. 当代法学，2021（4）：63.

③ 黄金龙.《关于人民法院执行工作若干问题的规定》实用解析. 北京：中国法制出版社，2000：195－197. 谢春和，黄胜春. 代位执行制度的理论与实践. 现代法学，1995（6）：31.

④ 庄加园. 初探债权执行程序的理论基础：执行名义欠缺的质疑与收取诉讼的构造尝试. 现代法学，2017（3）：133.

⑤ 陈杭平，李凯. 中国语境下的债权执行制度：兼论《民事强制执行法》与《民法典》的衔接. 国家检察官学院学报，2021（3）：18.

⑥ 潘重阳. 论债权人代位权制度之存废：以实体与程序交叉为视角. 大连海事大学学报（社科版），2015（3）：70.

就应当适用对财产执行的规则。这与动产执行、不动产执行在性质上没有什么不同，它们都是对债务人责任财产的具体执行方式。第三人否认该债权债务关系的，可以提出异议，请求人民法院停止执行，人民法院应当按照法定程序进行处理。对债权执行的实体法基础是债权的财产属性，不是实体法上的债权保全，也就不是债权人在执行程序中或者通过执行程序行使代位权。① 债务人既然以其所有财产作为承担债务的总担保，那么其对他人享有的债权自然也是其责任财产的一部分，人民法院可以在甄别债权与其他权利差异的基础上，对债务人的债权采取相应执行措施。② 因此，从本质来说，债权执行是在人民法院对债务人采取强制执行措施后仍不能满足债权人的权利时采用的专门执行方法，其目的在于满足债权人的权利，而不限于排除权利实现的障碍。③ 只是因为债务人对第三人的债权系对人请求权，属于观念上存在的执行标的或执行客体，并非具体之物，因而对债务人债权的查封、变价方法与动产、不动产执行在手段上有所不同，但其本质仍然是人民法院就债务人对第三人的债权而为的执行行为。④

2. 对第三人债权执行的依据

《民诉法司法解释》第 499 条规定："人民法院执行被执行人对他人的到期债权，可以作出冻结债权的裁定，并通知该他人向申请执行人履行。该他人对到期债权有异议，申请执行人请求对异议部分强制执行的，人民法院不予支持。利害关系人对到期债权有异议的，人民法院应当按照民事诉讼法第二百三十四条的规定处理。对生效法律文书确定的到期债权，该他人予以否认的，人民法院不予支持。"《执行工作规定（试行）》第 49 条规定："第三人在履行通知指定的期限内没有提出异议，而又不履行的，执行法院有权裁定对其强制执行。此裁定同时送达第三人和被执行人。"由此可见，现有对第三人债权执行"是在执行名义欠缺的情况下启动的执行程序，其本身含有不可弥补的程序瑕疵"⑤。作为独立的执行程序，对到期债权执行遵循的基本原理是在保障第三人异议权产生绝对排除效基础上，更为简便、快捷执行被执行人的到期债权。实质上，在追求效率原则下，《民诉法司法解释》第 499 条确定的"冻结债权的裁定"也只是起到保全债权的作用，第三人不异议而使得执行程序进行则可以认定为第三人自愿履行。但这只是解决了第三人不异议情况下对第三人执行的合法性问题，并不能彻底突破对到期债权执行缺乏执行依据的困境。为弥补这种程序上的瑕疵，相关法律规范对第三人债权执行规定了较为严格的程序保障，以获得相应的执行依据或者正当性。按照我国民事诉讼法的规定，执行依据包括生效裁判文书、仲裁裁决书、公证债权文书、实现担保物权裁定、支付令以及法律规定由人民法院执行的其他法律文书。关于对第三人强制执行的执行依据，主要存在

---

① 谭秋桂. 对债权执行制度的反思与重构. 人民司法，2021（10）：23.

② 苏萌. 被执行人到期债权执行程序中的错误及纠正. 人民司法，2021（10）：27.

③ 吴英姿. 代位执行之我见. 南京大学法律评论，1998（2）：159.

④ 赖来焜. 强制执行法各论. 台北：元照出版有限公司，2008：508－509.

⑤ 庄加园. 初探债权执行程序的理论基础：执行名义欠缺的质疑与收取诉讼的构造尝试. 现代法学，2017（3）：138.

原生效法律文书说、履行通知说、执行裁定说、“履行通知＋执行裁定”说等不同观点。

（1）原生效法律文书说。

原生效法律文书说认为对第三人强制执行的执行依据是债权人据以对债务人申请强制执行的生效法律文书。其理论依据在于执行力扩张，执行力能够发生扩张的正当性基础在于债权人代位权，债权人行使代位权，使执行依据的执行力扩张至第三人，债权人得据申请对第三人强制执行。① 虽然这种观点更贴近我国现实，但由于债权人代位权并非债权执行程序的理论基础，通过代位权解释对第三人强制执行的执行依据也就很难说得通。即使从执行力扩张的效果上看，为执行依据效力所及之人应当在执行程序中成为执行当事人，但在对债务人债权的强制执行中，被执行人始终是债务人，第三人并没有成为完全意义上的被执行人，而只是对债务人负有债务的“案外人”，何况执行当事人的变更、追加需由法律法规明确规定，而在我国现行法下，债权执行程序中的第三人并不在执行当事人的变更、追加范畴之内。

（2）履行通知说。

履行通知说认为人民法院向第三人发出的履行通知书载明了第三人的权利义务和第三人不履行义务时的法律后果，履行通知书是在第三人既不提出异议也不履行义务时径直对第三人执行的依据。② 然而，履行通知只是推进执行工作的一种程序性法律文书，其作用仅在于沟通、衔接不同主体的不同行为，并不具备判定实体权利义务的功能，再加上履行通知并不是我国法律规定的执行依据，将其确定为执行依据实属于法无据。③

（3）执行裁定说。

执行裁定说认为第三人参与到执行法律关系中的原因是经过法院通知而对自己与债务人的债务的默认，此种对履行通知的默认成为法院在其不履行义务之后下达执行裁定的依据，而该裁定则是第三人成为被执行人的执行名义。④ 对此，有学者批评道：这种执行裁定并不是我国现行法律法规下的执行依据，执行裁定亦是所有执行程序必经的程序性事项，并非为债权执行程序所独有，将这种程序裁定作为执行依据超越了这种程序性法律文书的本来功能。⑤

（4）“履行通知＋执行裁定”说。

或许是因为单纯以履行通知或执行裁定为执行依据存在无法圆融的逻辑缺陷，理论上逐渐发展出了“履行通知＋执行裁定”这种复合执行依据的观点。该观点的直接依据在于《民诉法司法解释》第 499 条。其理论依据主要在于三个方面：我国

---

① 吴英姿．代位执行之我见．南京大学法律评论，1998（2）：161－162.

② 谢春和，黄胜春．代位执行制度的理论与实践．现代法学，1995（6）：32.

③ 赵钢，占善刚．代位执行中的几个基本问题．政治与法律，1998（1）：68.

④ 潘重阳．论债权人代位权制度之存废：以实体与程序交叉为视角．大连海事大学学报（社会科学版），2015（3）：68．李霞．代位执行的适用条件及其立法完善．法学杂志，1997（5）：27．傅明亮．代位执行若干问题探析．法学，1997（9）：63．范向阳．被执行人到期债权执行的若干问题．人民司法，2006（1）：94．刘文勇．再探代位执行程序的理论基础：从代位执行的执行依据及其正当性展开．民事程序法研究，2017（2）：100.

⑤ 吴英姿．代位执行之我见．南京大学法律评论，1998（2）：161.

执行程序兼具纠纷解决的功能；第三人保持沉默的，可参照拟制自认、督促程序等法理，“拟制”第三人与债务人之间的债权存在；事前异议与事后异议之诉的程序保障可以进一步补强“履行通知＋执行裁定”这种执行依据的正当性。[①] 这种见解虽然看似巧妙，但始终在“审”“执”的界限上模糊不清。其中最关键的问题是，第三人的沉默行为是否真的可以充当实体权存在的直接依据？至少按照最高人民法院的观点，债权执行程序只是一种为了程序上的便利设置的程序，第三人没有提出异议不会发生承认债务存在的实体法效力。[②]

（5）本书观点。

执行程序的启动需要有“以高度的盖然性来证明实体权存在”[③] 的执行依据，但对第三人债权执行程序不同。将债务人对第三人债权纳入被执行人责任财产范围而允许执行，在一定程度上简化程序，提高执行效率，在第三人不提出异议的情况下允许对第三人强制执行，即赋予该程序以正当性。执行程序是一个追求效率兼顾公正的程序。债务人拥有的对第三人的到期债权，实质上构成了债务人责任财产的一部分，因此，强制执行债务人的到期债权可以不需要额外的执行依据。但也应当看到，对第三人债权执行程序的启动缺少约束申请执行人与第三人（或次债务人）双方的判决、裁定等生效法律文书，即直接将第三人作为义务人的执行名义。为此，“在债权执行程序上，第三债务人可说居于偶然被卷入他人间纷争之第三人。强制执行原系以执行债权人与执行债务人为当事人之程序，但就当事人间有关执行债权之纷争解决程序、权利实现过程之一环，第三债务人却于债权执行上被卷入其纷争之中，成为因强制执行程序而受各种影响之第三人。顾虑此种第三债务人之地位，于债权执行程序如何使其尽可能减轻负担，避免遭受额外不利益，乃系债权执行程序之解释论、运用论甚至是修法论上重要课题”[④]。其理由在于，第三人接受法院送达的执行命令后在异议期间内不声明异议，“多系承认该命令所载债务人之权利存在。为增进执行效果，避免因第三人轻视执行命令而增加债权人另行起诉之烦累”而增设此种简化程序。[⑤] 但这一做法在法理上始终有所不足，违背了执行依据的取得原理以及当事人程序正当权与当事人权的基本概念。[⑥] 我国台湾地区学者陈荣宗曾指出：债务人对第三人并无执行名义，债权人对第三人亦未取得执行名义，债务人与第三人之间有无债权存在或债权额范围如何？此一客观事实未经民事法院有任何之法律审判程序加以判断，立刻依执行机关命令而成为确定权利之状态，在学理上难

---

① 陈杭平，李凯. 中国语境下的债权执行制度：兼论《民事强制执行法》与《民法典》的衔接. 国家检察官学院学报，2021（3）：23－27.

② 最高人民法院执行工作办公室《关于到期债权执行中第三人超过法定期限提出异议等问题如何处理的请示的答复》第 2 条。

③ 江伟，肖建国. 论我国强制执行法的基本构造. 法学家，2001（4）：83.

④ 许士宦. 收取诉讼之判决效力主观范围. 台湾本土法学杂志，2007：51.

⑤ 杨与龄. 强制执行法论. 北京：中国政法大学出版社，2002：532－533. 吴光陆. 强制执行法. 台北：三民书局，2012：460.

⑥ 赖来焜. 强制执行法各论. 台北：元照出版有限公司，2008：611.

以想象，盖未分清执行机关之执行权与审判机关之审判权也。[①] 对第三人债权执行的程序是一种弱审查程序，在实践中审查对第三人债权时也存在较多困难。对第三人债权的执行多数以申请执行人书面申请的方式启动。因大多数案件的申请执行人与被执行人相互熟识，商业往来均发生在较为固定的范围，部分申请执行人对被执行人对外的债权债务情况往往比较了解，由其提供线索而发起执行措施，会有明确的针对性。申请执行人往往无法提供对第三人债权的有效书面证据，或者会提供多个债权线索，甚至债权分散至多个地方，给执行人员初步审查造成困扰，线索核实的难度加大。也正是这种略式审查程序，在启动对第三人债权执行程序时，赋予第三人以异议权或者对抗的权利，以弥补略式审查可能对第三人带来的侵害。

从现实角度考虑，债权执行只是一种针对债务人债权的专门执行方法，在执行程序中实际没有产生新的执行依据，对第三人强制执行的执行依据仍然是债权人与债务人之间的生效法律文书。只不过其理论基础并不是因债权人代位权而生的执行力主观范围扩张，而是民法上的财产责任。但必须承认的是，第三人即使对债务人负有债务，其地位亦非债务人，而系债权人与债务人执行程序中的第三人，一般也不宜课以第三人积极保护自己权利的义务。也就是说，在债权人进行的强制执行程序中，执行当事人为债权人及既判力所及第三人。[②]

基于此，我国在引入对第三人债权执行制度时，就赋予第三人异议权。1992 年最高人民法院颁行的《民事诉讼法意见》第 300 条中规定："被执行人不能清偿债务，但对第三人享有到期债权的，人民法院可依申请执行人的申请，通知该第三人向申请执行人履行债务。该第三人对债务没有异议但又在通知指定的期限内不履行的，人民法院可以强制执行。"这次规定并没有明确对第三人异议审查的程序。1998 年《执行工作规定（试行）》第 63 条明确规定："第三人在履行通知指定的期间内提出异议的，人民法院不得对第三人强制执行，对提出的异议不进行审查。"第 64 条补充规定："第三人提出自己无履行能力或其与申请执行人无直接法律关系，不属于本规定所指的异议。第三人对债务部分承认、部分有异议的，可以对其承认的部分强制执行。"2015 年《民诉法司法解释》第 501 条第 2 款规定："该他人对到期债权有异议，申请执行人请求对异议部分强制执行的，人民法院不予支持。利害关系人对到期债权有异议的，人民法院应当按照民事诉讼法第二百二十七条规定处理。"这相当于确定了第三人异议的绝对排除效力。

实质上，在追求效率原则下，《民诉法司法解释》第 499 条确定的"冻结债权的裁定"也只是起到保全债权的作用，第三人不异议而使执行程序顺利进行的，可以认定为第三人自愿履行。此时，对第三人债权强制执行的依据在于"履行通知＋第三人自认"。在此情况下以第三人默示自认为基本要求。

不过，也应当看到，如果第三人提出异议，则直接产生排除执行的效力。此时，债权人为获得对第三人债权执行的依据，应当提起诉讼。这也是基于对第三人债权

---

① 陈荣宗．强制执行法．台北：三民书局，1988：565.

② 赖来焜．强制执行法各论．台北：元照出版有限公司，2008：610.

执行程序的启动缺乏直接的执行依据，是保护第三人不轻易受到干扰而必要的程序保障。事实上，就债权等一般无形财产而言，因其无法充分外观化和公示化，对债权的执行以及对第三人拘束力产生的过程本身也只能是一个诉讼程序。①

3. 无异议情况下对第三人债权的执行

（1）不得将第三人列为被执行人。

第三人在履行通知指定的期限内没有提出异议而又不履行的，执行法院有权裁定对其强制执行。此种情形下，第三人可能将到期款项直接支付给被执行人，也可能既不支付给被执行人也不按照法院通知履行支付义务。此时，第三人的法律地位常有争议。

有观点认为，在此种情形下应该将第三人列为被执行人，理由是，在到期债权的执行文书已赋予第三人异议权的前提下，第三人在指定的期限内不提异议的，执行文书已经对其产生法律效力，其不履行通知义务的行为与被执行人拒不履行生效法律文书的情形一致，应当将其列为被执行人予以强制执行。

但是，《变更、追加当事人规定》未将被执行人对他人享有到期债权列为可以追加为被执行人的情形。变更、追加当事人，系直接在执行程序中确定由被执行人之外的第三人承担实体责任。追加当事人应严格遵循法定主义原则，即变更、追加执行当事人应当严格限定于法律、司法解释明确规定的情形，现有法律或司法解释并未将被执行人对第三人享有到期债权纳入可以追加为被执行人的情形，人民法院不得在执行程序中追加该第三人为被执行人。最高人民法院在“申诉人石河子市天宇建筑安装工程有限公司（以下简称‘天宇公司’）因师某、王某与邓某执行复议”一案中持该观点，“司法解释对在执行程序中可以追加被执行人的情形作了明确规定，追加案外人为被执行人应严格依照法律、司法解释的规定进行。执行程序中追加被执行人应当以法律或司法解释有明确规定的情形为限，而现有法律或司法解释并未规定被执行人对第三人享有到期债权的，人民法院可以在执行程序中追加该第三人为被执行人。因此，乌鲁木齐中院以裁定追加天宇公司为本案被执行人的方式对天宇公司强制执行不当，应予纠正”②。

（2）对第三人的财产强制执行。

第三人在指定期限未提异议又不履行的，人民法院有权裁定对其强制执行，并将该裁定同时送达第三人和被执行人。但是，该规定语焉不详。实践中对第三人未在履行通知指定的期间内履行清偿义务后的处理方式存有争议。比如，人民法院能否在第三人未履行到期债权金额范围内直接对其名下财产采取查封、冻结、扣划措施？如果可以，这意味着第三人事实上的法律地位无异于被执行人，但《变更、追加当事人规定》又未将此种情况列为可以追加为被执行人的情形。如果不能，那么势必架空到期债权执行制度，执行中的到期执行制度的意义就不复存在。

---

① 刘君博. 从“查封”到“诉讼”：无形财产执行的制度逻辑与立法选择. 华东政法大学学报，2021（2）：51－52.

② 最高人民法院（2016）最高法执监234号执行裁定书。

事实上，只要法院依法送达了执行到期债权文书，赋予第三人异议期间并告知其法律后果，第三人就可以提出异议，若该异议属于实质异议则不得对其强制执行。第三人逾期未提异议的，应视为其以默示方式认可了履行通知载明的内容，该文书就对其产生了法律效力，可以据此对相应责任财产采取强制执行措施。

但需要注意的是，到期债权执行不能二次延伸。第三人在指定期限内没有提出异议，也未按照履行通知履行义务，在其作出强制执行裁定后，经查明第三人确无财产可供执行的，不得就第三人对他人享有的到期债权强制执行。

（3）第三人妨害执行的法律责任。

对于到期债权的执行，第三人可以对履行通知提出实质异议。但是，第三人收到履行通知后未在指定期限内提出异议，罔顾到期债权已被冻结的事实擅自向被执行人履行，造成已履行财产不能追回的，除在已履行财产范围内与被执行人承担连带清偿责任外，还可以追究其妨害执行的责任。

4. 对第三人债权的执行中第三人提出异议的处理

（1）第三人在异议期内提出的异议。

第三人在指定期限内提出异议，只要有否认债权的意思，异议就成立，可附理由也可不附。但是，对第三人的异议并非一概不予审查即停止执行，否则将鼓励第三人滥用异议权；若对实质争议进行实体审查又违背审执分离原则。现行司法解释明确规定第三人提出异议的，法院对异议不予审查，因此，法院可予审查的异议应限于实质争议以外的异议，即不得对否认债务的异议进行审查。人民法院对第三人的异议，应首先判断该异议的性质，若构成实质异议则不得强制执行。这是因为，到期债权执行是在执行依据没有明确第三人为债务人的情况下，未经庭审而径行对其执行，有可能侵害其程序权利和实体权利。因此，基于利益保护的平衡，不得为第三人的异议设置门槛，不得要求提供证据进行佐证。

不过，需要注意的是，对于已为生效法律文书确定的债权，第三人提出异议的，法院不予支持。

对于第三人提出的异议是否是实质异议，无法判断是否存在到期债权，人民法院可以组织各方当事人听证。第三人能够提出实质性异议的，直接产生排除执行的效力。第三人只需对到期债权在规定期限内书面提出实体异议，无须举示任何证据，即可阻却到期债权执行程序。此时，法院不得对第三人财产强制执行，且应当告知申请执行人通过诉讼方式获得执行依据。

（2）异议期满后第三人提出异议的处理。

最高人民法院执行工作办公室在2006年对辽宁省高级人民法院《关于到期债权执行中第三人超过法定期限提出异议等问题如何处理的请示的答复》中，曾指出“第三人在收到履行到期债务通知书后，未在法定期限内提出异议，并不发生承认债务存在的实体法效力。第三人在法院开始强制执行后仍有异议的，应当得到司法救济。”这明确了在第三人不异议的情况下，并非一定产生债务存在的实体法效力。第三人在法院开始强制执行后仍有异议的，应当得到司法救济。不过，对接下来应当采取何种途径和程序进行法律并未进一步予以明确。不过，最高人民法院在其执行监督案件中基本上持通过执行行为异议程序进行救济的观点。不过，执行行为异议救济也有两种路径：一是针对履行通知的执行行为的异议。例如，“就本案而言，永元公司收到云南高院向其发出的履行到期债务通知书后，超过期限才提出不存在到期债务的异议，云南高院应当按照《中华人民共和国民事诉讼法》第二百二十五条的规定，对该到期债务是否存在以及到期债权的具体数额进行实质审查。”① 二是将第三人异议转化为对执行程序中执行行为的异议处理。“本院认为，第三人在收到履行到期债务通知后，未在法定期限内提出异议，并不发生承认债务存在的实体法效力。因此，第三人在法定期限之后，又提出到期债务不存在的异议，人民法院应当对该债务是否存在进行实质审查。天宇公司提出该到期债务不存在，认为人民法院直接执行天宇公司违反法律规定，侵犯其合法权益，对该异议人民法院应当参照原《民事诉讼法》第二百二十五条（现行《民事诉讼法》第236条——引者注）之规定进行审查。”② “本案贵州高院指定执行后，观山湖区法院于2018年7月26日扣划丹寨县交通运输局1 300万元至法院账户上。根据执行异议和复议规定第五条关于有下列情形之一的，当事人以外的公民、法人和其他组织，可以作为利害关系人提出执行行为异议中的‘（四）认为人民法院要求协助执行的事项超出其协助范围或者违反法律规定的；（五）认为其他合法权益受到人民法院违法执行行为侵害的’之规定，丹寨县交通运输局若认为1 300万元债权金额并不确定，前述扣划行为错误，可依法对该执行行为向执行法院观山湖区法院提出异议进行救济。”③

不过，通过执行行为异议程序进行实质性审查，主要是过滤是否存在虚假情形。“外观调查原则扩张适用于执行异议救济程序。”④ 对此，有主张通过诉讼方式进行救济。在此种情形下，第三人有提起执行异议之诉的权利。⑤ 对此，有不同的看法。如果异议审查不存在虚假异议的情况，应当产生绝对排除执行的效力，申请执行人可以通过诉讼方式获取执行依据。

5. 执行债权人的救济路径

因第三人提出异议，执行债务人债权执行程序终止，执行债权人应当通过何种程序寻求救济？现有执行立法和司法解释对此并未明确规定，理论上不少观点主张应当以“代位诉讼”程序为后续补救程序。⑥ 主流观点认为，执行债权人可以向第三人提起代位权诉讼，最高人民法院在2017年发布的《关于认真贯彻实施民事诉讼法及相关司法解释有关规定的通知》第3条也规定，第三人提出异议的，执行法院应停止对第三人的强制执行，执行债权人可以另行提起代位权诉讼主张权利。但有

---

① 最高人民法院（2018）最高法执复83号执行裁定书。

② 最高人民法院（2016）最高法执监234号执行裁定书。

③ 最高人民法院（2019）最高法执复20号执行裁定书。

④ 肖建国. 强制执行形式化原则的制度效应. 华东政法大学学报，2021（2）：22.

⑤ 刘文勇. 再探代位执行程序的理论基础：从代位执行的执行依据及其正当性展开. 民事程序法研究，2017（2）：100-102.

⑥ 谢春和，黄胜春. 代位执行制度的理论与实践. 现代法学，1995（6）：33. 赵钢，占善刚. 代位执行中的几个基本问题. 政治与法律，1998（1）：69.

调研显示，执行债权人提起的代位权诉讼胜诉率比例较低。[①] 不过，也有主张认为，收取诉讼的确与代位权诉讼存在不同，不过如果能够对现行代位权诉讼加以改造而实现债权收取的目的，那么就无须引进收取诉讼制度。[②] 收取诉讼与代位权诉讼虽然功能类似，但在诉讼架构上有所不同，从赋予债权人自由选择权、解决执行依据的问题和体系化强制执行程序角度考虑，应当确立收取诉讼制度。[③] 2022 年《民事强制执行法（草案）》第 156 条第 1 款规定："第三人依据前条规定提出异议的，人民法院应当通知申请执行人。申请执行人认为异议不成立的，可以在收到通知之日起十五日内以第三人为被告向执行法院提起诉讼。"此即确立收取诉讼制度。所谓收取诉讼，是指第三人对于收取程序应履行义务不为履行时，执行债权人始得基于执行法院之收取命令、支付转给命令、交付命令等变价命令为起诉，其目的在于使执行债权人对第三人取得给付诉讼之判决，以期对第三人为强制执行。

对于是采取代位权诉讼还是确立收取诉讼，应当从制度适用的实体法基础来看。代位权诉讼的实体法基础是债的保全，即基于《民法典》中"债权"，而收取诉讼的实体法基础是"债权的财产属性，而不是实体法上的债权保全"[④]，因而，代位权诉讼的适用无法涵盖对到期债权执行的所有情形。从这个意义上讲，应当确立收取诉讼制度。

执行程序中以收取诉讼方式执行对第三人债权还有利于提高执行效率、减轻申请执行人的诉讼负担。同时，亦支持代位权诉讼与债权收取诉讼"竞合"时法院裁定中止代位权诉讼的做法，可以等待债权收取诉讼被判决之后，再根据判决结果作出程序选择。从这个意义上讲，未来民事强制执行立法中可以确立收取诉讼。

三、法官释法

案例导入中的三个案例涉及到期债权执行方法、异议期后提出异议的程序处理等问题。这些问题是到期债权执行实践中较为常见的问题。案例一和案例二都涉及到期"债权"应当包括哪些种类债权问题。案例一涉及两个法院都对同一债权执行而产生执行竞合问题。2012 年修订的《民事诉讼法》第 242 条规定："被执行人未按执行通知履行法律文书确定的义务，人民法院有权向有关单位查询被执行人的存款、债券、股票、基金份额等财产情况。人民法院有权根据不同情形扣押、冻结、划拨、变价被执行人的财产。人民法院查询、扣押、冻结、划拨、变价的财产不得超出被执行人应当履行义务的范围。人民法院决定扣押、冻结、划拨、变价财产，应当作出裁定，并发出协助执行通知书，有关单位必须办理。"因乌鲁木齐中院采取发出协助执行通知书方式，但未作出保全裁定，故在先执行行为不能对抗在后十二

---

① 陈荃. 被执行人到期债权执行的若干问题. 人民法院，2015（3）：110.

② 刘文勇. 再探代位执行程序的理论基础：从代位执行的执行依据及其正当性展开. 民事程序法研究，2017（2）：105.

③ 邵长茂，谷佳杰. 民事强制执行立法的重点难点问题：民事强制执行立法专家论证会会议综述. 执行工作指导，2019（3）.

④ 谭秋桂. 对债权执行制度的反思与重构. 人民司法，2021（10）：23.

师中院采取的对到期债权执行措施。实践中，不少法院适用协助执行程序代替到期债权执行程序，主要是从程序便利角度出发，但实质上协助执行程序缺乏相应的异议程序，对次债务人程序保障不力。这与到期债权作为责任财产的法理依据高度盖然性判断标准不相符，因为到期债权与传统意义上的物权等不同，仅具有盖然性的真实性，需要赋予次债务人以充分的程序保障。

案例二的核心是乌鲁木齐中院应当采取是对收入的执行程序还是到期债权执行措施。乌鲁木齐中院采取的是按照收入的执行措施，发出协助执行通知书。但实质上，鲁某与亚中公司之间存在建筑施工合同关系，亚中公司未支付给鲁某工程款，因此，本案应当以执行被执行人到期债权的程序执行。所以，乌鲁木齐中院在执行时，应当向亚中公司发出履行到期债务的通知，而非协助执行通知书。对到期债权的执行与对收入或者其他财产的执行在程序上存在重大区别，第三人的权利救济程序不同，不能简单混同两种性质财产的执行程序。

案例三是对到期债权执行中次债务人异议期未提出异议的效力认定问题。第三人在收到履行到期债务通知后，未在法定期限内提出异议，并不发生承认债务存在的实体法效力。对于崇文镇政府超过法定期限提出债务已经履行完毕的异议，人民法院应当进行实质审查，以认定到期债务在法院送达通知书之前是否已经履行完毕。最高人民法院执行工作办公室在 2006 年对辽宁省高级人民法院《关于到期债权执行中第三人超过法定期限提出异议等问题如何处理的请示的答复》中，明确："第三人在收到履行到期债务通知书后，未在法定期限内提出异议，并不发生承认债务存在的实体法效力。第三人在法院开始强制执行后仍有异议的，应当得到司法救济。"这明确了在第三人不异议的情况下，并非一定产生债务存在的实体法效力。第三人在法院开始强制执行后仍有异议的，应当得到司法救济。最高人民法院在其执行监督案件中基本上持通过执行行为异议程序进行救济的观点。通过执行行为异议程序进行实质性审查，主要是过滤虚假情形。不过，如果《民事强制执行法》中确立债务人异议之诉制度，次债务人可以提起债务人异议之诉进行实体权利救济。

四、类案练习

练习一：乌鲁木齐中院在执行过程中，因邓某下落不明且无可供执行的财产，于 2015 年 9 月 8 日向天宇公司送达"第三人履行到期债务通知书"，要求天宇公司在 15 日内将欠邓某的债务 300 万元直接向师某、王某履行，否则将强制执行。因天宇公司未在异议期内提出异议，执行法院于 2015 年 11 月 17 日作出（2015）乌中执监字第 133 号执行裁定，裁定追加天宇公司为本案被执行人，天宇公司在到期债务 300 万元的范围内向师某、王某承担清偿责任。天宇公司不服，向乌鲁木齐中院提出执行异议。[1]

（1）法院将天宇公司追加为被执行人是否合适？

（2）在到期债权执行程序中，次债务人处于什么角色？

---

① 最高人民法院（2016）最高法执监 234 号执行裁定书。

练习二：2021年1月18日，渝北区人民法院作出（2018）渝0112执10856号限期履行债务通知书，通知内容为：重庆江山物业发展有限公司在收到本通知十五日内将应支付给被执行人重庆市银鹰实业（集团）有限公司的到期债务310万元打入重庆市渝北区人民法院账户，并不得向被执行人清偿；如有异议，应当自收到本通知之日起十五日内向渝北区人民法院书面提出。2021年1月20日，渝北区人民法院向“李某”邮寄该限期履行债务通知书（申请执行人称，李某系重庆江山物业发展有限公司在其他诉讼案件的代理人），信件回执显示2021年1月22日收发室已签收。2021年1月20日，渝北区人民法院向“重庆江山物业发展有限公司”邮寄该限期履行债务通知书，该信件于2021年1月25日退回渝北区人民法院，退回原因为查无此单位，未联系上收件人。

2021年2月2日，李某向渝北区人民法院出具“关于重庆市渝北法院向李某律师邮寄（2018）渝0112执10856号案‘限期履行债务通知书’”，主要说明其无权代江山物业发展有限公司接收该案以外的其他司法文书。2021年2月20日，渝北区人民法院作出（2018）渝0112执10856号之十五执行裁定书，裁定依法冻结并在符合支付条件时提取被执行人重庆市银鹰实业（集团）有限公司在重庆市第一中级人民法院的应收款项310万元，并将文书送达重庆市第一中级人民法院。该债权已经生效判决确定。

2021年3月2日，渝北区人民法院作出（2018）渝0112执10856号之十六执行裁定书，因渝北区人民法院于2021年1月22日向重庆江山物业发展有限公司送达限期履行债务通知书后，其未提异议又未履行，故裁定依法强制执行重庆市银鹰实业（集团）有限公司在重庆江山物业发展有限公司的债权310万元。2021年3月3日，渝北区人民法院向“李某”邮寄该限期履行债务通知书，信件回执显示2021年3月4日收发室已签收；2021年3月3日，渝北区人民法院将该执行裁定书邮寄送达给“重庆江山物业发展有限公司”，该信件于2021年3月7日退回渝北区人民法院，退回原因为查无此单位，未联系上收件人。

异议人重庆江山物业发展有限公司提出执行异议主张其义务已经履行完毕并提交相应证据，请求撤销相关执行裁定书以及相应的协助义务通知书等，解除执行措施。[①]

渝北区人民法院在该案中的执行裁定与执行措施是否存在问题？

五、知识拓展

1. 谭秋桂. 对债权执行制度的反思与重构. 人民司法，2021（10）.

2. 吴英姿. 民事速裁程序构建原理：兼及民事诉讼繁简分流改革的系统推进，当代法学，2021（4）.

3. 刘君博. 从“查封”到“诉讼”：无形财产执行的制度逻辑与立法选择. 华东政法大学学报，2021（2）.

---

① 重庆市高级人民法院（2021）渝01执异6号执行裁定书。

4. 庄加园. 初探债权执行程序的理论基础：执行名义欠缺的质疑与收取诉讼的构造尝试. 现代法学，2017（3）.

5. 陈杭平，李凯. 中国语境下的债权执行制度：兼论《民事强制执行法》与《民法典》的衔接. 国家检察官学院学报，2021（3）.

6. 刘文勇. 再探代位执行程序的理论基础：从代位执行的执行依据及其正当性展开. 民事程序法研究，2017（2）.

7. 赖来焜. 强制执行法总论. 台北：元照出版有限公司，2007.

8. 张登科. 强制执行法. 台北：三民书局，2019.

9. ［德］弗里茨·鲍尔，等. 德国强制执行法：上册. 王洪亮，等译. 北京：法律出版社，2019.

图书在版编目（CIP）数据

民法与民事诉讼法原理与实务/唐力，张力主编
--北京：中国人民大学出版社，2024.6
法律硕士精品系列教材
ISBN 978-7-300-32677-1

Ⅰ.①民… Ⅱ.①唐…②张… Ⅲ.①民法-中国-研究生-教材②民事诉讼法-中国-研究生-教材 Ⅳ.①D923②D925.1

中国国家版本馆 CIP 数据核字（2024）第 061574 号

法律硕士精品系列教材
民法与民事诉讼法原理与实务
主 编 唐 力 张 力
Minfa yu Minshi Susongfa Yuanli yu Shiwu

出版发行	中国人民大学出版社		
社　　址	北京中关村大街 31 号	**邮政编码**	100080
电　　话	010－62511242（总编室）		010－62511770（质管部）
	010－82501766（邮购部）		010－62514148（门市部）
	010－62515195（发行公司）		010－62515275（盗版举报）
网　　址	http://www.crup.com.cn		
经　　销	新华书店		
印　　刷	天津鑫丰华印务有限公司		
开　　本	787 mm×1092 mm　1/16	**版　　次**	2024 年 6 月第 1 版
印　　张	21.25 插页 1	**印　　次**	2024 年 6 月第 1 次印刷
字　　数	457 000	**定　　价**	68.00 元

《　　　　　　》※任课教师调查问卷

为了能更好地为您提供优秀的教材及良好的服务，也为了进一步提高我社法学教材出版的质量，希望您能协助我们完成本次小问卷，完成后您可以在我社网站中选择与您教学相关的1本教材作为今后的备选教材，我们会及时为您邮寄送达！如果您不方便邮寄，也可以申请加入我社的**法学教师QQ群：436438859（申请时请注明法学教师）**，然后下载本问卷填写，并发往我们指定的邮箱（cruplaw@163.com）。

邮寄地址：北京市海淀区中关村大街甲59号文化大厦1202室

邮　　编：100080

再次感谢您在百忙中抽出时间为我们填写这份调查问卷，您的举手之劳，将使我们获益匪浅！

基本信息及联系方式：※

姓名：________ 性别：________ 课程：____________

任教学校：________________ 院系（所）：________

邮寄地址：________________ 邮编：____________

电话（办公）：________ 手机：________ 电子邮件：______

调查问卷：※

1. 您认为图书的哪类特性对您选用教材最有影响力？（　　）（可多选，按重要性排序）
   A. 各级规划教材、获奖教材　　B. 知名作者教材
   C. 完善的配套资源　　D. 自编教材
   E. 行政命令
2. 在教材配套资源中，您最需要哪些？（　　）（可多选，按重要性排序）
   A. 电子教案　　B. 教学案例
   C. 教学视频　　D. 配套习题、模拟试卷
3. 您对于本书的评价如何？（　　）
   A. 该书目前仍符合教学要求，表现不错将继续采用
   B. 该书的配套资源需要改进，才会继续使用
   C. 该书需要在内容或实例更新再版后才能满足我的教学，才会继续使用
   D. 该书与同类教材差距很大，不准备继续采用了
4. 从您的教学出发，谈谈对本书的改进建议：______________

____

____

选题征集：如果您有好的选题或出版需求，欢迎您联系我们：

联系人：黄　强　联系电话：010-62515955

索取样书：书名：____________________

书号：____________________

备注：※ 为必填项。